# Polnische Literatur

Annäherungen

*Vom Mittelalter bis zum Ende des 20. Jahrhunderts*

Herausgegeben von Wacław Walecki

LITERATURWISSENSCHAFT

# Polnische Literatur

## Annäherungen

*Vom Mittelalter bis zum Ende des 20. Jahrhunderts*

Herausgegeben von Wacław Walecki
übersetzt von Marlis Lami
und Jolanta Krzysztoforska-Doschek

Autoren:
Roman Mazurkiewicz, Kraków – Literatur des Mittelalters
Wacław Walecki, Kraków – Literatur der Renaissance
Andrzej Borowski, Kraków – Literatur des Barock
Grażyna Królikiewicz, Kraków – Literatur der Aufklärung und Romantik
Zbigniew Przybyła, Kraków – Literatur des Positivismus
Magdalena Popiel, Kraków – Literatur des Jungen Polen
Aleksander Fiut, Kraków – Literatur der Zwischenkriegszeit
Krzysztof Koehler, Kraków – Literatur der Gegenwart

Übersetzerinnen:
Marlis Lami
Jolanta Krzysztoforska-Doschek

Redaktion: Wacław Walecki

Copyright: Polnische Akademie der Wissenschaften, Krakauer Abteilung und Wacław Walecki,
Copyright for German edition: Igel Verlag, Hamburg
Zweite Auflage

**Wacław Walecki (Hg.):**
Polnische Literatur. Annäherungen.

1. Auflage 1999 | 2. Auflage 2011
ISBN: 978-3-86815-529-7
© IGEL Verlag *Literatur & Wissenschaft*, Hamburg, 2011
Alle Rechte vorbehalten.
www.igelverlag.com

Igel Verlag Literatur & Wissenschaft ist ein Imprint der Diplomica Verlag GmbH
Hermannstal 119 k, 22119 Hamburg
Printed in Germany

Die Deutsche Bibliothek verzeichnet diesen Titel in der Deutschen Nationalbibliografie.
Bibliografische Daten sind unter http://dnb.d-nb.de verfügbar.

# INHALT

Vorwort von Wacław Walecki .................................................................. 7

Literatur des Mittelalters von Roman Mazurkiewicz ............................... 9

Literatur der Renaissance von Wacław Walecki ..................................... 33

Literatur des Barock von Andrzej Borowski ........................................... 53

Literatur der Aufklärung von Grażyna Królikiewicz ............................... 83

Literatur der Romantik von Grażyna Królikiewicz ................................ 113

Literatur des Positivismus von Zbigniew Przybyła ................................ 145

Literatur des Jungen Polen von Magdalena Popiel ................................. 179

Literatur der Zwischenkriegszeit von Aleksander Fiut ........................... 207

Literatur der Gegenwart von Krzysztof Koehler .................................... 235

Zeittafeln ............................................................................................... 255

Namensregister ..................................................................................... 268

# VORWORT

Dieses Buch ist nicht für Berufsphilologen gedacht, sondern für alle, die sich für die polnische Literatur und Kultur interessieren und ein Kompendium zu diesem Thema zur Hand haben wollen.

Es ist ein Gemeinschaftswerk, denn jede Epoche wurde von einem anderen Wissenschaftler, einem Fachmann auf dem Gebiet der polnischen Literatur, bearbeitet. So kommt es, daß sich die Geschichte der polnischen Literatur hier äußerst mannigfaltig präsentiert. Gerade in dieser Vielfalt sehen wir eine spezifische Qualität dieses Handbuchs. Sie resultiert nicht allein aus den unterschiedlichen literaturwissenschaftlichen Einstellungen der einzelnen Autoren, sondern auch daher, daß die spezifische Eigenart jeder Epoche jedesmal einen anderen wissenschaftlichen Zugang erfordert. So spielten zum Beispiel in der Epoche der polnischen Aufklärung gesellschaftliche und kulturelle Institutionen eine wesentliche Rolle, ohne die man die Literatur dieser Zeit nicht darstellen kann, während die polnische Romantik das Zeitalter bedeutender einzelner Individuen oder das Mittelalter eine Zeit war, in der sämtliche Aktivitäten eher der Entwicklung der gesamten Kultur galten als nur der Literatur selbst, die zudem in einem eigenen Sinn verstanden wurde.

Einer Erklärung bedarf auch der Grad der Ausführlichkeit unserer Darstellung. Hier hielten wir uns an das Prinzip, nur das Wesentlichste zu besprechen und eine allgemeine Skizze zu geben, damit für den interessierten Leser das Buch als Ganzes lesbar bleibt. Wenn es ihm ein allgemeines Bild und einen gewissen Abriß vermittelt, wird er seine Kenntnisse durch die Lektüre einzelner Werke vervollständigen können, zu der ihn, wie wir hoffen, unsere Ausführungen anregen werden.

Krakau, am 24. Dezember 1998<br>Wacław Walecki

Roman Mazurkiewicz

# DIE LITERATUR DES MITTELALTERS

## ALLGEMEINES

Der Literaturhistoriker des polnischen Mittelalters trifft in viel empfindlicherer Weise als seine westeuropäischen Mediävistik-Kollegen auf Schwierigkeiten, die für eine Epoche der Handschriften und Inkunabeln charakteristisch sind, wie bruchstückhaft erhaltene Quellen, ihre schwer zu bestimmende Chronologie, größtenteils anonyme Denkmäler, unterschiedliche Kriterien in bezug auf den literarischen Charakter oder eine Wertung damals und heute. Nicht nur die Konvention des „Topos der Bescheidenheit", sondern die faktischen Voraussetzungen (darunter auch der knappe Raum) erfordern es also, eingangs festzuhalten, daß wir hier einen Abriß der Literaturgeschichte des polnischen Mittelalters nur an ausgewählten, vom heutigen Gesichtspunkt aus (und nach heutigem Wissensstand) besonders repräsentativen und wertvollen Denkmälern darstellen können, das heißt also nach dem Prinzip des *pars pro toto*, allerdings mit dem Zusatz, daß jener Teil nicht auf ein reales, sondern lediglich auf ein hypothetisches Ganzes verweisen kann.

Diese Epoche, die in Polen fünf Jahrhunderte umfaßte, läßt sich in drei Abschnitte unterteilen, die wir hier anhand einer nicht besonders präzisen, aber praktischen Metapher folgendermaßen definieren: 1. Die Zeit der Aussaat (zehntes, elftes und zwölftes Jahrhundert), 2. Die Zeit des Reifens (dreizehntes und vierzehntes Jahrhundert), 3. Die Erntezeit (fünfzehntes und beginnendes sechzehntes Jahrhundert).

Eine Einteilung, die selbstredend in höchstem Maß auf Konvention beruht, wie auch sämtliche weiteren Untergliederungen, ja sogar alle in ihnen auftretenden literarischen Phänomene, ihren eigenen, individuellen „Entwicklungsgang" besitzen. Das Schrifttum des polnischen Mittelalters stellte von seinen Anfängen bis zum Ende der Gesamtepoche einen integralen Bestandteil der Kultur des christlichen Abendlandes dar, wobei es sich anfänglich damit begnügte, passiv aus dem gemeinsamen, gesamteuropäischen Erbe zu schöpfen und erst im Laufe der Zeit den anderen nationalen Traditionen gegenüber den Rang eines Partners einnahm. Es darf also nicht wundernehmen, daß unsere Literatur in ihrer Anfangszeit keine spezifische nationale Eigenheit aufwies. Die Latinität der damaligen Kultur, eine für die ganze Christenheit universelle Thematik und Topik, von außen übernommene Vorbilder der Gattung und der Stilistik, die fremde Herkunft der ersten Geistlichen und Künstler, eine fehlende heimische Tradition des geschriebenen Wortes (wie auch der Schrift selbst), das Fehlen von gebildeten Rezipienten (*litterati*), all das charakterisierte unsere mittelalterliche Literatur, die in vielerlei Hinsicht eher „europäisch" als „einheimisch" war. Vor allem war es eben die Zweisprachigkeit dieser Literatur, von der absoluten Exklusivität des Lateinischen in den ersten beiden Jahrhunderten bis hin zu einem relativen Gleichgewicht des Lateinischen und des Polnischen am Ende der Epoche, wobei jedoch das Primat des lateinischen Schrifttums im Bewußtsein und der Praxis der damaligen Schriftsteller, Kopisten und Leser weiterhin außer Frage stand. Außerdem besaß das polnischsprachige Schrifttum, wie die in unzähligen Denkmälern auftretenden konventionalisierten Anredefloskeln an die Zuhörer beweisen, vor allem mündlichen Charakter und wurde erst sekundär und oft nur zufällig handschriftlich überliefert. Zur Zweisprachigkeit der mittelalterlichen Literatur in Polen kommt das Phänomen einer doppelten Strömung in Thematik und Gattung hinzu. Die ganze Epoche hindurch dominierte die religiöse Thematik, die sich auf der dem ganzen Christentum gemeinsamen biblisch-liturgischen Grundlage entwickelte, folglich auch die mit ihr verbundenen Gattungen: Gebete, Lieder, Heiligenviten, Predigten, liturgische Dramatisierungen. Die anfänglich marginale Literatur mit weltlicher Thematik (annalistische Aufzeichnungen, Inschriften, Epitaphe) entfaltete sich dagegen später hauptsächlich auf dem Gebiet der Geschichtsschreibung und der Redekunst. Sowohl die Anfänge des mittelalterlichen Schrifttums als auch seine Jahrhunderte dauernde Entwicklung hingen in Polen eng mit der Tätigkeit der Kirche und dem von ihr kontrollierten Lebensbereich zusammen. Man kann in dieser Hinsicht die inspirierende Rolle des Heiligenkultes kaum überschätzen. An der Wiege des polnischen Christentums stand die Verehrung des heiligen Adalberts (poln.: Wojciech), an den sich die ältesten Denkmäler der lateinischen Prosa und Dichtkunst knüpfen, im dreizehnten Jahrhundert der Kult des heiligen Stanislaus, den die Chronisten und Hagiographen zum ersten Helden der Kirche und des polnischen Volkes stilisierten. Da über zwei Jahrhunderte lang die Literatur in Polen ausschließlich in lateinischer Sprache und zudem hauptsächlich von Autoren fremder Herkunft betrieben wurde, sind ihre Grenzen (besonders in der Anfangszeit ihrer Entwicklung) sehr weit anzusetzen, damit sämtliche Texte, die damals in den ethnisch polnischen Gebieten entstanden, in ihnen Platz finden, ohne Rücksicht auf die Herkunft ihrer Autoren, die Sprache des Werks, seine Thematik oder den Grad seiner Originalität.

## DIE ZEIT DER AUSSAAT
## (ZEHNTES, ELFTES UND ZWÖLFTES JAHRHUNDERT)

Polen war, ähnlich wie auch andere slawische Länder, für die Christenheit auf unserem Kontinent „der Weinberg der elften Stunde". Zwar gab es schon im zehnten Jahrhundert einen starken und gut organisierten Staat der Polanen mit Gnesen als Zentrum, aber er hatte gegen die Expansion des Kaiserreiches, das an politischer und christianisierender Stärke gewann, keinerlei reale Chance auf eine weitere souveräne Entfaltung innerhalb der heidnischen Tradition. Erst das Jahr 966, als

Fürst Mieszko I. (ca. 960–992) durch Vermittlung des benachbarten Böhmen (das damals unter der Jurisdiktion von Regensburg stand) das Christentum annahm, leitete die historische Existenz eines polnischen Staates als gleichberechtigtes Subjekt der europäischen *christianitas* ein. Die formale Integration Polens in den Wirkungsbereich des Imperium Romanum wurde etwas später vollzogen, während des sogenannten Gnesener Kongresses im Jahr 1000, an dem Kaiser Otto III., der an das Grab des heiligen Adalbert pilgerte, teilnahm.

Die ersten, die die Saat der christlichen Lehre und der sie begleitenden theologischen, künstlerischen und literarischen Kultur ausstreuten, waren die aus dem Ausland nach Polen gekommenen Geistlichen, wie z.B. die Bischöfe Jordan und Unger, der Prager Bischof Adalbert, der Missionar der Pruzzen wie auch sein Stiefbruder Radzim-Gaudenty, der erste Metropolit des im Jahr 1000 bestellten Erzbistums von Gnesen. Die Aussaat des neuen Glaubens machte es erforderlich, den alten Weinberg gründlich umzugraben, denn die gegen Ende des zehnten Jahrhunderts nach Polen gekommenen Missionare fanden hier zwar eine reiche bodenständige Kultur vor, die auf dem Nährboden des slawischen Volksglaubens, der Bräuche und Sitten gewachsen war, doch beschränkte sich diese ausschließlich auf mündliche Überlieferung und war somit in der neuen Situation zum sicheren Untergang verurteilt. Heute können wir lediglich vermuten, daß die vorchristliche schöpferische Kraft hauptsächlich in rituellen Chorgesängen, begleitet von Musik und Tanz, ihren Ausdruck fand sowie auch in einzeln rezitierten epischen Volkssagen und Legenden. Doch fand dieses ganze Erbe keine schriftliche Fixierung und ging unwiederbringlich verloren, und da es von der Kirche als ein heidnisches Relikt betrachtet wurde, ist es aus dem offiziellen Bereich des kollektiven Gedächtnisses verdrängt worden. Unter diesen Bedingungen konnte von einer „Einbindung" der neuen Religion in die Kultur keine Rede sein. Die ausländischen Missionare, die überwiegend weder eine slawische Sprache noch die lokalen Traditionen kannten, brachten nicht nur eine neue Lehre mit, sondern auch eine fremde Sprache und die in ihr aufgezeichneten Bücher der Bibel und der Liturgie (die ältesten Schichten der liturgischen Tradition in Polen stammen aus dem deutschen Sprachraum, die ersten Kirchencodices drangen hauptsächlich aus dem Gebiet des Erzbistums von Köln zu uns). Die oben erwähnten Umstände sprachen das Urteil über die jahrhundertelange „Latinisierung" des polnischen Mittelalters und damit vor allem über seine geistige und literarische Kultur. Das Abreißen der kontinuierlichen Entwicklung der vorchristlichen heimischen Tradition wurde jedoch durch eine weite Öffnung hin zum tausendjährigen Erbe der christlichen Antike und des christlichen Mittelalters aufgewogen. Von einer aktiven Nutzung dieser neuen Möglichkeiten in Polen zeugt das im Jahr 1110 erstellte Inventar der Krakauer Dombibliothek, die zu jener Zeit in ihrem Bestand nicht nur über biblische, liturgische und theologische Werke verfügte, sondern auch über Texte antiker Autoren (u.a. von Sallust, Terenz, Ovid). Die lateinische geistige, theologische und literarische Kultur hatte im ersten Abschnitt des polnischen Mittelalters rein elitären Charakter, war auf die Kreise des

Klerus und des Hofes beschränkt und konzentrierte sich auf einige besonders wichtige Zentren (Gnesen, Krakau, Płock, Breslau, Posen), in denen Domschulen, Hofkanzleien und Schreibstuben tätig waren. So gab es zum Beispiel am Hof des Fürsten Władysław Herman (1079–1102) eine elitäre Palastschule unter der Leitung des Bischofs Otto von Bamberg.

### DIE ANFÄNGE DER GESCHICHTSSCHREIBUNG

Die ältesten historischen Hinweise auf Polen stammen aus fremden, hauptsächlich deutschen Quellen. Zu ihnen zählt man u.a. die in der Hälfte des neunten Jahrhunderts in Bayern entstandene Beschreibung der nördlich der Donau gelegenen Länder (der sogenannte Bayrische Geograph), in dem Namen slawischer Stämme auftreten. Eine wertvolle Quelle für die Zeit des ersten polnischen Regenten Mieszko ist die Chronik des sächsischen Benediktiners Widukind *Rerum gestarum Saxonicarum* und für die Regierungszeit Bolesław des Tapferen (992–1025) die *Thietmar-Chronik* des Bischof von Merseburg. Die ältesten lateinischen Aufzeichnungen, die auf polnischem Boden entstanden, wenn sie auch nicht von polnischer Hand geschrieben wurden, hielten Ereignisse von höchster Bedeutung für Staat und Kirche fest. Sie wurden anfänglich nur an den Rändern der liturgischen Bücher vermerkt und waren der Beginn späterer Jahrbücher (*annales*), deren ältestes bei uns seit dem Ende des zehnten Jahrhunderts geführt wurde und die Weiterführung eines Jahrbuchs deutscher Herkunft (*Jahrbuch von Fulda*) darstellt, das wahrscheinlich vom ersten Missionsbischof Jordan nach Polen gebracht worden war (daher auch die Bezeichnung *Jordan-Jahrbuch*). In ihm haben sich erste Hinweise bezüglich unserer Geschichte erhalten. So wurde unter dem Jahr 965 die Ankunft der böhmischen Prinzessin Dobrava in Polen verzeichnet, unter dem Datum 966 der Empfang der Taufe durch Fürst Mieszko und im darauffolgenden Jahr die Geburt seines Sohnes Bolesław. Aus der Zeit Mieszkos I. stammt auch das älteste staatliche Dokument, *Dagome iudex* genannt, in dem der Fürst der Polanen seine Güter der Obhut des Heiligen Stuhls anvertraut.

### DIE ENTSTEHUNG DER POLNISCHEN HAGIOGRAPHIE

Seit der Annahme des Christentums begann sich die „weltliche" Geschichte des polnischen Staates eng mit der „heiligen" Geschichte zu verknüpfen. Im Jahr 997 kam der Prager Bischof Adalbert (Wojciech) an den Hof Bolesławs des Tapferen und begab sich anschließend mit Unterstützung des polnischen Herrschers in christianisierender Mission ins Gebiet der Pruzzen. Dieses Unternehmen endete tragisch; am 23. April des Jahres 997 wurde Adalbert von den Heiden ermordet. Infolge der blitzschnellen Heiligsprechung des Märtyrers (999) entstanden einige ihm gewidmete Viten. Die erste von ihnen, *Est locus in partibus Germaniae...*, wird Jan Kanapariusz zugeschrieben, die zweite, Vita et passio s. Adalberti, ist das Werk des eng mit Polen verbundenen deutschen Benediktiners Brun von Querfurt. Er verfaßte auch das Leben von fünf Märtyrerbrüdern Vita quinque fratrum martyrum, italienischen und polnischen Eremiten, die im Jahr 1003 ermordet wurden, und den *Brief an König Heinrich II.* (*List do króla Henryka II*), in dem er Bolesław den Tapferen verteidigt und ihn als aufrichtigen „Künder des Evangeliums" unter den Heiden darstellt. Die unvermittelte Entfaltung des Kultes des heiligen Adalbert, dessen Zentrum Gnesen war, das die Reliquien des Märtyrers aufbewahrte, war der Impuls für die Geburt einer eigenen hagiographischen Literatur in Polen. Ihr erstes Ergebnis ging verloren, wir kennen lediglich eine Zusammenfassung mit dem Namen *Passion von Tegernsee*, die ein deutscher Benediktiner im elften Jahrhundert anfertigte. Die älteste erhaltene, in Polen verfaßte *Vita des heiligen Adalbert* stammt aus dem zwölften Jahrhundert und beginnt mit den Worten: Tempore illo... Zur selben Zeit entsteht das romanische, nach europäischem Maßstab einzigartige Gnesener Tor, das im Flachrelief Szenen aus dem Leben, dem Martyrium und der Verehrung des heiligen Adalbert darstellt. Es wurde zur Zierde des Gnesener Doms angefertigt. Hier entstand auch im ausgehenden elften Jahrhundert die älteste Sequenz über den heiligen Adalbert *Hac festa die tota*, die die Entfaltung der lateinischen religiösen Dichtkunst in Polen einleitete.

## DIE ERSTE CHRONIK

Der Anfang des zwölften Jahrhunderts brachte das großartige Werk eines anonymen Chronisten hervor, der von den späteren Historikern „Gallus" genannt wurde, in Wirklichkeit jedoch ein anonymer Benediktiner provençalischer Herkunft war, der damals am Hof des polnischen Herrschers Bolesław III. „Schiefmund" (1102–1138) zu Gast war. Die in den Jahren 1113–1116 entstandene *Chronik* knüpft an die Konvention der mittelalterlichen res gestae an. Der Verfasser konzentriert die Erzählung in seiner chronologischen Darstellung der Geschichte Polens von ihren legendären Anfängen bis ins Jahr 1113 in Wirklichkeit auf die Heldentaten und Tugenden des Fürsten Bolesław. Seine Person ist im Einklang mit den Regeln der mittelalterlichen Paränese konstruiert. Die Geburt trägt die Zeichen eines Wunders; sein Leben und seine Taten setzen das Idealbild des Christen, Herrschers und Ritters um, der sich durch ungewöhnliche körperliche, geistige und seelische Eigenschaften auszeichnet. Diese vom Chronisten übernommene Konvention zeugt davon, daß er sich beim Schreiben nicht nur vom Wunsch leiten ließ, die polnische Geschichte aufzuzeichnen, sondern auch von Intentionen, die eher pragmatischer Natur waren: von der Apologie des „Schiefmunds" als eines vorbildhaften Herrschers und von der Verbreitung der Idee einer Restitution der Monarchie unter seinem Zepter. Die fundierte Kenntnis der antiken und mittelalterlichen Rhetorik tritt in der Chronik des Anonymus auf allen Ebenen zum Vorschein: in der Komposition als das konsequent umgesetzte Prinzip der Dreiteilung (Teilung in drei Bücher, jedem von ihnen geht eine Widmung und eine Inhaltsangabe voraus), im Stil jedoch in der Beachtung der Regeln der ars dictandi, die damals Mode war (symmetrischer Satzbau, Rhythmisierung der Prosa und ihre Anreicherung mit Gleichklängen, häufige Verwendung von Metapher und Allegorie). Die in den Fluß der chronikalen Erzählung eingeflochtenen gereimten Fragmente stellen den Anfang der Geschichte der lateinischen weltlichen Dichtkunst in Polen dar und machen diese durch die Bildung des Autors mit den aktuellsten Errungenschaften der westlichen literarischen Kultur vertraut (z.B. planctus anläßlich des Todes des Fürsten Bolesław oder das Lied der deutschen Krieger, die die Tapferkeit ihres polnischen Herrschers rühmen). Obwohl Gallus, wie er selbst von sich sagt, „ein fremder Pilger" in polnischen Landen war, ist seine Chronik das Zeugnis seiner aufrichtigen Zuneigung für das Land und den Fürsten Bolesław. In der Überzeugung, daß Polens Geschichte und die Heldentaten seiner Herrscher Ruhm und Verewigung verdienen, entwarf er in seinem Werk schon eingangs das Bild eines christlichen und zivilisierten Staates und zeichnete die ältesten Sagen über die Anfänge der herrschenden Dynastie auf, wobei er in ihre Geschichte sichtbare Zeichen einer göttlichen Vorsehung einflocht. In seiner Bewunderung für das Nationalbewußtsein der Polen, ihren Patriotismus und ihre Freiheitsliebe wurde er selbst zu einem leidenschaftlichen Fürsprecher der politischen Unabhängigkeit und Freiheit seiner Wahlheimat.

DIE CHRONIK DES MEISTERS WINCENTY

Am Ende des zwölften Jahrhunderts machte sich ein einheimischer Schriftsteller, Meister (magister) Wincenty, von der Nachwelt Kadłubek genannt (ca.1150–1223), Krakauer Bischof und Teilnehmer am IV. Lateran-Konzil, an das schwierige Unterfangen, die Geschichte Polens aufzuzeichnen. Die im Auftrag des Fürsten Kasimir des Gerechten (der 1194 starb) entstandene *Chronik der Polen — Chronicon Polonorum* besteht aus vier Büchern: Die ersten drei enthalten die Geschichte Polens von der legendären Zeit bis zur Zersplitterung der Landes in der zweiten Hälfte des zwölften Jahrhunderts, das vierte berichtet von zeitgenössischen Ereignissen. Die drei ersten Bücher der Chronik faßte Wincenty in die für die damalige historiographische Technik ungewöhnliche Form eines Dialogs, den zwei kirchliche Würdenträger, der Krakauer Bischof Mateusz (Verfasser eines Briefs an den heiligen Bernard von Clairvaux in der Frage der Christianisierung Rutheniens) und der Gnesener Erzbischof während eines Festmahls führen, wobei er dem ersteren die Rolle des Erzählers zuweist, den zweiten mit der Kommentierung und Beurteilung des Berichteten betraut. Kadłubek stellte, anders als Gallus, das polnische Altertum nicht nur als Chronik der herrschenden Dynastie dar, sondern als eine mit dem Strom der allgemeinen Geschichte verwobene Saga des ganzen Volkes. Die Geschichte des prähistorischen Polen verknüpfte er nach dem Muster der damaligen europäischen Geschichtsschreibung mit der Zeit und den Helden des Altertums und erweiterte sie dabei um einige neue legendenhafte Inhalte. Der historische Diskurs wurde in Wincentys Chronik einer moralisierenden Funktion unterstellt. Die Geschichte ist für seine Zeitgenossen ein „Spiegel von Vorbildern", so, wie künftige Generationen einen Spiegel in Fürst Kasimir, „der Gerechte" genannt, und seiner Glorifizierung durch den Chronisten finden sollten. Die Tugend der Gerechtigkeit, die Kadłubek wunderbar als „das, was demjenigen am meisten zugute kommt, der am wenigsten vermag" definierte, ist die Grundlage jeglicher Macht. Doch die Apotheose des weltlichen Herrschers hielt Wincenty nicht davon ab, sich für das Primat der kirchlichen Ideologie auszusprechen. Charakteristisch in dieser Hinsicht ist seine Darstellung des alten Konfliktes zwischen König Bolesław II. dem Kühnen (1058–1081) und dem Krakauer Bischof Stanislaus (der 1079 starb): im Gegensatz zum ausgewogenen Bericht des Gallus lädt Meister Wincenty die ganze Schuld an den tragischen Ereignissen auf den König, den er freiweg einen „gottlosen Mörder" schimpft, während er den Bischof zu einem heiligen Märtyrer stilisiert. Wincenty, der seinen Magistertitel wahrscheinlich während seines Studiums in Paris erwarb, war ein Gelehrter auf der Höhe der westlichen „Renaissance" des zwölften Jahrhunderts. Die literarische Form seiner Chronik entwickelte sich unter dem Einfluß der Vulgata und der Schriften der Kirchenväter einerseits und der antiken Rhetorik und mittelalterlichen ars dictandi andererseits. Der Stil von Kadłubeks Prosa setzt die Manier der docta difficultas (der gelehrten Schwierigkeit) fort, was dazu führt, daß sich die informative Glaubwürdigkeit seiner Quellen bisweilen als weniger wesentlich erweist als der literarische und moralische Effekt der Art und Weise ihrer Darstellung und Kommentierung.

### DAS GEBETBUCH DER GERTRUD

Ein isoliertes, aber vorzügliches Beispiel einer indirekten Rezeption der westlichen religiösen und literarischen Kultur auf polnischem Boden ist das Werk der wahrscheinlich ersten polnischen Autorin, Gertrud, der Tochter Mieszkos II. (1025–1034) und der deutschen Prinzessin Richenza und Gemahlin des ruthenischen Fürsten Izasław (sie starb 1108). Ihre geistige und intellektuelle Prägung erfuhr sie in einem deutschen Benediktinerkloster. Sie hinterließ eine umfangreiche Sammlung lateinischer Gebete, Das Gebetbuch der Gertrud (Codex Gertrudianus) genannt, das gleichzeitig eine Art „inneres Tagebuch" darstellt, das die intimen Erfahrungen einer Christin und Mutter festhält, die das dramatische Schicksal ihres geliebten Sohnes Jaropełk-Piotr schmerzhaft empfindet und für ihn leidenschaftliche Gebete an Christus und die Gottesmutter richtet.

### DIE ANFÄNGE DER EPIK

Aus dem zwölften Jahrhundert stammt das älteste Werk der lateinischen epischen Dichtkunst Des Mauren Lied (Carmen Mauri). Sein Verfasser war ein nicht näher bekannter Benediktiner aus Breslau wie aus dem Namen zu schließen ist, sicherlich kein Pole, doch ist der Inhalt des Poems aufs engste mit den historischen Ereignissen verknüpft, die in Polen Mitte des zwölften Jahrhunderts stattfanden. Es ist dies die Geschichte des durch seine ritterlichen Heldentaten berühmt gewordenen Pfalzgrafen von Breslau, Piotr Włostowic (er starb 1150), der infolge der Intrige eines rachsüchtigen Weibes grausam geblendet und von ihrem Gemahl Fürst Władysław II. verbannt wurde. Der lebhafte, anschauliche Fluß der Erzählung zeugt vom außergewöhnlichen narrativen Talent des Autors, der mit den europäischen Konventionen der höfischen Epik bestens vertraut war.

# DIE ZEIT DES REIFENS
## (DREIZEHNTES UND VIERZEHNTES JAHRHUNDERT)

Auf dem Boden der schon fest verankerten lateinischen Kultur reiften zu dieser Zeit die ersten heimischen literarischen Unternehmungen heran. Zwar dominierten weiterhin uneingeschränkt Werke in lateinischer Sprache, aber sie stammten immer häufiger von Autoren polnischer Herkunft. Neben der Hagiographie und Geschichtsschreibung entfalteten sich auch die Homiletik und eine eng mit der Liturgie und den Brevieren verknüpfte geistliche Dichtkunst (Hymnen, Tropen, Sequenzen, Responsorien, Offizien); es entstanden auch die ersten liturgischen Dramatisierungen. Von bahnbrechender Bedeutung für den künftigen Werdegang der polnischsprachigen Literatur war das dreizehnte Jahrhundert. Von der Mitte dieses Jahrhunderts an führte die Kirche in ihrer seelsorgerischen Arbeit Predigten, Gebete und Lieder in der Nationalsprache ein. Eben zu dieser Zeit erschienen die ältesten Niederschriften polnischer Sätze, etwas später die ersten Denkmäler der polnischen Prosa und Dichtkunst. Das vierzehnte Jahrhundert, im besonderen die Restitution des Königtums unter dem Zepter von Władysław Ellenlang (1320–1333) und die Herrschaft Kasimirs des Großen (1333–1370), der, wie ein Chronist später festhielt, „ein schmutziges Polen in Lehm und Holz vorfand und es gutgemauert hinterließ", brachte eine Stärkung des Nationalbewußtseins und damit auch eine weitläufigere Polonisierung des Klerus mit sich. Aus diesem Jahrhundert stammen die ältesten Niederschriften polnischer geistlicher Lieder, die in den kirchlichen Zentren überliefert wurden.

### LITERATUR IN LATEINISCHER SPRACHE

#### Hagiographie

Das dreizehnte Jahrhundert wird in Polen oft das „Jahrhundert der Heiligen" genannt, so daß man also die Charakteristik der Literatur jener Periode mit der Hagiographie beginnen muß. Die langwierigen Bestrebungen der Krakauer Kirche führten im Jahr 1253 endlich zur Kanonisierung des Bischofs Stanislaus, der zwei Jahrhunderte zuvor Opfer eines Zwists mit dem König Bolesław dem Kühnen geworden war (unter vergleichbaren Umständen wird später der Erzbischof von Canterbury, Thomas Becket, von der Hand des Königs Heinrich II. sterben). Der heilige Bischof und Märtyrer wurde zum zweiten Schutzheiligen Polens nach dem heiligen Adalbert, und seine durch die Kanonisierung belebte Verehrung trug Früchte in zwei lateinischen Viten des Dominikaners Wincenty aus Kielcza (ca. 1200 bis 1261). In der umfangreicheren *Vita s. Stanislai* (*vita maior*) zeigt der Hagiograph die in eine traditionelle dreigeteilte Komposition gefaßte Geschichte des Lebens, des Martyriums und der Wunder nach dem Tode des heiligen Stanislaus, darunter das wunderbare Zusammenwachsen der abgehackten Gliedmaßen des Märtyrers, in denen man die Verheißung einer Vereinigung des in Teilgebiete zerfallenen Staates sah. Wincenty verfaßte auch eine Sequenz und ein Offizium über den Heiligen Stanislaus sowie die Hymne *Gaude mater Polonia*, die gesamtnationale Popularität erlangte. Das Apogäum der Entwicklung der hagiographischen Literatur brachte das ausgehende dreizehnte und beginnende vierzehnte Jahrhundert, als in der geistigen Richtung, die Franz von Assisi verpflichtet war, die *Viten der Heiligen Hedwig* (Jadwiga, sie starb 1243), jener bayrischen Gräfin, die den schlesischen Fürsten Heinrich den Bärtigen heiratete und *Viten* der Seligen Salome (die 1268 starb) sowie der Seligen Kinga (die 1292 starb) entstanden und im Bereich der Dominikaner die schon erwähnten *Viten des Heiligen Stanislaus und die Vita des Heiligen Jacek* (der 1257 starb). Auf Veranlassung der Dominikaner kam am Ende des dreizehnten Jahrhunderts die in ganz Europa populäre summa hagiographica, die *Goldene Legende* des Jacques de Voragine nach Polen, die später umgearbeitet und durch die Viten der polnischen Heiligen vervollständigt wurde.

### Chroniken, Legenden, Romane

Die erfreuliche Entwicklung der Geschichtsschreibung in den vorangegangenen Jahrhunderten und die zunehmende Aktivität Polens auf der europäischen Bühne brachten im dreizehnten Jahrhundert zwei Werke hervor, die über den lokalen, nationalen Bereich hinausgingen. Mitte des Jahrhunderts entstand die Geschichte der Tataren: *Historia Tartarorum*, der Bericht einer Reise ins Tatarische Imperium von Benedikt dem Polen, einem Franziskaner aus Breslau, der an der päpstlichen Delegation zum Großkhan teilnahm. In Deutschland wurde sie als *Relatio fratris Benedicti Poloni* bekannt. Besonderer Beliebtheit erfreute sich in Europa die in der zweiten Hälfte des dreizehnten Jahrhunderts vom Dominikanermönch Martin dem Polen verfaßte *Chronik der Päpste und römischen Kaiser* (*Cronica summorum pontificum imperatorumque*). Die Zersplitterung Polens in Teilgebiete förderte im dreizehnten Jahrhundert die Entstehung von Chroniken mit eher regionalem als gesamtstaatlichem Charakter. In der sogenannten *Großpolnischen Chronik*, einer am Ende des dreizehnten Jahrhunderts wahrscheinlich von einem Kanonikus des Posener Doms, Godzisław Baszko, angefertigten Kompilation, kamen lokale Ambitionen zu Wort: Sie berücksichtigt zwar die Geschichte Polens von seiner prähistorischen Zeit an (wobei sie die Volkssagen Kadłubeks um den sogenannten Großpolnischen Legendenzyklus, u.a. von Lech, Czech und Rus, erweitert), ist aber im Grunde genommen die Chronik eines Teilgebiets, die den großpolnischen Fürsten rühmt und sich hauptsächlich an die lokalen ritterlich-höfischen Kreise richtet.

Jan (oder Janko) von Czarnków (ca. 1320–1387), Posener Erzdiakon und königlicher Vizekanzler, ein Mensch mit einer ungewöhnlich schillernden Biographie und politischem Temperament (er wurde sogar des Raubes der königlichen Insignien aus dem Grab Kasimirs des Großen angeklagt), hielt in seiner in der zweiten Hälfte des vierzehnten Jahrhunderts verfaßten Chronik in der Konvention von historisch-publizistischen Memoiren seine Gegenwart fest, das heißt das Ende der Herrschaft der Piastendynastie und die Regierungszeit Ludwigs des

Ungarn (1370–1382), die vom Autor, der der Opposition der Anjou angehörte, ungünstig beurteilt wurde. Trotz ihres durchschnittlichen literarischen Wertes ist sie zweifellos die am lebendigsten geschriebene und persönlichste Chronik des mittelalterlichen Polen, die eine Menge Details von den „Hintertreppen" des damaligen Lebens am Hof und in den Kreisen der Kirche überliefert.

In den Fluß der historischen Erzählung der polnischen mittelalterlichen Chroniken wurden zuweilen gängige Motive der westlichen höfischen Romane eingeflochten, die sich dabei mit der Tradition der lokalen Volkssagen und Legenden verbanden. In der *Großpolnischen Chronik* fand sich u.a. eine polonisierte Variante der in Europa (auch in der deutschen Epik) bekannten Erzählung des Ritters Walter von Aquitanien und der schönen Helgunde. In der mündlichen Tradition war diese schillernde und dramatische Geschichte sicherlich schon seit langem in einer polonisierten Version im Umlauf, doch erst jetzt wurde sie vom Chronisten festgehalten, der damit das Schicksal Walters (der hier als Herr von Tyniec bei Krakau auftrat) und der treulosen Helgunde bleibend in die heimische Epik einführte. Schriftliche Zeugnisse, die die Rezeption von Motiven des französischen Romans oder der deutschen höfischen Epik im mittelalterlichen Polen bestätigen, sind nur wenige erhalten. Außer der Geschichte von Walter und Helgunde kann man hier noch die Volkssage von Wanda aus Krakau nennen, die einem deutschen Ritter nicht die Hand fürs Leben reichen wollte. Diese Sage stellt sicherlich eine hiesige Version der Geschichte Rüdigers von Bechelaren (Pöchlarn) dar. Zu nennen wäre auch die Legende vom Gnesener Fürsten Popiel, der von Mäusen gefressen wurde, die Analogien zur deutschen Erzählung von König Osserich aufweist. Von einem lebhaften Kontakt mit der westlichen Epik zeugen jedoch die seit dem dreizehnten Jahrhundert in unserer Kunst auftretenden Szenen aus höfischen Romanen und damals in Polen auftauchende Namen, wie z.B. die aus dem *Nibelungenlied* bekannten Siegfried, Gunter, Dietrich, selbstverständlich in slawischer Phonetik [(so wird z.B. aus Dietrich im polnischen *Dialog des Meisters Polykarp mit dem Tod* (*Dialog mistrza Polikarpa ze Śmiercią*) aus dem fünfzehnten Jahrhundert „Wietrzych")].

## Die Anfänge der wissenschaftlichen Literatur

Die Wende vom dreizehnten zum vierzehnten Jahrhundert brachte die ersten schriftlichen Belege von sich auf dem Gebiet Polens entwickelnden wissenschaftlichen Interessen. Europäischen Ruhm errang der glänzende Naturwissenschaftler und Philosoph Witelon der Schlesier (ca. 1230–ca. 1314), der das Werk *Über die Optik* (*Peri optikes*) verfaßte, das ein Kompendium des antiken und mittelalterlichen Wissens über die Natur des Lichts und seiner Perzeption darstellt. Den damaligen Stand der medizinischen Wissenschaften veranschaulicht der Traktat *Antipocras* (*Anti-Hippokrates*) von Nikolaus aus Polen, einem Dominikanermönch deutscher Abstammung und Hofarzt des Fürsten Leszek des Schwarzen (Leszek Czarny, er starb 1288), der sich gegen das rationale, auf die Autorität des Hippokrates und Galen gestützte medizinische Wissen richtete und neue, empirisch orientierte Heilmethoden empfahl.

## Die Kunst der Predigt

Die Entfaltung der Kunst der Predigt im dreizehnten und vierzehnten Jahrhundert knüpfte sich an den schnell fortschreitenden Ausbau eines Netzwerkes von Pfarreien und der damit entstandenen Notwendigkeit, immer größere Kreise von Gläubigen anzusprechen. Eine ungeheure Rolle spielten in diesem Zusammenhang die schon vor der Hälfte des dreizehnten Jahrhunderts nach Polen gerufenen Dominikaner- und Franziskanerorden, bei denen es Brauch war, die Predigt auch in der Nationalsprache zu halten. Im Wirkungskreis der schlesischen Dominikaner entstand an der Wende vom dreizehnten zum vierzehnten Jahrhundert eine Sammlung von lateinischen Predigten *Sermones de tempore et de sanctis* des Peregrin aus Oppeln (der nach 1333 starb). Dieses Werk wurde in ganz Europa populär und beeinflußte auch die späteren Predigten in polnischer Sprache. Die Prediger verwendeten zwar weiterhin in der Hauptsache ausländische, das heißt lateinische Homiliensammlungen, doch wurden sie schon im dreizehnten Jahrhundert in der Muttersprache gehalten, wovon die unzähligen polnischen Marginalien Zeugnis ablegen, die in den lateinischen Predigt-Codices dieser Zeit auftreten.

## Die Dichtkunst und das liturgische Drama

In Anknüpfung an die thematischen, gattungsspezifischen und stilistischen Konventionen der Hymnographie konzentrierte sich die im dreizehnten und vierzehnten Jahrhundert in Polen entstehende eigenständige liturgische Literatur hauptsächlich um die damals lebendige Heiligenverehrung. In Kleinpolen war dies der Kult des Heiligen Stanislaus, in Großpolen die Verehrung des Heiligen Adalberts (Wojciech) und in Schlesien der Heiligen Hedwig (Jadwiga). Dieses liturgische Schaffen wurde von Wincenty aus Kielcza durch seine schon erwähnten Lieder zu Ehren des im Jahr 1253 kanonisierten Bischofs und Märtyrers eingeleitet. Der in Schlesien lebendige Kult der Heiligen Hedwig fand u.a. in der populären Sequenz *Consurge iubilans* seinen Ausdruck. Im vierzehnten Jahrhundert ist unter den Schöpfern der lateinischen liturgischen Dichtkunst der Posener Bischof Jan Łodzia aus Kępno besonders bedeutend (er starb 1346), Autor einer Sequenz und eines Antiphons über den Heiligen Adalbert, die Gottesmutter sowie Petrus und Paulus. Aufs engste mit der Liturgie verbundene Formen des religiösen Schaffens waren die seit dem dreizehnten Jahrhundert in den polnischen Gotteshäusern eingeführten Dramatisierungen biblischer Szenen, die den Gläubigen während der höchsten Feiertage, besonders im Verlauf der Karwoche, in Erinnerung gerufen wurden: *Processio in Ramis Palmarum*, *Cena Domini*, *Depositio Crucis*, *Officium sepulchri*.

## Die weltliche Dichtung

Soweit man aus den erhaltenen Zeugnissen schließen kann, entwickelte sich die lateinische Dichtkunst mit weltlicher Thematik im vierzehnten Jahrhundert noch sehr zaghaft und blieb weiterhin im Schatten des Schrifttums mit religiösem Charakter. Aus den Kreisen des deutschen Bürgertums kam der Krakauer Kanoniker mit Namen Frovinus (er starb nach 1347), der das nach dem Jahr 1320 entstandene didaktisch-satirische Poem in Versen *Antigameratus* verfaßte. In diesem auch außerhalb Polens populären „Tugendspiegel" faßte Frovinus in Form eines mnemotechnischen Verses einen reichhaltigen Katalog von Beobachtungen menschlicher Unarten, moralistischer Belehrungen und praktischer Hinweise, von persönlichen (negativen wie auch den Lesern ans Herz gelegten) Vorbildern der einzelnen Stände bis hin zur Art und Weise, wie während eines Festmahls die Eier aufzuschlagen seien. In die Strömung der weltlichen lateinischen Dichtkunst gehört auch das anonyme Werk *De quodam advocato Cracoviensi Alberto* (*Über einen gewissen Krakauer Vogt Albert*), das im Zusammenhang mit den dramatischen Ereignissen am Anfang des vierzehnten Jahrhunderts entstand, das heißt mit dem gegen den Fürsten Władysław Ellenlang entflammten Aufstand der deutschen Bürger, an dessen Spitze sich der mächtige Vogt Albert gestellt hatte. Dieser Albert hält, nachdem er endgültig geschlagen und aus dem Land verbannt wurde und in der Fremde starb, aus dem Jenseits den klagenden Monolog eines reuevollen Menschen, den das Schicksal schmerzhaft geprüft hat und der die Lebenden ermahnen will. In diesem sicherlich in Krakau entstandenen Gedicht kamen die Spannungen zwischen der einheimischen und der fremden städtischen Bevölkerung zu Wort, die in Zusammenhang mit der ökonomischen und politischen Expansion der Deutschen auftraten. Die in dieser Periode häufigen Spannungen und Konflikte zwischen dem deutschen Patriziat und dem Bürgertum polnischer Abstammung sollten jedoch den Blick auf die positive Rolle der deutschen Besiedlung für die ökonomische, rechtliche und kulturelle Entwicklung des mittelalterlichen Polen nicht verstellen, besonders im dreizehnten Jahrhundert, als der zersplitterte und durch die Tatareneinfälle verwüstete Staat außerstande war, sich aus eigenen Kräften aufzurichten. Neben dem Lateinischen und dem Tschechischen spielte die deutsche Sprache eine Vermittlerrolle in der „Europäisierung" der polnischen Kultur, insbesonders in Schlesien und Kleinpolen, wo sie seit dem Ende des dreizehnten Jahrhunderts zur Sprache des Patriziats wurde. Die sich erst herausbildende polnische Sprache übernahm vom Deutschen die städtische, handwerkliche und höfische Terminologie (z.B. Rathaus — ratusz, Teller — talerz, Helm — hełm). In der Sphäre des wirtschaftlichen und religiösen Lebens spielten die überwiegend von Deutschen gegründeten Zisterzienserklöster eine bedeutende Rolle. Ähnlich verhielt es sich mit den Franziskaner- und Dominikanerkonventen. Die seit der Hälfte des dreizehnten Jahrhunderts nach deutschem Recht gegründeten Städte beriefen sich in der gerichtlichen Praxis auf die sogenannten *Magdeburger Schöffensprüche* (*Ortyle magdeburskie*), Sammlungen von aus dem Gericht zu Magdeburg stammenden Urteilen und Auslegungen von Gesetzen, die noch im fünfzehnten Jahrhundert ins Polnische übersetzt wurden.

LITERATUR IN POLNISCHER SPRACHE

## Geistliche Lieder

Das dreizehnte und vierzehnte Jahrhundert brachten die ersten, und wie man aus den vereinzelt erhaltenen Texten schließen kann, glänzendsten Proben des Reifeprozesses einer einheimischen, schon in der eigenen Sprache gepflegten Dichtkunst und Prosa hervor. Wahrscheinlich in der Hälfte des dreizehnten Jahrhunderts, gerade als in der lateinischen Chronik des Zisterzienserklosters in Heinrichau der erste Satz in polnischer Sprache niedergeschrieben wurde, entstand ein nach europäischem Maßstab einzigartiges Lied von außergewöhnlicher theologischer Tiefe und kunstfertiger poetischer und musikalischer Form, *Gottesmutter* (*Bogurodzica*). Die erste erhaltene Niederschrift stammt zwar erst vom Anfang des fünfzehnten Jahrhunderts; dennoch ist die Entstehungszeit des Originals um die Hälfte des dreizehnten Jahrhunderts anzusetzen, zudem umgab die Tradition, die das Lied dem heiligen Adalbert zuschrieb, es zusätzlich mit der Patina einer altertümlichen Würde. Historische Belege bestätigen, daß die Gottesmutter in besonders erhabenen und bedeutenden Augenblicken, u.a. vor der großen Schlacht gegen das Heer des Deutschen Ordens bei Tannenberg (Grunwald) im Jahr 1410 gesungen wurde. Obwohl man diesem Lied jahrhundertelang die Funktion eines Ansporns im Krieg, eines Krönungsliedes, ja sogar einer Staatshymne (carmen patrium) zuschrieb, ist die Gottesmutter in Wirklichkeit ein rein geistliches Lied, das in seinem archaischen, zweistrophigen Teil an die westliche Tradition des Setzens von Tropen im Bittruf *Kyrie eleison* anknüpft. Denn die Gläubigen richten ihre Gebete nicht unmittelbar an Christus selbst: In der ersten Strophe bittet das Volk seine Mutter, die im himmlischen Ruhm weilende Jungfrau und Muttergottes, daß sie als des fleischgewordenen Gottes Gebärerin auch für uns zur geistigen Gebärerin ihres Sohnes werde und ihn für uns gewinne und „herabsende", das heißt ihn in die Herzen und Gedanken der Menschen hineingebäre. In der zweiten Strophe wendet es sich schon an Christus selbst, daß er nach der Fürbitte des heiligen Johannes des Täufers die Gebete der Menschen erhöre, ihre Gedanken mit dem rechten Sinn erfülle und ihnen ein frommes Leben und ewige Erlösung schenke. Die Präsenz Marias und des Johannes als der höchsten Fürsprecher des Menschengeschlechts in der Gottesmutter ist die Resonanz jener antiken, in Byzanz entstandenen und in den Westen verpflanzten Idee, die in der Ikonographie durch die im ganzen romanischen und gotischen Europa populäre Darstellung der Deese zum Ausdruck kommt (in Polen z.B. im Gemälde der Stiftskirche von Tum bei Łęczyca, in Deutschland z.B. im Tympanon des Mainzer Doms oder dem Gemälde in der Apsis der Kirche in Nideggen). Die geistlichen polnischen Lieder nach der Gottesmutter sind schon die Früchte des vierzehnten Jahrhunderts. Hierher gehört in erster Linie eine Gruppe liturgischer Tropen für die Osterzeit, für die belegt ist, daß sie in der zweiten Hälfte des Jahrhunderts gesungen wurden, wie z.B. die im aus dem Jahr 1365 stammenden *Graduale von Płock* (*Graduał płocki*) niedergeschriebene Auferstehungs-trope *Christus ist erstanden* (*Krystus z martwych wstał je*), die vom lateinischen *Christe surrexisti* und vielleicht auch vom altdeutschen *Christ der ist erstanden* beeinflußt wurde. Sicherlich im vierzehnten Jahrhundert entstanden die erst zu Beginn des folgenden Jahrhunderts aufgezeichneten ältesten polnischen Passionslieder [*Oh aller Welt ganzes Volk (O wszego świata wszytek lud)*], Weihnachtslieder [*Gegrüßt seist Du, König der Engel (Zdrow bądź, krolu anjelski)*] und Marienlieder [*Maria, reinste du der Frauen (Maryja, czysta dziewice)*].

### Predigten und *Psalter*-Übersetzungen

Am Ende des dreizehnten Jahrhunderts gab es gewiß schon polnische Übersetzungen der wichtigsten täglichen Gebete und eine Übersetzung des *Psalters*, die sich nicht bis in unsere Zeit erhalten hat. Obwohl das nächste Jahrhundert lediglich vereinzelte Splitter geistlicher Prosa in polnischer Sprache überlieferte, war es zweifelsfrei eine zentrale Phase für die forcierte Entfaltung dieser Prosa. Dies belegen zwei für unsere geistliche und literarische Kultur hochrangige Denkmäler, die *Heiligkreuzer Predigten (Kazania świętokrzyskie)* und der *St. Florian-Psalter (Psałterz floriański)*. Die dank einer am Anfang des vierzehnten Jahrhunderts angefertigten Kopie fragmentarisch erhaltenen *Heiligkreuzer Predigten* sind das Beispiel einer selbständigen, schöpferischen Kunst der Predigt auf europäischem Niveau. Zu einem gelehrten, sich auf Allegorien stützenden Vortrag gesellt sich ein für die damalige *ars praedicandi* charakteristisches rhythmisches und klangliches Organisieren der Aussage. Die erhaltenen Bruchstücke einiger Predigten (nur eine Predigt für den Tag der heiligen Katharina ist vollständig überliefert) stammen aus einem älteren Zyklus *de tempore*, der auf die zweite Hälfte des dreizehnten Jahrhunderts zu datieren wäre. Am Ende des vierzehnten Jahrhunderts entstand in Krakau die älteste erhaltene Übersetzung der Psalmen, die fast dreihundert Jahre in Österreich, in der Abtei des heiligen Florian bei Linz, aufbewahrt wurde und deshalb *St. Florian-Psalter (Psałterz floriański)* genannt wird. In diesem handschriftlichen Kodex, der, reich geschmückt mit Darstellungen komplizierter symbolischer Inhalte, ursprünglich für die Königin Jadwiga (1384–1399) bestimmt war, wurden die Psalmen-Texte in strophenförmiger Anordnung abwechselnd in drei Sprachen geschrieben: lateinisch, polnisch und deutsch. Der literarische Reichtum der polnischen Übersetzung, die den Respekt des Übersetzers vor den Buchstaben des Originals (der Vulgata) mit einer für die damalige Zeit ungewöhnlichen poetischen Findigkeit verbindet, legte den Grundstein für die Formierung des polnischen Stils der Bibelübersetzung.

## DIE ERNTE-ZEIT (FÜNFZEHNTES JAHRHUNDERT)

Das fünfzehnte Jahrhundert war für unser Mittelalter die Zeit der Ernte. Zu dieser Zeit trug der lateinisch-polnische Stamm schon die ausgereiften Früchte des heimischen Intellekts und der künstlerischen Vollendung. Die Erneuerung der Krakauer Universität im Jahr 1400 ist dabei besonders bedeutsam.

Polen wechselte von der Rolle des Rezipienten in die eines Partners und Mitgestalters der europäischen Kultur. Innerhalb der traditionellen, in den vorangegangenen Jahrhunderten geprägten geistigen und künstlerischen Struktur kam die polnische und lateinische Literatur zur Blüte, traten hervorragende polnische Künstler hervor, und die heimische Wissenschaft und das gesellschaftliche Denken erreichte europäisches Niveau. Im Bereich der Publizistik wurden die Frage des Konziliarismus, des päpstlichen Schismas und der Reform von Kirche und Staat aufgegriffen. Im religiösen Schrifttum überwog weiterhin die anonyme, kirchlich-liturgische Dichtung, es entstanden jedoch auch neue Gattungen und Themen, wie z.B. epische *Lieder über Heilige* oder Werke mit eschatologischem Inhalt. Die polnische Prosa präsentierte sich in Übersetzungen der Heiligen Schrift, biblisch-apokryphen Erzählungen, Predigten, Heiligenviten, Gebetbüchern und zu Beginn des sechzehnten Jahrhunderts auch in sogenannten Historien (Romanen). Im Bereich der lateinischen Prosa entstanden Chroniken, Predigten, Reden, wissenschaftliche und publizistische Traktate und die Epistolographie, im Rahmen der lateinischen Dichtkunst geistliche Lieder, ständische Dichtungen und Gelegenheitsgedichte.

## LITERATUR IN POLNISCHER SPRACHE

### Kirchenlieder

In den bisherigen Erhebungen konnten einige Dutzend Texte von polnischen geistlichen Liedern aus der Zeit des Mittelalters gesammelt werden. Im Vergleich zum Beispiel mit den ca. 1500 deutschen Liedern, die vor dem Auftreten Martin Luthers entstanden, ist dies ein äußerst bescheidener Bestand. Man kann lediglich mutmaßen, daß der Großteil der Denkmäler für immer verschollen ist; und auch diejenigen, die überdauerten, verdanken dies entweder ihrer Popularität oder einem glücklichen Zufall. Die polnische geistliche Lyrik stammte damals überwiegend aus der Feder von schreibenden Klerikern, die um Diözesankathedralen, Klöster, den Königshof und die Universität gruppiert waren. Der wesentlichste schöpferische Impuls war für das Kirchenlied, wie auch früher schon, die Verehrung der Heiligen — vor allem der Nationalheiligen — und die sie begleitende praktizierte Andacht. Die polnischen geistlichen Lieder des fünfzehnten Jahrhunderts stehen weiterhin in engem thematischen und funktionellen Zusammenhang mit der Liturgie. Sie wurden vor oder nach der Predigt, während der Prozession oder im paraliturgischen Gottesdienst im Chor gesungen. Dabei überwogen Übersetzungen oder Bearbeitungen lateinischer Lieder, und es dominierte die Thematik der Weihnachts, Passions-, Oster- und Marienlieder. Sie vermittelten fundamentale Glaubenswahrheiten und prägten gleichzeitig die religiöse Vorstellungskraft ihrer Rezipienten. Die polnische geistliche Lyrik gedieh auf dem Nährboden ihrer lateinischen hymnographischen Vorbilder. Weiterhin überwogen traditionelle kirchliche Gattungen: Tropen, Sequenzen (Prosa), Hymnen, insbesondere

Prozessionshymnen [(z.B. *Es ziehen die Königsstandarten* (*Idą królewskie proporce*), die Übertragung des Hymnus von Venantius Fortunatus *Vexilla regis prodeunt*)]. Unter den geistlichen Liedern hob sich eine Gruppe von längeren epischen Gedichten ab, die das Motiv der Verkündigung, der Geburt und des Leidens Christi aufnahmen.

Zu den frühesten und dabei in künstlerischer Hinsicht reifsten Passionsliedern gehört die in einem regelmäßigen Dreizehnsilber abgefaßte Paraphrase des lateinischen Stundengebetshymnus *Jesus Christus, Gott und Mensch, Weisheit seines Vaters* (*Jezus Chrystus, Bóg-Człowiek, mądrość Oćca swego*). Eines der ältesten Osterlieder *Ein froher Tag bricht uns an* (*Wesoły nam dzień dziś nastał*) vom Beginn des fünfzehnten Jahrhunderts wurde mit der Anmerkung versehen: „Ein katholisches Lied, von den Deutschen genommen." Aus dem fünfzehnten Jahrhundert sind auch einige Weihnachtslieder erhalten, u.a. *Christus wurde uns geboren* (*Chrystus sie nam narodził*) (1435). Die Marienlyrik jener Zeit, wie z.B. *Gottes geheime Mächte* (*Mocne boskie tajemności*), *Oh, reine Blume* (*Kwiatek czysty, smutnego sierca ucieszenie*), die die Rolle Mariens für die Erlösung darstellt, preist auch in kunstvoll konstruierten, mit biblisch-theologischer Symbolik angereicherten Metaphern aus dem Bereich der Farben und Blumen ihre Schönheit.

### Die Klage Mariens (planctus Mariae)

Einen besonderen Platz in der Geschichte der polnischen mittelalterlichen religiösen Dichtkunst nimmt ein Gedicht ein, das nach dem Benediktinerkloster des Heiligen Kreuzes, wo es um das Jahr 1470 von Andrzej aus Słupia aufgeschrieben wurde, *Heiligkreuzer Klage* (*Lament świętokrzyski*) genannt wird und mit der Apostrophe „Hört, ihr lieben Brüder" beginnt. Es ist dies ein abwechselnd an das Volk, den sterbenden Jesus, den Erzengel Gabriel und alle Mütter gerichteter Monolog der Schmerzensmutter Maria unter dem Kreuz, der an die im Mittelalter populäre Gattung des planctus Mariae anknüpft (z.B. *Stabat Mater dolorosa* oder die deutschen *Marienklagen*). In ihm verblüfft ein in der polnischen Dichtkunst vorher nie da-gewesener subjektiver Ausdruck der zutiefst menschlichen Empfindungen und Erfahrungen der Gottesmutter, die mit ihrem gekreuzigten Sohn Einsamkeit und Qual teilt und gleichzeitig die Menschen um geistige Solidarität und Mitleid für seinen grenzenlosen Schmerz bittet. Erstaunlich ist die Meisterschaft des anonymen Autors im Aufbau einer dramatischen Spannung mit Hilfe von sprachlich-stilistischen und versbaulichen Mitteln. Nicht auszuschließen ist, daß es sich um ein Fragment eines verlorengegangenen Passionsspiel handelt.

### Die Lieder Władysławs von Gielniów

Am Ende des fünfzehnten Jahrhunderts trat die ungewöhnliche Persönlichkeit des ersten namentlich bekannten polnischen geistlichen Dichters in Erscheinung, der Franziskanerobservant und berühmte Prediger Władysław von Gielniów (ca.

1440–1505). Neben lateinischen Werken verfaßte er auch für das Volk bestimmte Lieder in polnischer Sprache. Zu ihnen gehören u.a. das Passionslied *Der Jesus-Psalter* (*Żołtarz Jezusów*), das zur Meditation über die Leiden des Herrn aufruft, das Weihnachtslied *Als Augustus Rom regierte* (*Augustus kiedy królował*), und auch Marienlieder, die sich auf apokryphe Legenden über die Geburt, das Entschlafen und die Himmelfahrt Mariens stützen. Władysław von Gielniów bediente sich eines regelmäßigen syllabischen Verses, verwendete Binnenreime, Anaphern, Akrosticha und alphabetische Gliederungen. In seiner Dichtkunst spiegelt sich die für das fünfzehnte Jahrhundert charakteristische glühende Verehrung und Anbetung Jesu und Mariae, die im Geist der *devotio moderna* und des von ihr propagierten Gedankengebets gehalten ist.

### Lieder und Legenden über Heilige

In der Sphäre des religiösen, jedoch nicht unmittelbar mit der Liturgie verbundenen Schrifttums entstanden epische Lieder und Legenden über Heilige, z.B. das aus Böhmen stammende Lied über die Heilige Dorothea oder das polnische Lied vom Heiligen Stanislaus. Das interessanteste Denkmal aus diesem Bereich ist die gereimte *Legende vom Heiligen Alexius* (*Vita sancti Alexi rikmice*), die ursprünglich für die Solorezitation bestimmt war und in einer Kopie aus der Hälfte des fünfzehnten Jahrhunderts erhalten ist. Die heimische Bearbeitung der im Mittelalter beliebten Geschichte ist vielleicht der Nachhall der lokalen Verehrung des heiligen Asketen, die bei uns noch vor dem Heiligen Adalbert Wurzeln geschlagen hatte. In der polnischen Variante der Legende sticht neben der heroischen Gestalt des Alexy, der in der Flucht vor der Welt (*fuga mundi*), radikaler Askese und absoluter Selbstverleugnung die Vervollkommnung sucht, auch die Person seiner Gemahlin hervor, die ihm im Gelübde lebenslanger Keuschheit verbunden ist und ein gleichermaßen heroisches, wenn auch nicht so spektakuläres Ideal der Frömmigkeit „in der Welt" verwirklicht. Das künstlerisch wertvollste Fragment der Legende ist die vom Original verhältnismäßig unabhängige Apostrophe, mit der das Werk beginnt und in der der Autor Gott um die Gabe der Weisheit und die Weihung seines Herzens bittet.

### Eschatologische Dichtung

Zur Strömung der im westeuropäischen Mittelalter populären eschatologischen Literatur gehören einige polnische Werke, die das Thema des Todes, des Jüngsten Gerichts und des Lebens nach dem Tode aufgreifen. Das in einer Kopie aus dem Jahr 1463 erhaltene Alphabetgedicht, das *Des Sterbenden Klage* (*Skarga umierającego*) genannt wird, ist der ausdrucksstarke Monolog eines Sünders im Anblick des Todes, der, von Gewissensbissen gequält, sich über die trügerische Welt und die zynischen Menschen beklagt und aus Furcht vor dem ihm bevorstehenden Gericht und vor den Visionen der Höllenqualen zittert. Hier treten auch das Motiv des Seelenkampfes sowie Elemente der mittelalterlichen *artes moriendi* in Erscheinung. Das Werk ist ebenfalls in einer Dialogversion erhalten, die ein

Beleg dafür sein könnte, daß es während der Begräbniszeremonie vorgetragen wurde. Der Zwiespalt der Seele, die den menschlichen Leib eben verließ und nun nicht weiß, wohin sie sich wenden soll, wird in dem kurzen Lied *Die Seele ist dem Leib entflohen* (*Dusza z ciała wyleciała*) aus dem fünfzehnten Jahrhundert dargestellt. Das in ihm gezeigte Bild der „grünen Wiese", dem vorübergehenden Aufenthaltsort der gerechten Seelen, die auf den Spruch des Jüngsten Gerichts warten, ist von der lateinischen visionären Literatur übernommen und wurde dann von der polnischen Volkskultur assimiliert. Die im ausgehenden Mittelalter populäre Gattung des Dialogs eines Menschen mit dem Tod ist in Polen durch den in einer Kopie aus dem Jahr 1463 erhaltenen sogenannten *Dialog Meister Polykarps mit dem Tod* (*Rozmowa Mistrza Polikarpa ze Śmiercią*) vertreten. Die sich an ein lateinisches Vorbild anlehnende, aber künstlerisch selbständige polnische Bearbeitung greift gängige Motive der religiös-didaktischen Literatur auf (die Macht des Todes, die Untugenden der einzelnen Stände, den Totentanz), reichert sie jedoch mit Realien des polnischen Lebens an und läßt sowohl den Tod selbst als auch sein „Handwerk" in naturalistischer und makaber-grotesker Konvention auftreten.

### Weltliche Dichtung

Der europäischen Tradition der höfischen Paränese (das deutsche Äquivalent wären die Tischzuchten) gehört Słotas (gest. 1419) Werk an, das *Gedicht über den Brottisch* (*Wiersz o chlebowym stole*) genannt wird. In seinem satirisch gezeichneten Bild eines ungehobelten Zechbruders flocht der Autor in den Vortrag über die Etikette bei Tisch das erste Lob der Vornehmheit einer Frau in der polnischen Literatur, das er auch mit religiösen Erwägungen, das heißt mit der Verehrung der Muttergottes begründete. Zur Richtung der weltlichen, von dramatischen zeitgenössischen Ereignissen inspirierten Dichtung gehört ein Gedicht, das von der Ermordung des glänzenden Ritters Andrzej Tęczyński durch die Krakauer Bürger im Jahr 1561 erzählt, das *Lied von der Ermordung des Andrzej Tęczyński*. Scharfsinnige, mit polnischen Realien versehene Beobachtungen über die Schläue der bäuerlichen Natur und die Methoden, auf den herrschaftlichen Feldern Arbeit vorzutäuschen, formulierte ein anonymer adeliger Autor im Gedicht *Listig gehen die Bauern mit dem Herrn um* (*Chytrze bydlą z pany kmiecie*), das in der zweiten Hälfte des fünfzehnten Jahrhunderts entstand. Einen heftigen Angriff auf das Papsttum und die katholische Kirche (als eine Kirche des Antichrists) unternahm Jędrzej Gałka von Dobczyn (der nach 1451 starb), ein Krakauer Baccalaureus und Magister, hiesiger Anhänger des Hussitismus, in seinem *Wycliff-Lied* (*Pieśń o Wiklefie*) ca. 1449. Er wendet sich in seinem Agitationslied an alle Völker (Sprachen), wobei er an erster Stelle die „Lachen (Polen) und Deutschen" anführt. Ein Surrogat für die in Polen fehlende ritterliche und höfische Dichtkunst, wie sie im Westen von den Troubadours und Minnesängern gepflegt wurde, waren die von Krakauer Scholaren verfaßten Erotika, Lieder (wie z.B. die ausgelassene *Cantilena inhonesta*) und poetische Liebesbriefe.

## Bibelübersetzungen

Die polnische religiöse Prosa wurde während der im fünfzehnten Jahrhundert unternommenen Arbeiten einer Bibelübersetzung geprägt und griff mit der Zeit auch auf immer größere Bereiche in der Kunst der Predigt sowie des hagiographischen und apokryphen Schrifttums über. Gewiß ist es der reservierten Haltung der Kirche gegenüber lokalen Initiativen einer Übersetzung der Bibel in die Nationalsprachen zuzuschreiben, daß die erste vollständige Übertragung der Heiligen Schrift ins Polnische, die sogenannte *Bibel der Königin Zofia* (*Biblia królowej Zofii*), erst Mitte des fünfzehnten Jahrhunderts entstand. Von der Wende vom fünfzehnten zum sechzehnten Jahrhundert stammt der sogenannte *Psalter aus Puławy* (*Psałterz puławski*) in der Form eines illuminierten Gebetbuches, in dem wortgetreuen Psalmenübersetzungen aus der Vulgata figural-allegorische Kommentare im Geist der Christologie vorangestellt sind.

## Apokryphe Literatur

Von den polnischen apokryphen Werken von der Wende vom fünfzehnten zum sechzehnten Jahrhundert ist die am Ende des fünfzehnten Jahrhunderts entstandene *Betrachtung über das Leben des Herrn Jesus*, die auch *Überlegungen aus Przemyśl* (*Rozmyślanie przemyskie*) genannt wird, das selbständigste Werk. Es ist dies eine ausführliche und detaillierte Erzählung vom Leben Mariens und Jesu, die zwar eine Kompilation fremder Quellen darstellt, diese jedoch geschickt in der Poetik des *Cento* verbindet, in narrativer und stilistischer Hinsicht selbständig ist und einerseits reich an realistischen Details, andererseits von einer Atmosphäre des Wunderbaren durchdrungen ist. Die fromme Neugierde der damaligen Leser fand hier u.a. einen minutiösen Bericht über die in den Evangelien übergangene Kindheit Jesu wie auch eine eingehende, an der mittelalterlichen Physiognomie orientierte Beschreibung seines Antlitzes. Auch andere apokryphe Geschichten erzählen sehr häufig vom Leben Christi und Mariens, wobei sie vor allem die naturalistisch dargestellten und emotionell betrachteten Leiden Jesu und das geistige Mitleiden der Mutter hervorheben; z.B. *Die reine Geschichte vom Leid des Herrn Jesus Christus* (*Sprawa chędoga o męce Pana Chrystusowej*) und die sogenannten *Dominikaner-Betrachtungen* (*Rozmyślania dominikańskie*).

## Die Kunst der Predigt

Die heimische Kunst der Predigt ist mit den am Anfang des fünfzehnten Jahrhunderts niedergeschriebenen *Gnesener Predigten* (*Kazania gnieźnieńskie*) vertreten, einem in einen lateinischen Kodex aufgenommenen Zyklus von zehn polnischen Predigten, die für einen populären Rezipienten bestimmt waren, wie u.a. Wendungen an die Zuhörer („Liebe Kindchen") und die hier unzählig auftretenden Beispiele bezeugen. Einen anderen Charakter besitzt die zur Verachtung der Welt und ihrer Freuden aufrufende *Predigt auf den Tag Allerheiligen* (*Kazanie na dzień Wszech Świętych*), die in einem lateinischen theologischen Kodex aus der Mitte des fünfzehnten Jahrhunderts aufgezeichnet wurde. Sie ist eine in ihrer sachlichen Überredungskunst und Sprachgewandtheit hervorragende Auslegung eines Fragmentes aus dem Evangelium des Heiligen Matthäus über den Segen Christi. Genau auf den Anfang des sechzehnten Jahrhunderts wird ein Zyklus von gelehrten Marien-Predigten datiert, die Jan von Szamotuły, genannt Paterek (ca. 1480–1519), zugeschrieben werden. Sie treten für das Dogma der unbefleckten Empfängnis Mariens ein, verzichten aber auch nicht auf Abschweifungen von apokryphem Charakter (z.B. eine Beschreibung der Schönheit des Gottesmutter).

LITERATUR IN LATEINISCHER SPRACHE

## Universitäten, Wissenschaft, Publizistik

Während der ersten vier Jahrhunderte seines Bestehens war das Schulwesen in Polen auf den Tätigkeitsbereich der Kirche beschränkt und grundsätzlich der Ausbildung von Geistlichen gewidmet. Man reiste auch zu Studienaufenthalten ins Ausland, seit dem zwölften Jahrhundert nach Bologna und Paris, im vierzehnten Jahrhundert nach Prag. Der Bedarf an Rechtsgelehrten und Diplomaten im sich dynamisch entwickelnden Staat wie auch das Beispiel der Prager Universität bewogen König Kasimir den Großen dazu, im Jahr 1364 in Krakau ein *Studium Generale* mit drei Fakultäten, Jura, Medizin und den Schönen Künsten, einzurichten. Nach dem Tod des Gründers erlahmte jedoch die Aktivität der Hochschule. Der spätere glanzvolle Aufschwung der Krakauer Universität beruht auf Königin Jadwiga und König Władysław Jagiełło (1386–1434), dank derer im Jahr 1400 eine Restitution der Hochschule durchgeführt wurde. Damals wurde eine theologische Fakultät nach dem Vorbild der Pariser Schule ins Leben gerufen, die anfänglich eine traditionelle, sich auf die Autorität von Aristoteles und Thomas von Aquin stützende Scholastik betrieb, später jedoch auch für die Einflüsse der *via moderna* (Augustinismus, Nominalismus) mit besonderer Betonung der moralisch-praktischen Fragestellungen offen war. Ehe die Krakauer Universität so hervorragende Zöglinge wie Nikolaus Kopernikus hervorbrachte, entstanden wissenschaftliche und publizistische Traktate von Meistern, die noch außerhalb Polens ausgebildet worden waren. Hier ist zumindest Mateusz von Krakau (ca. 1330–1410) zu erwähnen, der Mitorganisator der erneuerten Akademie, Professor in Paris und Heidelberg und zuletzt auch Bischof von Worms. Neben Schriften aus dem Bereich der Theologie (z.B. *Tractatus rationis et conscientiae*, erschienen in Mainz um das Jahr 1460) hinterließ er den Traktat *De praxi curiae Romanae*, in dem er den moralischen Verfall des Papsttums einer Kritik unterzog und konziliaristische Thesen formulierte. Ein in Europa berühmter Theologe, Prediger und Anwalt der Kirchenreform im Geiste des Konziliarismus war Jakub von Paradyż (er starb 1464), Zögling und Doktor der Krakauer Universität, Zisterzienser in Mogiła bei Krakau, später jedoch Kartäuser, der einen beträchtlichen Teil seines Lebens (als Jakub von Jüterbock) in einer Einsiedelei bei Erfurt verbrachte. In seinen Ansichten knüpfte er an die Mystik des Heiligen Bernhards und die Richtung der *devotio moderna* an. Internationale Anerkennung erwarben sich die Schriften des Rektors der Krakauer Universität, Paweł Włodkowic (ca. 1370–nach 1434), insbesonders sein Traktat *Von der Macht des Papstes und Herrschers gegenüber den Ungläubigen (De potestate papae et imperatoris respectu infidelium)*, in dem er das Verbot, Heiden mit Gewalt zu bekehren, formulierte und begründete. Die von Włodkowic beim Konzil von Konstanz im Zusammenhang mit dem Konflikt zwischen Polen und dem deutschen Orden präsentierte Doktrin eines gerechten Kriegs (die schon vorher in der Predigt *De bellis iustis* des ersten Rektors der restituierten Universität, Stanisław von Skarbimierz, skizziert wurde) und sein Postulat, sich in den Beziehungen zwischen den Völkern von religiöser Toleranz leiten zu lassen, gehören zu den schönsten Stellen in der Geschichte der europäischen politischen Kultur. Zu den großartigen Universitätsrednern gehörte auch Jan von Ludzisko (ca. 1400–vor 1460), Professor der Krakauer Universität, Arzt und Förderer der Kunst der Beredsamkeit und der Philosophie. Selbst bäuerlicher Herkunft, formulierte er in der Begrüßungsrede, die er anläßlich der Krönung Kasimirs IV. (Jagiellończyk) im Jahr 1447 hielt, das Postulat der Aufhebung der Leibeigenschaft der Bauern als von Natur aus freier Menschen. Ein umfassenderes Programm der Staatsreform präsentierte Jan Ostroróg (ca. 1436–1501), ein glänzender Politiker, Diplomat und Rechtsgelehrter. In seinem Traktat *Denkschrift für die Umgestaltung der Republik Monumentum pro Reipublicae ordinatione congestum* vorderte er den Vorrang der Interessen des Staates vor denen der Kirche und propagierte z.B. die Nominierung des Bischofs durch den König wie auch die Loslösung der weltlichen Macht vom Papst, eine moralische Erneuerung des Klerus, eine Reform des Fiskus, des Heeres und der Gerichtsbarkeit. Er kritisierte auch die in den vorangegangenen Jahrhunderten üblich gewordene Sitte der polnischen Gerichtsbarkeit, sich auf die Autorität von Magdeburg zu berufen, und die in manchen Gotteshäusern in deutscher Sprache gehaltenen Predigten.

## Predigten und Gebetbücher

Im fünfzehnten Jahrhundert entfaltete sich weiterhin die lateinische Kunst der Predigt (Mikołaj von Błonie, Paweł von Zator, Stanisław von Skarbimierz), die überreich mit Glossen und Beispielen von narrativ-anekdotischem Charakter ausgeschmückt wurde. Es entstanden auch lateinische Heiligenviten, theologische Traktate und auch Traktate aus der Sphäre der Kunst des Sterbens (z.B. die *Ars moriendi* des Mateusz von Krakau). Von den unzähligen handschriftlichen Büchern für den Gottesdienst, die im Umfeld des Königshofes entstanden, ist ein traditionell auf die Person des Königs Władysław III. (Warneńczyk, 1424–1444) bezogenes illuminiertes lateinisches Gebetbuch, in dem in die Gebetsinhalte ein kristallomantisches Motiv eingeflochten ist, nach europäischem Maßstab einmalig. Durch Entsühnung, erflehte Gnade und die Hilfe der Erzengel hofft der Betende, in einem magischen Kristall zur Offenbarung der Geheimnisse des Universums vorzudringen. Die zahlreichen Germanismen legen nahe, daß ein deutscher Geistlicher Redakteur des Textes war.

Die Dichtkunst

In der weltlichen lateinischen Dichtkunst des fünfzehnten Jahrhunderts dominierte der mit dem höfischen Leben verbundene Themenkreis der Gelegenheitsdichtung. Adam Świnka (er starb 1433) verfaßte ein lateinisches Epitaph anläßlich des Todes von Zawisza dem Schwarzen, eines in Europa berühmten Ritters (im Jahr 1417 schlug er Johannes von Aragonien im Turnier), der es wie Roland vorzog, eher zu sterben, als die Hilfe des Kaisers in Anspruch zu nehmen und vom Schlachtfeld zu fliehen. Stanisław Ciołek (1382–1437) war nicht nur Autor höfischer *Panegyrica*, sondern auch eines nicht gerade zimperlichen Pasquills in Form eines Tiermärchens über die dritte Frau des Königs Władysław Jagiełło sowie einer poetischen Lobrede auf Krakau und die königliche Familie, *Lob Krakaus* (*Laus Cracoviae*). Dieselben Schriftsteller schrieben in der Regel auch lateinische geistliche Lyrik. Ein neues Phänomen in der lateinischen Dichtkunst ist im fünfzehnten Jahrhundert das anonyme Schrifttum der Krakauer Scholaren, das an die Vorbilder der Vagantendichtung anknüpfte, das Thema der armen Studenten und ihrer Festvergnügungen aufgriff und dabei Gebete und wissenschaftliche Texte parodierte.

Die Synthese der Geschichtsschreibung

Die Historiographie ist die beständigste Richtung in der mittelalterlichen lateinischen Prosa, da sie dank ihrer wechselseitigen Anknüpfungen und Weiterführungen eine ununterbrochene Kontinuität bewahrte. Wie einst die Geschichte unseres Schrifttums mit Annalen und Chroniken begann, so fand auch jetzt das Ende der Epoche, das gleichzeitig den Höhepunkt der polnischen Großmacht darstellte, seine Krönung in einem historiographischen Werk europäischen Ranges, den *Annalen oder Chroniken des berühmten polnischen Königreiches* (*Annales seu Cronicae inclyti Regni Poloniae*) von Jan Długosz (1415–1480), einem Historiker und Hagiographen, der allgemein als der hervorragendste Schriftsteller des mittelalterlichen Polen angesehen wird. Seine monumentale Nationalchronik in zwölf Büchern, die einen reifen Versuch einer kritisch-wissenschaftlichen Synthese der Geschichte des Staates von der ältesten Zeit an bis zum Polen der Jagellonen (das heißt bis zum Königreich mitsamt dem Großfürstentum Litauen, wie es durch die Union von 1386 geschaffen wurde) darstellt, entstand in den Jahren 1455–1480. Das gewaltige, jahrzehntelang gesammelte Material, das nicht nur polnische, sondern auch deutsche, böhmische, ungarische und ostslawische Quellen berücksichtigt, bearbeitete und ordnete Długosz kritisch, wobei er nach dem Vorbild des Livius die beschriebenen Tatsachen und Ereignisse zu einer Kette von Ursache und Wirkung verknüpfte. In seiner Interpretation der Geschichte Polens war er ein glühender Patriot (in die Einleitung der Chronik fügte er eine ausführliche Beschreibung des Landes ein), Verfechter einer von der Vorsehung bestimmten Vision der Geschichte und Fürsprecher der Unabhängigkeit der Kirche von der weltlichen Macht. Diese Anschauungen wurden durch seine langjährige Zusammenarbeit mit dem Krakauer Bischof und glänzenden Politiker Zbigniew Oleśnicki (ca. 1430–1493) geprägt. Obwohl Długosz in seiner Arbeit als Chronist vor allem pragmatische und moralischerbauliche Ziele verfolgte, besitzt sein Werk durch sein an antiken Schriftstellern orientiertes Latein, seine belletristischen, lebendigen Beschreibungen von Schlachten und Belagerungen sowie durch seine fiktiven Ansprachen und Dialoge zwischen den Helden auch einigen literarischen Wert. Die Chronik von Długosz war das letzte große historische Werk in Europa, das im Geist der Kirche geschrieben wurde, und er selbst ist, obgleich mit der antiken Kultur gut vertraut und immer innerhalb der humanistischen Interessenssphäre Oleśnickis an der Grenze der beiden Epochen Mittelalter und Renaissance anzusetzen.

### Veit Stoß

Werden die Annalen von Jan Długosz als die Krönung der mittelalterlichen Geschichtsschreibung angesehen, so verdient es zweifellos der in den Jahren 1477–1489 in Krakau entstandene monumentale Marienaltar als jenes Werk bezeichnet zu werden, in dem die Entwicklung der gotischen Kunst in Polen ihren Höhepunkt erreichte. Er wurde vom hervorragenden Holzschnitzer und Maler Veit Stoß (Wit Stwosz), der aus Nürnberg nach Krakau kam, geschaffen. Thema des Flügelaltars ist ein Zyklus der Freuden und Leiden Mariens mit ihrem Entschlafen als zentraler Szene. Dieses Werk, das zu den wunderbarsten Leistungen der gotischen Kunst zählt, kündigt gleichzeitig eine neue Zeit an. Veit Stoß gelang es, die traditionelle Marientheologie, der auch apokryphe Motive, wie sie zum Beispiel in den Betrachtungen vorkamen, nicht fremd waren, in einer realistischen Konvention, die die Vorstellungen und den Geschmack des Krakauer Bürgertums zur Zeit der Wende vom Mittelalter zur Renaissance berücksichtigte, auszudrücken.

## WEITERFÜHRUNGEN IM SECHZEHNTEN JAHRHUNDERT

Das Datum der Entdeckung der Neuen Welt durch Christoph Kolumbus, das man üblicherweise als symbolischen Beginn der Neuzeit und das Ende des Mittelalters ansieht, kann, wenn auch aus ganz anderen Gründen, auf die Geschichte Polens bezogen werden. Denn im Jahr 1492 starb Kasimir IV. (Jagiellończyk), ein Herrscher von noch echt mittelalterlichem Schlag und Befürworter einer autokratischen Regierungsform, der trotzdem die Erziehung seiner Söhne Jan Długosz, der die neue humanistische Strömung keineswegs mied, und Filippo Buonaccorsi (Callimachus), dem hervorragendsten Vertreter des frühen Humanismus in Polen, anvertraute. Wesentliche, wenn auch nicht sofort epochemachende Konsequenzen für die Geschichte der polnischen Literatur des Mittelalters hatte die Einführung des Druckes. Im Jahr 1473 kam der bayrische Wandertypograph Kasper Straube nach Krakau, dem wir den ersten Druck in Polen verdanken, einen lateinischen Kalender für das Jahr 1474 (*Almanach Cracoviense*). Im Jahr 1506 erschien in der Druckerei von Jan Haller eine von Jan Łaski besorgte *Sammlung der Statuten des Polnischen Königreiches*, in dessen Einleitung sich der erste gedruckte Text der *Gottesmutter* befindet. Vor dem Jahr

1508 wurde von der Druckerei des Kasper Hochfeder das wahrscheinlich älteste gedruckte polnische Buch herausgegeben, *die Historie vom Leiden unseres Herrn Jesus Christus* (*Historyja umęczenia Pana naszego Jezusa Chrystusa*). Es war dies also eine noch zur Gänze dem Mittelalter angehörende Produktion. Dem intellektuellen und geistigen Klima des Mittelalters waren auch noch die Autoren der in späteren Jahren gedruckten Werke verhaftet: Biernat von Lublin mit seinem Gebetbuch *Seelenparadies* (*Hortulus animae*) oder Jan von Koszyczki, der Verfasser der *Vita der Heiligen Anna*. Der Prozeß des allmählichen Erlöschens mittelalterlicher Strukturen, insbesondere in der Richtung des traditionellen religiösen Schrifttums, erstreckte sich auf das ganze sechzehnte Jahrhundert, dessen Ende erst die voll ausgereifte Umsetzung des mittelalterlichen Mysteriums brachte, die *Historie von der rühmlichen Auferstehung des Herrn* (*Historyja o chwalebnym Zmartwychwstaniu Pańskim*) von Mikołaj von Wilkowiecko.

Wacław Walecki

# DIE LITERATUR DER RENAISSANCE

## ALLGEMEINES

Das Ende des Mittelalters fällt in der polnischen Kultur in die zweite Hälfte des fünfzehnten Jahrhunderts, obgleich wir natürlich auch noch im sechzehnten Jahrhundert Reste der mittelalterlichen Literatur und Kultur beobachten können. Doch traten mit dem Niedergang des mittelalterlichen Denkens von den siebziger und achtziger Jahren des fünfzehnten Jahrhunderts an in der polnischen Kultur Elemente der Renaissance auf. An der Grenze dieser beiden Epochen standen Nikolaus Kopernikus und Jan Długosz und ihre Werke. Beide waren vom Mittelalter geprägt und auf seinem Boden gewachsen, brachten mit ihren Leistungen gleichsam diese Epoche zu ihrer Blüte und stießen gleichzeitig das Tor zu einer neuen Zeit auf. Jan Długosz, der im Jahr 1480 starb, hinterließ seine Chronik *Annales, seu Chronicae incliti Regni Poloniae* als Summe des geschichtlichen Wissens des Mittelalters, doch gleichzeitig auch als ein methodologisch so vorzüglich aufbereitetes und sich auf eine moderne Nutzung der Quellen stützendes Werk, daß es noch in der Neuzeit als Vorbild für ähnliche Unternehmungen dienen konnte. Ähnlich verhält es sich auch mit Nikolaus Kopernikus, dessen *De revolutionibus orbium coelestium* (1543) als Frucht der Erwägungen und Untersuchungen eines ja noch durch und durch mittelalterlichen Menschen die Neuzeit in der polnischen und weltweiten Wissenschaft einleitete.

Das Jahr 1543, in dem Kopernikus starb und in dem auch seine Werke herausgegeben wurden (nachdem sich ihre Publikation wohlgemerkt durch lang andauerndes Bedenken und Zögern verschoben hatte), ist für die polnische Kultur ein sehr bezeichnendes Jahr. Denn nicht nur durch dieses Ereignis sticht es hervor, sondern auch durch den Tod von Klemens Janicki, einem der ersten Dichter der Renaissance, und durch die Veröffentlichung der frühen Werke von Mikołaj Rej und Andrzej Frycz Modrzewski u.a. Mit diesem Datum beschließen wir gewöhnlich die erste Phase der Renaissance in Polen und stellen ihre volle Blüte fest, die bis in die neunziger Jahre des sechzehnten Jahrhunderts dauert, also bis zur Tätigkeit von Piotr Skarga. Denn erst vom Beginn des siebzehnten Jahrhunderts, genauer gesagt etwa vom Jahr 1618 an, das heißt von der Veröffentlichung der hervorragenden Übertragung, ja eigentlich Bearbeitung und Interpretation des italienischen Werkes *Das befreite Jerusalem* (*Gofred abo Jeruzalem wyzwo-*

*lona)* von Torquatto Tasso durch Piotr Kochanowski, Jans Neffen, spricht man gewöhnlich von der Blüte der Barockliteratur in Polen. Denn der erwähnte Text enthält, hauptsächlich in seinen polonisierten Partien, die typischen Elemente der neuen Epoche. Das ihm chronologisch vorangehende poetische Schaffen von Mikołaj Sęp-Szarzyński (der 1581 starb) rechnen wir zu den Vorläufern des polnischen Barock noch zur Zeit der Hochrenaissance.

Die sich in der damaligen Republik parallel entfaltenden polnischsprachige und lateinische Literaturen schlossen sich der europäischen Denkrichtung als ein Kulturgut eines der wichtigsten Staaten dieses Kontinents an (wie man zu sagen pflegte, herrschten die Jagellonen von einem Meer zum anderen, das heißt von der Ostsee bis an das Rote Meer). Das Werk von Andrzej Frycz Modrzewski *Commentariorum de Republica emendanda libri quinqe* (das beinahe gleichzeitig in Krakau und bei Oporin in Basel gedruckt wurde), *De optimo senatore* von Wawrzyniec Goślicki und viele andere waren allgemein bekannte und geschätzte Texte. Jan Kochanowskis aktive Beteiligung an der Wahl Heinrich von Valois auf den polnischen Thron wiederum und die spätere Polemik des Dichters gegen die Künstler des Kreises um den französischen Hof wiesen eben auch dort auf das Vorhandensein einer regen polnischen Literarur hin. Die lebhaften Kontakte polnischer Persönlichkeiten zu den Denkern des damaligen Europa (zum Beispiel zu Erasmus von Rotterdam) ermöglichten einen gut funktionierenden gegenseitigen Ideenaustausch. Und die zahlreichen Studienaufenthalte der polnischen Jugend im Ausland (vor allem in Italien und den deutschen Ländern) erweiterten den Horizont der gesamten Adelsgesellschaft.

Den Ideenforschern des neunzehnten Jahrhunderts folgend sah man früher gewöhnlich in der Kultur der Renaissance eine Periode der „Entdeckung des Menschen" und der „Entdeckung des Universums", der Befreiung des menschlichen Denkens und seiner Hinwendung zu irdischen, vergänglichen Werten im Gegensatz zu den jenseitigen Idealen des Mittelalters. In Wirklichkeit jedoch ist die Renaissance eine viel komplexere Periode, in der wir zum Beispiel neben tatsächlich das weltzugewandte Leben idealisierenden Tendenzen Erscheinungen tiefer Religiosität vom Typus eines Franz von Assisi finden. Die Opposition von Weltzugewandtheit und Religiosität, in der polnischen Dichtkunst so deutlich sichtbar im Werk und der Lebenshaltung von Jan Kochanowski (im *Psalter*, den *Klageliedern* und einigen seiner *Lieder*), bringt uns ihrerseits auf die politische und konfessionelle Situation Polens im sechzehnten Jahrhundert.

In innenpolitischer Hinsicht war es einer der interessantesten Staaten Europas. Seit ungefähr der Jahrhundertmitte mit Litauen zu einer Union verbunden, nannte es sich Republik, obgleich es von einem einzigen König für beide Staaten regiert wurde. Dieser Staat mußte keine Bürgerkriege erleben, wie sie andere Länder unseres Kontinents, besonders aus religiösen Gründen, so sehr zerrissen. Die religiöse Polemik spielte sich hier trotz alledem in einer Atmosphäre demokratischer Diskussionen, nicht auf den Scheiterhaufen ab; der immer größere Bedeutung erlangende Adel machte die Umsetzung seiner Rechte geltend und entschied gleichberechtigt mit dem

König über das Schicksal des Landes. Denn auch die Außenpolitik der Könige Sigismund des Alten und Sigismund August sowie später Stefan Bathorys sicherte den zentralpolnischen Ländern Friede und einen ungefährdeten wirtschaftlichen Aufschwung. Die Republik konnte ihre Stellung als einer der mächtigsten Staaten im damaligen Europa festigen. Alle diese Elemente trugen ihrerseits zur dynamischen Entwicklung der Renaissance-Kultur bei, denn bekanntlich *inter arma silent Musae*.

Die intellektuelle und künstlerische Bewegung der Zeit der Renaissance wird auch in Polen von den beiden grundlegenden Phänomenen Humanismus und Reformation bestimmt. Der Humanismus bedeutete im allgemeinen eine Rückwendung zur antiken Kultur, genauer, eine Hinwendung zur griechischen Kultur über die römische, die Idealisierung aller Erscheinungen dieser Kultur, insbesondere der Sprache in ihrer Schönheit und Korrektheit. Der Kult, der vor allem um das römische Latein, später auch um das Griechische entstand, war ein Instrument zur genaueren Kenntnis der antiken Literatur und der Übernahme ihrer irdischen und vergänglichen Ideale, die im Gegensatz zu den Idealen des Mittelalters „menschlicher", oder wie man zu sagen pflegte, „*humaniora*" waren. Aus den humanistischen und überhaupt antiken Interessen erwuchsen ganze Zweige der Renaissance-Literatur, von der im polnischen Schrifttum reich vertretenen Geschichtsschreibung und der weniger populären Philologie über Betrachtungen zum Menschen, seinem Charakter, Sitten und Gebräuchen sowie zu den Vorbildern für die Vertreter der einzelnen Stände bis hin zur politischen Literatur, die Überlegungen über den Staat, seine Verfassung und Sicherheit anstellten.

Einen eigenständigen Bereich in der damaligen Geisteskultur, also auch in der polnischen Renaissance-Literatur, schuf sich eine andere geistige Strömung: die Reformation. Sie war zugleich eine mächtige religiöse Bewegung, die dazu führte, daß in Europa neben der katholischen Kirche andere Konfessionen innerhalb des Christentums entstanden. Die Reformation ließ die christliche Lehre in ihren Grundsätzen unangetastet und richtete sich bekanntlich vor allem gegen einige ethische Dogmen, in denen sie die Ursache der organisatorischen und moralischen Unzulänglichkeiten der katholischen Kirche, auch in Polen, sah. Indem man mit der Autorität der kirchlichen Tradition brach, setzte man die Autorität der Heiligen Schrift an deren Stelle. Auf diese Weise entstand in Polen eine umfangreiche polemische Literatur, die die römische Kirche bekämpfte und der es, wie auch in anderen Ländern, um die Interpretation der elementaren christlichen Glaubenswahrheiten ging. So lag der Reformation auch eine sehr reiche religiöse Literatur zugrunde sowie polnische Übersetzungen der Heiligen Schrift und Auslegungen der Bibel insgesamt, die anfänglich andersgläubig, dann aber, in Erwiderung auf die ersteren, katholisch waren.

Die hier vorgestellte, gezwungenermaßen sehr verkürzte Darstellung der polnischen Literatur der Renaissance, die all diese allgemeinen Tendenzen umsetzt, soll vor allem dazu anregen, nach den Texten der polnischen Autoren der Renaissance zu greifen, die in bisweilen meisterhaften Übersetzungen vorliegen.

# DIE LATEINISCHE UND POLNISCHE LITERATUR AN DER WENDE VOM FÜNFZEHNTEN ZUM SECHZEHNTEN JAHRHUNDERT

Wie in vielen europäischen Ländern entstand die Renaissance auch in Polen unter Mitwirkung von Menschen einer neuen Epoche, die anfänglich aus dem Ausland kamen. Zu ihnen gehörte zum Beispiel Filippo Buonaccorsi, genannt Callimachus, der in der zweiten Hälfte des fünfzehnten Jahrhunderts zuerst am Hof des freisinnigen Mäzens und Lemberger Erzbischofs Grzegorz von Sanok, später am Königshof Kasimirs IV. (Jagiellończyk) in Erscheinung trat. Er verbreitete die frisch aus Italien mitgebrachten humanistischen Ideen in Polen und verfaßte im Stil der Renaissance eine Lebensgeschichte Grzegorz' *Vita et mores Gregorii Sanocei*, in der der Bischof als wahrhafter Renaissance-Mäzen nach italienischem Vorbild gezeigt wurde. Erhalten ist auch eine Reihe von Gedichten, die in humanistischem Geist gehalten sind, wie seine Liebesgedichte an eine Krakauer Bürgersfrau, sowie die wahrscheinlich von ihm gesammelten sogenannten *Consilia Calimachii*, die für den König bestimmt waren.

An der Schwelle der neunziger Jahre kam auch Konrad Celtis, ein anderer wandernder Humanist, der seiner Herkunft nach Deutscher war, für kurze Zeit nach Polen. Als Ergebnis seiner Tätigkeit in Krakau entstand u.a. eine wissenschaftlich-literarische Gesellschaft *Sodalitas litteraria Vistulana*, die, neben der Königin Bona, die im Jahr 1518 mit ihrem ganzen Hof von italienischen Humanisten nach Polen kam, wesentlich zur Belebung der geistigen Bewegung in der Hauptstadt der Jagellonen beitrug.

Diese Bewegung erfaßte mit der Zeit auch die hiesigen, sogenannten polnisch-lateinischen Dichter, das heißt Polen, die in lateinischer Sprache schrieben. Hier könnte man Paweł von Krosno, Jan von Wiślica, Jan Dantyszek und andere erwähnen, deren literarisches Talent aber eher bescheiden war. Viel interessanter hinsichtlich der darin enthaltenen Elemente des gesellschaftlichen Lebens ist das Schaffen des Bischofs Andrzej Krzycki, der Erotica, Epigramme, höfische Panegyrica und Pasquille verfaßte. Durch seine thematische Originalität ragt aus dem Kreis dieser humanistischen Dichter auch Mikołaj Hussowski (Hussowczyk) hervor, Autor eines epischen Gedichts über den Wisent, ein schon damals seltenes Tier. Mit wirklich poetischem Talent begnadet war hingegen Klemens Janicki, dem es durch seinen frühzeitigen Tod (er starb 1543) nicht gegeben war, sein erworbenes Wissen zu nutzen und seine Fähigkeiten zur Gänze zu entwickeln. Den Dichterlorbeer des Papstes verdiente er sich vor allem durch seine lyrischen Gedichte, die sich oft an Ovid orientierten. Charakteristisch ist in dieser Hinsicht seine Elegie *De se ipso ad posteritatem* (*Über sich selbst an die Nachwelt*), eine Art poetische Autobiographie und literarisch-humanistische Beichte.

Zu dieser Zeit blühte auch die lateinische Prosa, hauptsächlich in Form von Geschichtsschreibung und Epistolographie. Auf dem Gebiet der ersteren machte sich Maciej Miechowita einen Namen, Professor der Medizin und mehrmals Rektor der Krakauer Akademie, der das Werk *Chronica Polonorum* (1519), die erste gedruckte Geschichte Polens, verfaßte.

Zur Zeit der Wende vom fünfzehnten zum sechzehnten Jahrhundert entfaltete sich auch weiterhin die polnisch geschriebene Literatur. Ihre Blüte ist teilweise mit den Anfängen des polnischen Buchdrucks verbunden, die in das dritte Viertel des fünfzehnten Jahrhunderts zurückreichen. Doch verlieh eigentlich erst der Kreis der Krakauer Buchdrucker und Baccalaurei zu Beginn des sechzehnten Jahrhunderts dieser Literatur ihr spezifisches Gepräge. Den ersten Platz nehmen hier natürlich die Gebetbücher ein, unter ihnen das Ende 1513 oder Anfang 1514 gedruckte *Seelenparadies* (*Raj duszny*) Biernats von Lublin, das bis vor kurzem für das erste in polnischer Sprache gedruckte Buch gehalten wurde und eine heimische Übertragung des im damaligen Europa weithin bekannten Gebetbuchs *Hortulus animae* darstellte. Derselbe Biernat von Lublin publizierte auch wenig später eine in Gedichten geschriebene polnische Übersetzung von Äsops Fabeln. Ein anderes wichtiges Werk von religiösem Charakter war *Das Leben des Herrn Jesus Christus* (*Żywot Pana Jezu Krysta*) von Baltazar Opeć, eine sehr populäre Übersetzung des Originals des heiligen Bonaventura aus dem dreizehnten Jahrhundert. Doch fügte der Übersetzer in seiner Fassung eine Reihe von apokryphen, aus der Betrachtung über das *Leben des Herrn Jesu* (*Rozmyślanie przemyskie*) bekannten Motiven ein.

Ein anderer interessanter Autor dieser Epoche und auch ein Krakauer Baccalaureus ist Jan von Koszyczki, der moralisierende Geschichten und Heiligenleben verfaßte, vor allem jedoch die gleichermaßen bekannten, aus dem Lateinischen übersetzten *Gespräche, die König Salomon der Weise mit Marcholt, dem Dicken und Zotigen hatte* (*Rozmowy, ktore miał król Salomon mądry z Marchołtem grubym a sprosnym*), 1521. Dieses Werk zeigt in humoristischer Weise den Zusammenstoß von König Salomons Wissen und Vernunft mit der praktischen Lebensklugheit des einfachen Marcholt.

An dieser Stelle ist auch der beträchtliche Einfluß zu erwähnen, den die Krakauer Buchdrucker (die größtenteils Bürger deutscher Herkunft waren) auf die damalige Literatur sowohl durch ihre praktische ökonomische Tätigkeit, die der polnischen Gesellschaft den Zugang zu einer Reihe sehr wertvoller Werke ermöglichte, als auch durch ihre eigenen oder die von ihnen angeregten literarischen Versuche ausübten. Ein Ergebnis davon waren hauptsächlich die äußerst interessanten Vorreden der Buchdrucker zu den einzelnen Ausgaben. Hier sind vor allem die Namen Hieronim Wietor, Jan Ungler, Jan Haller, Maciej Scharffenberger u.a. zu nennen.

Ein Autor, der sich im Kreis der Krakauer Baccalaurei entfaltete, doch auch dem von den oben erwähnten Krakauer Buchdruckern angeregten Aufschwung der polnischen Kultur viel verdankte, war Marcin Bielski (1495–1575). Er verfaßte zahlreiche moralistische und satirische Werke, in denen er die Intentionen der neuen Epoche zum Ausdruck brachte und öffentlich kundtat. Doch Humanist in der vollen Bedeutung dieses Wortes war er noch keiner. Seine *Lebensbeschreibungen der Philosophen* (*Żywoty filozofów*) sind phantastische (erfundene) Biographien verschiedener hervorragender Persönlichkeiten aus der Antike, die zum Typus der pseudohistorischen Romane gehören. *Die Komödie von Justyn und Konstanze (Komedyja Justyna i Konstancyjej)* wiederum stellt die erste polnische Moral in der vollen Bedeutung dieses Wortes dar, *Der Sejm der Frauen (Sjem niewieści)* hingegen und das *Gespräch zweier Hammel (Rozmowa dwóch baranów)* sind Satiren von gesellschaftspolitischem Charakter. Größten Ruhm jedoch erwarb sich Bielski mit der *Chronik der ganzen Welt (Kronika wszystkiego świata)*, in der er Märchen, Wahrheit, Anekdote, Banales und Wichtiges auf einer Ebene vermischte und all das in einen moralisierenden Ton mit religiöser und patriotischer Färbung kleidete.

## MIKOŁAJ REJ

Wie schon erwähnt, war das Jahr 1543 für die Geschichte der Renaissance-Kultur in Polen bezeichnend. Beschließt es doch in entscheidender Weise die die Renaissance einleitende Periode und eröffnet deren volle Blüte in Polen. Wir wollen auch daran erinnern, daß dies u.a. das Jahr war, in dem Rej seine *Kurze Unterredung zwischen drei Personen, dem Herrn, dem Vogt und dem Pfarrer (Krótka rozprawa między trzema osobami: Panem, Wójtem a Plebanem)* publizierte.

Der Name Mikołaj Rej (1505–1569) ist für die Entwicklung der Renaissance-Literatur in Polen von großer Bedeutung. Rej, der bisweilen „der Vater" der polnischen Literatur genannt wird, deshalb, weil er konsequent und ausschließlich polnisch schrieb, ist zweifelsfrei jener Autor, dem es in der Tat gelang, mit seinen Schriften die breite Masse des Adels mitzureißen und, was nicht weniger wichtig ist, dem ersten bewußten Künstler auf dem Gebiet der Renaissance-Literatur in Polen, Jan Kochanowski, den Weg zu ebnen. Wenn aber von seinen Verdiensten für die polnischsprachige Literatur die Rede ist, darf man dabei nicht vergessen, daß er sich im Lateinischen nie sicher genug fühlte, um sich in diesem Fach an eine literarische Arbeit zu wagen. Sein literarisches Schaffen in polnischer Sprache war für ihn also gewissermaßen eine Notwendigkeit, mit der er nicht so sehr künstlerische, wie vor allem moralisierende Ziele verfolgte. Seine literarische Tätigkeit begann er mit einer Reihe von Dialogen, deren glänzendster jene *Kurze Unterredung* ist, die eine typische Satire auf den Adel und die Geistlichkeit darstellt. Herr und Vogt greifen den Pfarrer an und werfen ihm übertriebene Sorge um vergängliche Güter und Vernachlässigung seiner seelsorgerischen Pflichten vor. Der Pfarrer hält seinerseits dem Adel dessen Fehler vor, der Herr beklagt die Mißstände der Staatsform, der Vogt beschwert sich über die Drangsalierung der Bauern. Rej bietet also einen Abriß der damaligen Gesellschaft und ihrer Nöte. Sein Werk gewinnt umso mehr an Wert, als er dies ganz selbständig und originell unternimmt. Zudem stellt der Autor seine Fähigkeiten als scharfsinniger Beobachter und begabter Schriftsteller unter Beweis und entwirft sehr lebendige und ausdrucksvolle Bilder des damaligen Lebens. Eine äußerst reiche Sprache, zahllose Sprichwörter und bisweilen derbe Redensarten machen die *Kurze Unterredung* zu einem wichtigen Text, in den man sich jedoch einlesen muß. Denn einen ungeübten Leser können sein publizistischer Charakter, die langen Tiraden und die fehlende sprachliche Differenzierung in den Stellungnahmen der einzelnen Gesprächsteilnehmer, also all das, was die Schwäche dieses Werkes ausmacht, allzu sehr ermüden.

Einen vergleichbaren Mangel an literarischem Geschick weisen zwei dramatische Werke Rejs auf, beides Moralitäten, *Das Leben Josephs jüdischen Geschlechts* (Żywot Józefa z pokolenia żydowskiego), 1545, und *Der Kaufmann* (Kupiec), 1549, die im übrigen Bearbeitungen fremder Texte darstellen. Aufmerksamkeit verdient jedoch die Absicht des Autors, sich mit den allgemeineuropäischen Tendenzen in diesem Bereich zu messen, sowie sein Bemühen, in den Dingen, die andere interessieren, „auf dem Laufenden" zu sein.

Die durch und durch epische Begabung Mikołaj Rejs offenbarte sich erst in seinen anderen Werken, wie zum Beispiel in der *Postille* (Postylla), 1557, einer Sammlung von Predigten über die Perikopen des Evangeliums (die Bezeichnung „Postille" ist den lateinischen mit der Predigt verbundenen Worten *post illa verba* nachgebildet, die „nach jenen Worten" erfolgte). Im Lichte des damaligen Religionsstreits und der theologischen Polemik, an der sich Rej als „streitbarer" Kalvinist beteiligte, verwundert ein Werk dieser Art nicht, das zudem aus der Feder eines Laien stammte. Hier konnte unser Autor seine eigene moralisierende Begabung zur Gänze nützen und durch seine anschauliche Auslegung und die Bildhaftigkeit seiner literarischen Sprache ein Werk schaffen, das bei der breiten Masse der Leser populär war.

Wahren Ruhm brachte Rej aber erst sein *Wahrhaftes Bild vom Leben eines ehrbaren Menschen* (Wizerunk własny żywota człowieka poczciwego), 1558, das sich auf das Werk des italienischen Humanisten Palingenius (Pier Angelo Manzoli) stützte. Der polnische Verfasser legte aber soviel Einfallsreichtum in seine Schrift, daß es sein Text trotzdem verdient, ein eigenständiges Werk genannt zu werden. Die Fabel des Bildes ist die Geschichte eines Jünglings, der auf der Suche nach der vollkommensten Lebensweisheit und Tugendlehre von einem Philosophen zum anderen zieht. Auf dieses Schema gestützt, gelang es Rej, seinen eigenen, höchst treffsicheren Beobachtungen u.a. über die einzelnen Stände und gesellschaftlichen Kreise, Sitten und Gebräuche, ja sogar über die Natur Ausdruck zu verleihen. Das Ganze faßte er in zwölftausend zu Distichen geordneten Dreizehnsilber und eröffnete damit in der polnischen Literatur eine lange Reihe von epischen Dichtungen.

Eine Synthese von Rejs Lebenserfahrung wurde *Der Spiegel* (Źwierciadło), 1568, der ein Jahr vor seinem Tod erschien und sich seinerseits als ein höchst interessantes Bild der Realität des polnischen Adels im sechzehnten Jahrhundert erwies. Das Werk besteht aus mehreren Teilen, von denen das wichtigste den Titel *Das Leben eines ehrbaren Menschen* (Żywot człowieka poczciwego) trägt und das Fazit von Rejs Lebensweisheit, Lebenserfahrung und seinem Nachdenken über die *conditio humana* darstellt. Der Autor setzte es sich zum Ziel, das beispielhafte Leben eines durchschnittlichen Adeligen von seiner Geburt an bis in hohes Alter zu zeigen. *Der Spiegel* sollte, mit zahlreichen Belehrungen und praktischen Anweisungen versehen, ein Pendant zu den in der damaligen europäischen Kultur sehr populären *Specula* sein, das heißt eben Spiegel, also Traktate, die das Leben idealer Vertreter der verschiedenen Stände (z.B. eines Priesters, eines Höflings, eines Senatoren usw.) veranschaulichen. Des Herrn Rej „ehrbarer Mensch", das heißt der durchschnittliche Adelige, ist hier der typische Vertreter der zahlenmäßig stärksten Gruppe in der damaligen polnischen Gesellschaft, einer Gruppe, die sich selbst als das polnische Volk bezeichnete und dafür hielt. Das Leben ist ein pädagogischer und paränetischer Traktat, der das Gesamtbild des menschlichen Lebens erfaßt. Die anderen Teile des Spiegels (z.B. *Apophthegmata* (*Apoftegmata*), *Ein sicherer Harnisch des christlichen Ritters* (*Zbroja pewna rycerza chrześcijańskiego*), *Scheiden von der Welt* (*Żegnanie ze światem*) berühren, wenn auch schon in geringerem Ausmaß, die gleiche Problematik.

Rejs Verdienste als Dichter, Prosaist und glänzender Epiker stellen ihn in der Rangordnung der polnischen Renaissance-Schriftsteller gleich hinter Jan Kochanowski, an den er doch in der Leichtigkeit des Stils, der Klarheit der Aussage und dem konzeptuellen Witz nicht herankam. Eine aufschlußreiche Gegenüberstellung sind hier Rejs *Kleine Ulkereien* (*Figliki*), kurze epigrammatische Texte, die kleine Bilder aus dem damaligen Alltagsleben, drollige Anekdoten u.ä. zeigen, und die Vergleichbarem gewidmeten *Scherzgedichte* (*Fraszki*) Jan Kochanowskis. Sind die ersteren schwer, verworren erzählt, bisweilen ermüdend und ein wenig gesucht, so sind die zweiten ein konzeptuelles Kleinod schriftstellerischer Leistung, Kürze und des Taktgefühls.

## JAN KOCHANOWSKI

Wie Mikołaj Rej die Lyra für ein eigenes Werk fehlte, so mangelte es Jan Kochanowski an einer epischen Note. In seinem Schaffen dominierte die Lyrik, während das Vorhaben, eine große epische Dichtung zu verfassen, nur ein Traum blieb, den wir heute in den erhaltenen Fragmenten eines Werks über Władysław Warneńczyk vorliegen haben.

Jan Kochanowski, der hervorragendste Dichter vor Adam Mickiewicz und die wohl größte Persönlichkeit der damaligen Literatur im ganzen slawischen Raum, verdankt jedoch seine literarische Leistungen natürlich nicht nur seinem Talent und seiner Arbeit, sondern auch jenen, die der polnischen Renaissance den Weg geebnet hatten: Klemens Janicki, Mikołaj Rej und anderen.

Kochanowski wurde im Jahr 1530 in Sycyna auf dem Gebiet von Sandomierz als Sohn einer verarmten Adelsfamilie mit dem Wappen der Korwin geboren. Schon 1544 schrieb er sich an der Krakauer Akademie als Hörer ein und begann damit die erste Periode seines Erwachsenenlebens, die allmählich in eine Studienzeit im Ausland überging. Diese Jahre werden bisweilen auch als die Zeit von Padua bezeichnet, deswegen, weil der Dichter diesen Abschnitt größtenteils (außer in Rom und Neapel) in Padua verbrachte. Beginnend im Jahr 1552 reiste er dreimal dorthin. 1558/1559 kehrte er definitiv aus Italien zurück (vielleicht über Frankreich, wo er Ronsard getroffen haben könnte). In der Zwischenzeit kam er für kurze Zeit nach Polen, um familiäre Vermögensangelegenheiten zu regeln, kurz zu studieren oder sich bei Fürst Albrecht in Königsberg um weitere Mittel für seinen Studienaufenthalt in Italien zu bemühen. In Padua arbeitete er unter der Leitung vorzüglicher italienischer Humanisten, u.a. Pietro Robortellos. Zu dieser Zeit knüpfte er auch viele Bekanntschaften und Freundschaften, denen er lange Jahre treu blieb, u.a. mit dem ausgezeichneten späteren Philologen Andrzej Patrycy Nidecki, mit Jan Krzysztof Tarnowski, dem Sohn des großen Hetman, Andrzej Dudycz. Unter den Studenten genoß er hohes Ansehen und leitete eine Zeitlang sogar die gesamte slawische Gemeinde der dort ansässigen akademischen Gesellschaft. Nach seiner Rückkehr nach Polen im Jahr 1559 begann Kochanowski die nächste Periode seines Lebens, die zehn Jahre dauernde höfische Periode. Er hielt sich damals an verschiedenen Magnatenhöfen auf, u.a. bei Jan Firlej, bis er schlußendlich am Hof Sigismund Augusts die Stellung eines königlichen Sekretärs erhielt. Zu dieser Zeit, insbesondere um das Jahr 1563, kristallisierten sich auch seine religiösen Überzeugungen heraus. Denn man kann sich nicht des Eindrucks erwehren, daß er, ehe er am Hof mit den hervorragenden Persönlichkeiten der katholischen Geistlichkeit in Berührung kam, besonders in seiner Zeit in Königsberg und Padua, mit der Reformation sympathisierte. Ungefähr seit dem Jahr 1570 trug sich Kochanowski ernsthaft mit dem Gedanken an eine Übersiedlung aufs Land und leitete damit den dritten und letzten Abschnitt in seinem Leben und Werk ein, die sogenannte Periode von Czarnolas. Er verspürte damals den Wunsch, sich etwas aus dem öffentlichen Leben zurückzuziehen, zu heiraten und sich der schöpferischen Tätigkeit zu widmen. Nicht in allem gelang es ihm, seine Absichten umzusetzen. Er legte zwar die ihm angebotenen geistlichen Würden nieder und behielt nur zwei einträgliche Pfarreien, heiratete, und wirkte noch, obwohl er sich in Czarnolas niederließ, bei der ersten freien Königswahl tatkräftig mit, wobei er die französische Kandidatur entschieden unterstützte. Wahrscheinlich nahm er auch aktiv an den Vorbereitungen zur Berufung Heinrichs von Valois auf den polnischen Thron teil (die Unterschrift des Dichters befindet sich auf den entsprechenden Dokumenten). Nach der Enttäuschung, die die Flucht des französischen Monarchen aus Polen ausgelöst hatte, führte er in seinen lateinischen Gedichten eine entschlossene Polemik und verteidigte die Ehre der Polen. Bei der nachfolgenden Königswahl sprach er sich für die Kandidatur der Habsburger aus. Doch nach der Niederlage kam er dem Drängen Stefan Bathorys, sich aktiv an der Staatspolitik zu beteiligen, nicht mehr nach und widmete dem neuen Monarchen lediglich einige lateinische Gelegenheitsgedichte.

Er starb im Jahr 1584 in Lublin, als er in der Sache eines Raubüberfalls auf seinen Schwager, der als königlicher Gesandter in der Türkei tätig war, beim König erscheinen mußte.

Parallel zu den drei Lebensabschnitten des Dichters unterscheiden wir auch in seinem Schaffen drei Abschnitte: die Periode von Padua, die höfische Periode und die Periode von Czarnolas. Die Periode von Padua ist vor allem davon geprägt, daß die damals entstandenen Werke wohl ausschließlich in lateinischer

Sprache geschrieben wurden. Es gibt keine konkreten Hinweise darauf, sondern lediglich Mutmaßungen, daß Kochanowski in jener Zeit auch polnisch zu schreiben versuchte. Das älteste bekannte polnische Werk Kochanowskis ist jedoch das erst aus der Übergangszeit zwischen italienischer und höfischer Periode stammende Lied *Was willst Du von uns, Herr, für Deine reichen Gaben* (*Czego chcesz od nas, Panie, za Twe hojne dary*), das 1562 erschien.

Das lateinische Werk seiner Studienzeit sind vor allem Texte, die der Autor gegen Ende seines Lebens sammelte, überarbeitete, um neue Werke ergänzte und als Sammlung veröffentlichte: *Elegiarum libri quattuor* und *Foricoenia, sive Epigrammatum libellus* (beide erschienen 1584). Man kann also sagen, daß den Schwerpunkt seiner damaligen schriftstellerischen Tätigkeit *Elegien* und lateinische Sinngedichte bildeten, die er „Foricoenia" nannte. Unter den Elegien unterscheiden wir mehrere Gruppen: diejenigen, die an Freunde adressiert waren, philosophisch-reflektierende, historische (wie z.B. die berühmte, sich an Kadłubeks Legende anlehnende *Elegie über Wanda*, die keinen Deutschen wollte) und schließlich die der geheimnisvollen Lydia gewidmeten Liebeselegien. Sie alle sind in gewandtem Latein geschrieben und in Inhalt und Form an den römischen Meistern geschult. Die lateinischen „Scherzgedichte" des Meisters Jan sind in ihrem Charakter den späteren polnischen Epigrammen verwandt, kleine Gedichtchen, die gesellige Ereignisse oder im studentischen Milieu von Padua kursierende Anekdoten aufgriffen, aber auch andere Anlässe, wie z.B. jenes älteste heute bekannte veröffentlichte Gedicht Kochanowskis *Epitaphium Cretcovii*, ein Grabgedicht, das seinem Freund Erasmus Kretkowski gewidmet ist und auf der Gedenktafel für den Verstorbenen, die sich in der Basilika in Padua befindet, zu lesen ist. An dieser Stelle ist anzumerken, daß Kochanowski bis zu seinem Tod in lateinischer Sprache schrieb. Der beste Beweis dafür sind die Ergänzungen und Verbesserungen, die er in den Sammlungen der *Elegien* und *Foricoenia* während der Drucklegung vornahm. Überdies bediente er sich bei vielen Anlässen in seinem Leben, die es konkret erforderten, des Lateinischen. So entstanden nach der Flucht Heinrichs von Valois ausgezeichnete polemische Gedichte gegen die französischen Höflinge, die Polen, Land und Leute verunglimpft hatten (z.B. *Gallo crocitanti*). Die Devise seiner polnischen und lateinischen Literatur waren Worte aus einer seiner Elegien, in der er sagte, daß in seiner Arbeit die lateinische Muse immer von der slawischen Muse (in diesem Fall natürlich der polnischen) begleitet wird: „*Huic Latia atque recens Slavica Musa canit*".

Das im Jahr 1562 veröffentlichte, oben bereits erwähnte Lied *Was willst Du, Herr* erschien zur gleichen Zeit wie das Poem *Susanna*, das eine poetische Bearbeitung des Motivs aus dem apokryphen Buch XIII der Prophezeiung Daniels darstellte. In sehr schöner, suggestiver Weise veranschaulicht der Dichter die Geschichte der jungen Frau, die von betrügerischen Greisen der ehelichen Untreue bezichtigt wird. Kochanowski arbeitete aus diesem Motiv alle zutiefst menschlichen Elemente heraus, darunter vor allem die persönliche Tragödie Susannas, und ließ in den Hintergrund treten, was die Grundlage der Bibelfassung darstellt, d.h. die Gestalt und das Wirken des Propheten Daniel, der die Unschuldige freispricht. Man kann sagen, daß sich der Dichter auf die psychologische Darstellung der Heldin konzentriert, indem er ihre Gefühle in der Nacht vor der entscheidenden Gerichtsverhandlung schildert. Dies ist ein sehr charakteristisches Merkmal dieser Dichtung, das noch des öfteren in anderen Werken des Dichters in Erscheinung treten wird.

In einer anderen Dichtung präsentiert Kochanowski in Anlehnung an das lateinische Werk des Italieners Marco Vida eine Liebesgeschichte. *Schachspiel* (*Szachy*) ist ein Text über eine Partie Schach, die zwei Fürsten, Fiedor und Borzuj, um die Hand einer dänischen Prinzessin spielen. Die verworrene Situation am Schachbrett löst die Prinzessin selbst, indem sie in der Nacht die Figuren austauscht, um dem von ihr erwählten Fiedor das Spiel und in der Folge den Sieg leichter zu machen. So also war der zukünftige große Dichter bemüht, dem gesellschaftlichen Bedarf an Romanzenliteratur jener Zeit Genüge zu tun.

Doch zur gleichen Zeit begann sich Kochanowski auch für eine ernstere Problematik zu interessieren, der er zuerst im sogenannten *Lied von der Sintflut* (*Pieśń o potopie*) Ausdruck verlieh. In der Beschreibung einer Weichsel-Überschwemmung, in der er sich bald politisch-gesellschaftlichen Themen zuwandte, versuchte er, die Tradition der Bibel mit der griechisch-römischen Literatur zu verbinden. Die Krönung dieser Motive, die gleichzeitig in mehreren Liedern aufgegriffen wurden, ist das Poem *Der Satyr oder der Wilde Mann* (*Satyr albo Dziki mąż*), 1564. Der Titelheld, der griechische Waldgott, unterzieht in diesem Werk die in der damaligen Republik herrschenden Verhältnisse einer grundlegenden Kritik. Kochanowski hält dem Adel den Verfall der ritterlichen Ideale und die Jagd nach materiellem Profit vor sowie eine leichtfertige Übernahme fremder religiöser Neuerungen, die die Menschen in einen seelischen Zwiespalt und das Land in ein innenpolitisches Chaos stürzten, anstatt zu einem Konsens innerhalb der katholischen Kirche und einer gemeinsamen Arbeit an notwendigen Reformen zu führen. Schließlich weist er auf das sinkende Niveau von universitärer Lehre und Schulwesen hin. Der Satyr stammt aus der Zeit eines radikalen Wandels in Kochanowskis Ansichten und ist die Manifestation der politischen Richtung, die von Kanzler Piotr Myszkowski, mit dem der Dichter zu jener Zeit engeren Kontakt pflegte, repräsentiert wurde. Ein vergleichbar negatives Urteil über die Reformation kam im Poem *Eintracht* (*Zgoda*) zum Ausdruck, das den religiösen Konsens anmahnte und die streitenden Parteien auf die Beschlüsse des Tridentinischen Konzils verwies. Hier spiegelte der Autor die Ansichten eines anderen kirchlichen und staatlichen Würdenträgers, Filip Padniewskis, wider.

Gleichermaßen von Gesellschaftskritik und der Forderung nach einer Reform der politischen Situation in der Republik durchdrungen ist die *Abfertigung der griechischen Gesandten* (*Odprawa posłów greckich*). Obgleich sie beträchtlich später (1577) erschien, entwickelte sie sich mit Sicherheit aus derselben literarischen Richtung, und gerade deshalb vermuten wir heute in der höfischen Periode Kochanowskis ihre ersten Ansätze und überhaupt das Moment ihrer Entstehung. Der Autor versucht hier, in der Form eines klassischen Dramas vom Typus der

Euripideischen Tragödie (unter Einhaltung aller klassischen Einheiten) und in Anlehnung an das antike Thema vom Raub der Helena, also den eigentlichen Grund für den trojanischen Krieg, die Problematik eines ungeschickt, „mit schwacher Hand" regierten Staates vorzuführen, in dem nicht die übergeordneten Interessen des Volkes, sondern die individuellen Angelegenheiten und der „Schabernack" einzelner Bürger sich Gehör verschaffen und in der Politik den Ton angeben, eines Staates also, in dem derjenige recht hat, der lauter schreit und dem es gelingt, sich die Unterstützung einer größeren Anzahl von bestochenen Vasallen zu sichern. Kritisch äußert sich der Schriftsteller auch über die Jugend, die die Ideale ihrer Väter abgetan hat und der Verweichlichung frönt. Doch die hellseherischen Visionen Kassandras vom Untergang des Staates sollten ohne Widerhall bleiben. Eine eigene Frage im Drama stellt das Problem des Tragischen dar, das am Beispiel des Paris (Alexander) gezeigt wird, der durch seine Verstrickung in die Beschlüsse der Götter zu einem Werkzeug des Fatums wird. Eine nähere Betrachtung der Komposition dieser Figur zeigt die ganze Komplexität des vom Dichter aufgegriffenen Themas. Alexander ist eine tragische Gestalt, da jede von ihm getroffene Entscheidung falsch sein wird: Gibt er Helena zurück, zieht er den Unwillen der Götter auf sich, da er ihr Geschenk ausschlägt, gibt er aber Helena dem Menelaos nicht zurück, beschwört er Unglück über sein Land herauf. Hier haben wir also wiederum ein Beispiel für Kochanowskis Interesse an dem, was später gewöhnlich die Psychologie der Person genannt wurde. Die *Abfertigung* ist im übrigen voll von bahnbrechenden Ideen. Die Krönung der außergewöhnlichen Vielfalt des in ihren einzelnen Abschnitten verwendeten Versmetrums ist der in den Chorpartien der Trojanerinnen auftretende polnische Hexameter, ein sechsfüßiger Vers, der nach antikem Muster in einer Sprache gebildet wurde, die die Unterscheidung von Längen und Kürzen der Vokale schon verloren hatte. Stattdessen bediente sich der Dichter hier des natürlichen Wortakzentes und konstruierte die Verse so, daß eben jener Akzent den Hexameterrhythmus erzeugte.

Frucht der höfischen Schaffensperiode des Dichters ist auch ein beträchtlicher Teil der Lieder und Scherzgedichte. Unter den ersteren finden wir in der Hauptsache Werke mit einem reflexivem Charakter, die eine stoische Lebensphilosophie kundtun. So wirkt hier Horaz sehr stark nach, wenn der Dichter die Weisung erteilt, Tugend und Mäßigkeit zu achten, trügerischem Reichtum zu mißtrauen und sich gegen die von außen kommenden, günstigen wie ungünstigen Schicksalsfügungen zu wappnen. Ein beträchtlicher Teil der Lieder handelt auch von den Bürgerpflichten, andere evozieren eine Welt unbeschwerter Vergnügungen und Festgelage, wieder andere sprechen von der Liebe.

*Die Scherzgedichte (Fraszki)* hingegen, die drei Bücher umfassen und in einer sehr differenzierten Metrik geschrieben sind, stellen größtenteils Epigramme dar, die sich auf verschiedene Personen, aktuelle Ereignisse und Tatsachen u.ä. beziehen. Unter ihnen gibt es auch eine Gruppe erotischer Gedichte, Anekdoten und derber Erotica. Darauf folgen Epitaphe, Texte mit reflektierendem, religiösem, ja sogar gebetartigem Charakter.

*Lieder* und *Scherzgedichte* schrieb Kochanowski auch weiterhin in seiner Zeit in Czarnolas. Besondere Aufmerksamkeit verdient hier ein Gedichtzyklus unter dem Obertitel *Das Johannistag-Lied* (*Pieśń Świętojańska o Sobótce*), das dem Fest des heiligen Johannes in Czarnolas gewidmet ist und den mit diesem Feiertag verbundenen Bräuchen (z.B. ließ man Kränze ins Wasser), die aufgrund des auf diesen Tag fallenden Namenstags des Dichters gewiß besonders festlichen Charakter besaßen. Trotz der unzähligen Anspielungen und Ähnlichkeiten dieses Werks mit der antiken Poesie, auch mit der italienischen Renaissance-Poesie und der heimischen Volksdichtung ist es in seiner Konzeption und Thematik ein durch und durch originelles Werk. Zwölf Mädchen singen hier von der Liebe, der Natur und den Vorzügen des Landlebens. Besonders idyllischen Charakter hat der Gesang des zwölften Mädchens, das die Vorteile des ländlichen Lebens preist. Der Beginn dieses Liedes „Ruhiges, fröhliches Landleben..." wird gar als Redewendung in der heutigen Umgangssprache verwendet. Dieses Lied ist wohlgemerkt eine Paraphrase der zweiten Horazischen Epode, wendet jedoch den antiken „Tadel" des Wucherers Alfius am Landleben zur Gänze in ein Lob des Landlebens, das mit den Augen eines polnischen Adeligen gesehen wird. Der Dichter preist die Feldarbeit, die Sicherheit eines Lebens auf dem Land und die Schönheit der Symbiose mit der Natur. Die fundamentale Grundlage von Kochanowskis literarischer Tätigkeit in der Periode von Czarnolas war neben der eine gewisse Zeit in Anspruch nehmenden Fertigstellung der *Abfertigung der griechischen Gesandten* unter den neueren Vorhaben jedoch die Arbeit an der Übersetzung der *Psalmen* Davids und später an den *Klageliedern* (*Treny*). Schon lange, noch in seiner höfischen Zeit, hatte er daran gedacht, der polnischen Sprache eines der in poetischer Hinsicht schönsten Bücher der Heiligen Schrift, dem nur das Hohelied vergleichbar ist, zu eigen zu machen. Damals hatte er gewisse Versuche in dieser Richtung unternommen und bereits dreißig Psalmen übersetzt. Wir wollen nicht vergessen, daß ihm die geistliche Thematik nicht fremd war, hatte er doch vorher geistliche Lieder, die *Susanna* u.ä. verfaßt. Doch erst die Ruhe und Konzentration, die ihm die Übersiedlung nach Czarnolas brachte, machten ein Gedeihen der Arbeit am *Psalter* in vollem Umfang möglich. Ihr Ergebnis war der im Jahr 1579 erschienene *Davidpsalter* (*Psalterz Dawidowy*), ein poetisches Werk von ergreifender Wirkungskraft, in dem der Meister den Höhepunkt seines literarischen Schaffens erreichte, sei es in Hinsicht auf die poetische Inspiration wie auch auf das poetische Handwerk, dem er in diesem Falle übrigens besondere Bedeutung beimaß. In diesem Werk verschmolzen die Schlichtheit der Aussage und die gedankliche Tiefe zu einem untrennbaren Ganzen. Das beste Beispiel für die überzeitliche Dimension dieser Leistung ist die Tatsache, daß Kochanowskis Bearbeitungen der Psalmen Davids bis heute in der polnischen Kirche gesungen werden.

Die nächste literarische Leistung Jan Kochanowskis sind die *Klagelieder* (*Treny*), 1580, die dem Andenken an die jüngste Tochter des Dichters gewidmet sind. Dennoch handelt dieser Zyklus von neunzehn Gedichten nur zum Schein von Kochanowskis kleiner Tochter und ihrem Tod. In Wirklichkeit ist er eine ergreifende Darstellung der Qualen eines Menschen, Vaters und Dichters nach dem Verlust eines geliebten Menschen. Kochanowski begann erst einige Zeit nach dem tragischem Verlust, als er sich etwas von der größten Verzweiflung erholt hatte, mit seiner Arbeit an den Klageliedern. Er beschloß damals, in seinem Werk den seelischen Zustand eines leidenden Menschen darzustellen, seinen Zweifel am bislang, wie es schien, unerschütterlichen Bollwerk des Glaubens und seiner Weltanschauung, seine grenzenlose, bisweilen gotteslästerliche Verzweiflung, seine Erklärungsversuche für die Tragödie und schließlich den in Gott gefundenen Glauben und die damit verbundene Linderung. In dieser psychologischen Charakterisierung eines leidenden Menschen brachte es Kochanowski zu einer in der damaligen europäischen Literatur unerreichten Meisterschaft, die durch die Hermetik des Polnischen nur wenigen zugänglich ist.

All das kleidete der Vater als Dichter in das höchst abwechslungsreiche und edle Gewand der Verse für die einzelnen Klagelieder, in denen die Klarheit der Aussage wie auch die einfache, und wie es scheint, ganz natürliche Form hervorsticht. Diese Eigenschaft seiner Literatur, die in vielen seiner Werke hervortritt, stellt jenen Wert dar, der neben dem philosophischen Nachdenken die Voraussetzung für ein Überdauern dieser Werke schuf wie auch dafür, daß sie trotz der vierhundert Jahre, die uns vom Augenblick ihrer Entstehung trennen, für den heutigen Leser unvergänglich lebendig und aktuell und schließlich auch ewig verständlich bleiben. Denn er brachte die polnische Dichtung zu einer Höhe, die später nur die besten erreichten: Mickiewicz, Słowacki und Norwid.

## AUSGEWÄHLTE PROSAISTEN DER RENAISSANCE

Mikołaj Rej und Jan Kochanowski standen vor allen Dingen an der Spitze der polnischen Renaissancelyrik, obgleich beide in ihren Werken auch Prosatexte aufzuweisen hatten. Doch wir wollen uns jetzt den Hauptsträngen der Entwicklung der Renaissanceprosa zuwenden. Denn wie das Werk Jan Kochanowskis als Frucht der Hochblüte der polnischen Dichtung im Verhältnis zu seinen Vorgängern einen riesigen Satz nach vorne darstellt, so hebt sich z.B. auch das Werk von Łukasz Górnicki (1527–1603) deutlich von der damaligen polnischsprachigen Renaissance-Prosa ab. Denn Kochanowski und Górnicki sind gleichermaßen die Vertreter einer Generation, die schon zur Gänze der Renaissance angehörte.

Die politischen Dialoge und historischen Werke aus der Feder Górnickis, alle auf polnisch, interessant und wertvoll, können sich doch mit seinem größten Werk *Der polnische Hofmann* (*Dworzanin polski*), 1566, nicht messen. Es ist die polnische Adaptation des berühmten Buchs *Il cortegiano* des Italieners Baltasar Castiglione, das der Gattung der paränetischen, belehrenden Renaissanceschriften angehört, die Vorbilder für die Haltung und das Unterfangen des Menschen zeigten, die den uns schon bekannten *Specula* verwandt waren. Der Autor der polnischen Fassung adaptierte sein Vorbild jedoch lediglich in groben Zügen, veränderte in seiner Bearbeitung die Realien des Originals und fügte eine Menge eigener Gedanken und Inhalte ein. Die Handlung des *Polnischen Hofmanns* spielt am Hof des

Bischofs Samuel Maciejowski bei Krakau. Die Gesprächsteilnehmer, der Hof des Bischofs, diskutieren über die Tugenden, die der ideale Hofmann und das ideale Hoffräulein besitzen sollten. Man spricht davon, wie sie sich zu kleiden und zu verhalten hätten, welche Bildung und welche Fertigkeiten usw. sie besitzen müßten. Gleichzeitig erfahren wir unzählige Details über die polnische Gesellschaft des sechzehnten Jahrhunderts. Deshalb ist der Hofmann neben Rejs um zwei Jahre späteren Spiegel und anderen paränetischen Werken dieser Periode wie Wawrzyniec Goślickis weltberühmtem Traktat über den idealen Senator *De optimo senatore* die umfassendste Darstellung des polnischen Lebens jener Epoche. In seiner Gesamtheit bringt dieses Werk, als Gegenstück zum adeligen Spiegel, die Ideale einer Elite zum Ausdruck, die im Humanismus und am Vorbild der italienischen Renaissance geschult war. Die rein literarische Qualität von Górnickis Text manifestiert sich insbesondere in seiner schönen äußeren Form, vor allem in der kunstfertigen, eleganten Sprache, die der Autor häufig für die Bedürfnisse seines gehobenen Stils neu schuf.

Eines der Momente, die schon früher über den Stellenwert der Prosa in der Entwicklung der polnischen Renaissance-Kultur entschieden hatten, war das denkwürdige Jahr 1543 und u.a. die damalige Veröffentlichung der Abhandlung von Andrzej Frycz Modrzewski *Lascius, sive De poena homicidii* (*Lascius, oder über den Totschlag*). Ihr Autor, beinahe ein Altersgenosse Rejs (er lebte von 1503 bis 1572) und Sohn des Dorfvogtes von Wolbórz, verfaßte sie als erste von einer ganzen Folge von weiteren Schriften über eine Reform von Staat und Kirche. Er schrieb nur lateinisch und bestimmte damit seine Werke bewußt für die kulturelle Elite des europäischen In- und Auslands. Frycz, der mit der antiken Literatur und den Geistesströmungen Westeuropas wohlvertraut war, gehört zu den Schriftstellern, deren Einfluß und Autorität im Lauf der Zeit die Grenzen des damaligen Polen überschritten, und seine Beziehungen, u.a. zu Erasmus von Rotterdam, gereichen der ganzen polnischen Kultur zur Ehre. Diese Abhandlung über die Strafe für das Töten eines Menschen thematisiert eine gewisse Inkonsequenz der damaligen Gesetzgebung, die für einen Bauern, der einen Adeligen tötet, die Todesstrafe vorsah, aber nur eine Geldbuße für einen Adeligen, der einen Bauern tötet. Modrzewski beantragt eine Vereinheitlichung der Strafe in diesem Fall und die Gleichheit aller, ohne Rücksicht auf die Standeszugehörigkeit des Täters vor dem Strafrecht. Diese außerordentliche Forderung wurde jedoch erst im achtzehnten Jahrhundert verwirklicht.

Frycz verfaßte noch einige vergleichbare, leidenschaftlich polemische Abhandlungen, die ihn nach und nach zu seinem Lebenswerk *De Republica emendanda* führten. Das Werk besteht aus fünf Büchern: 1. *De moribus* (*Über die Sitten*), 2. *De legibus* (*Über die Gesetze*), 3. *De bello* (*Über den Krieg*), 4. *De Ecclesia* (*Über die Kirche*), 5. *De schola* (*Über die Schule*) und wurde zuerst im Jahr 1551, allerdings ohne die Bücher 4 und 5, die von der Kirchenzensur gestrichen worden waren, in Krakau und im Jahr 1554 in Basel, diesesmal vollständig, veröffentlicht. Schon bald, im Jahr 1557, erschien eine polnische Übersetzung, man übertrug das Werk auch ins Deutsche, Französische und Spanische, so daß es also von Beginn an europaweite Verbreitung erreichte. Schon aus den Titeln der einzelnen Bücher wird ersichtlich, daß der Autor versuchte, mit der Thematik seines Werkes die Gesamtheit des damaligen gesellschaftlichen Lebens zu erfassen. Und wie er in seiner ersten Abhandlung die Frage der Strafe für Tötung einer eingehenden Prüfung unterzog, so widmete er auch hier jedem Punkt große Aufmerksamkeit und schlug konkrete Lösungen vor. Zu den interessanten Lösungsvorschlägen gehört z.B. die im Buch über die Sitten ausgeführte Idee, in jeder Schicht das Amt eines sogenannten Sittenwächters einzuführen, der eine Art Richter und Vertrauensmann wäre, der in seinem konkreten Bereich für die Einhaltung der moralischen Normen der Gesellschaft Sorge tragen würde. Ähnliche Forderungen gibt es im ganzen Werk an vielen Stellen. Das Buch über den Krieg bringt mit der Kriegsführung verbundene moralische wie organisatorische Punkte zur Sprache, reflektiert u.a. die Frage des gerechten Krieges und verurteilt den Angriffskrieg, der des Ruhmes, des politischen oder materiellen Vorteiles wegen geführt wird. Doch den wohl polemischsten Charakter hat das Buch über die Kirche das den Kern der damaligen reformatorischen Auseinandersetzungen berührt. Es handelt nicht von einer Reform im Bereich der Dogmen und des Ritus, wie man es doch von einem führenden Verfechter der Reformation hätte erwarten können, sondern fordert ohne Umschweife eine Reform im Bereich der strukturellen Organisation der Kirche und des Verhaltens der Geistlichkeit und stellt den moralischen und geistigen Niedergang dieser gesellschaftlichen Gruppe dar. Erst nach einer Erneuerung der Sitten in der Kirche selbst würde man, der Meinung Frycz' nach, was die Glaubensgrundsätze angeht, leichter zu einer Verständigung kommen und sämtliche dogmatische Streitigkeiten ausräumen können.

Ein gänzlich anderes Anrecht auf Ruhm hat Stanisław Orzechowski (1513–1566), zuerst der bedeutendste Streiter gegen das katholische Lager, der Hand in Hand mit Frycz ging, im Lauf der Zeit aber ein unerbittlicher katholischer Polemiker, der die Reformation, ihre Führer und mit ihnen auch eben jenen Frycz bekämpfte. Er war ein ausgezeichneter Schriftsteller, der das hohe Niveau seines schriftstellerischen Werkes nicht nur einem außergewöhnlichen persönlichen Temperament und literarischem Talent verdankte, sondern auch einer gründlichen, universalen Bildung. Er schrieb lateinische und polnische Reden, Pasquille, Dialoge, Briefe und historische Werke. Diese Vielfalt rührte daher, daß er immer für den Augenblick schuf und im gegebenen Moment auf konkrete Bedürfnisse reagierte. Von seinen zahlreichen literarischen Stellungnahmen sind einige erwähnenswert, wie z.B. die im Jahr 1543 veröffentlichte Broschüre *Fidelis subditus oder der treue Untertan* (*Fidelis subditus albo Wierny poddany*), die zu einer negativen Beurteilung der innenpolitischen Verhältnisse des damaligen Polen kam und die Politik Sigismunds des Alten, wie auch der Königin Bona, das Vorgehen der Senatoren, des Parlaments, des Adels und des Klerus kritisierte. Der Autor prangerte Bestechung, Gesetzwidrigkeiten, Diebstahl und Hochverrat an. In den Jahren 1543 und 1544 trat Orzechowski in polnischen und lateinischen Reden im Stil Ciceros mit einer leidenschaftlichen Warnung vor der türkischen Gefahr in Erscheinung.

Die interessanteste und wichtigste seiner gesellschaftspolitischen Schriften mit polemischem Charakter ist das auf polnisch verfaßte *Gespräch oder Dialog über die Exekution der Gesetze im Königreich Polen* (*Rozmowa albo Dyjalog około egzekucyjej polskiej Korony*), 1563, später dessen Fortsetzung *Quincunx*. Der Dialog handelt von der sogenannten Exekution der Gesetze, das heißt vom Vollzug jenes Gesetzes, das der Adel im Parlament einforderte und in dem es darum ging, den Magnaten die königlichen Lehen zu nehmen und die Jurisdiktion der Kirche über den Adel aufzuheben. Orzechowski sprach sich in beiden Fällen gegen die Forderungen des Adels aus. Doch das Parlament bestätigte 1563/ 1564 das Exekutionsgesetz, das heißt, es hob die Jurisdiktion des Klerus im Bereich der Häresie und des Kirchenzehnten auf und ordnete eine Revision der vom König vergebenen Privilegien an. Da meldete sich Orzechowski mit dem *Quincunx* zu Wort, in dem er seine Theorie von der Dominanz der Macht des Klerus über die weltliche Macht darlegt und sich über eine notwendige Unterwerfung des polnischen Staates unter die Kirchenhoheit äußert. Da diese Aussagen innerhalb der reformatorischen Auseinandersetzungen in Polen von fundamentaler Bedeutung waren, verdient der Gedankengang des Autors eine eingehende Untersuchung. So knüpft der Titel des Werks an eine Figur an, die von den Punkten gebildet wird, die sich auf jener Seite eines Spielwürfels befinden, die fünf Punkte hat, in diesem konkreten Fall also an den Fünfer, Quincunx. Vier Punkte davon bilden ein Quadrat, der fünfte befindet sich im Schnittpunkt seiner Diagonalen in der Mitte. Diese Punkte stellen gleichsam einen Aufriß dar, denn wenn wir jenen fünften Punkt in die Höhe heben, dann entsteht der dreidimensionale Körper einer Pyramide mit quadratischer Grundfläche. Sie soll, der Meinung Orzechowskis nach, das Idealbild des Wesens und der Natur des polnischen Königreichs darstellen, das er folgendermaßen deutet. Die Existenzgrundlage des Königreiches ist der König, den es jedoch ohne den Geistlichen, der ihn krönt, nicht geben kann. Der Geistliche ist seinerseits angewiesen auf den Altar, dessen Diener er ist. Der Altar wiederum ist nicht ohne den Glauben möglich, für den er als Symbol steht. All diese vier Elemente, König, Geistlicher, Altar und Glaube, können nur gemeinsam existieren, sie bilden also die Determinanten des erwähnten Vierecks. Wenn das so ist, dann bilden sie zusammen die Idee der Kirche als Institution, die sowohl den Glauben als auch die Gläubigen umfaßt. Das heißt, daß sich die Kirche an der Spitze der Pyramide, die das polnische Königreich symbolisiert, befinden muß.

Ein solcher Gedankengang, der in seiner Anschaulichkeit die breite Masse des Adels ansprach und gleichzeitig in dessen Gedanken ein sehr suggestives Symbol verankerte, also etwas, wofür er eine rechte Schwäche hatte, trug zweifellos zum Sieg der Gegenreformation am Ende des sechzehnten Jahrhunderts bei, der ohne Waffengewalt und nach einer langen Periode einer anderswo seltenen religiösen Toleranz vor sich ging. Auf ihn hatten Leute wie z.B. Stanisław Hosius hingearbeitet, Leiter des Tridentinischen Konzils und Autor des in Europa bekannten *Glaubensbekenntnisses Confessio fidei*, und die von ihm im Jahr 1564 nach Polen geholten Jesuiten.

Von den polnischen Prosaisten und Polemikern des sechzehnten Jahrhunderts ist noch unbedingt Marcin Kromer (1512–1589) zu erwähnen, der historische Werke in polnischer und lateinischer Sprache z.B. *Über die Herkunft und Geschichte der Polen* (*De origine et rebus gestis Polononum*), 1555; oder *Polonia*, 1577 und polemische Texte mit einer katholischen, gegenreforma-torischen Tendenz verfaßte. Seine vorzüglichen *Gespräche zwischen dem Hofmann und dem Mönch* (*Rozmowy dworzanina z mnichem*), 1551–1554, die etwas früher entstanden als die vorgestellten Ausführungen Orzechowskis, greifen dagegen aktuelle religiöse Fragen auf, also genau das, was zu gleicher Zeit Modrzewski in seinem Buch über die Kirche *De Republica emendanda* fast völlig überging. Kromers Werk, ein heftiger Angriff auf das Anliegen der Reformation, beschäftigt sich mit den Ursprüngen der Organisation der Kirche, mit der Herkunft und dem Sinn der religiösen Riten u.ä., mit jenen Dingen also, die die Reformatoren zu ändern versuchten, wie die kirchliche Tradition, und die Vermittlerrolle der Kirche zwischen den Gläubigen und Gott.

Ein letzter Triumph der Andersgläubigen in Polen war im Jahr 1573 die Einführung des Artikels *De pace servanda inter dissidentes de religione* über die Erhaltung des Friedens zwischen Andersgläubigen in die von Heinrich von Valois, der eben in der ersten freien Wahl zum König gewählt worden war, beeidigten Gesetze. Doch die schon seit 1564 unternommene Offensive der katholischen Kirche, die durch eine eigene innere Reform und die Restauration infolge der Beschlüsse des Tridentinischen Konzils erstarkt war, begann konkrete Früchte zu tragen, deren herausragendste literarische Stimme Piotr Skarga (1536–1612) war. Das Ziel seines Tuns und seines literarischen Schaffens war die Vereinigung aller Konfessionen innerhalb der katholischen Kirche. In seiner umfangreichen Sammlung *Heiligenviten* (*Żywoty świętych*), 1579, legte er die Modelle der religiösen Ideale dar, in seinem Folianten *Predigten auf die Sonn- und Feiertage* (*Kazania na niedziele i święta*), 1595, versuchte er dagegen, die Gesellschaft im Geist des orthodoxen Katholizismus zu formen, wie er das vorher durch seine tägliche Arbeit u.a. in der tatkräftigen Organisation des jesuitischen Schulwesens getan hatte. Die zweite Auflage der *Predigten auf die Sonn- und Feiertage* im Jahr 1597 ergänzte Skarga mit acht *Reichtagspredigten* (*Kazania sejmowe*), denen er seinen Ruhm in späterer Zeit verdankt. Sie sind auch schon das letzte Werk des sechzehnten Jahrhunderts über eine Reform der Republik, nunmehr von einem Hofprediger verfaßt. Er schildert in ihnen wie in acht Buchkapiteln in alarmierender Weise die Ursachen der „Gebrechen der Republik" (fehlende Liebe zum Vaterland und mangelnder politischer Konsens, religiöse Anarchie und Straffreiheit) und die Mittel zu ihrer Heilung. Dabei präsentiert er sich als leidenschaftlicher Anhänger des Absolutismus. Die Predigten zeigen die enorme literarische Kunstfertigkeit des Autors, die sich hauptsächlich an der antiken Rhetorik orientiert, und schildern ein in seinem Ausdruck ergreifendes Bild des unentrinnbar näherrückenden Untergangs der Republik.

*

Jener Republik, die sich in der Periode der Renaissance politisch und ökonomisch so wunderbar entfaltet hatte und eine staatliche Macht darstellte, die sich internationalen Ansehens und Respekts erfreute. Jener Republik, die eine Blüte von in ganz Europa bekannten Schriftstellern hervorbrachte und in deren Literatur wir die besten und herrlichsten Ideale des Humanismus finden. Diese ganze Leistung der Renaissance ist natürlich der Nachwelt gedruckt erhalten, so wie uns auch die schöne polnische Sprache erhalten ist, die sich in jener Zeit im Feuer der religiösen Polemik und im Streit um die Reform der Republik herausbildete. Sie entstand auch während der harten Arbeit an den Übersetzungen der Heiligen Schrift (von Jan Leopalita, Szymon Budny und in der vielleicht wundervollsten bis in unsere Zeit lebendigen Arbeit von Jakub Wujek aus dem Jahr 1599) und in den sprachlichen Entwürfen von Łukasz Górnicki in seinem *Polnischen Hofmann* oder Jan Kochanowskis in seinem *Davidpsalter* und seinen *Klageliedern*.

Andrzej Borowski

# DIE LITERATUR DES BAROCK

## ALLGEMEINES

Die Literatur des polnischen Barock wurzelt tief in der heimischen und der europäischen Renaissance. Schon allein diese allgemeine und für unsere weiteren Ausführungen grundlegende Feststellung läßt erste Fragen und notwendige Präzisierungen aufkommen. Betrifft diese starke Verwurzelung in der Tradition nur die Renaissance? Oder trat nicht von jenem Verbundensein mit der Tradition in der Epoche des Barock ein Hang zu ihrer Überwindung hervor? Und vor allem: Warum verwenden wir hier überhaupt eine eigene Bezeichnung Barock, statt einen vereinfachenden chronologischen Begriff für das siebzehnte Jahrhundert (nach der Art des italienischen *seicento*) zu verwenden oder sich mit dem heimischen Ausdruck Sarmatismus zu begnügen, der von vielen Literatur- und Kulturwissenschaftlern als die polnische Variante des europäischen Barock angesehen wurde und auch weiterhin als solche angesehen wird? All diese Fragen sind wohlbegründet. Denn sie zu stellen, kann uns vor der Verwendung von Klischees bewahren, die während der letzten fünfzig Jahre der Bezeichnung Barock, nicht nur bei uns, anhafteten. Doch läßt uns die Erörterung dieser und anderer damit verbundener Probleme sowohl die Eigenart wie auch die Universalität der polnischen literarischen Kultur dieser Epoche deutlicher erkennen.

## DER BAROCK ALS EPOCHE

Der Barock ist dem allgemeinen Verständnis nach eine Epochenbezeichnung. Wieviele Buchtitel kennen wir, die den Begriff Barock verwenden, um eine Epoche und eine von ihrem zeitlichen Rahmen umspannte Ansammlung von verschiedensten, nicht immer miteinander verbundenen Phänomenen auf dem Gebiet der Kunst, der Literatur, der Religion, des philosophischen Denkens, aber auch der Ökonomie oder der wirtschaftlichen Kultur usw. zu bezeichnen. Unter der Epoche des Barock versteht man hauptsächlich das siebzehnte Jahrhundert, wenn wir auch heute weit davon entfernt sind, diesen Terminus automatisch als chronologische Bezeichnung zu verwenden. Sind doch Anfang und Ende dieser Epoche sehr schwer anzusetzen, es hat also keinen Sinn, von einem allgemeinen „Andauern" oder „Vorherrschen" des Barock in Europa zu sprechen, ohne die Eigenart der einzelnen nationalen Kulturen zu berücksichtigen. Die Chronologie des Barock kann also nur durch Hunderte von Daten aufgezeichnet werden, die detailliert, bisweilen geradezu minutiös, sekundäre Ereignisse beschreiben, die jedoch recht deutlich mit analogen Erscheinungen auf dem Gebiet der Kunst, der Literatur, der Religion oder auch der Philosophie zusammenhängen. Für jede Nationalkultur werden das jedoch andere Jahreszahlen sein. Im Falle der polnischen literarischen Kultur können wir einen deutlichen Wandel von den achtziger Jahren des sechzehnten Jahrhunderts an beobachten, als der Renaissance-Klassizismus, der in den Werken Jan Kochanowskis (der im Jahr 1584 starb) zur Vollendung gebracht wurde, selbst zu einer Mustersammlung wurde, die sukzessiv von der humanistischen Schule und vom gedruckten Buch, das trotz seines immer noch hohen Preises relativ leicht zugänglich war, immer weiter verbreitet wurde. Ungefähr zu dieser Zeit begann die Renaissance-Idee der Nachahmung bei den sich immer zahlreicher künstlerisch betätigenden Dichtern und Prosaautoren die Lust zu wekken, mit den klassischen ästhetischen Vorbildern, in denen sie eher eine „Herausforderung" als einen Gegenstand der Nachahmung sahen, zu rivalisieren. Man kann also feststellen, daß zu den Faktoren, die jene ästhetischen Experimente initiierten, die schließlich in der Literatur zum Barock führten, sicherlich jene *aemulatio* der Spätrenaissance gehörte.

Die Anfänge des Barock sind in der polnischen literarischen Kultur also offensichtlich eng mit einem stilistischen Wandel verbunden. Das trifft natürlich auch für andere europäische Literaturen zu, die sich nach der Lektion der Renaissance in der „Nachahmung der Alten" (*imitatio antiquorum*) auf die Suche nach einem eigenständigen Werdegang machten. Jenes Gefühl einer eigenen Individualität, bisweilen geradezu einer Besonderheit, erwachte mit dem endgültigen Erstarken eines nationalen Bewußtseins, dessen Höhepunkt, was den polnischen Adel betrifft (*natio Polonorum nobilium*), sich im späten Mittelalter zu regen begann. Das volle Erblühen dieses Bewußtseins, wie es in der lateinischsprachigen und polnischsprachigen Literatur des sechzehnten Jahrhunderts belegt ist, trug zur Entfaltung einer eigenständigen Formation der Kultur des polnischen Adels, die Sarmatismus genannt wird, bei, zu der noch einige genauere Bemerkungen zu machen sein werden.

Den Zeitraum, der die Epoche des Barock eröffnet und der ungefähr dreißig Jahre umfaßt (das heißt also eine Generation in der Literaturgeschichte), wollen wir hier also vereinbarungsgemäß „Frühbarock" nennen. Hier also die Daten und Fakten, die den ersten Zeitraum des Frühbarock abstecken: Im Jahr 1581 (also noch zu Lebzeiten Jan Kochanowskis) starb Mikołaj Sęp Szarzyński, der Verfasser eines nicht allzu umfangreichen Gedichtbands, der im Jahr 1601 erschien. Der Großteil dieser Gedichte zeugt von einer Begegnung des Dichters mit der Ästhetik und Problematik des Barock, mit absoluter Sicherheit jedoch bezeugen sie zumindest die Präsenz dieser Faktoren im Bewußtsein des Dichters. Im Jahr 1618 erschien *Das befreite Jerusalem* (*Goffred abo Jeruzalem wyzwolona*) des Italieners Torquato Tasso „in der Übertragung Piotr Kochanowskis", Jans Neffen. Dieser Übersetzer, der weiterhin unter dem Einfluß des italienischen Barock stand, starb im Jahr 1620. Auf das Ende des sechzehnten Jahrhunderts fällt auch das Schaffen Sebastian Grabowieckis (1543–1607), der im Jahr 1590 *Hundert geistliche Gedichte* (*Setnik rymów duchownych*) veröffentlichte, die ebenfalls die Ästhetik und Problematik des Barock widerspiegelten. Im Jahr 1612 starben Piotr Skarga und Stanisław Grochowski, in deren Werken wir Merkmale des Barock wiederfinden. Dieser Zeitraum fällt auf das Ende der Herrschaft Stefan Bathorys (1576–1586) und besteht während des größten Teils der Regierungszeit von König Sigismund III. Wasa (1587–1632) fort. Während der Regierungszeit dieses Monarchen festigte sich der polnische Barock und wurde zu einer Strömung, die immer weitere fundamentale Bedeutung gewann. In die Zeit des Nachfolgers Sigismunds, seines Sohnes Władysław IV., fiel die kurze Blüte der barocken Kultur und Literatur, die jedoch unwiderruflich durch die Kosakenkriege, besonders aber durch die schwedische „Sintflut" (1655–1660) in der für das Volk traurigen, aber auch heldenhaften Regierungszeit Jan Kazimierz' in seiner Entwicklung gestört wurde. Die Zeit Władysławs IV. war im übrigen keineswegs ruhiger als die Regierungszeit Sigismunds III., deshalb nahm der polnische Barock seit seinem Anbeginn die Merkmale einer „Zwischenkriegskultur" an, die für allgemeine Ängste genauso anfällig war wie für Euphorien und unvermittelt von ritterlicher Entsagung und Askese zu höfischer Sinnlichkeit wechselte. Auch diese Umstände verliehen dem polnischen Barock seinen eigenen Charakter der „sarmatischen Kultur", deren Hochblüte in der zweiten Hälfte des siebzehnten Jahrhunderts, insbesondere zur Regierungszeit Jan III. Sobieskis (1674–1696), erfolgte.

Die das polnische Barock beschließende Periode, d.h. die sogenannte „Sachsenzeit" (die Bezeichnung kommt von der Herrschaft Augusts II. des Starken und Augusts III. aus der sächsischen Dynastie der Wettiner), verdient besondere Aufmerksamkeit als eine Zeit der Krise und des Absterbens alter Vorbilder und Institutionen, aber auch des Auftauchens neuer Ideen (hier besonders interessant die Gestalt und das Wirken des Königs Stanisław Leszczyński, der in den Jahren von 1704 bis 1710 und nochmals von 1733 bis 1734 regierte, hauptsächlich aber in der Zeit, als er Lothringen regierte, d.h. von 1736 bis zu seinem Tod im Jahr 1766, schrieb und seine Gedanken in die Tat umzusetzen suchte) und neuer ästhetischer Modelle (wie das Rokoko zur Zeit Augusts III.). Der Niedergang des Barock fällt mehr oder weniger in die dreißiger Jahre des achtzehnten Jahrhunderts, wir wollen jedoch die eigenständige Existenz dieser Strömung auf polnischem Boden nicht vergessen, die als eine Tradition, die auch noch im achtzehnten Jahrhundert einflußreich war, weiter wirkte. So kann man also nicht von einem Ende des Barock sprechen, sondern eher von einem Alterungsprozeß und einem Sich-Überleben dieser Strömung. Unter den Barockornamenten begann wieder das Fundament des Klassizismus durchzuschimmern, der sonst im achtzehnten Jahrhundert (in der Zeit Stanisław August Poniatowskis) im Vergleich mit dem französischen Klassizismus des siebzehnten Jahrhunderts und dem dürftigen polnischen Barockklassizismus radikal umgestaltet wurde. Das barocke Ornament hingegen wurde in der Kultur, besonders aber in der höfischen dekorativen Kunst, von einer gewissen kleinen, sich jedoch anmutig gebenden Form, einer rocaille genannten Muschel, abgelöst, die nicht nur eine Verzierung, sondern auch das Modell eines idealen wonnevollen Innenraums darstellen sollte. Von ihr erhielt die ästhetische Richtung des Rokoko ihren Namen, die bis zum Sentimentalismus den Lebensstil und die Kultur der Aristokratie und des wohlhabenden Bürgertums prägen sollte. Der polnische Adelige blieb jedoch ein „Barocksarmate", der mit dieser Mode bis zu jener Zeit im Streit lag, als er, nachdem er in den Jahren des Großen Sejm die Entwicklung des „aufgeklärten Sarmaten" durchlaufen hatte, schlußendlich in der Generation der Urenkel zum Romantiker wurde.

Unsere Bemerkungen zur Chronologie des Barock wollen wir damit beschließen, daß der Barock in der polnischen Literatur von analogen Phänomenen auf dem Gebiet der Kunst begleitet wurde, die ja für die Literatur immer einen der nächsten Bezugspunkte darstellt. Das frühe Barock dauerte hier in etwa von der Wende des sechzehnten zum siebzehnten Jahrhundert bis ins Jahr 1630, die Zeit des Hochbarock fiel in die Jahre 1630 bis 1670. Dann erfolgte eine Differenzierung innerhalb des Barock und sein Übergang in eine klassizistische Richtung und eine Rokoko-Richtung. Dieser Prozeß hielt bis zur Mitte des achtzehnten Jahrhunderts an.

## RÄUMLICHE VERTEILUNG DER POLNISCHEN BAROCKLITERATUR

Gegen Ende des sechzehnten Jahrhunderts lebte auf dem Gebiet der polnischen Republik und des Großfürstentums Litauen, das zusammen ca. 900.000 km² ausmachte, eine Bevölkerung von ungefähr acht Millionen Menschen. In der ersten Hälfte des siebzehnten Jahrhunderts stieg diese Bevölkerungszahl um durchschnittlich zwanzig Prozent, danach jedoch verringerte sich dieser Zuwachs zur Zeit der Schwedenkriege und des Siebenbürgen-Einfalls stark. Hier ein sehr allgemeiner Umriß der Landkarte des polnischen Barock, auf der man die Verteilung der geistig-kulturellen Zentren, wie sie vor allem die Akademien sein werden, auf dem Gebiet der Republik zeigen könnte. Die Jagellonen-Universität durchlebte in der Zeit des Barock eine schwierige Phase in ihrer Geschichte. Sie erfreute sich einerseits im Bewußtsein sämtlicher Stände eines beachtlichen Ansehens (Beweise dafür finden wir eben in verschiedenen literarischen Werken), litt jedoch andererseits unter den unterschiedlichsten Schwierigkeiten, sowohl intern (der Streit zwischen den Traditionalisten und den Anhängern des Fortschritts), als auch von außen (der Argwohn von Seiten Sigismunds III. und Jan Kazimierz', die Rivalität mit dem Jesuitenorden, materielle Not). Ähnliche Schwierigkeiten bedrängten die junge Zamoyski-Akademie (die im Jahr 1594 gegründet worden war), wenn sie sie auch fürs erste nicht niederwarfen. Eine typische Hochschule der Jesuiten war die (im Jahr 1578 gegründete) Akademie von Wilna, die in Litauen dynamisch agierte. Gleichzeitig waren auch protestantische Hochschulen tätig, die kein Promotionsrecht und keine Universitätsprivilegien besaßen, die Gymnasien von Thorn, Leszno und Danzig und das arianische Gymnasium von Raków (das bis zum Jahr 1638 existierte). Auf der besagten Landkarte wären auch die Druckereien zu vermerken, von denen es in der ersten Hälfte des siebzehnten Jahrhunderts (1630–1648) insgesamt vierunddreißig gab, von denen sich elf allein in Krakau befanden. Eine wichtige Rolle im geistigen Leben der Republik spielte, wie schon in der vorangegangenen Epoche, das Mäzenatentum. Der Schutz, den hervorragende Persönlichkeiten von Seiten eines Monarchen, eines geistigen Würdenträgers oder Magnaten, sogar von einem begüterten Landedelmann und manchmal auch von städtischen Organisationen (z.B. in Danzig, Thorn und Lemberg) erwarten konnten, trug in beträchtlichem Maße zur Entstehung von intellektuellen Zentren oder zumindest zur Ansiedlung einzelner Künstler in der Nähe eines Mäzens bei. Man kann kaum von einer dauernden Abhängigkeit des literarischen Schaffens von den hier nur in groben Zügen und flüchtig aufgezählten Zentren der Geisteskultur sprechen, jedoch nicht in Abrede stellen, daß es eine Wechselwirkung zwischen diesen Institutionen und der Literatur gab und daß der allgemeine Zustand des Bildungswesens (dem die Jesuitenkollegien und die sogenannten Kolonien der Jagellonen-Universität, die in den größeren Städten geschaffen wurden, zu Hilfe kamen) in der Zeit des Barock einen unmittelbaren Einfluß auf die literarische Kultur in Polen ausübte.

Mit den oben erwähnten Zentren ist ganz offensichtlich ein unverhältnismäßiger Anteil der einzelnen Länder der Republik am literarischen und kulturellen Leben verbunden. In diesem sich weit erstreckenden Staat vieler Nationalitäten und vieler Kulturen, der die Republik der Barockzeit war, bildete den historisch ältesten Kern Kleinpolen (mit Krakau, der *urbs celeberrima*, und Lemberg). Großpolen und das am meisten vernachlässigte Masowien war Gegenstand schon Tradition gewordener Scherze. Die Verlegung des Königssitzes von Krakau, das weiterhin Ort der Krönung und folglich vom zeremoniellen und gefühlsmäßigen Gesichtspunkt aus Hauptstadt blieb, nach Warschau im Jahr 1596 änderte, was das kulturelle und literarische Leben angeht, dieses Verhältnis zumindest in der zweiten Hälfte des siebzehnten Jahrhunderts keineswegs. Die anderen Länder, also Podlachien, die ruthenischen Länder, die preussischen Länder und das Großfürstentum Litauen stellten ein kulturell sehr differenziertes, uneinheitliches und bisweilen in seiner Entwicklung verspätetes Gebiet dar, das dennoch begierig auf Neues und künstlerisch rege war und entschieden zu einer urpolnischen Kultur tendierte. In gleicher Weise hatte Schlesien, das formell nicht zur Krone gehörte, an der Kultur und Literatur der polnischen Barockzeit regen und schöpferischen Anteil. Hier muß betont werden, daß es in jenen Grenzländern ein eifriges und fruchtbares Interesse am geistigen, also auch am literarischen Leben des Auslands und eine verhältnismäßig gute Kenntnis im Bereich der europäischen Neuerscheinungen gab. Eine Erscheinung dieses Interesses war, daß man die Jugend zumindest für kurze Zeit an die wichtigsten akademischen Zentren im Ausland zu einem damit verbundenen Studium schickte. Ihre Söhne entsandten somit Bürger (vor allem die Pommerschen), hauptsächlich jedoch die Magnaten und oft auch der wohlhabendere Kleinadel. Wenn von den Auslandsbeziehungen die Rede ist, wollen wir nicht vergessen, daß die Kontakte der polnischen Kultur und Literatur mit Europa in der ersten Hälfte des siebzehnten Jahrhunderts eine beträchtliche Bereicherung erfuhren. Der seit dem Mittelalter traditionelle und seit der Renaissance berühmt gewordene polnisch-italienische Weg, „*iter Romanum*" genannt, der durch den Rückhalt der kirchlichen und politischen Beziehungen mit Rom und den wissenschaftlichen Kontakten mit den Universitäten von Padua und Bologna entstanden war, wurde in westlicher Richtung stetig um ein bedeutendes Stück Weg verlängert, den polnische Studenten und Schriftsteller, die die geistigen Zentren in Deutschland (schon in geringerem Maß Wittenberg, außerdem Leipzig, Altdorf, Straßburg, Heidelberg, Ingolstadt), den südlichen Niederlanden (Löwen) und den nördlichen Niederlanden (Leyden, Amsterdam, Franeker, Utrecht, Groningen und Breda), in Frankreich (Paris, Orleans) und sogar in England (Oxford, Cambridge, London) besuchten, immer zahlreicher gingen. Wenn wir von den literarischen und kulturellen Beziehungen der Republik mit West- und Südeuropa zur Zeit des Barock sprechen, meinen wir natürlich gegenseitige Beziehungen, das heißt auch das Interesse der erwähnten Länder an der polnischen Kultur, der Besuch von Ausländern, die die großzügige Unterstützung polnischer Mäzene genossen, und die Publikation und der Nachdruck polnischer Texte (vor allem lateinischer) im Ausland. Ungeachtet der offensichtlichen, für die polnischen katholischen und andersgläubigen Pilger aber keineswegs wesentlichen Differenzierung der hier genannten Hochschulen und geistigen Zentren im Ausland nach ihrem Glaubensbekenntnis muß man einräumen, daß sie sich auf ihren wissenschaftlichen Reisen oft von ihrem Wissensdurst und nicht nur von religiösen Erwägungen leiten ließen. So hielt auch der Calvinismus oder Katholizismus den polnischen Kleinadel und das Bürgertum nicht grundsätzlich davon ab, konfessionell fremde Kreise aufzusuchen, und schlug sich dadurch eben nicht negativ in den letztendlichen Erkenntnissen der Pilgerschaften nieder. Die Kultur und damit auch die Literatur des Doppelreichs Polen-Litauen zur Zeit des Barock zeigten sich zur Gänze nur im Kontext mit der zeitgenössischen europäischen Kultur. Hier ist sowohl das Interesse am künstlerischen Schaffen (an der polnisch-lateinischen historischen Prosa gegen Ende des sechzehnten Jahrhunderts sowie der moralphilosophischen Prosa des siebzehnten Jahrhunderts) der polnischen Autoren im Ausland wie auch das Interesse an ausländischen Werken in Polen hervorzuheben. Außerordentlichen Erfolgs erfreute sich im siebzehnten Jahrhundert das Werk *Monita politico-moralia* von Andrzej Maksymilian Fredro (ca. 1620-1679), von dem es zehn Ausgaben gab. Ähnlich lebhaftes Interesse weckte, wenn auch schon in den engeren Kreisen der humanistischen Elite, die lateinische Dichtung von Szymon Szymonowic und Maciej Kazimierz Sarbiewski. Das siebzehnte Jahrhundert, in dem es an Kriegen nicht fehlte, war allerdings für eine systematischere Anknüpfung von internationalen intellektuellen Kontakten nicht günstig, und die Musen verstummten immer mehr im Schlachtengetümmel. Unter dem Einfluß solcher äußeren Bedingungen zog sich Polen und andere Länder zu dieser Zeit in sich selbst zurück, und die nationale Megalomanie und gleichzeitige Xenophobie der Sarmaten, die sich im übrigen auf verschiedenartigste Art und Weise äußerte, war eine für jene Zeit charakteristische Haltung und wurde damals oft auf die Spitze getrieben. Ungeachtet jener ungünstigen historischen Umstände erwies sich die zur Zeit des Humanismus entwickelte Einstellung als beständig, das heißt das Interesse an der Kultur des Auslands und das verstärkte Bewußtsein einer Zugehörigkeit zum Zivilisationskreis des Mittelmeers und damit auch das Bewußtsein einer Verwandtschaft mit der romanischen Kultur jener Zeit. Diese Faktoren waren die Voraussetzung für das Vordringen des Pertrarkismus, Marinismus und auch anderer Elemente der allgemeinen Tradition in die polnische Literatur und für deren recht selbständigen, kreativen Einfluß. Nach dem Schwedeneinfall (1655–1660) verminderten sich die Studienaufenthalte und studentischen Kontakte mit dem Ausland spürbar, zudem setzte der traurige Exodus vieler polnischer Arianer ein, die unter dem Vorwurf der Kollaboration mit den Schweden endgültig insgesamt aus der nationalen Gemeinschaft ausgeschlossen wurden. Einige bereicherten durch ihr Talent und ihre Bildung die Kultur des Herzoglichen Preußen und der nördlichen Niederlande, andere verloren sich, hauptsächlich auf der Flucht, auf dem tragischen Siebenbürgner Weg. Die Epoche des Barock war für Polen eine Zeit der „Konfrontation" sowohl mit der schwindenden Macht der Türken wie auch mit der sich formierenden Großmacht der Moskowiter. Das spiegelte sich unter anderem in der „Orientierung" der Kultur des Adels wider (türkische Einflüsse in der Art und Weise der Kleidung und Waffen, in der Lexik; „östliche" Themen und Motive in der Literatur). Literarische Verbindungen mit dem Ost- und Südslawentum hatten naturgemäß eher einseitigen Charakter. Einen bekannten und beträchtlichen Beitrag zur Gestaltung des literarischen Barock im russischen Schrifttum des siebzehnten und achtzehnten Jahrhunderts und zu dessen Bereicherung durch westliche Komponenten (z.B. durch den Konzeptismus) leistete als Vermittler die im Jahr 1632 nach dem Vorbild der polnischen Jesuitenkollegien (übrigens nach dem Grundsatz einer entschiedenen Rivalität mit diesen zwecks Expansion der griechisch-orthodoxen Kirche) reformierte Akademie von Kiew, die u.a. nach deren Studienplänen für das Fach Poetik lehrte. Der polnische Barock wirkte in diese Richtung auch allein durch seine Texte, und sei es durch *Das befreite Jerusalem* (*Gofred abo Jeruzalem wyzwolona*) „in der Übertragung Piotr Kochanowskis".

Die hier nur aufgezählten und nach dem geographischen Aspekt des literarischen Lebens geordneten Verhältnisse und äußeren Bedingungen des polnischen literarischen Barock erlauben zumindest, sich das Polen jener Zeit als einen aufnahmebereiten und kreativen Empfänger neuer allgemein-europäischer Modelle und gleichzeitig als Vermittler zwischen der westlichen Zivilisation und der exotischen Welt des Orients vorzustellen. Die Bindung, ja sogar äußerlich sichtbare Verwandtschaft mit dieser Welt hob unsere Kultur, im besonderen die Kultur des Adels, gern hervor, wobei sie jedoch immer ihre eigene Unabhängigkeit und ureigene Selbständigkeit bewahrte und deutlich zum Ausdruck brachte.

Das Doppelreich Polen-Litauen umschloß drei Nationalitäten: Polen, Ruthenen und Litauer. Innerhalb dieses dreigliedrigen, doch recht kompakten Organismus enthielt es überdies die Gruppierungen der Armenier, Tataren, Juden und Deutschen und außerdem noch kleinere Grüppchen von Emigranten aus England, Schottland, den Niederlanden, Tschechien und Ungarn. Vom literaturgeschichtlichen Gesichtspunkt aus waren diese Differenzierungen jedoch nicht von Bedeutung. Das vorherrschende, in Litauen und den ostslawischen Gebieten bereitwillig übernommene Modell war die angestammte polnische Kultur, Literatursprache hingegen war neben dem Polnischen (und natürlich auch dem Deutschen und den ostslawischen Sprachen) in großem Maße das Lateinische, das gleichsam als zweite Landessprache angesehen wurde, und dessen recht allgemeine Kenntnis der Adel wie auch das Bürgertum dem (wie oben erwähnt) relativ dichten Netz „mittlerer" Schulen verdankten. Von größerer Bedeutung für die hier erörterten Phänomene war die Herausbildung von sozialen Schichten. Die Einheitlichkeit der einzelnen Stände, die man in der Zeit des Barock unterschied, also des Klerus, des Rittertums (oder Adels), des Bürgertums und des Bauernstands, war ganz offensichtlich ein äußerer Anschein. Verbunden mit einer beträchtlichen inneren Differenzierung (ärmerer Kleinadel, wohlhabende Gutsbesitzer, Magnaten, niederer Klerus und Prälaten, Ordensgeistliche, patrizisches Bürgertum, die Baccalaurei, die plebejische Intelligenz) spricht man jetzt in bezug auf die Literatur getrennt von gesellschaftlichen Schichten (Adel, Magnaten, Bürger, Plebejer und Bauern) auf der einen Seite und von literarischen Kreisen auf der anderen: einem landadeligen, höfischen, kirchlichen, bürgerlichen und plebejischen. Diese Unterscheidung erlaubt es, mit größerer Wahrscheinlichkeit nach den Zusammenhängen zwischen der gesellschaftlichen Positionierung eines Autors und der ideellen Bedeutung seines Schaffens zu suchen, denn die Voraussetzungen seiner Schichtenzugehörigkeit spielten keineswegs eine geringere Rolle als seine gesellschaftliche Herkunft. Zwischen den hier angeführten literarischen Kreisen herrschten die verschiedenartigsten Verbindungen und Spannungen. In die Periode des Barock fiel der Prozeß einer Umwandlung des Persönlichkeitsmodells der Renaissance von einem „landadeligen" zu einem „ritterlichen", worüber wir noch gesondert sprechen werden, doch muß hier betont werden, daß das vorangegangene Modell nicht sofort seinen Reiz verlor, insbesondere in den Augen der Vertreter der Kultur des reichen Bürgertums. Auf der anderen Seite wurde es zum Gegenstand kritischer Reflexionen im Schaffen einiger (vor allem geistlicher) Schriftsteller des Adels, aber auch von Autoren, die die plebejische Intelligenz repräsentierten, und zu guter Letzt auch von Vertretern des Hofes. Von den Institutionen des literarischen Lebens war die bislang wichtigste und beständigste das humanistische Mäzenatentum. Doch unter dem Einfluß immer unbeständigerer (einem Bestehen von humanistischen Kreisen nicht förderlicher) Verhältnisse nahm seine Bedeutung mit der Zeit ab. Eine Zunahme erfuhr in der Barockzeit hingegen die Bedeutung des Theaters, die sowohl in philosophisch-ästhetischer Hinsicht, von der noch später die Rede sein wird, wie auch durch das Entstehen neuer kultureller Institutionen zu erklären ist. Zu ihnen gehören vor allem die Schulen (das Schultheater) und die Jesuitenkollegien, die die Bühne nicht nur als didaktische Hilfe ansahen, sondern auch als einen Ort der Herausbildung eines Charaktermodells. Um vieles freier und unter beachtlichem Einfluß des Auslands entwickelte sich auch das höfische Theater, das einen begrenzteren Wirkungskreis besaß. Eine Menge von Texten der sogenannten

„Eulenspiegelliteratur" läßt auf die Existenz eines Jahrmarktstheaters schließen, zumindest aber auf die Fortdauer seiner Konvenienz, in der ihr größter Teil niedergeschrieben wurde. Im großen und ganzen ist das Theater ein Kind der Stadt und seiner Kultur, doch blieben Krakau und sogar Danzig auf diesem Gebiet weit hinter dem London der Elisabethanischen Epoche zurück.

## DIE ANFÄNGE UND ENTFALTUNG DER POLNISCHEN BAROCKLITERATUR

Der Barock ging auf unserem Boden aus der Saat des europäischen Konzeptismus hervor, mit dem unsere Künstler, die sich für Neuheiten aus dem Ausland interessierten, in Kontakt kamen. Auf der anderen Seite kann man sich heute schwerlich des Eindrucks erwehren, daß diese Strömung, die auf vielfäl-tigste Weise an mittelalterliche Traditionen anknüpfte, oder genauer, gewisse Ideen und Absichten des Mittelalters mit der ihr eigenen, sagen wir, „offenen" und prinzipiell antinormativen Ästhetik entwickelte, für unsere Kultur des ausgehenden sechzehnten Jahrhunderts einen Komplex besonders reizvoller Modelle darstellen mußte. Man möchte geradezu weitergehen: Diese Modelle waren für sie wie geschaffen, da sie ihrer eigenen Vorliebe für Mannigfaltigkeit (die in der Architektur, aber auch in der Literatur durch die Verbindung von z.B. gotischen Komponenten mit denen der Renaissance umgesetzt wurde) und ihrer Vorliebe für eklektische Wunderlichkeiten zur Gänze entsprachen. Auf diese „Prädisposition" der Kulturen der slawischen Völker für den Barock machte Endre Angyal in seiner Publikation aufmerksam. Mehr noch, der Barock wies in Verbindung mit der Bewegung der Gegenreformation ein Modell der Religiosität und weltanschaulichen Stellungnahme auf, das der polnischen Feurigkeit und gemäßigten Exaltiertheit entsprach, und überdies an die allgemein lebendigen Vorbilder einer mittelalterlichen Frömmigkeit und folglich (gemäß der üblichen Folgerung) einer „alten, das heißt guten" Frömmigkeit anknüpfte. Wenn wir diese Richtung weiterverfolgen, kommen wir zur Überzeugung, daß die Vorbilder des europäischen Barock, die der polnischen Kultur durch das gegen Ende des sechzehnten und am Anfang des siebzehnten Jahrhunderts lebhafte Interesse am Ausland einverleibt wurden, sich zu entsprechenden, parallelen, doch ursprünglich tief eigenständigen Vorbildern des „sarmatischen Barock" verbanden.

Die Anfänge der polnischen Barockliteratur fallen in die ausgehende Renaissance. Wir wollen hier nicht von der Wirkung der Renaissance-Tradition, im besonderen der Tradition von Jan Kochanowski, sprechen, da ihre Vitalität und Fruchtbarkeit im polnischen Barock offensichtlich ist und keinem Zweifel unterliegt. Es geht uns vielmehr darum, daß jene Texte, die mit Sicherheit einen frühbarocken Charakter aufweisen, wie die Lyrik von Mikołaj Sęp Szarzyński (ca. 1550–1581) oder Sebastian Grabowiecki, tief und in organischer Weise auch in der Literatur der polnischen Renaissance wurzelten, wobei sie sich eher in ihrer Stilistik (der poetischen Sprache) als in ihrer Komposition von den zeitgenössischen Werken der Renaissance unterschieden. Eben darum möchte man in der polnischen Literatur lieber von einer in das Barock übergehenden Renaissance sprechen als von einer (wie die Sonne) „untergehenden Renaissance", mit einer gleichzeitigen Umgestaltung des allgemeinen ästhetischen Bewußtseins und, was nicht weniger wichtig ist, mit einem Wandel der staatsbürgerlichen, religiösen und ethischen Einstellung.

Eine Zusammenstellung der biographischen Daten und ein Vergleich der Texte jener Autoren, die mehr oder weniger Altersgenossen von Mikołaj Sęp Szarzyński waren, bereitet den Literaturhistorikern unausweichlich ziemliche Schwierigkeiten, veranlaßt sie jedoch gewöhnlich dazu, eine ganze Gruppe von Namen auf Grund der in ihren Werken zu bemerkenden verwandten Eigenschaften zu unterscheiden, die die Verwendung von höchst verschiedenartigen und unklaren Bezeichnungen, wie z.B. „Lyriker der Spätrenaissance" oder „metaphysische Dichter", erlauben. Um über die Zugehörigkeit jener Dichter zur Renaissance oder zum Barock kein vorschnelles Urteil zu fällen, müssen ihre Biographien mit der allgemeinen Bezeichnung „Zeit des Übergangs" erfaßt werden. Wir haben keine Veranlassung, von einer literarischen Generation der achtziger Jahre zu sprechen, die beinahe unmittelbar auf die Generation Jan Kochanowskis folgte; man muß sich jedoch der Übereinstimmungen, die die gemeinsamen, Leben und Werk verbindenden Komponenten darstellen, bewußt sein.

Zu den Autoren der hier erwähnten „Periode des Übergangs" gehörten also neben Sęp Szarzyński im übrigen so unterschiedliche Künstler wie Sebastian Grabowiecki (1543–1607), Stanisław Grochowski (ca. 1542–1612), Kasper Miaskowski (ca. 1550–1622) und schließlich der seinen Altersgenossen am unähnlichsten gewesene Szymon Szymonowic (1558–1629). Von den genannten ist Mikołaj Sęp Szarzyński die geheimnisvollste Erscheinung. Wenn man eine literarische Hinterlassenschaft, besonders die Lyrik, als glaubwürdiges autobiographisches Dokument betrachten darf, dann wissen wir von Sęps Innerem und seinem Gewissen einiges mehr als von seinem Gesicht und Lebenslauf. Sęp Szarzyńskis steht schon zumindest in dieser einen Hinsicht in völligem Gegensatz zum Typus der Renaissance, der der Nachwelt gewöhnlich durch ein literarisches Selbstporträt oder „Medaillon", nicht selten auch durch ein wirkliches, auf einem humanistischen Stich oder auch dem Grabmarmor verewigtes Bildnis vertraut ist. Sowohl das Antlitz des Dichters wie auch seine gesamte Biographie ist in „tiefes Dunkel" gehüllt. In einem von Sęps Sonetten, eben jenem, dem diese Formulierung entnommen ist, bringt das lyrische Subjekt ein tiefes Unlustgefühl zum Ausdruck, das der Blick auf die eigene Jugendzeit in ihm hervorruft, das heißt letzten Endes auf den gesamten Lebenslauf des ja im Alter von ungefähr dreißig Jahren Verstorbenen. Was noch mehr verwundert, ist die folgende Tatsache: Auch seine Zeitgenossen wollten über ihn nicht mehr sagen, obgleich sie in Sęp „den ersten Dichter nach Kochanowski" sahen (so drückte sich Szymon Starowolski in seinen *Hundert Gedichten* aus). Bekannt ist also schließlich, daß er aus dem Gebiet um Lemberg stammte, einige Monate (im Jahr 1565) an den Universitäten von Wittenberg und Leipzig sowie wahrscheinlich auch in Italien (hier vermutlich erheblich länger) war. Einige seiner Werke schrieb er in der Mitte der siebziger Jahre, die interessantesten, ideell-künstlerischen Texte (u.a. die Sonette) jedoch wahrscheinlich gegen Ende seines Lebens. Der Kanon der Sępschen Werke, die *Rhythmen oder polnische Gedichte* (*Rytmy abo wiersze polskie*), erschien erst nach dem Tod des Autors im Jahr 1601, und das auf Veranlassung seines Bruders und eines Kreises von Freunden dieser Dichtkunst, die sie offenbar aus zirkulierenden Handschriften kannten. Dieser vergleichsweise frühe Erfolg von Szarzyńskis Werk und das Interesse, dessen es sich schon im zeitgenössischen, wenngleich anfänglich sicherlich elitären Leserkreis erfreuen sollte, ist keinesfalls in augenscheinlicher Weise verständlich. Denn sein Schaffen war durch und durch zeitgemäß, insofern, als es die aktuellsten Fragen aufgriff (eine neue Auffassung der Philosophie der Werte, das Problem der Zweckmäßigkeit), und sich dabei einer dieser Problematik höchst entsprechenden, aber auch außerordentlich schwierigen poetischen Sprache bediente, die der Tradition widersprach, doch dafür der neuen Ästhetik nahestand. Es ist jedoch zu bemerken, daß ein großer Teil dieser Texte Gelegenheitscharakter besaß, wenn auch oft nur an der Oberfläche, der die Lektüre des Gedichts beträchtlich erleichterte. Andere Werke hingegen machten von den Privilegien der Gebetskonventionen Gebrauch (ein Dialog des lyrischen Subjekts mit Gott), und in diesem Fall hören komplizierte Gedankengänge auf, eine abschreckende Hürde darzustellen, sondern werden gleichsam zu einem in ganz natürlicher Weise verworrenen Diagramm des Labyrinths des eigenen Bewußtseins. In der europäischen Literatur der Wende vom sechzehnten zum siebzehnten Jahrhundert zeichneten sich zwei Modelle der Darstellungsweise der Wirklichkeit und der Situation des Menschen ab. Und zwar handelt es sich um eine Schwäche für den Quietismus auf der einen Seite und einem Erfaßtwerden von einer lebhaften Unruhe auf der anderen. Sęp Szarzyński gehört zweifelsohne zu den Barden der Unrast und Wirrnis. Einer seiner Helden, der tragische Held Fridrusz, „der bei Sokal von Tatarenhand fiel im Jahr des Herrn 1519" und nach dem Brauch des Livius eine fiktive Rede hält, beschreibt im Moment seiner Niederlage das Heer mit Worten, in denen wir nicht nur eine Sarmatenohren liebe Anspielung auf das Evangelium („Blut-Wasser"), sondern auch die Verstrickungen der dargestellten Wirklichkeit dieser Welt finden, und die paraphrasiert in etwa folgenden Ausdrücken: „Ich sah, wie unser Blut die Farbe des Wassers im Bug veränderte, die Heiden erlitten keinen Schaden, die Felder waren mit den Leichen der Unseren bedeckt, und ich suchte mit den Überresten unseres Heeres Schutz hinter den Mauern". Die hier dargestellte Wirklichkeit scheint allzu verworren, übersteigt *quasi* durch seine Kompliziertheit das Bewußtsein des Helden und macht ihn beinahe gleichgültig. Der einzige Weg, um in so einer Welt die Rechte des Subjekts wiederzuerlangen, und gleichzeitig das einzige Mittel des Protests gegen das Böse in dieser Welt ist vielleicht der Sprung mitten in die Feinde hinein und der Heldentod. Zu den Betrachtungen über die Vorstellung von der Welt werden wir noch zurückkommen, hier wollen wir jedoch nur festhalten, daß eine solche bildliche Darstellung und eine derartige Stilistik schon früh auftrat. Wir fügen hinzu: im Kontext der um zwei Generationen späteren Barockdichter ist dies eine typische Erscheinung, in Zusammenhang mit Sęp jedoch eine Ausnahme.

Das ist noch deutlicher zu sehen, wenn wir das frühe Werk von Szymon Szymonowic betrachten, insbesonders sein Drama *Castus Joseph*, (*Der unschuldige Joseph*), 1587. An der Wende vom sechzehnten zum siebzehnten Jahrhundert nahm in Europa und in Polen das Interesse am Werk Senecas zu, das mit dem damaligen Entstehen des Neostoizismus verknüpft war. Es zeigte sich bei uns u.a. in der Kenntnis sowohl der Werke des römischen Philosophen selbst wie auch des Werks seines Kenners und Herausgebers, des niederländischen Philologen Justus Lipsius (1547–1606). So beschäftigt sich Szymonowic' Drama *Castus Joseph*, das der Dramentradition Senecas nahesteht, aber im Gegensatz zu Górnickis Tragödie *Troas*, 1589, die eine Bearbeitung von Senecas *Troades* darstellt, doch seine Selbständigkeit bewahrt, gleichfalls mit der Tragik des Schicksals des Menschen, der in zerstörerische und schwer zu überwindende, bisweilen über das Subjekt hinaus- gehende Umstände verstrickt ist. Wir sagen „gleichfalls", stellen jedoch eine völlig andere Stilistik fest, und zwar eine klassische. Szymonowic wäre also allerhöchstens ein Wegbereiter des klassizistischen Barock (auch als Autor seiner „pindarisie-renden" lateinischen Lyrik), das heißt einer in unserer Literatur eher schwach vertretenen Richtung, deren einzige beachtenswerte Vertreter Krzysztof und Łukasz Opaliński und die Übersetzer von Corneille und Racine wären, von denen man ganz gesondert sprechen muß.

Dem Werk Sęp Szarzyńskis jedoch näher steht die Lyrik von Sebastian Grabowiecki, der im Jahr 1590 *Hundert geistlichen Gedichte* (*Setnik rymów duchownych*) in Druck gab, höchst kunstfertige Gebilde, die noch mehr als bei Sęp die tragische und gleichzeitig von einem lebendigen Glauben durchdrungene Haltung eines Menschen widerspiegeln, der bestürzt ist vom Bösen in seinem Inneren und auf der Welt. *Die Geistlichen Gedichte* sind in zwei Teile untergliedert und haben eine geistreiche Komposition, denn der Dialog im Gebet des lyrischen Ichs mit Gott oder dem eigenen Gewissen „im Beisein" Gottes führt von der Klage zum Trost. Auffallend ist dabei die Kunstfertigkeit und formale Vielfalt jener Texte, von denen ein großer Teil Übertragungen und sehr ehrgeizige Versuche darstellen, sich die fremdsprachige Literatur (u.a. G. Fiamma, B. Tasso) zum Vorbild zu nehmen. Und auch hier taucht, ähnlich wie in den Werken Sęps, die Form des Sonetts auf, das in seiner „Kristallstruktur" das vor Feuer, Furcht und Leidenschaft lodernde Bild der Welt umfaßt. So verbindet z.B. das Sonett I (XVIII) mit einer für die Bildung und das Talent des Autors beeindruckenden Gewandtheit die für Petrarca typischen Motive von Feuer und Eis mit einer obsessiven Vision der Hölle im Schreckensbild der „Canicula" (Hundstage), das jedoch in seiner Atmosphäre von den thematisch konvergierenden Gedichten Jan Andrzej Morsztyns noch weit entfernt ist. Desgleichen ist auch das Geschick, mit dem Grabowiecki jene vermeintliche Widersprüchlichkeit zwischen „Form und Inhalt" bewältigt, anzumerken. Nicht zufällig bedienten wir uns eben in metaphorischer Weise des Bildes eines Kristalls, das bei Grabowiecki sonst in einer anderen Verwendung auftritt. Was der Dichter im Gedicht CXI vom für Gott transparenten Innersten des Gewissens sagt, möchte man für das Barocksonett übernehmen:

„...Wie Kristalle, die Licht oder Blumen in sich tragen..."

Vielleicht entschied eben jene verlockende Schwierigkeit, Disziplin und Naturgewalt zu verbinden, die das Wesen dieser Gattung ausmacht (eine Schwierigkeit, die ansonsten der Barockästhetik der literarischen Pointe verwandt ist, vgl. *concors discordia* oder die „harmonische Disharmonie" Sarbiewskis) über den Erfolg des Sonetts in der Dichtung des polnischen Barock. Die religiös-philosophische Lyrik Sęp Szarzyńskis und Grabowieckis verbindet eine bei beiden Dichtern vergleichbare Distanz, die das lyrische Ich in seinem Verhältnis zur Wirklichkeit, insbesondere jedoch zu einer mit trügerischer Schönheit lockenden gegenständlichen Welt, bewahrt. Dadurch bekommt auch der Leser dieser Werke den Eindruck eines geistigen Umbruchs, der sich *quasi* im Bewußtsein des Subjekts vollzieht.

Weder diese Distanz noch Spuren eines Umbruchs (jedenfalls nicht eines so tiefgehenden intellektuellen Umbruchs) finden wir im religiösen Schaffen der anderen zeitgenössischen Dichter Stanisław Grochowski und Kasper Miaskowski. Die Atmosphäre der Dichtung Grochowskis ist, sagen wir, dispergiert, weit von einer mystischen Andacht entfernt, ihre Betrachtungen sind eher alltäglich, ihre Ästhetik synkretistisch. Der Dichter verblieb wie die Mehrheit der Künstler seiner Generation unter dem starken, wenn auch nicht immer sehr tiefgehenden Einfluß des Genius von Jan Kochanowski, ohne jedoch von seinem posttridentinischen Geist so stark durchdrungen zu sein wie Grabowiecki. Doch war er mit den dem Barock schon näherstehenden neostoizistischen Motiven aus dem Bereich der *vanitas* (d.h. aus dem Bereich der Betrachtungen über die Vergänglichkeit) vertraut, würdigte ganz offensichtlich deren philosophische wie auch künstlerische Aktualität und bediente sich ihrer gern und häufig. Grochowski, der im Leben eher praktisch und rege war, besaß im übrigen ein publizistisches Temperament und die Leidenschaft eines Übersetzers, der darum bemüht war, der Gesellschaft angemessene und erbauliche fremdsprachige Werke näherzubringen. Ihm ist es zu verdanken, daß das translatorische Werk des Altpolnischen um die Übertragungen der Brevier-Hymnen und der Schriften von Jakub Pontanus (Spanmüller) und Thomas à Kempis bereichert wurde.

Die geistliche Dichtung Kasper Miaskowskis wich in ihrem Geist nicht sehr von Grochowskis Werk ab, obgleich jener Priester und Miaskowski Gutsbesitzer in Großpolen war. Dies ist ein weiteres Beispiel für die Homogenität der Geisteskultur des Adels, die auch dazu beitrug, daß die Mehrheit des Adels beim Katholizismus blieb. Die Einfachheit und „Rechtschaffenheit" der Religiösität Miaskowskis, der sich ansonsten in seinen anderen Gedichten als ein recht belesener Mann von weitem Horizont offenbarte, stellt eine der außergewöhnlich (bis ins neunzehnte Jahrhundert) beständigen Komponenten des bodenständigen ritterlichen Landadels-Ethos dar. So überhäuft sich z.B. in der *Bußelegie an den Herrn und Gott den im Schöpfer Alleinigen. Rhythmensammlung* (*Elegia pokutna do Pana i Boga w Twórcy Jedynego. Zbiór rytmów*), Krakau, 1612, das lyrische Ich selbst in einem verbissenen Kampf mit dem eigenen Gewissen mit einem Hagel von kräftigen Metaphern und Vergleichen, die die Reue leichter machen sollen: „Oh, Drache meines Herzens, ach schmutzig Gewissen... Was bin ich? Allein Kains Geschlecht, ...Ein Rüpel bin ich... bewandert in Sodoms Straßen und Markt ...Höllenbrand bin ich" usw. In dieser eigentümlichen Paraphrase des Psalms 50 finden wir in beinahe jedem Vers andere Bilder und andere Motive. Die Autoreflexion verliert sich etwas im Gepolter der Selbstanklage, obwohl es hier eindeutig nicht um diese Autoreflexion geht, sondern wohl eher um das Übertönen einer den Sinnen allzu willfährigen Phantasie.

Die „Generation" von Sęp Szarzyński war, wie gesagt, ideell und künstlerisch äußerst differenziert. Neben unbestreitbaren, wenn auch oft sehr unterschiedlichen Wegbereitern des Barock finden wir auch Schriftsteller wie Sebastian Fabian Klonowic (ca. 1545–1602) oder (einer schon etwas späteren Generation angehörend) Andrzej Zbylitowski (ca.1565–ca. 1608), in deren oft auch polnisch-lateinischen Werken die noch durchaus lebendige Tradition der Renaissance zu dominieren scheint. Es ließe sich aus der Perspektive einer weitgehenden Verallgemeinerung eine gewisse Gesetzmäßigkeit feststellen.

In der hier in Kürze besprochenen Epoche an der Grenze zwischen der Spätrenaissance und den Anfängen des Barock scheint vom Gesichtspunkt einer Wegbereitung der neuen Strömung aus die geistlich-philosophische Lyrik die wichtigste Rolle zu spielen, denn sie ist es, die gleichermaßen die grundlegenden Merkmale der stattfindenden Umgestaltung des Bewußtseins zeigt, wie auch eine neue, dem Thema angemessene poetische Sprache formuliert, mit deren Hilfe diese Transformation ausgedrückt werden konnte. Obwohl sich diese Richtung auf das Schaffen von Autoren mit hauptsächlich kleinadeliger Herkunft (Geistlichen wie Laien) gründete, hatte sie naturgemäß universellen und im Grunde genommen ständeübergreifenden (was aber nicht heißt klassenübergreifenden) Charakter. Dagegen verlor die so umfangreiche Richtung des Grundadels mit ihrer, was die Strömung der Renaissance angeht, weitreichenden Bedeutung, jetzt, an der Jahrhundertwende, an Gewicht (zumindest vom Gesichtspunkt der sich vollziehenden intellektuellen Wende aus) und beruhte hauptsächlich auf dem Werk der Epigonen Jan Kochanowskis, die jedoch verschiedenes Talent besaßen. Fügen wir hinzu, daß dies bis zu jener Zeit fortdauerte, als das Renaissance-Ideal des Grundadels einer konstruktiven Kritik, hauptsächlich von Seiten der Jesuiten (Skarga), aber auch der bürgerlichen Schriftsteller unterzogen wurde, sich erneuerte und durch die Verbindung mit dem ritterlichen Ideal (*eques polonus*) umgestaltete, dessen Formierung durch die immer hitzigere und unruhigere Atmosphäre zu Beginn des siebzehnten Jahrhunderts, die noch andauernde Psychose eines religiösen „Weltkriegs" und schließlich durch den Dreißigjährigen Krieg beeinflußt wurde.

Eine wichtige Rolle bei der Gestaltung des neuen landadeligen Modells und der Schaffung des Barock-Ethos des polnischen „christlichen Ritters" spielte der Jesuitenpriester Piotr Skarga (1536–1612), dessen publizistisches Werk *Reichstagspredigten* (*Kazania sejmowe*), 1597, das organisch in seiner Tätigkeit, seiner religiösen und paränetischen Schriftstellerei *Heiligenviten* (*Żywoty świętych*), 1579; *Predigten für die Sonntage und Feiertage des ganzen Jahres* (*Kazania na niedziele i święta całego roku*), 1595; *Soldatengottesdienst* (*Żołnierskie nabożeństwo*), 1606 wurzelte, mit dem gleichen Anrecht zu den Anfängen unseres Barock gehört wie die Lyrik Sęp Szarzyńskis. Seine schriftstellerische Eigenart wurde von der

Kultur des christlichen Humanismus und der Atmosphäre einer radikalen und konsequenten Gegenreformation geprägt. Doch die steigende Dramatik der historischen Ereignisse, aber auch der sich gegen Ende des sechzehnten Jahrhunderts ändernde ästhetische Geschmack der Leser drückten Skargas Stilistik das Gepräge eines schon barocken „Seelenkampfs" auf.

An Bedeutung gewann auch das Schaffen der bürgerlichen und plebejischen Gesellschaft (also auch die anonyme, sogenannte „Eulenspiegelliteratur"), das um die Jahrhundertwende oft schon unter Zuhilfenahme einer neuen poetischen Sprache die eigenen Konflikte, Gedanken und Bestrebungen widerspiegelte. Es steckte mit seinen Wurzeln noch tief in den Verhältnissen des sechzehnten Jahrhunderts, gehört keineswegs automatisch zur Renaissance, wenngleich es in seiner „Ikonographie" des dargestellten Bildes der Welt und des menschlichen Schicksals ausgezeichnet mit den Anfängen des Barock harmoniert.

Ein weitaus deutlicherer Vorbote des Barock war in jener Übergangszeit das Werk Piotr Kochanowskis (1566–1620), der nicht nur zwei Hauptwerke der italienischen Renaissance übersetzte, sondern sie auch in ausgezeichneter Weise nachbildete. Seine Übersetzung von Ariosts *Der rasende Roland* (*Orland szalony*) blieb dreihundert Jahre lang durch Abschriften bekannt, von denen acht bis in unsere Zeit überliefert sind. Tassos *Das befreite Jerusalem* (*Gofred abo Jeruzalem wyzwolona*) dagegen erschien schon im Jahr 1618 im Druck und wurde fast unmittelbar eines der in Polen und den anderen slawischen Ländern bekanntesten und geschätzte-sten Ritterpoeme. Es ging in unsere Literatur, das heißt auch in unser nationales Bewußtsein, ein, fast gleichzeitig mit dem Anbruch einer ruhmreichen, aber letztendlich doch tragischen Epoche von Kriegen und Schlachten, wenige Jahre nach den Siegen von Kłuszyn und Kircholm und unmittelbar vor den Niederlagen von Cecora und Chocim.

Das sich am häufigsten wiederholende Motiv des religiös-philosophischen Schaffens, das dem Barock den Weg ebnete, war die innere Unruhe, die aus dem dramatischen Erlebnis einer epistemologischen Krise (Unsicherheit der Erkenntnis durch die Sinne) und einer axiologischen Krise (Revision des Wertebegriffs) entstand, jedoch auch durch eine erneute „Entdeckung" des geistigen Wandels des immanenten Bösen im Lauf der Geschichte. Hinzuzufügen ist hier noch die postreformatorische Krise der traditionellen Formen der Religiosität (Konvertierungen, Zweifel und Gewissenspein) sowie ein offensichtlicher Wandel des ästhetischen Geschmacks in Richtung Erhabenheit, Ornamentik und Kuriosität. Diese Fragen werden wir gesondert ausführlicher behandeln, doch darf hier im chronologischen Blickwinkel das komparatistische Element nicht fehlen. Zu beachten sind auch äußere Faktoren von allgemeinerer, ja sogar umfassender Bedeutung, die die oben skizzierte Situation in der Literatur sicherlich nicht unmittelbar, doch ohne Zweifel, prägten. Hier müssen also zumindest folgende Umstände erwähnt werden:

1. Die gegen Ende des sechzehnten Jahrhunderts an Kraft gewinnende politische Bewegung des polnischen Adels, der die Verteidigung seiner Standesinteressen gegen die Bedrohung von Seiten des Magnatentums sowie gegen die

mit der Möglichkeit einer absoluten Monarchie verbundenen Gefahr anstrebte. Diese Frage, die weit ins sechzehnte Jahrhundert zurückreichte (vgl. den Beschluß des Landtags von Petrikau im Jahr 1563), gewann in Verbindung mit den ersten Königswahlen (d.h. der Wahl Heinrichs von Valois im Jahr 1573 und Stefan Bathorys im Jahr 1576, vor allem jedoch Sigismunds III. Wasa im Jahr 1587) besondere Bedeutung. Die Spannung stieg noch durch das ungewisse Schicksal der in Polen traditionellen Religionsfreiheit, die jenem Teil des Adels, der anderen Konfessionen angehörte, unter der Herrschaft Sigismunds III., der dem Druck der Jesuiten nachgab, bedroht schien. Der Ausbruch des Bürgerkriegs, den man „Zebrzydowski-Aufstand" (rokosz Zebrzydowskiego) nennt (1606–1608), war in seiner Art eine Explosion eben dieser Unruhe, doch brachte er keinerlei Klärung dieser Situation. Nirgendwo hatte im damaligen Europa ein Parlament so weitgehende Befugnisse wie der Hauptlandtag der Republik. Auf der anderen Seite war die elementare Kraft des Adels außerstande (denn die politische Kultur der Allgemeinheit des Adels war im Niedergang begriffen), sich jene *aurea libertas* (goldene Freiheit) zunutze zu machen, und wollte höchstens den König gegen die Magnaten oder die Reichen gegen den König unterstützen. Später trat der Adel, der den sich in Europa ausbreitenden Absolutismus fürchtete, endgültig für die Machthaber ein, da er jedoch in jedweder Form eines Antastens des *status quo* eine Bedrohung sah, widersetzte er sich entschieden jeglichen Regierungsreformen und schließlich Reformen überhaupt. Dem Kampf um die Erhaltung des „guten alten Rechts" entsprach also in der Literatur der Mythos der „früheren guten Sitten" und der eher „fromme" Wunsch, zu ihnen zurückzukehren, sowie der Kult der mythologisierten Ahnherrn, der Sarmaten. Gleichzeitig nahm das Interesse an der Geschichte des alten Rom (der republikanischen Zeit), der Kultur und den Tugenden der Römer zu. Auf die Vorzüglichkeit jener Vorbilder beriefen sich die Anhänger der „goldenen Freiheit", doch riefen ihnen Kritiker und Gegner, unter ihnen nicht nur Jesuiten, das lehrreiche und bedrohliche Bild der Ruinen der Ewigen Stadt in Erinnerung. Diese Probleme mußten die schöpferische Energie der Landadelsgesellschaft verzehren und aufreiben, mußten die von ihr errichtete Poetik der Renaissanceliteratur antasten und auch die Atmosphäre des sich elitär in der Umgebung von hervorragenden Persönlichkeiten entwickelnden Humanismus stören. Als Beispiel dafür kann die Geschichte des Zamoyski-Kreises gelten, den sich der glänzende Kanzler schuf und mit Leben erfüllte, jedoch (schon unter Sigismund III.) nicht weiter zu entwickeln und schlußendlich auch nicht vor der Auflösung nach seinem Tode zu bewahren vermochte. „Isolierte" Schriftsteller, wie Sęp Szarzyński oder seine ersten Leser und Freunde, die eine tiefe Enttäuschung erfuhren und sich von der Welt betrogen sahen, „entziehen sich" jener Wirklichkeit und beginnen, auf eigene Faust eine neue Poetik zu suchen, die sich gleichermaßen für eine Reflexion über die Schöpfung eignen wie auch im persönlichen Dialog mit dem Schöpfer zu gebrauchen sein sollte. Im Lichte dieser Tatsachen ist es leichter zu verstehen, warum die religiös-philosophische Dichtung so oft (wie bei Sęp und Grabowiecki) aufs engste mit einer zutiefst patriotischen Reflexion verbunden war.

2. Ein tiefgreifender Wandel im Geistesleben und der Religiosität. Die Annahme der Beschlüsse des Tridentinischen Konzils durch den polnischen Klerus (1577) war eine weitere Errungenschaft der tridentinischen Idee, die in Polen schon vorher Erfolg gehabt hatte (im Jahr 1565 ordneten sich ihr König und Senat unter, ein Jahr zuvor berief Kardinal Stanisław Hosius die Jesuiten nach Polen). Die Folgen dieser Ereignisse dürfen nicht nur auf den Bereich des religiösen Lebens beschränkt werden. Die Reformation und die Gegenreformation büßten bei uns nicht ihren bodenständigen, nationalen Charakter ein (erst die schwedische „Sintflut" offenbarte die Entfremdung der Gruppe der Andersgläubigen); beide Strömungen leisteten also nebeneinander ihren Beitrag zur Entwicklung der nationalen Kultur und Literatur. Außerdem entschied sich zu dieser Zeit endgültig die Frage der (einst fragwürdigen) Bande der Republik mit Rom und damit der Aufrechterhaltung einer Kontinuität der kulturellen Tradition des Mittelmeerraums, der der polnische Barock (nicht ohne Beteiligung der jesuitischen Schule) seine besonderen italienischen Züge verdankt. Der Einfluß der Reformation machte sich vor allem in einem „sich im Philosophieren gefallenden" Bewußtsein der Schriftsteller bemerkbar. Ihm ist es zu verdanken, daß eine Sehnsucht nach einem neuen philosophischen System oder vielleicht eher nach einer neuen Weltanschauung erwachte, die die ins Wanken gekommene Vision der Welt stabilisieren würde. Der dem Humanismus des Landadels entsprechende Stoizismus von Horaz und Cicero wich unter dem Druck der Realität dem tragischen Stoizismus Senecas. Diese leichter zu christianisierende Spielart (der christliche Neostoizismus) hingegen wurde alsbald zur Hauptkomponente des neuen ideellen Modells im polnischen Barock.

## DER HÖHEPUNKT DER BAROCKKULTUR IN POLEN

Die Blütezeit des Barock in der polnischen Literatur begann, wie wir uns erinnern, mit einem Wandel, der im Bewußtsein der Schriftsteller unter dem Einfluß von Ereignissen von allgemeiner Bedeutung vor sich ging. Sie festigte und erweiterte ihre Domäne im Geschmack der literarischen Öffentlichkeit mit Hilfe einer neuen Rhetorik des Paradoxons und einer Poetik des Konzepts. Diese neue Sprache, die die Einsicht oder auch nur das Gespür des Menschen für die Kompliziertheit der Welt widerspiegelte, erwarb sich in ziemlich kurzer Zeit Anerkennung und wurde in der literarischen Anwendung allgemein üblich. Denn indem sie auch in umgekehrter Reihenfolge auf den Intellekt eines weniger geschulten Adressaten wirkte, rief sie das Bedürfnis hervor, eine hinter der raffinierten „Gedankenfigur" verborgene, tieferreichende Reflexion über die verworrene Realität zu suchen. Daher zeigten sich auch rasch in nicht unbedingt philosophischen oder religiösen, sondern genauso in jenen der Tradition folgenden Werken erotischer Dichtung oder der Gelegenheitsdichtung Komponenten des Barock. Die zunehmende Bedeutung dieser Elemente ist darüberhinaus bei den immer jünger werdenden Dichtern (das heißt jenen, die in ihrer Biographie immer weiter ins siebzehnte Jahrhundert hineinreichen) zu sehen, hauptsächlich aber bei jenen, denen es öfter als den übrigen vergönnt war, mit der zeitgenössischen europäischen Literatur und Kultur in Berührung zu kommen.

Daniel Naborowski (1573–1640) studierte schon als junger Mann (im übrigen nicht Humaniora) in Wittenberg, Basel, Orleans, Straßburg und Padua. Dieser recht vielseitig gebildete Arzt, denn er war auch in den Werken von Rabelais und Petrarca bewandert, hinterließ einige gute Übersetzungen und Paraphrasen, ferner auch eigene Gedichte, in denen neostoizistische Motive und formale Raffinessen auftreten, die von der Empfänglichkeit des Autors für die neue Richtung Zeugnis ablegen.

Das Barocke der Dichtkunst, im besonderen der Lyrik, solcher Autoren wie Naborowski oder Szymon Zimorowic (ca. 1609–1629) beruht auf ihrem Streben nach einer geistreichen, doch auch zarten Eleganz, die die trügerische Schönheit der materiellen Welt wiedergeben könnte. Die in Zimorowics *Ruthenischen Mädchen (Roksolanki)*, 1629, gezeigte phantastische Welt der Liebe wird in einer ausgesuchten, symbolischen Sprache geschildert, die jedoch von der „Grammatik der Befremdlichkeiten" weit entfernt ist, der sich eine immer zahlreichere Schar von polnischen Reimkünstlern, alsbald mit immer größer werdenden Distanz und im Bewußtsein der Konvention, zu bedienen begann.

Die Ausbreitung der Strömung des Barock auf andere Gattungen der altpolnischen Literatur läßt sich auch am Beispiel der intellektuellen Persönlichkeiten wie auch am Werk von Fabian Birkowski (1566–1636) und Szymon Starowolski (1588–1656) verfolgen. Birkowski war, ähnlich wie sein jüngerer Bruder Szymon (1574–1626), der Typus eines Barockhumanisten in der vollsten Bedeutung dieses Wortes, gehörte also zu der Art von Persönlichkeiten, die sich in der ersten Hälfte des siebzehnten Jahrhunderts infolge der Metamorphose des Renaissance-Humanismus in Europa zeigten (u.a. Jan Amos Komenski, Gerardus Joannis Vossius). Er verband philologisches und philosophisches Interesse (er lehrte bis zum Jahr 1597 klassische Literatur an der Krakauer Akademie) mit einer tiefen und innigen Aufopferung für das Gemeinwesen. Er legte seine Meinung in literarischer Publizistik dar, doch vor allem (als Dominikaner und Feldprediger) in seinen Predigten, wobei er sich in vollem Bewußtsein und mit ausgezeichnetem Erfolg der Stilistik des Barock bediente. Eine große Rolle für die Herausbildung seiner Prosa spielte die Begegnung mit dem schon vorhin erwähnten Prosastil von Lipsius, mit dem er übrigens persönlich korrespondierte. Sein Bruder ging den weltlichen Weg und war Rektor der Zamoyski-Akademie. Als universeller Charakter verband er die Verpflichtungen eines Professors der Medizin und Physik mit der Arbeit eines Philologen (er war der Übersetzer und Herausgeber einer zweispachigen Edition des Werks *De collo-catione verborum* des Dionysios von Halikarnas).

Durch einen nicht weniger universellen Geist zeichnete sich Szymon Starowolski aus, in dessen Werk man eine eigene Art Publizistik sehen kann (in einem sehr weitgefaßten Begriff dieses Wortes), da er sich immer von der Idee einer Umgestaltung der Wirklichkeit durch die moralische Erneuerung des Individuums leiten ließ. Gerade in seinen Werken tauchte der Plan einer Umformung des „horazischen" landadeligen Bürgers zum „christlichen Ritter" auf (ein Motiv, das sich seinerseits aus dem von Erasmus verbreiteten Vorbild des miles Christianus entwickelte). Eine weitere, aufs engste mit der Idee einer Umarbeitung des ethischen Modells verknüpfte Richtung in Starowolskis Interessen und Werken war die Geschichte der polnischen Kultur, oder, um es genauer auszudrücken, die Geschichte des „polnischen Genius", dessen „Erwachen" in den zwanziger Jahren des siebzehnten Jahrhunderts eine immer dringendere Herausforderung des Augenblicks zu werden begann. Dabei schrieb Starowolski über die polnische Kultur auf lateinisch, um gleichzeitig seine Überzeugung von der Größe des nationalen Kulturguts in den Augen des Auslands zu bekräftigen. Werke wie *Scriptorum Polonicorum Hekatontas* (Hundert polnische Schriftsteller), 1625, *De claris oratoribus Sarmatiae* (Von den berühmten Rednern Sarmatiens), 1628, *Sarmatiae bellatores* (Die Ritter Sarmatiens), 1631, *Polonia*, 1632, *Monumenta Sarmatorum* (Denkmäler der Sarmaten), 1655, stellen bis heute für Kulturhistoriker unentbehrliche Quellen dar.

Die Richtung des „Barockhumanismus" war in unserer Literatur im siebzehnten Jahrhundert sicherlich nicht so umfassend, als daß sie dem polnischen Barock in vergleichbarem Ausmaß einen klassizistischen Charakter verliehen hätte, wie das im französischen oder niederländischen Barock der Fall war. Es fehlten hier im Verhältnis zur Literatur selbst und zur literarischen Kultur auch äußere Faktoren wie ein absolutistischer, einer „disziplinierten" Schöpferkraft und einer normativen Ästhetik wohlgesonnener Hof, ferner die gefestigten Kreise einer bürgerlichen Intelligenz, Faktoren, die gewöhnlich dem Rationalismus festen Halt gaben. Die Eigenschaft der kleinadeligen Kultur im besonderen der sarmatischen Kultur im Polen des siebzehnten Jahrhunderts, die im herrschenden Barock den Ton angab, war dagegen gerade eine „fehlende Disziplin" in der Ethik, ein individualistisches und überwiegend leichtfertiges Verhältnis zu den Normen, wie eben auch ein sich verstärkender Irrationalismus. Dessen ungeachtet dürfen die Vertreter jenes „Barockklassizismus", Maciej Kazimierz Sarbiewski (1595–1640) und die Brüder Opaliński, nicht unerwähnt bleiben. Sarbiewski wurde wegen seiner Meisterschaft in der horazischen Form, die er in seiner lateinischen poetischen Dichtkunst errang, der „christliche Horaz" genannt und von Papst Urban VIII. zum *poeta laureatus* gekrönt. Er war im übrigen nicht nur Dichter, sondern auch Theoretiker der Dichtkunst, das heißt Verfasser von *Vorlesungen zur Poetik* (1616–1627) und von Einzelabhandlungen, u.a. einer der Ästhetik des Konzeptismus gewidmeten Arbeit mit dem bezeichnenden Titel *De acuto et arguto* (Über die Pointe und den scharfsinnigen Witz), 1619–1620. Die theoretische Produktion Sarbiewskis, die im damaligen Europa durch Abschriften bekannt war, legt Zeugnis davon ab, daß der Autor den Sinn und das Gewicht der neuen Richtung in Literatur und Kunst ausgezeichnet verstand, doch geht aus ihr auch hervor, daß er dem Neuen gegenüber die Distanz und Zurückhaltung des Klassikers bewahrte. Dies bestätigt sich in noch größerem Maß in Sarbiewskis von ihren zeitgenössischen Bewunderern als gemäßigt, erlesen und würdevoll bezeichneter Dichtung selbst.

In enger Verbindung mit dem „Barockhumanismus" standen noch als Schüler (Studenten u.a. in Löwen, Orleans und Padua) die Gebrüder Krzysztof (1609) und Łukasz (1612–1662) Opaliński. Ihre Studien im Ausland hatten zweifellos Einfluß auf ihre politischen Anschauungen und ihre Ästhetik. Ihre erhaltene Korrespondenz erlaubt es, auf besondere Art tiefen Einblick in das Bewußtsein der beiden Schriftsteller zu nehmen. Wie aus ihr und auch aus den erhaltenen Bibliotheksverzeichnissen hervorgeht, suchten die Brüder Opaliński ihre Vorbilder sowohl für ihre persönliche Entwicklung wie auch für ihr in verschiedenenen Richtungen betriebenes literarisches Schaffen in der Antike. Dies brachte Łukasz Opaliński in seinem gereimten Traktat zur Poetik *Der neue Poet* (*Poeta nowy*), um 1661, zum Ausdruck und in der Praxis auch in seinem eigenen satirischen Werk, das u.a. an die Tradition der sogenannten menippäischen Satire anknüpfte. Der tradierten Form der Satire bediente sich auch Krzysztof. Das Streben nach klassischer Schlichtheit verbunden mit dem Gewicht der Aussage war von einer diskreten Geste der Distanz zur überwiegend prätentiösen Raffinesse und auch zur kleinadeligen Demokratie begleitet, die als Herrschaft der Masse verstanden wurde. In diesem Geist stand mehr oder weniger die Publizistik von Łukasz Opaliński: *Gespräch zwischen Pfarrer und Landedelmann* (*Rozmowa plebana z ziemianinem*), 1641; *Etwas Neues* (*Coś nowego*), 1652 und die bisweilen ungemein bissigen *Satiren oder erforderliche Ermahnungen zur Vervollkommung der Ordnung und Sitten in Polen* (*Satyry albo przestrogi do naprawy rządu i obyczajów w Polszcze należące*), 1650, von Krzysztof Opaliński. In diesem letztgenannten Werk kommt gleichsam auch die Idee des Absolutismus zu Wort, auf jeden Fall aber eine durch mangelnde Ordnung, das heißt fehlende Zucht und Disziplin, hervorgerufene Ungeduld. In den Dienst dieses Gedankens sind sehr detaillierte und in ihrer Offenheit ungewöhnliche Betrachtungen über die Drangsal des Bauerntums gestellt, wie auch die Bezugnahme auf Beispiele von Einrichtungen der Regierung, die im Ausland zu bemerken waren. Gleichzeitig fehlt hier eine übertriebene Bewunderung für die Fremde, wie sie vielleicht im Schaffen eines Menschen zu erwarten gewesen wäre, der seinen Namen durch die ehrenrührige, wenn auch sicher tragische Entscheidung, zur Zeit der „Sintflut" mit dem schwedischen Aggressor zusammenzuarbeiten, befleckte. Ganz im Gegenteil, Krzysztof Opaliński unterlag als ein in dieser Hinsicht typischer altpolnischer Magnat ähnlich wie sein Bruder Łukasz keineswegs kritiklos der Autorität fremder Vorbilder. In Erwiderung auf die schablonenhaft negative und ziemlich oberflächliche Darstellung Polens im Werk *Icon animarum*, London 1614, des zur Zeit des Barock vielgelesenen Schriftstellers schottischer Herkunft John Barclay, schrieb Łukasz Opaliński eine glühende, trotzdem sachliche *Polonia defensa contra Ioannem Barclayum* (*Verteidigung Polens gegen John Barclay*), 1648. Ebenfalls auf Łukasz Opaliński' Initiative hin erschien im Jahr 1661 für den Zeitraum kaum einiger Monate, aber dafür zum erstenmal, eine polnische Zeitung, die den langen Titel „Polnischer Merkurius die Geschichte der gesamten Welt umschließend zur allgemeinen Information" („Merkuriusz Polski dzieje wszystkiego świata w sobie zamykający dla informacji pospolitej") trug und von H. Pinocci, später von J.A. Gorczyn redigiert wurde. Die Idee einer Zeitschrift muß nach dem Muster der ausländischen Vorbilder (holländische und englische Zeitungen) entstanden sein, leitete sich jedoch gleichzeitig zweifellos von der durchaus vergleichbaren einheimischen Tradition des humanistischen Briefes her, der u.a. dieselben Aufgaben erfüllte. Hier handelte es sich nicht so sehr um Publizistik, denn deren Domäne blieben für ein ganzes Jahrhundert die separat gedruckten Predigten, Reden, Satiren und dergleichen, sondern eher um die Stillung einer Gier nach Information, der in anderer Weise die berühmten Barockkalender dienten. Wir wollen bei Gelegenheit bemerken, daß die Publizistik eine der wichtigsten Strömungen in der Literatur des polnischen Barock darstellte und auf mannigfaltigste Weise in der Mehrheit der Texte (wohl mit Ausnahme der Erotica) zu Wort kam.

In der ersten Hälfte des siebzehnten Jahrhunderts gelangte in der polnischen Literatur die erotische Literatur zur Blüte, wobei diese Bezeichnung auf zweierlei Weise zu verstehen ist, da das Thema der Liebe unter zwei Aspekten aufgegriffen wurde. Unter dem ersten Aspekt handelte es sich um eine Weiterführung der Renaissance-Erotica, die in Verwendung eben dieser Tradition wie auch der antiken Tradition umgesetzt wurde. Letztere stellte einen unerschöpflichen Schatz von Motiven dar, die natürlich den aktuellen Ansprüchen der Komposition und Stilistik des Barocks angepaßt wurden. Unter dem zweiten Gesichtspunkt war die Erotik dieser Periode eine spezifische Verlängerung der von den frühbarocken Künstlern gepflegten religiös-philosophischen Dichtkunst, die gerade der Liebe viel Aufmerksamkeit und Raum widmete, doch war dies die im neuplatonischen Geist zweigeteilte Liebe, das heißt die „göttliche Liebe" (*amor sacer*) und die „irdische Liebe" (*amor profanus*). Alsbald trat (nicht ohne weitere, hier natürlich erwünschte ästhetische Effekte) eine Überkreuzung und wechselseitige Verflechtung der poetischen Sprache der weltlichen Erotik mit der religiösen (mystischen) „Erotik" auf. Ehe es jedoch zu den äußerst ausgefallenen Konzepten Jan Andrzej Morsztyns kam, kann man diese Entwicklung am Beispiel des Schaffens von Dichtern geringeren Talents nachverfolgen.

Zu den für die frühbarocke weltliche Erotik repräsentativsten literarischen Texten zählten zweifelsohne die verschiedensten anonymen und allgemein bekannten Blütenlesen der melischen Lyrik, das heißt sogenannte *Gesänge, Tänze und Liebeslieder*, die durch ihre aus der Renaissance stammende, bisweilen ein wenig neuheidnische Freizügigkeit im Umgang mit der Liebe schnell bei der Kirche, die um eine Erneuerung der Sitten kämpfte, in Ungnade fiel. Einer vergleichbaren oder sogar noch schärferen Reaktion auf die Sinnlichkeit konnte man auch auf der Seite der reformierten Kirchen begegnen, doch endete in Polen, wo übertriebene Zurückhaltung auf keinem Gebiet beliebt war, der „Kampf" mit der Erotik in der Literatur oft auf der Ebene der Zensur, seltener hingegen wurde die Instanz des Gewissens eingespannt. Dafür können die Verfasser der Scherzgedichte jener Epoche als Beleg dienen, wie auch die *silvae rerum*, das heißt die häuslichen Stammbücher des Kleinadels im siebzehnten Jahrhundert, in denen diese Dichtkunst unter recht frivolen, bisweilen sogar ordinären Gedichtchen und Anekdoten überdauerte.

Außer solchen auf dem Gebiet der erotischen Lyrik achtbaren Dichtern, wie dem auch sonst ernst zu nehmenden bürgerlichen Schriftsteller Adam Władysławiusz oder dem landadeligen Romanschriftsteller Hieronim Morsztyn (ca. 1580–1645), müssen wir unsere Aufmerksamkeit dem Werk von Kasper Twardowski (ca. 1592–vor 1641) schenken. Im Schaffen Kasper Twardowskis, in dem sich einige Gelegenheitswerke und geistliche Stücke finden, wollen wir uns auf zwei Gedichte konzentrieren, die in ihrem Verhältnis zueinander einen Gegensatz darstellen, das heißt auf die aus Abschriften bekannten *Cupidos Lehrstunden* (*Lekcje Kupidynowe*), die vor dem Jahr 1617 in Krakau gedruckt wurden, und das ein Jahr nach der Verdammung eben jener Lehrstunden durch den Krakauer Bischof erschienene *Des Ansturms wegen ans Ufer schwimmende Boot des Jungvolks* (*Łódź młodzi z nawałności do brzegu płynąca*), 1618. Der erste Text gehört in denselben Bereich der sinnlichen Erotik wie die oben erwähnten *Gesänge, Tänze und Liebeslieder* und zeigt die Liebe als Spiel oder Unterhaltung, da sich in dieser Konvention die Schönheit der dinglichen Welt am prächtigsten offenbarte. Das zweite Werk entstand dagegen als Resultat einer eigentümlichen Bekehrung des Autors (Verdammung durch die Kirche, schwere Krankheit), jedoch nicht, wie wir meinen, einer geistigen Wende. Denn der Dichter vermochte Erotik und Sinnlichkeit nicht aufzugeben, genausowenig wie seine charakteristische Art einer in Anschaulichkeit und Anekdote verliebten Phantasie. Um seinem Gewissen Genüge zu tun, das zerknirscht war, nachdem seine Lehrstunden auf den *Index der verbotenen Bücher* (*Index librorum prohibitorum*) gesetzt wurden, ordnete der Autor jenes verlockende Bild der Welt der Liebe dem übergeordneten „erbaulichen" Denken unter, im vollen Bewußtsein dessen, daß die versüßte Moral (*utile dulci miscere*) den Leser außerdem leichter ansprechen und durch die Phantasie schlußendlich ins heillos in die trügerische Schönheit der Wirklichkeit verliebte Bewußtsein dringen würde. Man könnte sagen, daß im Schaffen von Kasper Twardowski der Zufall eine wichtige Rolle spielte. Dennoch veranschaulicht die Gegenüberstellung der *Lehrstunden* mit dem *Boot* und noch einem dritten allegorischen Werk *Fackel der Gottesliebe* (*Pochodnia miłości Bożej*), 1628, die Logik und Konsequenz seines Nachdenkens über die Liebe, wobei das Hauptprinzip jenes Denkens die Sublimierung ist, das heißt der Übergang von der weltlichen zur heiligen Liebe. Der Weg dieser Sublimierung, oder anders gesagt, des geistigen Wandels, stellte eines der häufigsten Motive (übrigens neostoischen Ursprungs) in der polnischen Literatur des Barock dar.

Dieses Motives bediente sich u.a. auch Samuel Twardowski aus Skrzypna (ca. 1600–1661), ein fruchtbarer epischer Dichter, Historiker und Übersetzer, Barde der Heldentaten von Władysław IV., des Kriegs gegen Moskau und des Bürgerkriegs um die Mitte des Jahrhunderts. Das Aufgreifen der Thematik der Liebe in epischer Konvention verbindet sich bei Samuel Twardowski mit einer Hervorhebung der Moral, die leider oft freiweg und unter Zuhilfenahme von unglücklich langen und verworrenen Abschweifungen formuliert wird. Der Paränese (oder Belehrung) dient jedoch auch die allegorische Komposition beider hier berücksichtigten Texte, nämlich des dramatisierten Poems *Daphne* (*Daphnis*), 1638, das von seinem Vorbild, das heißt der Oper von V. Puccitelli, beeinflußt war, und der „allegorischen

Romanze" *Die schöne Pasqualina aus der spanischen frisch in die polnische Tracht gewechselt* (*Nadobna Pasqualina z hiszpańskiego świeżo w polski przemieniona ubiór*), 1655, deren sicherlich italienisches oder spanisches Vorbild nicht zu ermitteln ist. In der Daphne wird die sinnliche, „weltliche" Liebe dargestellt, die als ungestümes Urelement sogar in der Welt der (im übrigen sehr verweltlichten) mythologischen Götter Verheerendes anrichtet. Auch die Handlung der *Schönen Pasqualina*, die um die Allegorie des „Weges des Lebens" aufgebaut ist, beginnt mit einer „unglücklichen Liebe". Die in einen Konflikt mit Venus verwickelte und von der Rache der Göttin getroffene Heldin nimmt jedoch die Herausforderung an und betritt den „Weg der inneren Wandlung", der sie letztendlich zum Triumph über Eros und seine Mutter führt; und der Leser soll seinerseits Zeuge dieses Abenteuers sein. Doch auch hier kann eine auffallende, bisweilen jedoch unterdrückte Begeisterung für die sinnlichen Reize der Welt der Aufmerksamkeit des Lesers nicht entgehen. Der Wettstreit des schönsten Mädchens mit der schönsten Göttin liefert den Anlaß zu bald geistreichen, bald jedoch auch mißlungenen Beschreibungen. Im ganzen aber müssen Samuel Twardowskis Werke als sehr ehrgeizige Versuche gewürdigt werden, die es wert sind, nicht in Vergessenheit zu geraten.

Das Thema der Liebe diente im epischen Panorama der Welt gewöhnlicherweise der Zerstreuung (Liebesgeschichten) oder einer didaktischen Absicht (Paränese). Doch waren diese Vorhaben in der Regel nicht glücklich, da die Liebe das Element der Lyrik darstellt. Deshalb erreichte auch die Barocklyrik (also eine Erotik der Kunstfertigkeit und Raffinesse in Liebesdingen) im Schaffen von Jan Andrzej Morsztyn (1621–1693) ihren Zenit, dessen Biographie, ähnlich wie sein Werk, von überaus vieldeutigen Motiven und bisweilen riskanten Unternehmungen wimmelt, die aber nur auf der Grundlage einer tiefreichenden Kenntnis der Gegebenheiten der Epoche und der politisch-sittlichen Verhältnisse, in denen es Morsztyn bestimmt war, schöpferisch tätig zu sein, verständlich werden. Denn was könnte man Sicheres über die Handlungsmotive eines mit geistreicher Intelligenz begnadeten Menschen von ausgezeichneter Bildung sagen, der in den fünfziger Jahren, die für die Republik die schlimmsten waren, unmittelbaren Einblick in die wenig erbaulichen Verhältnisse des Hofs des Königshauses der Wasa hatte. Seine Willfährigkeit dem Zauber der damaligen französischen Zivilisation gegenüber und seine mit der Zeit vollständige Metamorphose (vom Führer der profranzösischen Partei zum Untertanen Ludwigs XIV., und schließlich bis zu seiner Flucht in die Champagne und seinem gräflichen Titel de Chateauvillain) lassen sich sowohl in den Kategorien von Snobismus und Renegatentum erklären, als auch durch eine bemitleidenswerte Verzweiflung, die von seinem frevelhaften Unglauben an welche Rettung und Erneuerung der Republik auch immer herrührte. In dieser Seele gab es sicher eine Menge widersprüchlicher Gefühle, die eine eindeutige genetische Interpretation des Schaffens von Jan Andrzej Morsztyn umso schwieriger machen. Es wird als höfisch bezeichnet, womit seine Bindung an Konvention und Tradition erklärt werden soll, doch hat es auch gewisse Züge, die auf der Einhaltung einer so großen Distanz zur Wirklichkeit beruhen, daß eine Berücksichtigung von Prinzipien (sogar ästhetischen) in der Regel überaus relativ wird. Aus diesem Grund findet sich in Morsztyns Poesie auch pastellartige Subtilität in unmittelbarer Nähe zu einer nachgerade ordinären Intensität der Farbe, religiöse Reflexion neben sinnlichem Feuer und schließlich Erhabenheit neben obszöner Derbheit. Die Berücksichtigung all dieser komplizierten Sachverhalte erlaubt keine allzu voreilige Definition oder Beurteilung weder der Einstellung des Autors selbst noch der ideellen Werte seines Werks. Traditionellerweise wird die opulente Kunstfertigkeit der Form hervorgehoben und ein vermeintlicher Mangel jener ideellen Inhalte festgestellt, was jedoch nicht ganz berechtigt erscheint. Ohne Zweifel muß die meisterhafte Beherrschung der poetischen Technik auffallen sowie das intuitiv glänzende Erfassen des Wesens der neuen barocken Richtung in der Dichtkunst, des Marinismus (Morsztyn hatte wohlgemerkt ein ausgezeichnetes „Gespür" für die damalige allgemein bekannte Literatur, was nicht nur seine Übersetzungen und Paraphrasen von Tasso und Giambattista Marino beweisen, sondern auch seine Übertragung von Corneilles *Le Cid*). Seine marinistische Inspiration bewirkte, daß der hauptsächliche Grundstock seiner Lyrik [*Hundstage* (*Kanikula albo Psia gwiazda*) die im Jahr 1647 entstanden, und *Die Leier* (*Lutnia*), aus dem Jahr 1661] unter der uneingeschränkten Herrschaft der Erotik zu stehen scheint, doch muß man bei ihm auch die nachlässig verstreuten und sich nicht direkt aufdrängenden, aber bisweilen recht tiefsinnigen allgemeinen Gedanken wahrnehmen. Dabei ist Morsztyns Kunst, genauso wider dem äußeren Schein, nicht ostentativ, sie dient, der Ästhetik der Epoche entsprechend, als Ausdrucksmittel auf der vollendetsten Stufe und wird außerdem vom Autor prinzipiell mit Distanz behandelt. Sich der Konvention unterzuordnen, wird von Morsztyn als „Gehorsam" den Spielregeln gegenüber verstanden. Um sich die Kompliziertheit dieser Sachlage bewußt zu machen, genügt es, auch nur eines von Morsztyns Sonetten zu lesen, die mit Erfolg die rosa Barockbildchen von Boucher kommentieren könnten.

Einen besonders trügerischen Eindruck kann Morsztyns Schaffen in Verbindung mit einem ihm unangemessenen Hintergrund hervorrufen, wie es zu jener Zeit die „ernstere" und „realistische" Sittenliteratur war, für die die Dichtung des bürgerlichen Bartłomiej Zimorowic (1597–1677) und die Gedichte des kleinadeligen Zbigniew Morsztyn (1628–1698) ein Beispiel sind. Zimorowic, Autor einiger kleinerer Gelegenheitsdichtungen, publizierte im Jahr 1663 *Neue ruthenische Idyllen* (*Sielanki nowe ruskie*) als ein Werk seines viel früher verstorbenen Bruders, von dem wir weiter oben gesprochen haben. In siebzehn Bildchen stellt der Lemberger Städter ein mit eschatologischen Reflexionen gespicktes Landschaftsbild seiner Heimat und der Volkskultur dar.

Das Schaffen von Zbigniew Morsztyn vereinigt auf glückliche Weise sachliche Reflexion mit einer bisweilen hier zu Wort kommenden allegorisch-moralistischen Sprache. Das ist gewiß mit den religiösen und philosophischen Überzeugungen des arianischen Dichters verbunden, der während des Schwedeneinfalls gegen die Angreifer kämpfte, nach dem Krieg jedoch Fürst Bogusław Radziwiłł treu diente. Beispiel für eine mystische Auffassung der Liebe sind die *Emblemata*, entstanden 1658–1680, Gedichte also, die mit der damaligen Ästhetik konform gingen und quasi einen Kommentar (*Subscriptio*) zu allegorischen Bildern (*ikon*) darstellten. Beachtenswert sind darüber hinaus noch andere Gedichte Morsztyns, die wie *Das Lied in der Bedrängnis* (*Pieśń w ucisku*) und *Votum* die Verwüstungen der Welt und die Verheerungen im Bewußtsein nach dem Krieg darstellen.

Aus der historischen Perpektive ist deutlich zu sehen, daß in der zweiten Hälfte des siebzehnten Jahrhunderts das Los der Republik schon besiegelt war. Denn sie war als Organismus, der auf der Grundlage eines nationalen Pluralismus und einer parlamentarischen Demokratie des Kleinadels existierte, in Mitteleuropa unter den gerade zum aggressiven Totalitarismus einer absoluten Monarchie heranreifenden Großmächten, die sich gerade im Embryonalstadium befanden, ein eigenartiger Anachronismus. Überaus charakteristisch dabei ist, daß diese ungünstige Entwicklung der Situation von einem tiefen Gefühl der Schuld begleitet war, das in der Literatur zum Ausdruck kam. Die sich im Grenzgebiet sammelnden dunklen Wolken erklärte man damals (wie auch zweihundert Jahre später) mit der Sprache des Alten Testaments als ein Zeichen des vom „auserwählten Volk" (der Polen) verdienten Zornes Gottes. Das Gefühl der Schuld ergab sich aus dem allmählichen Bewußtsein tiefer innerer Risse, die jedoch keineswegs tiefer gingen als bei anderen europäischen Völkern, die zu dieser Zeit folgenschwere Entwicklungen und strukturelle Revolutionen durchmachten. Ein Lebewesen, das die Haut wechselt, sucht für diese gefährliche Zeit in einem Unterschlupf Zuflucht. Der Organismus der Republik befand sich in jener verhängnisvollen Periode in einem hoffnungslos offenen und ungemütlichen Gebiet. Der wahrscheinlich tiefste von den erwähnten Rissen war die in der damaligen Republik zu einem Regierungsprinzip erhobene Ausstattung von nur einer Schicht des Volkes mit politischen und gesellschaftlichen Privilegien. Doch war diese Schicht in vieler Hinsicht in sich differenziert oder sogar zerstritten, aber solidarisch und einheitlich nur, wenn es um die Verteidigung ihrer angeeigneten Befugnisse ging. Obgleich also die *aurea libertas* eine Freiheit des Adels war, machte von ihr in der Praxis eine immer eingeengtere, in „Fraktionen" geteilte Gruppe von Mächtigen Gebrauch. Gemäß den Gesetzen der Natur und Politik hätten sie sich gegenseitig aufreiben müssen, hätte es nicht den belebenden Sold der an einer Verlängerung dieses Zustandes interessierten Monarchien der Nachbarländer gegeben. Die Regierungszeit von Władysław IV. war gleichsam ein kurzandauernder Abglanz des „goldenen Zeitalters", der Hoffnung auf Reformen und Besinnung in den Herzen zu erwecken vermochte. Doch tobte zur selben Zeit auch schon rundherum der Dreißigjährige Krieg, und die Zeit der blühenden Konjunktur des sechzehnten Jahrhunderts war für die europäische und polnische Wirtschaft zu Ende gegangen. Der Krieg wirkte in der Regel auf das nationale Bewußtsein ernüchternd: früher, nach Cecora, war Chocim gefolgt, jetzt aber meldeten sich innere Risse zu Wort, im allerkritischsten Augenblick, beinahe am Vorabend der schwedischen „Sintflut". Doch der nationale Verteidigungskrieg gegen die Schweden brachte keine nationale Aussöhnung, im Gegenteil, gerade jetzt fing man an, untereinander einzelne Schuldige und „fremde Elemente" zu suchen. Obgleich der Schwedeneinfall mit einem (übrigens teuer erkauften Sieg) endete, erfüllte er doch die Gemüter mit einem fatalistischen Schock, der von Generation zu Generation weitergetragen wurde. Die selbstmörderische Melancholie der Sarmaten sollte eines jener erblichen Symptome dieses Traumas werden. Die verhältnismäßig reiche literarische Produktion in der ersten Hälfte des siebzehnten Jahrhunderts zeugt vielleicht nicht so sehr von einem „Aufblühen" der polnischen Zivilisation als vielmehr davon, daß sie sich in einem empfindlichen Stadium einer gründlichen Selbstreflexion und Veränderung befand. In ähnlicher Weise zeugt auch die demolierte Bibliographie der zweiten Hälfte des Jahrhunderts und seiner Wende zum achtzehnten Jahrhundert nicht von einem „Niedergang" der Zivilisation, sondern davon, daß es ihr nicht vergönnt war, jene Selbstreflexion und Umwandlung zu Ende zu führen. Hier muß noch ein höchst bezeichnendes Phänomen beachtet werden. Eben zu dieser Zeit begann eine sich in der Geschichte wiederholende Epoche der „Zivilisation der Handschrift". Gutenbergs Erfindung hörte auf, nützlich zu sein, da sich nicht alle ihrer bedienen konnten, und in der Republik des siebzehnten Jahrhunderts machte sich die kirchliche und staatliche Zensur immer empfindlicher nicht nur bei den Schriftstellern der Reformation bemerkbar, sondern vor allem die hundertmal schlimmere Zensur der inneren Ängste und Entmutigung.

Einen freudigen Lebensoptimismus, ausgedrückt mit Hilfe von charakteristisch seichten und konventionalisierten Motiven, kann man in jener Zeit in der privaten Gelegenheitsdichtung ohne Wert oder den verschiedensten Berichten und Tagebüchern finden. Das immer üblicher werdende Schreiben von Erinnerungen und Tagebüchern war gewiß mit der damaligen „eschatologischen Manie" verbunden und war die Absicht, den Göttern der Zeit, des Todes und des Schicksals zum Trotz den Zauber der Minuten, Stunden und Tage festzuhalten. Raschelt in der Regel in einem Gelegenheitsgedichtchen, einer Hochzeitsansprache oder Leichenrede die Rhethorik, so pulsiert in einem Tagebuch, einer Notiz auf der Seite der hauseigenen *silvae rerum* das Leben, und hier funkelt eine bisweilen wunderbare Alltagssprache. War doch Jan Chryzostom Pasek (ca. 1636– ca. 1700), Autor der *Denkwürdigkeiten (Pamiętniki)*, wenn auch von ungewöhnlichem „Witz", ein gewöhnlicher Mann, Kleinadeliger, Ritter und Gutsherr wie viele andere. Doch die im Brennglas seines Bewußtseins transformierte Realität nimmt die seltsamsten und unerwartetsten Farbtöne an. Das bewirkte vor allem die Sprache der *Denkwürdigkeiten*, eine alltägliche Umgangssprache in dem Sinne, daß sie auf natürliche Weise die Gedankenfolge des Autors wiedergibt, doch auch gewählt und bilderreich war (Pasek muß als echter Edelmann und „Sarmate" sogar in den eigenen Gedanken kunstfertig und verblüffend sein), angereichert mit Schullatein, das, obwohl es das Lesen erschwert und irritiert, doch in unersetzbarer Weise das Bild in seiner Gänze vervollständigt. Pasek erzählt gewöhnlich offenherzig alles, wobei er nicht immer sympathische Charakterzüge sichtbar werden läßt, doch in diesen Augenblicken der Offenheit kann der Leser besonders leicht in einen Irrtum und grobe Vereinfachungen verfallen. Je naiver und „hilfloser" die Erzählung der *Denkwürdigkeiten* ist, umso behutsamer müssen wir unsere Verallgemeinerungen über die sarmatischen Tugenden und Untugenden treffen. Schließlich müssen wir auch den Umfang der Vorstellungskraft und zumindest die Reichweite der Bildung dieses „gewöhnlichen" polnischen Kleinadeligen bewundern.

Die vorherrschende literarische Gattung in der zweiten Hälfte des siebzehnten Jahrhunderts war die Epik, schon nicht mehr eine phantastische Epik, der die Tasso-Übersetzung von Kochanowski die Vorbilder geliefert hatte, sondern eine realistische Epik, die die „Gigantomachien" der letzten Jahrzehnte zeigte. Die Denkwürdigkeiten von Pasek und solchen wie ihm stellen eine spezifische Gattung der Heldenepik dar, die auf das Maß des individuellen Bewußtseins des Autors zugeschnitten ist. Das Epos von Wacław Potocki (1621–1696) *Der Verlauf des Kriegs um Chocim (Transakcja wojny chocimskiej)*, 1670, ist ein Werk nach dem Maß des nationalen Bewußtseins. Es stellt die heldenhafte Geschichte der Polen von vor fünfzig Jahren (Chocim 1621) in der Absicht dar, in seinen zeitgenössischen und der Meinung des Autors nach träge gewordenen Landsleuten den Adlermut wieder erstarken zu lassen. Einige Jahrzehnte später (1673, 1683) vermochte jener Animus wirklich, die Wien belagernden Türken zu schlagen, doch auf die Dauer sollte er den Sarmaten verlorengehen. Potocki ist also als Schriftsteller einer der vielen „nationalen Jeremiasse", deren aufrichtige Sorge um die Republik unserer Literatur jenen unnachahmlichen und besonders heroischen Ton verlieh. Vom Gesichtspunkt seiner Biographie sowie der privaten und geistlichen Dichtung aus befindet sich die Gestalt Potockis innerhalb der leider ziemlich typischen Schemata eines „polnischen Hiobs", dem im Leben (seine sorgfältig in Jesuitenschulen ausgebildeten Söhne kamen in den Kämpfen gegen die Türken um), wie auch in der Sphäre des Gewissens (das Schwanken des Dichters zwischen Arianismus und Katholizismus) Schmerzhaftes widerfahren ist. Das umfassende Werk Potockis, zu dem auch zahlreiche epische Werke wie *Judith (Judyta), Virginia (Wirginia), Argenida, Die Geschichte von Tressa und Gazellen (Historyja Tressy i Gazele)* gehören, ist die Frucht seines Denkens, das um jeden Preis das verworrene menschliche Leben zu verstehen und zu „rechtfertigen" trachtet. In dieser Hinsicht sind seine mit wahrhaft barocken (d.h. langen, aber überaus kunstfertigen) Titeln umrankten Gedichtsammlungen besonders wertvoll, aber auch besonders immun gegen die Wirkung der Zeit: *Garten, aber ein ungejäteter; ein Heuschober, jede Garbe von anderem Getreide; Trödel mannigfaltiger Gattung (Ogród, ale nie plewiony: bróg, ale co snop, to inszego zboża: kram rozlicznego gatunku)*, gesammelt 1690/1691, und *Moralia oder Dinge über die Lehre der Sitten und Ermahnungen in jeglichem Stande des menschlichen Lebens aus lateinischen und polnischen Sentenzen im vaterländischem Vers kurz aufgeschrieben (Moralia abo rzeczy do obyczajów nauk i przestróg w każdym stanie żywota ludziego z łacińskich i polskich przypowieści ojczystym krótko zapisane wierszem)*, entstanden 1688–1696. Sehr instruktiv ist es, sich vor Augen zu halten, wie lebendig und geeignet sich in dieser durch und durch barocken Dichtkunst die Sprache des *Adagium* (oder Sprichworts) und des Scherzgedichts erwies.

Viele gemeinsame Züge mit Potocki besitzt die schriftstellerische Erscheinung von Wespazjan Kochowski (1633–1700), zuerst Ritter, dann Höfling und königlicher Historiker. Sein Werk besteht aus der Historiographie *Annalium Poloniae ab obitu Vladislai IV. climacter* (*Der polnischen Jahrbücher seit dem Tod Władysław IV. Climacter*), I 1683, II 1688, II 1698, die versucht, in einer sachlichen Weise die Zeit nach dem Tod von Władysław IV. darzustellen sowie aus seiner in einem Band gesammelten Dichtkunst *Müßiggang, der nicht müßig ist, polnisch in vaterländischem Reim in Lyrica und Epigrammata unterteilt und herausgegeben* (*Nieprózujące próznowanie, ojczystym rymem na Lyrica i Epigrammata polskie rozdzielone i wydane*), 1647. In seinen Gedichten bringt Kochowski eine tiefe Religiosität, Patriotismus, aber auch Sympathie für die Tradition von Jan Kochanowski zum Ausdruck. Vor dem Hintergrund der Scherzgedichte und Lieder präsentiert sich dagegen ganz ungewöhnlich ein anderes Werk von Kochowski, und zwar die *Polnische Psalmodie* (*Psalmodyja polska*), das heißt eine Sammlung von sechsunddreißig nach dem Vorbild des *Psalter*, doch in einer gehobenen poetischen Prosa geschriebenen Psalmen. In diesen Psalmen erwog der schon greise Dichter nicht nur das Verhältnis zwischen Gott und dem Menschen (wie David), sondern auch zwischen Gott und dem „auserwählten Volk", das heißt den Polen (*quasi* als alttestamentarische Propheten). Der Begriff des „auserwählten Volkes" ist in diesem Falle biblisch und sarmatisch zugleich, die Psalmodie hingegen stellt eine der interessantesten Manifestationen des sarmatischen Glaubens an den metaphysischen Sinn der Geschichte der Republik dar.

*

Das Bild der Literatur der zweiten Hälfte des siebzehnten Jahrhunderts und der Jahrhundertwende ist eher ein Bild des literarischen Lebens, in dem äußerst differenzierte Elemente ein Ganzes bilden. Es wird sich also um ein in großem Umfang handschriftliches Schaffen so hervorragender Persönlichkeiten wie die oben genannten Schriftsteller handeln, oder auch des nicht weniger interessanten, obgleich im Grunde kaum bekannten Dichters und Philosophen Stanisław Herakliusz Lubomirski (1642–1702), der Erinnerung wert als Autor der *Komödie Don Alvares* und der (in Prosa verfaßten) *Komödie des alten Lopez* (*Komedyja Lopesa starego*), sowie der (in Gedichtform geschriebenen) *Ermide oder die Hirtenprinzessin* (*Ermida albo Królewna pasterska*). Eine gänzlich andere Richtung der Interessen und Begabungen dieses Schriftstellers umreißt das Buch *Adverbiorum moralium sive de fortuna et de virtute libellus* (*Das Buch der moralischen Sprichwörter oder von der Tugend und Fortuna*), 1683, die *Gespräche zwischen Artaxes und Ewander, in denen politische, moralische und natürliche Bemerkungen enthalten sind* (*Rozmowy Artaksesa i Ewandra, w których polityczne, moralne i naturalne uwagi zawarte*), 1683, und schließlich der Traktat *De vanitate consiliorum* (*Über die Nichtigkeit allen Rates*), wahrscheinlich 1699. Dieser Richtung sind auch noch zwei andere Werke Lubomirskis verwandt, die biblische Erzählung *Der befreite Tobias* (*Tobiasz wyzwolony*), 1683, und die *Paraphrase Ecclesiastes*, 1702. Zur Reihe nachgeordneter Persönlichkeiten, die trotzdem Aufmerksamkeit verdienen, ist u.a. der Übersetzer von La Fontaines *Fabeln*, Krzysztof Niemirycz, zu rechnen, der den freien Vers in der polnischen Dichtung einführte.

Jenes Bild wird, je näher am achtzehnten Jahrhundert, umso verworrener, und es ist schwer, in ihm eine dominierende Strömung auszumachen, im Gegenteil, man bemerkt eher eine für Epochen des Übergangs charakteristische „soziologisch-literarische Zersplitterung", die sich geradezu proportional zum Grad der Teilung in gesellschaftliche Kreise oder zum Grad der Absonderung des Schriftstellers von den Rezipienten des gedruckten Texts verhält. Wir wollen festhalten, daß solche Kreise erst in der Epoche der Aufklärung wieder entstehen sollten. Das Schweigen, das zusammen mit dem Niedergang des Barock anbrach, darf man also mit großer Sicherheit als ein Schweigen der Erwartung verstehen.

Grażyna Królikiewicz

# DIE LITERATUR DER AUFKLÄRUNG

## ALLGEMEINES

Die Aufklärung ist in Polen eine Epoche von besonderer dramatischer Brisanz. Sie umfaßt die zweite Hälfte des achtzehnten Jahrhunderts und die beiden ersten Jahrzehnte des neunzehnten Jahrhunderts. Heute tendieren wir dazu, diese Periode, die von der älteren Generation der Kulturhistoriker als der letzte Abschnitt eines „unabhängigen Polen" betrachtet wurde, als die Geburtsstunde von wahrhaft modernen Formen des intellektuellen und kulturellen Lebens in Polen zu interpretieren, die sich an einem Standard orientierten, der dem europäischen keineswegs nachstand. Diese Formen wurden von zwei Generationen geschaffen, die sich der Neuheit der eingeführten Umsetzungen bewußt waren und ein Gespür für die Bedeutung der eigenen Zeit hatten.

Die radikale Wende, die sich im ideellen und politischen Bewußtsein der polnischen Gesellschaft in dieser Periode vollzog, führte dazu, daß sich eine ausschließliche Verwendung des Terminus Aufklärung für literarische Erscheinungen nicht begründen läßt. Denn die Aufklärung war, wie vorher in den westeuropäischen Ländern, auch in Polen vor allem eine Weltanschauung, und zudem eine Ideologie, die eine Umgestaltung des gesellschaftlichen und kulturellen Lebens nach einem Wertesystem propagierte, in dem „das Licht des Verstandes" (hier bezog man sich durchgehend auf die von Kant für gut befundene Metapher) der „Dunkelheit", dem Vorurteil, dem Aberglauben und der Dummheit mit Nachdruck und Kritik gegenübergestellt wurde. Die Gegenwart sah man als „Zeitalter des Lichts" (ersatzweise auch als „Zeitalter des Verstandes" oder „philosophisches Zeitalter"), deren Aufgabe es sei, den Menschen in seiner individuellen und kollektiven Dimension von sowohl intellektuellen wie auch gesellschaftlichen „Fesseln" zu befreien, die von einem Mangel an „Aufklärung" herrührten.

Das Eigentümliche an der polnischen Aufklärung war jedoch nicht auf ein Programm zur Angleichung der adeligen Mentalität und Kultur, die man für rückständig und hinterwäldlerisch hielt, an die „große Welt" beschränkt, sondern beruhte auf einem absolut außergewöhnlichen Einsatz ganzer Gruppen von tatkräftigen und uneigennützigen Menschen verschiedenster Herkunft für das Schaffen eines eigenen „Rettungsdienstes" für das gefährdete Volk. Die von ihnen vorgeschlagenen Mittel zur Rettung der Existenzgrundlage des im Niedergang begriffenen Staats durch umfassende Umgestaltungen — von wirtschaftlichen und politischen bis hin zu kulturellen — führten Polen an die modernsten Staaten des damaligen Europa heran.

Die Begründer der Aufklärung in Polen hatten mit den französischen und englischen Philosophen dieser Richtung den sozialen Optimismus sowie den Glauben an den Fortschritt und an die verändernde Kraft der menschlichen Vernunft gemein. Sie hoben jedoch die Bedeutung der Pädagogik noch stärker hervor und sahen in der Erziehung und Bildung des Menschen die Grundfesten der bürgerlichen Gesellschaft.

Dieser Rettungsversuch des Staatswesens kam jedoch zu spät. Zum tragischen Symbol der für die Reformatoren widrigen Umstände wurden die aufeinanderfolgenden Teilungsurkunden Polens der Jahre 1772, 1793 und 1795, ein Werk der Nachbarstaaten Rußland, Preußen und Österreich und ein Resultat des Spiels politischer Kräfte, die weitere Reformversuche vereitelten und die Ohnmacht der Republik in ihrem vollen Umfang an den Tag brachten.

Die Hartnäckigkeit und Konsequenz der Reformpartei, deren Löwenanteil in Polen die Kulturschaffenden stellten, bestand in einer Fortsetzung ihres Programms unter den widrigsten Umständen. Deshalb ist auch die innere Unterteilung der besprochenen Periode nicht von diesen drei Daten der Teilung, sondern von aufeinanderfolgenden Stufen der institutionellen Umgestaltungen gekennzeichnet, die die Ideen der europäischen Aufklärung den Erfordernissen Polens entsprechend in die Tat umsetzten.

Auf diese Weise unterscheidet man gewöhnlich drei Phasen der polnischen Aufklärung:
1. Der Beginn der Aufklärung oder die frühe Aufklärung (ab ca. 1740), die mit dem Ende der sogenannten Sachsenzeit zusammenfällt, als August III. aus der Dynastie der Wettiner den polnischen Thron bestieg (1733–1763). Anzeichen des neuen Gefüges waren erste Vorstöße im Bereich einer Reform des Bildungswesens sowie der Buchhändler- und Leserbewegung, die in den Kreisen des progressiven Klerus (Stanisław Konarski, die Brüder Załuski) unternommen wurden.
2. Das sogenannte Zeitalter Stanisław August Poniatowskis, während dessen Regentschaft der Großteil der Leistungen der polnischen Aufklärung von diesem König (1764–1795) initiiert und gefördert wurde. Ein öffentliches Theater, die Förderung eines Zeitschriftenwesens, Anregung des künstlerischen Lebens sowie das Künstlermäzenat gehörten zum breit angelegten Programm des Königs zur kulturellen Modernisierung Polens.
3. Die Zeit nach den Teilungen, auch Warschauer Klassizismus genannt (1795–1822), in der sich, ungeachtet der Abdankung Stanisław Augusts und seiner Abreise nach Petersburg sowie der Emigration zahlreicher Berühmtheiten des politischen und kulturellen Lebens nach der Niederschlagung des Kościuszko-Aufstands, die Früchte der Reform der Aufklärung zeigten, vor allem in der Tätigkeit der neugeschaffenen oder in der vorangegangenen Periode reformierten Institutionen wie das Bildungswesen, das Theater oder die wissenschaftliche Gesellschaften, und in der sich Warschau und Wilna als neue Zentren des intellektuellen und literarischen Lebens in Polen abzeichneten.

Doch ist diese Entwicklung in Phasen für die polnische Aufklärung keineswegs kennzeichnend. Ganz im Gegenteil ist diese Periode erstaunlich einheitlich sowohl in bezug auf das, was die von den aufgeklärten Schichten bekundete Ideologie betrifft, als auch auf das, was wir heute eine langfristige Kulturpolitik nennen würden. Jener Ideologie lag die Diagnose einer zivilisatorischen Rückständigkeit sowie einer politischen Gefährdung des damaligen Polen zugrunde. Abhilfe sollte die tiefreichende, aber auch schnellstmögliche Änderung im bürgerlichen Bewußtsein der Polen schaffen, zu der die Gründung moderner Institutionen und intellektueller Zentren führen sollte. Diese zweifellos grundlegende Idee der polnischen Aufklärung trat schon ganz zu Beginn dieser Periode in Erscheinung und fand dann vollstes Verständnis und Unterstützung von Seiten des Königs Stanisław August Poniatowski, während die institutionellen Bastionen, die damit ins Leben gerufen wurden, bis zur Niederschlagung der nationalen Aufstände im neunzehnten Jahrhundert fortbestanden und es so den Polen ermöglichten, ungeachtet der Katastrophe der Teilungen intellektuell und kulturell weiter zu existieren.

## WICHTIGE ZENTREN UND FORMEN DES KULTURELLEN LEBENS

### DIE BILDUNGSREFORM

#### Das Collegium Nobilium

Während der Regierungszeit Augusts III. aus der sächsischen Dynastie der Wettiner erreichten das innenpolitische Chaos in Polen und die Bedrohung der Republik durch die Nachbarländer seinen Höhepunkt. Die Wirtschaft Polens war zerrüttet: Die Kriege in der zweiten Hälfte des siebzehnten Jahrhunderts und der Nordische Krieg zu Beginn des achtzehnten Jahrhunderts hatten die Städte und den Handel zugrunde gerichtet, die verarmten Dörfer und die im Niedergang begriffene Industrie konnten keine neuen Anstöße für einen Aufschwung bieten. Die eigentliche Gefahr lag jedoch in den Mängeln der Gesellschaftsordnung, denn die Adelsdemokratie mit ihrem System von territorialen (Provinzial) Landtagen führte zu einer Dezentralisierung und wesentlichen Schwächung der Macht. Das Gefühl für die Staatsräson, das Allgemeinwohl des Staates, schien verloren zu gehen. Die Möglichkeit, die Debatte des Landtags mit einer einzigen Stimme ohne Begründung (das Prinzip des *Liberum veto*) zu sprengen, die als „Augapfel der Freiheit" und wichtigstes Privileg des Adels galt, legte das parlamentarische System völlig lahm: Unter August III. wurde kein einziger Landtag erfolgreich zu Ende geführt. Der Staat befand sich tatsächlich einerseits in den Händen der reichen Magnaten, den Besitzern riesiger Landgüter, andererseits in jenen des verarmten Adels, dessen Stimme auf den Provinziallandtagen problemlos zu kaufen war, was die freie Königswahl in einen eigentümlichen politischen Kuhhandel verwandelte.

Zu Beginn des achtzehnten Jahrhunderts wurde Polen zum Durchzugsgebiet für schwedische, sächsische und russische Truppen, die bei den militärischen Operationen des Nordischen Kriegs zum Einsatz kamen, und verlor unverkennbar seine Souveränität. Im Jahr 1720 (mit dem Potsdamer Abkommen zwischen Zar Peter I. und dem preußischen König Friedrich Wilhelm I.) begann das ein halbes Jahrhundert lang von den aufgeklärten Monarchen Rußlands, Preußens und Österreichs praktizierte Schließen und Erneuern von geheimen Bündnissen zur Bestellung der polnischen Thronanwärter, vor allem jedoch die Aufrechterhaltung der in Polen herrschenden Gesellschaftsordnung unter Androhung einer Intervention mit Waffengewalt für den Fall einer versuchten Umgestaltung seiner Grundlagen (Konsolidierung der Staatskasse, des Heeres und der Systemreform der Staatsmacht).

Die Geisteshaltung des Adels, das mittelmäßige Niveau seiner Bildung und Kultur verschärfte noch zusätzlich die allgemeine Staatskrise. Die Ideologie des sogenannten Sarmatismus und vor allem die diese Ideologie stützende Identifikation des Begriffs „Volk" mit dem Adelsstand begünstigte die Anarchie sowie eine Hervorhebung der gesellschaftlichen und konfessionellen Unterschiede. Das Bildungswesen lag in den Händen des Klerus, vor allem der Jesuiten, und die Krakauer Akademie war im Niedergang begriffen. Eine Richtlinie für das intellektuelle Niveau des Adels, das besonders zu der Zeit, als sich die aufklärerischen Tendenzen in Westeuropa ausbreiteten, erschreckend war, war seine Lieblingslektüre, die sogenannten Kalender und auf die barocken *silvae* zurückreichenden Pseudoenzyklopädien, die Vorurteile und eine Weltkenntnis verbreiteten, die mit den damaligen wissenschaftlichen Resultaten wenig zu tun hatte.

In Anbetracht dieser Situation schien den Vorreitern der polnischen Aufklärung eine Reform des Schulwesens als dringlichste Aufgabe. Die erste Initiative auf diesem Gebiet, die eine Umgestaltung des Schulwesens der Piaristen und in der Folge auch der Jesuitenschulen in Polen einleiten sollte, war das im Jahr 1741 von Stanisław Konarski eröffnete Collegium Nobilium in Warschau. Es war dies eine Internatsschule für die Söhne der Magnaten und des begüterten Adels mit der Aufgabe, die zukünftige Elite, die über die Geschicke des Staates entscheiden würde, auszubilden und zu prägen. Diese Institution, die die erste und maßgebende polnische Schule mit modernen Methoden und einem zeitgemäßen Lehrplan war, sollte bis 1832 bestehen bleiben. Methodisch wurde das Auswendiglernen durch ein auf Verständnis beruhendes Lernen ersetzt, während der Unterrichtsplan, der sich an den Prämissen der Enzyklopädisten orientierte, für einen Wissensstand, der zur Erfüllung der bürgerlichen Pflichten unentbehrlich war, sorgen sollte. Im Collegium Nobilium unterrichtete man also allgemeine und polnische Geschichte, Wirtschaft, Jura, Naturwissenschaften sowie neue Sprachen. Das Polnische gewann neben der Unterrichtssprache Latein eine große Bedeutung, die durch die neuen, eigens bearbeiteten Lehrbücher für beide Fächer hervorgehoben wurde.

Zu erwähnen sind die von Konarski im neuen Geist verfaßten Abhandlungen zur Rhetorik für den Schulgebrauch *De emendandis eloquaentiae vitiis* aus dem Jahr 1741, die die Dekadenz der barocken Wortkunst mit ihrem Schwulst, der fehlenden Natürlichkeit und ihrer Verunreinigung des Polnischen durch den sogenannten Makkaronistil verurteilte, das erste Lehrbuch, das sprachliche und stilistische Fragen als Basis der künstlerischen Form aufzeigte. Bemerkenswert ist auch seine

Abhandlung *De arte bene cogitandi ad artem dicendi bene necessaria* aus dem Jahr 1767, eine Art rhetorischer und zugleich logischer Traktat, der die für die literarische Klassik maßgebende These aufstellte, daß man, um gut und schön sprechen zu können, klar und logisch denken müsse.

Eine wahrhafte Versuchsanstalt für die Wortkunst und den guten Stil sollte das Theater des Collegium Nobilium werden, denn das im Jahr 1754 seiner Bestimmung übergebene Schulgebäude verfügte über einen Theatersaal. Zwar waren Konviktbühnen, wie sie früher die Jesuiten geleitet hatten, in Polen nichts Neues, doch dieses Theater war in Konarskis gesamten Reformplan eingebunden. Hier präsentierte man das Repertoire der französischen Klassik, an der sich auch der Schauspielstil orientierte. Konarski selbst war auch als Autor mit dieser Schulbühne verbunden, Berühmtheit erlangte sein Stück *Die Tragödie des Epaminondas* (*Tragedia Epaminondy*), das, erfüllt vom Bürgersinn, von der Selbstaufopferung des Individuums für das Allgemeinwohl handelte.

Stanisław Konarski eröffnete das Defilee von Anführern der polnischen Aufklärung, Menschen, die man ohne Übertreibung Institutionen nennen darf. Außer der von ihm mit großer Entschiedenheit und unter Angriffen von Seiten der Jesuiten und der Krakauer Akademie durchgeführten Reform der Piaristenschulen fällt ihm das Verdienst zu, dem Klassizismus in der polnischen Literatur den Weg bereitet zu haben. In späteren Jahren war Konarski Mitarbeiter der meinungsbildenden Zeitschrift „Der polnische Monitor" („Monitor Polski") und gab auch eine monumentale Sammlung polnischer Gesetzestexte (*Volumina legum*, ab 1732) und den Traktat *Über die wirkungsame Art der Beratungen* (*O skutecznym rad sposobie*), 1760–1763, eine erste und äußerst wichtige Wortmeldung zur Parlamentsreform in Polen, heraus. Die historische Darstellung sämtlicher durch das *Liberum veto* vereitelten polnischen Landtage ließ den Autor die Aufhebung dieses Privilegs fordern sowie die Einführung des Prinzips der Bereitschaft des Landtags (Periodisierung des Parlaments) und für den bestechlichen, weil mittellosen Adel den Entzug der aktiven Teilnahme an den Provinziallandtagen.

## Das Kadettenkorps

Die Einrichtung des Collegium Nobilium stellte zwar eine wichtige Ausnahme dar, bedeutete aber noch keine wirkliche Wende im polnischen Bildungswesen. Diese Wende erfolgte erst zwanzig Jahre später, größtenteils auf Veranlassung von Absolventen der Schule Konarskis (zu denen u.a. die Brüder Stanisław Kostka Potocki und Ignacy Potocki gehörten, ausgezeichnete Vorkämpfer und Vertreter der polnischen Bildungsarbeit). Aus diesen Absolventen waren in der Zwischenzeit rührige Aktivisten des Lagers für patriotische Reformen und weltoffene Europäer geworden. Willens, die Umgestaltung des Erziehungs- und Bildungssystems in Polen weiterzuführen, hielten sie Kontakt mit den französischen Enzyklopädisten, die sich für die Probleme der Bildung interessierten, vor allem mit Condillac und d'Alembert.

Infolge des von dieser Gruppe ausgeübten Drucks verpflichtete sich Stanisław August Poniatowski bei seiner Thronbesteigung in den *pacta conventa* (den schriftlich festgehaltenen Pflichten des neugewählten Königs), in Warschau die erste öffentliche, nichtgeistliche Schule zu gründen, für deren Unterhalt der Staat aufkommen sollte. Das Ziel, das die Gründer dieser modernen Wirkungsstätte verfolgten, formulierte man im wunderbaren Leitsatz: „Das Glück des Landes hängt ab von der Denkweise seiner Bürger, und diese wiederum von einer guten und edlen (d.h. vorzüglichen) Erziehung."

Diese im Jahr 1766 eröffnete Schule wurde Kavalleristenschule oder Kadettenkorps genannt. Sie war keine Militärschule im eigentlichen Sinn des Wortes, denn sie bildete zwar zukünftige Offizierskader aus, bereitete sie jedoch auch auf zivile Dienste und die Erfüllung öffentlicher Funktionen vor. Sie war für junge Adelige aus nicht unbedingt wohlhabendem Haus bestimmt (Schule und Schüler wurden vom Staat unterhalten), um sie vor drohendem Müßiggang und dem Dienst in den Gutshäusern der Magnaten zu bewahren. Die erste Aushebung erfaßte schon fast erwachsene junge Leute und sollte ihre Ausbildung weiterführen. Zu ihnen gehörte auch Tadeusz Kościuszko. Mit der Zeit wurde das Kadettenkorps ein regulärer Zweig im Schulwesen vom Elementarunterricht an aufwärts.

Der Unterricht im Kadettenkorps hatte allgemeinbildenden und staatsbürgerlichen Charakter. Sein Lehrplan enthielt Fremdsprachen, Geometrie, Fortifikations- und Artilleriebauwesen sowie Leibes- und Geschicklichkeitsübungen. Seine Lehrer waren hauptsächlich ausländische Spezialisten für Kriegskunst. So wurde das Kadettenkorps in jener Zeit zu einem nicht zu überschätzenden Sprungbrett für einen gesellschaftlichen Aufstieg. Es bildete eine Reihe glänzender Soldaten und hervorragender Offiziere aus, die später in den polnischen, europäischen und über den ganzen Erdball verstreuten Unabhängigkeitskriegen berühmt werden sollten, aber auch Schriftsteller und Politiker, um hier nur Julian Ursyn Niemcewicz und Jakub Jasiński zu nennen.

Eine bedeutende Rolle, nicht nur für die Organisation dieser außergewöhnlichen Bildungsanstalt, sondern auch für das Aufkommen einer ganz eigenen intellektuellen und sittlichen Atmosphäre spielte der Kommandant der Kavalleristenschule Fürst Adam Kazimierz Czartoryski. Das von ihm verfaßte Reglement, ja eigentlich Manifest der Schule, „Kadettenkatechismus" genannt, war ein Beispiel wunderbarer und erhabener staatsbürgerlicher Rhetorik. Es hob das Ehrgefühl und die Pflicht, das Vaterland zu verteidigen, hervor und betonte die Notwendigkeit, im Verhältnis zu den Mitmenschen, aber auch auf gesellschaftlicher Ebene, im Einklang mit seinem Gewissen zu handeln. Die zur Zeit der Unabhängigkeitsaufstände von Polen häufig zitierte Parole „Gott-Ehre-Vaterland" war die Quintessenz der den Zöglingen dieser außergewöhnlichen, für die damalige Zeit modernen Schule mitgegebenen Idee.

### Die Kommission für Nationale Bildung

Die Einrichtung dieser Institution zeigt, mit welcher Hartnäckigkeit die Reformatoren der Volksbildung im achtzehnten Jahrhundert in ihrer stufenweisen Befreiung des kulturellen Bereichs von der Politik für ihre Ziele auch den dramatischsten historischen Augenblick zu nutzen wußten. Die Kommission für Nationale Bildung, das erste Unterrichtsministerium Europas, war das Werk jenes Reichstags, der unmittelbar auf denjenigen folgte, der die erste Teilung Polens legalisiert hatte. Diese in ihren Folgen für das intellektuelle Leben in Polen außergewöhnlich vorteilhafte Beschleunigung der Reform der Volksaufklärung war dem Umstand zuzuschreiben, daß das (konziliante) Nachgeben der Teilungsmächte zeitlich mit der Entscheidung des Papstes Clemens XIV. zusammenfiel, den Jesuitenorden aufzulösen. In den Händen der Jesuiten lag wiederum fast das gesamte Schulwesen der Republik. Am 14. Oktober 1773 beschloß das Parlament den Einzug der Güter der Jesuiten zugunsten der Volksbildung. Die Entstehung der Kommission für Nationale Bildung löste eine wahre Revolution aus und bedeutete das Ende des kirchlichen Monopols in der Erziehung und Ausbildung der polnischen Jugend, wie es im achtzehnten Jahrhundert bestanden hatte.

Den Vorsitz der aus vier Senatoren und vier Abgeordneten bestehenden Kommission hatten aufgeklärte Geistliche und Laien, die sich jahrelang für die meisten Initiativen zur kulturellen Konsolidierung Polens engagiert hatten: die Geistlichen Hugo Kołłątaj und Grzegorz Piramowicz sowie die Laien Fürst Adam Kazimierz Czartoryski und Ignacy Potocki. Das Hauptziel dieser volksbildenden Staatsmacht war der Aufbau, eigentlich von Grund auf, eines ganzen kirchenunabhängigen und öffentlichen, d.h. also nationalen und allgemein zugänglichen Bildungssystems, das die Ausbildung von aufgeklärten Menschen, die als Individuen, als Christen und als für das Gemeinwohl tätige Bürger nützlich wären, ermöglichen sollte.

Die Kommission für Nationale Bildung krönte zwar die Bestrebungen der polnischen Volksbildungsreform des achtzehnten Jahrhunderts, in der Praxis standen jedoch ihre Beauftragten vor außergewöhnlich schwierigen organisatorischen Aufgaben. Es fehlte an Handbüchern, Lehrern, Unterrichtsplänen und Lehrmethoden. Die erste Arbeitsphase der Kommission bestand in der Inspektion sämtlicher in Polen existierender Schulen und der Prüfung und Einziehung von finanziellen Mitteln, erst in der darauffolgenden Phase konnte sich die Kommission der Errichtung eines neuen Systems im Bildungswesen widmen. Dieses bestand aus zwei „Hochschulen", der Königlichen Hochschule oder Krakauer Akademie und der Litauischen Hochschule oder Universität von Wilna, die beide von eigenen Abgesandten der Kommission reformiert wurden. Ihrer Obhut waren die Fakultätsschulen (Mittelschulen höheren Typus) anvertraut, denen wiederum die Unterfakultätsschulen (Mittelschulen sowie städtische und dörfliche Pfarrschulen, die sich nun endlich um den Elementarunterricht kümmerten) unterstanden.

Fünf Jahre nach der Schaffung der Kommission für Nationale Bildung gab es trotz sich türmender Schwierigkeiten in Polen schon dreihundert Schulen und zudem zwei neugegründete Lehrerfortbildungsanstalten. Auch die im Jahr 1775 geschaffene Gesellschaft für Elementarlehrbücher war unter der Leitung von Ignacy Potocki und dem Sekretär der Gesellschaft Grzegorz Piramowicz aktiv. Letzterer verfaßte das erste polnische Lehrbuch für Pädagogik *Die Pflichten des Lehrers* (*Powinności nauczyciela*), 1787, das moderne, demokratische Ansichten im Unterricht propagierte, wie z.B. die unbedingte Beachtung der Gleichberechtigung der Schüler, insbesondere in gesellschaftlicher Hinsicht, den Hinweis auf die Verbindung von Theorie und Praxis im Unterricht sowie die Bedeutung der Erziehung vermittels Arbeit.

Die Kommission für Nationale Bildung war bis 1794 tätig, ihre Schulen jedoch noch um einiges länger. Als erste zentrale volksbildende Staatsmacht Europas setzte sie alle grundlegenden pädagogischen Ideen der Aufklärung in die Praxis um. Die von ihr reformierten oder neugeschaffenen Zentren bildeten viele Generationen von weltoffenen und für Polen nützlichen Bürgern aus. Das von der Kommission organisierte ausgezeichnete Mittelschulwesen profitierte von den Leistungen der Reform Konarskis und den Erfahrungen des Kadettenkorps. Sein umfassender Lehrplan, der sich auf die Klassifizierung der Wissenschaften nach Francis Bacon und den Enzyklopädisten stützte, enthielt humanistische Fächer und Fremdsprachen, Natur- und Sozialwissenschaften, daneben aber auch Ingenieursdisziplinen (u.a. Bauwesen, Bodenkultur oder Geodäsie) sowie mit Praktika im Gelände verbundene Exkursionen, den Besuch der polnischen Zentren der Industrie und des Handwerks, Sport und Landwirtschaft (Ackerbau, Gartenbau, Viehzucht). Das Polnische war natürlich Unterrichtssprache geworden und die Religion wurde entsprechend der aufklärerischen Idee vom „sittlichen Menschen", der sich von der Stimme des Gewissens leiten läßt, durch eine „Morallehre" ersetzt.

Die Unterrichtsmethoden an den Schulen, die der Kommission unterstanden, fallen auch heute noch durch ihre Fortschrittlichkeit auf. Das Auswendiglernen des Unterrichtsstoffes wurde Schritt für Schritt durch eine Entwicklung des logischen und selbständigen Denkens ersetzt sowie die Praxis und Schulung von Fertigkeiten besonders betont. Die für die Schulen der Kommission erstellten Lehrbücher genossen einen ausgezeichneten Ruf und befanden sich auf europäischem Niveau: Von den über zwanzig Stück, die damals entstanden, stellten viele das Ergebnis von Schulbuchwettbewerben dar, die von Unterrichtsministerien in Paris, Berlin oder Leipzig durchgeführt wurden. Als ein besonders geglücktes Werk der Lehrbuchpädagogik galt im damaligen Europa die *Fibel für Pfarrschulen* (*Elementarz dla szkół parafialnych*) von Onufry Kopczyński.

### DIE ANFÄNGE DER ÖFFENTLICHEN BIBLIOTHEKEN IN POLEN

Die Bibliotheken sollten eine bedeutende Rolle für die Modernisierung der polnischen Kultur spielen. Als erste schenkten die Brüder Andrzej Stanisław und Józef Andrzej Załuski ihre Bibliothek dem Staat. So entstand im Jahr 1747 als eine der allerersten Initiativen der polnischen Aufklärung die Bibliothek der Republik, die auch Załuski-Bibliothek genannt wurde. Sie war eine der ersten öffentlichen Bibliotheken der Welt. Die Brüder Załuski teilten bei der Organisation der Bibliothek die verschiedenen Funktionen untereinander auf: Andrzej Stanisław, Kronkanzler und Krakauer Bischof, sorgte für die finanziellen Mittel, während Józef Andrzej die Zusammenstellung der Bestände im In- und Ausland, das Erstellen einer Bibliographie und die modellartige Skizzierung der gesamten Institution (die im Jahr 1794 veröffentlichte *Programma litteraria*) übernahm. Am Ende des achtzehnten Jahrhunderts zählte die Bibliothek, der nach den Teilungen wertvolle Privatsammlungen (u.a. die der Sobieskis von Żółkiew) zugefallen waren, über 400.000 Bände. Sie war auch im Besitz einer außergewöhnlich wertvollen Handschriftensammlung, zu der die ältesten polnischen Schriftdenkmäler sowie Autographe bedeutender altpolnischer Schriftsteller gehörten.

Die Załuski-Bibliothek teilte mit ihrem Besitzer, der Republik, die verschiedenen dramatischen Schicksalsschläge. Nachdem sie wiederholt geraubt und ausgeplündert worden war, verbrannte sie fast gänzlich während des Warschauer Aufstandes im Jahr 1944.

Der Ehrgeiz der Brüder Załuski ging dahin, im Umfeld der Bibliothek ein wirkliches Zentrum des intellektuellen Lebens zu schaffen. Dazu sollten vom Biblio-theksvorstand durchgeführte Literaturwettbewerbe dienen sowie für den europäischen Leser bestimmte Publikationen, die ihn mit den Beständen und dem kulturellen Programm der Bibliothek bekanntmachen und für den Reichtum der polnischen Sprache und Literatur gewinnen sollten.

### DIE BELEBUNG DES VERLAGS- UND BUCHMARKTS

Einen wichtigen Verbündeten für ihre Unternehmungen fanden die Załuskis in dem Sachsen Lorenz Mitzler de Koloff (1711–1788). Dieser deutsche Verleger, Publizist und Besitzer einer Buchhandlung in Leipzig und in Wittenberg hatte sich 1743 in Polen niedergelassen und war in seiner zweiten Heimat viele Jahre lang im Bereich der Kultur aktiv. Er warb in Polen für die philosophischen Ideen der deutschen Aufklärung (insbesondere für Christian Wolff) und machte andererseits die deutschen Leser mit der polnischen Literatur und Wissenschaft bekannt. Anfänglich stand er als Bibliograph der Bibliothek der Republik nahe und gab in Leipzig die Warschauer Bibliothek, die erste wissenschaftliche Zeitschrift über Polen (1754–1755), in deutscher Sprache heraus, später dann als deren Fortsetzung die *Acta Litteraria* (ebenfalls in deutscher Sprache), die literarische Ereignisse in Polen, mit besonderer Berücksichtigung des Theaters, besprach. Das große Verdienst dieser Zeitschrift und ihres Gründers bestand in der Bekämpfung negativer Meinungen von Ausländern über die polnische Sprache und Dichtkunst.

Die Verleger- und Buchhändlerbewegung der polnischen Aufklärung entfaltete sich zwar auf Initiative polnischer Mäzene der Kultur, war jedoch, was ihre Umsetzung betrifft, fast zur Gänze das Werk von Ausländern, die in Polen ansässig waren. So brachte z.B. Fürst Adam Kazimierz Czartoryski Pierre Dufour (1729–1797), den wichtigsten Buchdrucker der französischen Akademie, nach Polen. Ein anderer für die polnische Aufklärung bedeutender Mann des Buches war der Sachse Michael Gröll (1722–1798), zuerst Königlicher Kommissionär bei August III. in Warschau, dann ließ er sich im Jahr 1763 endgültig in der Hauptstadt nieder und eröffnete dort die größte Buchhandlung Polens, die später nach ihrem Emblem gemeinhin „Zum Dichterwappen" genannt wurde. Dieser lebhafte Kontakt mit dem europäischen Buchmarkt und die Eröffnung des ersten öffentlichen Lesesaals mit einer Ausleihe im Jahr 1769 machten Grölls Buchhandlung zu einem einflußreichen kulturellen Zentrum, das auch in anderen polnischen Städten Filialen und Depots unterhielt. Ihrem Besitzer huldigten die polnischen Dichter Franciszek Dionizy Kniaźnin und Józef Epifaniusz Minasowicz.

Im Lauf der Zeit gründete Gröll auch eine Buchdruckerei, die zwar quantitativ weniger bedeutsam als diejenige von Dufour war, jedoch durch die wundervolle typographische Aufmachung ihrer Werke Berühmtheit erlangte. Hier sollte ab 1772 die wichtigste Literaturzeitschrift der polnischen Aufklärung Angenehmer und nützlicher Zeitvertreib (Zabawy Przyjemne i Pożyteczne) gedruckt werden, hier erschienen auch die Werke von Autoren vom Rang eines Krasicki, Naruszewicz, Trembecki, Zabłocki, Karpiński, Kniaźnin und Niemcewicz. Von hier aus traten sie ihren Weg „in die Welt" an, in — vor allem deutschen — Übersetzungen, die Gröll in den siebziger und achtziger Jahren an die Leipziger Messe schickte, während er sich andererseits für die Verbreitung von Übersetzungen aus den europäischen Literaturen auf dem polnischen Buchmarkt einsetzte.

Gröll schloß sich ähnlich wie Dufour ausnehmend der patriotischen Reformpartei an und publizierte vor allem während des Großen Reichstages (1788–1792) zu politischen Themen.

DIE BEDEUTUNG DES MÄZENATENTUMS

Das Kunst- und Kulturprogramm Stanisław August Poniatowskis

Das Mäzenatentum wurde zur eigentlichen Triebkraft der polnischen Aufklärung. Neben dem Monarchen hielten Aristokraten (Fürst Adam Kazimierz Czartoryski und Izabela Czartoryska, geborene Fleming, Kanzler Andrzej Zamoyski, die Małachowskis) ihre schützende Hand über die Künste und regten die wissenschaftliche und literarische Produktion an. Sie brachten Künstler und Leute, die die Kultur beleben sollten, aus dem Ausland nach Polen, halfen ihnen, hier ansässig zu werden (so luden die Małachowskis Mitzler de Koloff nach Polen und die Czartoryskis den französischen Maler Pierre Norblin ein), kamen den polnischen Intellektuellen bei Reisen ins Ausland entgegen und trugen so zur Belebung der Kontakte zwischen Polen und Europa, der Öffnung Polens zur Welt hin und der Beseitigung der verzögerten Entwicklung in der polnischen Kultur bei.

Ein Novum der Aufklärung waren die literarischen Salons des Bürgertums, eines Standes, der noch in vielerlei Hinsicht von der Politik stiefmütterlich behandelt wurde. Die beiden wichtigsten waren der Salon des Warschauer Bürgermeisters Jan Dekert und der des angesehenen Rechtsanwalts Franciszek Barss. Ein bezeichnendes Merkmal der polnischen Aufklärung war die allmähliche Konzentration des kulturellen Lebens in den Städten, vor allem im Umkreis der oben genannten reformierten Hochschulen und elitären Oberschulen, in denen ausgewähltes Lehrpersonal verpflichtet und die mit modernsten Mitteln ausgestattet wurden (z.B. mit botanischen Gärten und

Sternwarten). Warschau und Wilna, daneben noch die Zentren der Magnaten wie z.B. Puławy der Czartoryskis, sind markante Punkte auf der Landkarte des regen intellektuellen und künstlerischen Lebens in Polen.

Warschau war eine Hauptstadt mit pulsierendem kulturellem und wissenschaftlichem Leben, aber auch eine äußerst politisierte Stadt. Die Rolle der Salons übernahmen, wie das besonders während des Großen Reichstages zu beobachten ist, die Kaffeehäuser, die Wandelgänge des Parlaments und die Redaktionszimmer, die zu den „Schmieden" neuer Ideen, auch in der Literatur, wurden. Damals trat der bis heute charakteristische „Geist" der hauptstädtischen Metropole in Erscheinung. Es entstand der Typus des Warschauer Intellektuellen, eines Berufsliteraten, der sich gleichzeitig für gemeinnützige Themen engagiert und neuen Formen und Ideen die Bahn bricht. Auch der Typus des literarisch aktiven Wissenschaftlers, der sich in mehreren Gebieten auskennt und diese auch ausübt, sich neben den humanistischen, sozialen und juristischen Wissenschaften mit naturwissenschaftlichen Erkenntnissen, jedoch auch mit philosophischen Betrachtungen beschäftigt, entstand zu jener Zeit. Glänzende Vertreter dieses Typus waren die Brüder Jędrzej (1768–1838) und Jan (1756–1830) Śniadecki und Stanisław Staszic (1755–1826), ein in alle Richtungen hin aktiver politischer Autor, der für die Geologie und das Hüttenwesen in Polen Anstöße gab.

In dieser städteplanerisch erweiterten Hauptstadt, die mit neuen Palais und öffentlichen Gebäuden imponierte, herrschte eine Atmosphäre wie an einem immerwährenden „Fest zu Ehren der Wissenschaften". Das Jahr 1784 stellte den Höhepunkt dar: in Warschau wurde der erste Blitzableiter aufgestellt, und der erste Flug mit dem Heißluftballon fand statt. Am letztgenannten Luftfahrexperiment nahmen zwei auf vielen Gebieten bewanderte Gelehrte teil, der schon erwähnte Jan Śniadecki sowie der Professor der Krakauer Akademie Jan Jaśkiewicz, der Lavoisier in Polen bekannt machte. Fünf Jahre später sollte der berühmte Blanchard im Ballon über Warschau aufsteigen, und sein Passagier war der in französischer Sprache schreibende Autor, polnische Historiker und Abgeordnete am Großen Reichstag Jan Potocki, den die Welt als Verfasser der phantastischen Abenteuererzählung *Die Handschrift von Saragossa* (*Rękopis znaleziony w Saragossie*) kennt.

Der Großteil der Leistungen der polnischen Aufklärung wurde vom letzten König des unabhängigen Polen Stanisław August Poniatowski angeregt und gefördert. Vom Augenblick seiner Thronbesteigung im Jahr 1764 an setzte er unbeirrt sein Programm für die kulturelle Aufwärtsentwicklung und Modernisierung Polens um. Dabei war er nicht nur Erfinder und Gründer der meisten Institutionen, die das intellektuelle und künstlerische Leben des Landes tragen sollten, sondern unterstützte diese auch finanziell oder unterhielt sie sogar zur Gänze. Dieser Monarch spielte für die oben erwähnten Unternehmungen im Rahmen der Bildungsreform eine entscheidende Rolle, nahm sich der Druckanstalten und Buchhandlungen an, gründete das öffentliche Theater und finanzierte es auch in der ersten Zeit. Auf seine Initiative hin entstanden zwei polnische Zeitschriften, der „Monitor", der die öffentliche Meinung prägte, und der „Zeitvertreib", der den künstlerischen Gesch-mack im Geist einer vom Drill befreiten Klassik herausbildete.

Dieser hochgebildete König mit einem ausgezeichneten Geschmack (von dem seine bis auf den heutigen Tag leider jedoch nur bruchstückhaft erhaltenen Buchbestände und Kunstsammlungen zeugen) erfüllte alle Voraussetzungen, um unter günstigeren politischen Umständen den aufgeklärten Monarchen in Europa das Wasser reichen zu können.

## Die Donnerstags-Tafel

Diese wöchentlichen Zusammenkünfte der literarischen Elite, die sich um die Idee einer „Erneuerung Polens" geschart hatte, wurden zu einem äußerst wichtigen Faktor für das Programm des Königs zur Europäisierung der polnischen Kultur. Sie wurden auch „gelehrte Tafel" oder „kluge Tafel" genannt. Durch ihre Kombination von Funktionen des Salons mit denen einer Hochschule für Literatur stellten sie in der Tat eine originelle Variante der gebildeten Tischgesellschaft, jedoch mit einem Anflug von Unernst, dar. Diese Donnerstags-Tafel fand sieben Jahre lang (1770–1777) regelmäßig statt, zuerst im Warschauer Königsschloß, dann im reizvoll gelegenen „Palais auf dem Wasser" im Warschauer Łazienki-Park, das im Geschmack des klassizistischen Petit Trianon von Domenico Merlini nach den Entwürfen des Königs umgebaut worden war. Dabei handelte es sich um reine Männerzusammenkünfte in ungezwungener Atmosphäre. Die Diskussionen, literarischen Vorführungen und Wettstreite fanden beim Dessert statt, daher nannte man eine gewisse Gattung von Scherzgedichten damals „Dessertstücke".

Diese „kulturelle Institution" besonderer Art prägte das Aussehen der polnischen Literatur in der ersten Periode der Aufklärung und beeinflußte zweifelsohne nicht nur den Umfang der literarischen Produktion dieser Zeit, sondern auch das Gewicht und den feinen Stil der vorgelegten Werke. Während des Großen Reichstags verlor sie jedoch ihre Bedeutung. Denn den feinen Zusammenkünften der Elite wurde durch die angeheizte politische Stimmung mit ihren Spielarten einer unverzüglich nutzbaren, kämpferischen Publizistik ein Ende gesetzt.

Das Niveau der Donnerstags-Tafel bestimmte ein sorgfältig ausgewählter Teilnehmerkreis, der sich aus den ca. dreißig bedeutendsten Literaten und Koryphäen Polens zusammensetzte; vor allem gehörten ihr hochangesehene Dichter wie der „Vorstand" der Runde Adam Naruszewicz an, außerdem Stanisław Trembecki und Ignacy Krasicki, der als Bischof von Ermland von ebendort seine Gedichte schickte. Regelmäßige Teilnehmer waren auch die Reformatoren der Volksbildung und politische Schriftsteller wie Stanisław Konarski, Grzegorz Piramowicz, Adam Kazimierz Czartoryski, Ignacy Potocki und Józef Wybicki. Von all diesen ließ der König für den Gelben Saal der Königsschlosses von Naruszewicz Bildnisse mit eigens abgefaßten Beschreibungen anfertigen.

Der König verlieh durch seine Person den geführten Diskussionen nicht nur die gebührende Bedeutung und Richtung, sondern sammelte auch emsig Texte und Dokumente, die als Ergebnis dieser Zusammenkünfte entstanden. Lose in eigene Mappen geschoben, ergaben sie die sogenannten *Litteraria* Stanisław Augusts (die heute zerstreut sind), die besten und wichtigsten jedoch waren für einen breiteren Leserkreis bestimmt. Auf diese Weise entstand eine der beiden führenden Zeitschriften der polnischen Aufklärung.

„Angenehmer und nützlicher Zeitvertreib"

„Angenehmer und nützlicher Zeitvertreib aus verschiedenen Autoren zusammengestellt" („Zabawy Przyjemne i Pożyteczne z Różnych Autorów Zebrane"), in der Abkürzung „Zeitvertreib" genannt, war eine Wochenschrift und erschien während der Jahre, in denen die Donnerstags-Tafel stattfand, als deren inoffizielles Organ. Sie wurde von Gröll in Warschau herausgegeben und erschien auch in Viertel- und Halbjahresbänden, so daß sie also nicht nur das Bulletin der literarischen Elite aus dem Umkreis des Königs darstellte, sondern auch vollständige Gedichtbände ergab. Heute sprechen wir von einer eigenen Dichterschule des Kreises um den „Zeitvertreib", so ausgeprägt war das Profil dieser ersten polnischen Zeitschrift, die ausschließlich der Literatur gewidmet und für eine Elite von geschulten Lesern bestimmt war.

Redigiert wurde diese Zeitschrift abwechselnd von Jan Chrzciciel Albertrandi und Adam Naruszewicz, die auch auf dem Gebiet der Geschichtsschreibung zusammenarbeiteten. Der „Zeitvertreib" orientierte sich an westlichen Journalen oder Magazinen und schuf das Muster eines literarischen Periodikums, das viele Jahre lang in Polen gültig bleiben sollte. In der Hauptsache gab sie jedoch die literarischen Vorlieben Stanisław Augusts und dessen Programm einer nationalen Dichtkunst wider. Dieses Programm stand in ästhetischer Hinsicht den Forderungen des Klassizismus nahe (Betonung stilistischer Werte und der Werte einer poetischen Sprache, Beispiele eines frei gehandhabten Rückgriffs auf poetische Vorbilder sowohl aus der Antike wie auch aus der Neuzeit, sofern diese antiken Ursprungs waren), hob jedoch, was die Aufgabe der Literatur anbelangt, besonders den Wert für die Erkenntnis, also den sittlichen Wert der Werke und das Prinzip einer Kombination von Unterhaltung und Unterweisung, einem angenehmen und einem nützlichen Zeitvertreib, hervor, das die wichtigste Norm der im Kreis um den König gepflegten Dichtkunst darstellte.

Geht man davon aus, daß der „Zeitvertreib" eine für die Zeit Stanisław Augusts typische Schule in der Dichtkunst kreierte, dann war deren erster Vertreter Adam Naruszewicz selbst (1733–1797) und in der Folge die jüngeren der „Zeitschrift" nahestehenden Dichter Franciszek Zabłocki (1750–1821), Franciszek Dionizy Kniaźnin (1750–1807) und Kajetan Węgierski (1756–1787). Sie alle schrieben poetische Kurzformen wie Oden, Satiren oder Märchen, die aktuelle innenpolitische Fragen, wissenschaftliche Leistungen oder die Maßnahmen des Königs thematisierten und mit einer satirischen Ader eine skeptische, sogar ein wenig freigeistige Sicht der Dinge vorstellten. In diesem Kreise vollzog sich eine Erneuerung der polnischen Sprache der Dichtkunst, die in der Hauptsache von Naruszewicz initiiert wurde, der auf meisterhafte Weise die Prinzipien der Klassik mit den poetischen Traditionen des Barock in Einklang brachte. Die Klarheit, der Reichtum und die Konkretheit dieser Sprache zeigt die Wertschätzung der Dichter, die für den „Zeitvertreib" schrieben, für die Meisterwerke der polnischen Literatur des sechzehnten und siebzehnten Jahrhunderts, aber auch deren Vorliebe für eine Lockerung der klassizistischen Normen.

### „Der Monitor"

Unmittelbar nach der Thronbesteigung Stanisław Augusts begann auf dessen Initiative und Anregung hin „Der Warschauer Monitor" („Monitor Warszawski"), 1765–1785, die wichtigste meinungsbildende Zeitschrift der polnischen Aufklärung zu erscheinen. Vorausgegangen war ihm der im Sommer des Jahres 1763 von Adam Kazimierz Czartoryski herausgegebene kleine „Monitor" (mały „Monitor"). Der „Monitor" nahm sich die englischen „sittlichen" Zeitschriften vom Typ des um ein halbes Jahrhundert älteren „Spectator" (der von Joseph Addison und Richard Steele redigiert wurde) zum Vorbild und hatte ein gesellschaftspolitisches Profil mit einem eindeutigen programmatischen Erscheinungsbild. Es gab auch einen Beschluß seiner Autoren, die Reihe der von den einzelnen Redakteuren publizierten Nummern voneinander zu unterscheiden. Dies rührte sowohl von den ausgeprägten Persönlichkeiten der Autoren her, als auch von der vom „Spectator" übernommenen Idee, daß der Name der Zeitschrift auch eine Person bezeichnen sollte, die den Leser informiert und mit ihm diskutiert. So wurde also der Redakteur zum Monitor, d.h. zum Mentor und Lehrer des Lesers.

Die ersten Jahre des „Monitors", 1765–1767, waren die Zeit einer äußerst regen Gesellschaftspublizistik, die auf die Meinungsbildung und die Skizzierung der wichtigsten Richtungen des mit dem Kreis um den König verbundenen Reformprogramms Polens abzielte. Literarisch geprägt wurde die Zeitschrift in diesen Jahren durch die beiden Redakteure von über hundert Ausgaben des „Monitor", durch Franciszek Bohomolec (gest. 1784), der in dieser Periode seiner literarischen Tätigkeit auch dem öffentlichen Theater in Warschau als dessen wichtigster „Lieferant" von Komödien nahestand, und durch den „Dichterfürsten" Ignacy Krasicki (1735–1801), dem glänzendsten Schriftsteller der polnischen Aufklärung, der in dieser Zeitschrift zum ersten Mal veröffentlichte. Einige Dutzend Ausgaben des Jahres 1768 und der gesamte Jahrgang 1772 stammen von ihm.

Ein charakteristisches Gepräge bekam der „Monitor" auch durch Adam Kazimierz Czartoryski und Stanisław Konarski, Mitarbeiter der Zeitschrift von Anbeginn, die ihm eine wesentlich deutlichere politische Färbung verliehen, als sie sein Vorbild, der „Spectator", hatte. Die polnischen Fassungen der englischen Artikel (die hauptsächlich Bohomolec besorgte) waren auf die örtlichen Gegebenheiten abgestimmt und genügten den polnischen Ansprüchen der Stunde.

Der massive ideelle Angriff des „Monitors" auf die öffentliche Meinung verfolgte eine ganz bestimmte Strategie. Die ersten sechs Nummern erschienen auf einmal, die nachfolgenden kamen sowohl einzeln als auch in Jahrbüchern heraus. Die Jahrgänge 1765 und 1766/67 (in einer Auswahl) wurden von Mitzler de Koloff übersetzt und in Deutschland veröffentlicht. Auf diese Weise fand der „Monitor" zum erstenmal, was äußerst wichtig war, seinen Weg nach Europa. Mitzler de Koloff übernahm in einer späteren Phase (1773–1775) die Redaktion des „Monitors" und verlieh ihm ein bürgerliches Gepräge mit entschieden antiaristokratischer und antiklerikaler Ausrichtung.

Die Publizistik des „Monitors" stand besonders in seiner ersten Phase in engem Zusammenhang mit den anderen Gebieten, deren sich der König als Mäzen angenommen hatte: mit der Wissenschaft, dem Theater und der Literatur. Die wichtigsten Gattungen dieser Publizistik — Feuilleton, Essay, Brief, Skizze, Fabel — hatten eine moralisierende und satirische Tendenz, zeichneten sich durch Kritizismus aus und folgten dem Diktat aktueller Fragestellungen. Hier spiegelten sich alle wichtigen Ideen und Zielsetzungen des Programms zur Reformierung des Staates und — was sehr wesentlich ist — hier trat auch deren praktische Basis hervor.

Ein häufig eingesetzter Trick war die Veröffentlichung von fiktiven Leserbriefen und eine mit ihnen daraufhin geführte Polemik. Die auf diese Weise angeregte ideologische Gärung ermöglichte es, den vorgestellten Standpunkt Schritt um Schritt zuzuspitzen und dabei weiterhin den Eindruck zu vermitteln, daß der Kontakt mit dem Rezipienten aufrecht erhalten wird.

Die von Autoren des „Monitors" aufgegriffenen Themen sowie die Art und Weise, wie sie formuliert wurden, waren auch für die rein literarischen Werke der polnischen Aufklärung charakteristisch, insbesondere für den Roman und die Sittenkomödie. Sowohl Bohomolec als auch Krasicki sprachen sich in ihrer Zeitschrift für die erwähnten Gattungen aus und verwendeten sie gleichzeitig auch selbst. Die Gemeinsamkeiten betrafen vor allem ein typisches Schema von negativen und positiven Figuren. Die Repräsentanten des adeligen Konservativismus wurden dabei regelmäßig kritisiert und lächerlich gemacht, während ihnen das Vorbild eines modernen Polen gegenüberstand. Diesem adeligen Konservativismus, der mit dem Sarmatismus gleichgesetzt und immer eindeutig negativ bewertet wurde, schrieben die Publizisten des „Monitor" sämtliche negativen Eigenschaften des polnischen Adels zu: Ignoranz, religiösen Fanatismus, Xenophobie, die hinter der Devise von der „goldenen Freiheit" steckende Anarchie, ja sogar Verschwendung und Trunksucht. Andererseits wurden auch die auf die Spitze getriebenen modernen Standpunkte, in männlicher wie weiblicher Variante, kritisiert. Zur Zielscheibe wurde dabei vor allem der hohlköpfige Salonlöwe, der sich kritiklos für Neuheiten und alles, was aus dem Ausland kommt, begeistert. Das positive Programm des „Monitors" beruhte auf der Suche nach einem vernünftigen Kompromiß zwischen der halsstarrigen Anhänglichkeit für die Tradition des Adels und der übertriebenen Bewunderung neuer Moden. Diesen Kompromiß könnte man als aufgeklärten Sarmatismus bezeichnen, im Grunde genommen stellte der Vorschlag des „Monitors" eine eigentümliche Adaption der Prinzipien des englischen Utilitarismus dar, laut denen das Trachten des Individuums mit dem Allgemeinwohl in Einklang zu bringen sei.

Ein originelles Mittel zur zusätzlichen Propagierung des Programms dieser Zeitschrift war, daraus das Thema einer Komödie von Franciszek Bohomolec zu machen („Monitor" 1767). Dies ist gleichzeitig der Beweis dafür, daß der „Monitor" für seine eigenen Publizisten eine Schule für praktische schriftstellerische Erfahrung war.

## Das Nationaltheater

Die Eröffnung des ersten öffentlichen Theaters in Polen am 19. November 1765 auf Anweisung des Königs hin war für die polnische Aufklärung ein historischer Augenblick. In Polen gab es weder die Tradition noch den Begriff einer Nationalbühne, lediglich die gesellschaftliche Elite war mit dem höfischen Theater der Sachsenzeit vertraut und an das im allgemeinen hohe Niveau der Operetten- und Ballettvorführungen französischer und italienischer Ensembles während der Regierungszeit von August III. gewöhnt. Diese Unternehmung machte also die Schaffung der drei noch nicht vorhandenen Säulen des Theaters erforderlich: eines Berufsensembles von polnischen Schauspielern, eines breiten Theaterpublikums und eines entsprechenden Repertoires.

Die erste Etappe dieses öffentlichen Warschauer Theaters brachte bewundernswerte Erfolge bei der Überwindung der genannten Schwierigkeiten dank der Willensstärke und Unterstützung des Königs, aber auch dank der Beteiligung fortschrittlicher Autoritäten, die sich der erzieherischen Möglichkeiten des Theaters bewußt waren. Der „Monitor" führte zu jener Zeit eine Kampagne zugunsten des polnischen *theatrum* als Ort eines angenehmen und nützlichen Zeitvertreibs durch.

Der Absicht des Monarchen nach sollte die öffentliche Bühne eine Schule für den guten Geschmack sein, insbesondere aber und sogar in der Hauptsache eine Institution zur Erziehung der Gesellschaft. So beherrschte vom Augenblick seiner Eröffnung an die belehrende Sittenkomödie das Repertoire des Theaters. Schöpfer der polnischen Spielart dieser Gattung und Verfasser der meisten aufgeführten Stücke war der Geistliche Franciszek Bohomolec (1720–1784), der auch zu den Redakteuren des „Monitors" gehörte und im Warschau des Königs Stanisław August ungemein populär war. Bohomolec war jahrelang Lehrer für Rhetorik an jesuitischen Klosterschulen in Warschau und schrieb für das Konvikttheater Komödien, die in fünf Bänden gesammelt (aus den Jahren 1753–1760) noch vor der Eröffnung der Nationalbühne erschienen.

Das dramatische Schaffen Bohomolec entwickelte sich organisch. Die meisten Motive und Figuren seiner Schulkomödien traten auch in seinen neuen Komödien auf, die ab März 1766 (das Aufführungsdatum der *Ehe aus dem Kalender* (*Małżeństwo z kalendarza*) auf der öffentlichen Bühne Einzug hielten. Typisch für Bohomolec' jesuitische Konviktkomödie waren nebensächliche Intrigen und ein eindeutiges Hintanstellen des Komischen sowie der Figurencharaktere hinter einer gesellschaftlich-moralisierenden Tendenz. Das wichtigste Ausdrucksmittel und Träger der Belehrungen war hier der polemische Dialog (*disputatio*). Die moralische Schlußfolgerung, die entweder an die Jugend oder an ihre Lehrer adressiert war, führte zu einer Einteilung dieser Werke in die sogenannten „Jünglingskomödien" und die „Väterkomödien". Die dramatische Handlung und die Ideen für seine Intrigen entlehnte Bohomolec recht ungeniert von europäischen, antiken wie zeitgenössischen Dramatikern, von Plautus über Moliére und Goldoni bis hin zu weniger bekannten Komödienschreibern, die auf Moliére folgten. Dennoch war Bohomolec kein Plagiator, sondern bearbeitete die Motive selbständig. Er adaptierte vor allem und aktualisierte die sittlichen Realien sowie die Typen seiner Figuren.

Durch Bohomolec wurde die polnische Komödie zur Zeit Stanisław Augusts zu einem spezifischen, einheimischen Resümee der europäischen Komödiendichtung, das schlußendlich an der Grenze zwischen der Linie Molières einerseits und der *comédie larmoyante* und den Stücken Marivauxs andererseits angesiedelt war.

In Bohomolec' Schulkomödien lassen sich deutlich schematische Sichtweisen mit einer belehrenden Haltung erkennen. Seine scharfe Kritik richtete sich dabei immer gegen die Mängel in der Erziehung der polnischen Jugend, die sich aus der Flut von Frankomanie und dem negativen Einfluß ausländischer Hauslehrer ergaben. So machte sich Bohomolec über die Figur des modernen jungen Herrn lustig, der in einer ganzen Reihe von Komödien den vielsagenden Namen Figlacki trägt (von poln. figiel — Streich, Ulk, wonach Figlacki soviel wie Windbeutel, Luftikus bedeutet). Außer ihm trat noch ein ganzer Corso ebenfalls negativer Typen von adeligen Reaktionären auf, deren Namen sich hauptsächlich von den polnischen Wörtern staruch (Tattergreis) oder dziwak (sonderbarer Kauz) ableiteten und Staruszkiewicz, Dziwakiewicz u.ä. lauteten.

Von 1766 bis 1775 dominierten Bohomolec' Komödien unangefochten die Nationalbühne [*Ehe aus dem Kalender* (Małżeństwo z kalendarza), *Die Saufbrüder* (Pijacy), *Ein guter Herr* (Pan dobry), *Der Monitor* (Monitor), *Zauberei* (Czary)]. Diese Spielart der belehrenden Komödie, die von ihm geschaffen wurde, bezeichnet man bisweilen auch als Tendenzkomödie. Dabei handelt es sich überwiegend um Einakter und fast in jeder Hinsicht eigenständige Stücke, die vor allem auf die polnische Propagierung der Reform Bezug nehmen und eine aktuelle Aussage beinhalten. Sie nahmen immer deutlicher erkennbar einen antisarmatischen Charakter an, denn immer häufiger griff Bohomolec die Vorurteile und intellektuelle Rückständigkeit der mittleren Schicht des Adels an. Der moderne junge Herr verschwand zwar nicht vollständig aus dem Corso der Negativfiguren, doch trat später noch ein neuer Typus neben ihn: der des sympathischen Ausländers. In der *Ehe aus dem Kalender* wird dem adeligen Reaktionär als positives Beispiel ein Ausländer gegenübergestellt, der seiner Wahlheimat verbunden ist und sich für die polnischen Reformen begeistert. Auch wurde das soziale Spektrum der Motive und Figurentypen der Komödie erweitert. In der *Ehe aus dem Kalender* trat eine kritische Haltung der Situation der Bürger in Polen gegenüber zutage, und im *Guten Herrn* wurde die bäuerliche Schicht in Schutz genommen.

Bohomolec war sich seiner bahnbrechenden Neuerungen auf dem Gebiet der polnischen Komödie und seiner sozialen Mission bewußt. Letztere formulierte er in seinem Vorwort zum ersten Band der *Komödien* (1755) und versuchte, sie in seiner jahrelangen Arbeit als Dramatiker „im Dienst für die Ehre Polens" zu verwirklichen.

Bohomolec Tätigkeit machte die Komödie nicht nur zur wichtigsten dramatischen Gattung der Aufklärung in Polen, sondern öffnete auch die Augen für eine notwendige Adaption von fremdsprachigen Stücken für die polnische Bühne. Dieses Problem griff in der Theorie Adam Kazimierz Czartoryski auf, der *notabene* selbst einige Komödientexte für sein eigenes Hoftheater in Puławy verfaßte, insbesondere die höchst interessante Konversationskomödie Der *Kaffee (Kawa)*, die die Atmosphäre der Warschauer Salongesellschaften widerspiegelte. Im Vorwort zu einer anderen Komödie, *Ein heiratsfähiges Mädchen (Panna na wydaniu)*, 1771, formulierte er Anweisungen für polnische Dramatiker, wie sie das fremdsprachige Repertoire einsetzen sollten. Dabei riet er von Inszenierungen ausländischer Stücke in Übersetzungen ab, da sie in unzähligen Einzelheiten für das polnische Publikum unverständlich wären, ermutigte dagegen zu Adaptationen, unter denen er eine Übernahme der Gliederung und der Intrige verstand, während die Handlung unbedingt nach Polen zu verlegen wäre und örtliche Realien, vor allem jedoch Figuren, „die sich an die polnischen Sitten halten", eingeführt werden müßten.

Bohomolec' Nachfolger und der zweifelsohne beste polnische Komödienautor der Regierungszeit Stanisław Augusts war Franciszek Zabłocki (1752–1821). Die Jahre von 1779 bis 1788 waren geradezu ein „Zabłocki-Jahrzehnt" am Nationaltheater. Zu dieser Zeit verfaßte er über fünfzig Stücke und brachte sie auch auf die Bühne. Zabłocki war ein typischer, von seiner schriftstellerischen Tätigkeit lebender Intellektueller, Beamter der Kommission für Nationale Bildung, der im Auftrag dieser Institution verschiedene literarische Arbeiten ausführte, vor allem Übersetzungen aus dem Französischen. Er schrieb auch für den „Angenehmen und nützlichen Zeitvertreib" und stand später dem Theater sehr nahe, das zu seiner Leidenschaft werden sollte.

In seinen berühmtesten Komödien *Der Abergläubige (Zabobonnik)*, *Der Geck auf Freiersfüßen (Fircyk w zalotach)* und *Der Sarmatismus (Sarmatyzm)* entwickelte Zabłocki die Sittenkomödie von Bohomolec weiter und verbesserte sie. In Übereinstimmung mit der von Adam Kazimierz Czartoryski dargelegten Theorie und der schon allgemein üblichen Praxis entlehnte er die Fabel von fremdsprachigen, überwiegend französischen Autoren wie Romagnesi, Hauteroche und Destouche. Dennoch war er ein Meister der Adaption, und seine Bearbeitungen erreichten in vielen Fällen den Wertmaßstab der Originalwerke.

Zabłocki ersetzte als erster polnischer Komödienautor die Prosa durch den Vers, und zwar durch einen bühnentechnisch und literarisch hochstehenden abwechslungsreichen Vers mit einem charakteristischen lebhaften Rhythmus. Auch eine auf schlagfertiger Gegenrede beruhende Sprachkomik war ein Erkennungszeichen von Zabłockis Komödienstil. Außerdem wurden sie von einem starken, die Realität beobachtenden Faktor dominiert. Auch der bisherige Typencorso der Komödien wurde erweitert. Die Figuren waren nun nicht mehr schematisch und dank ihrer Ausstaffierung mit zusätzlichen, häufig sympathischen Eigenschaften auch nicht mehr personifizierte eindeutig negative Unarten. Als Beispiel dafür kann der Titelheld der Komödie *Der Geck auf Freiersfüßen* dienen, ein leichtsinniger „moderner junger Herr", der sich dennoch unter dem Einfluß einer aufrichtigen Gefühlsregung ändert. In *Der Sarmatismus* wiederum wird nicht eine einzige „typische" Schwäche, sondern ein ganzes komplexes Gefüge von negativen Eigenschaften des polnischen Provinzadels zur Zeit der Sachsenkönige dargestellt.

Auf diese Weise rief Zabłocki eine eigene, bedeutende Strömung innerhalb der Lustspieldichtung der Aufklärung ins Leben, die eine Spielart der auf einer gewissen dichterischen Distanz beruhenden realistischen Komödie darstellte. 1781 wurde Zabłocki vom König mit der Merentibus-Medaille ausgezeichnet. Von den Vorzügen seiner Komödienwerke zeugt jedoch vor allem ihre Präsenz im polnischen Theaterrepertoire sowie die Tatsache, daß einige Motive und Figuren aus Zabłockis Stücken Anregung zu großen Werken der polnischen Romantik boten, z.B. zu Mickiewicz' *Herr Tadeusz* und zu unzähligen Komödien von Aleksander Fredro.

Während des Großen Reichstags und des Kościuszko-Aufstands änderte sich deutlich das Aussehen der polnischen Literatur. Zwar verfolgte sie weiterhin satirische und moralisierende Tendenzen, gleichwohl wurde aus der Sittensatire eine politische Satire, und das in den verschiedenen Formen der literarischen Aussage.

Auf diese Weise entstand auch die erste politische Komödie Polens D*ie Rückkehr des Landboten* (*Powrót posła*) von Julian Ursyn Niemcewicz (1758–1841). Diese Komödie in drei Akten, die in der Tagungspause des Großen Reichstags auf der Nationalbühne aufgeführt wurde, machte den Autor, der damals Abgeordneter Livlands war, berühmt. Das Stück, das mit dem Instinkt eines Vollblutjournalisten geschrieben und dem Landtagsmarschall Stanisław Małachowski gewidmet war, sollte für das soziale und politische Programm der Reformpartei werben. Die Fabel dieser Komödie war in jeder Hinsicht einfallsreich (deswegen wurde sie auch von Krasicki als die erste richtige polnische Komödie bezeichnet): in das Motiv eines verliebten jungen Paares, das von Seiten der Eltern auf Schwierigkeiten stößt, da diese ihrer Tochter einen anderen Kandidaten aufzwingen wollen, flocht sich auf natürliche Weise die Propagierung der Reformen. Denn der verliebte junge Mann ist Abgeordneter, der in den Sitzungspausen in sein Elternhaus kommt, wo eine Reihe komischer und belehrender Konfrontationen stattfinden zwischen der Partei des „aufgeklärten" Adels (Walerys Eltern und er selbst) und seinen zukünftigen Schwiegereltern, einem verstockten Sarmaten und einer modernen Dame, die wiederum einen unnützen jungen Salonlöwen protegieren.

Die Uraufführung dieses Stücks am 15. Januar 1791 war in der Hauptstadt ein Ereignis, in Hinblick auf das Theater wie auch auf die Politik, denn es löste eine heftige Polemik aus und führte sogar zur von einem der Abgeordneten versuchten Anklage des Autors wegen Ehrenbeleidigung des Reichstags.

Als Vater des polnischen Nationaltheaters wird gewöhnlich Wojciech Bogusławski (1757–1829) angesehen, dem es gelang, die zur Zeit Stanisław August Poniatowskis im argen liegende Bühne aus der Krise zu retten, in die das öffentliche Theater durch Geldmangel und die Konkurrenz von Theatertruppen aus dem Ausland, die über Berufsschauspieler verfügten und ein leichteres, dem Durchschnittsgeschmack entsprechendes Repertoire anboten, geraten war. Bogusławski war ein typischer universaler Mann der Bühne und engagierte sich als Schauspieler, Sänger und Autor von damals beliebten Adaptierungen französischer Komödien für das Nationaltheater, wurde dann im Jahr 1783 sein Direktor und füllte diese mit Schwierigkeiten verbundene Funktion dreißig besonders dramatische Jahre der polnischen Geschichte hindurch aus.

Das wichtigste Verdienst Bogusławskis beruhte auf einer Erweiterung des Theaterrepertoires in dem Sinn, daß die Nationalbühne erfolgreich mit den italienischen, französischen oder deutschen Ensembles, die in Warschau gastierten, konkurrieren konnte. Zu diesem Zweck führte er die Oper im Theater ein, so auch die erste polnische Oper in einer „pastoralen" Variante [für die er Bohomolec' Einakter *Beglückte Not (Nędza uszczęśliwiona)* zu einem Libretto mit zwei Akten umarbeitete], das bürgerliche Trauerspiel (Lessings Emilia Galotti, 1790) und das Melodram. Dabei bereitete er die Basis für die außergewöhnliche Popularität der Stücke Kotzebues und Stephanis in Polen vor. Er inszenierte auch französische und deutsche Shakespeare-Bearbeitungen (z.B. *Hamlet* in der Version Schroetters, 1797), französische klassizistische Tragödien und Originale von Molière, Goldoni und Marivaux. Das Format dieses Repertoires wird durch die Tatsache dokumentiert, daß unter der Leitung von Bogusławski hundert Sprech- und Singspiele zur Aufführung kamen.

Seinen größten Erfolg hatte Bogusławski mit der komischen Oper in drei Akten *Das vermeintliche Wunder oder Die Krakauer und die Goralen (Cud mniemany czyli Krakowiacy i Górale)* mit der Musik von J. Stefani. Dieses fröhliche und packende patriotische National-Vaudeville voll von aktuellen Anspielungen spiegelte die damalige gesellschaftliche Atmosphäre ausgezeichnet wider. Zum erstenmal wurden Figuren aus dem Volk, eine lokale Szenerie, sogar Dialektproben eingeführt, und zum erstenmal kam der Glaube an die Rolle des Volks für den Aufbau des im Niedergang begriffenen Polens zu Wort. Die Uraufführung dieses Stücks am 1. März 1794, am Vorabend des Kościuszko-Aufstands, löste allgemeine Begeisterung aus, dann wurde das Stück auf Intervention des russischen Botschafters Igelström nach der dritten Vorstellung vom Spielplan abgesetzt. Bogusławski, der die Partie des Studenten Bardos, die er für sich selbst geschrieben hatte, sang, überarbeitete die Lieder wie er sie nannte, dieses Stücks immer wieder, entsprechend der aktuellen politischen Situation und bewirkte damit seinen sozusagen permanent offenen Charakter.

Vom Rang und von der Vitalität der polnischen Nationalbühne unter der Leitung Bogusławskis legen einzelne, doch vielsagende Fakten bezüglich seines Repertoires Zeugnis ab: Eben hier wurde 1783, ein Jahr vor der französischen Premiere, Beaumarchai' *Figaros Hochzeit* (im Original) gespielt, eben hier führte Bogusławski im Jahr 1802 Mozarts *Zauberflöte* auf.

## DIE LITERARISCHEN STRÖMUNGEN DER POLNISCHEN AUFKLÄRUNG

Die Literatur der polnischen Aufklärung verfügt, wie auch die schönen Künste dieser Periode, über keinen einheitlichen charakteristischen Stil. Sie stellt ein Konglomerat verschiedenartiger künstlerischer Richtungen dar und setzt sich aus unterschiedlichen, ja sogar widersprüchlichen literarischen Strömungen und Poetiken zusammen, die nebeneinander existierten. Diese Inhomogenität und Vielfalt trat häufig auch im Werk ein und desselben Autors auf. Die poetische „Schule" um den angenehmen und nützlichen Zeitvertreib ist das beste Beispiel für das Fehlen von reinen, Buchstabe für Buchstabe mit einer ästhetischen Doktrin übereinstimmenden Richtungen in der polnischen Literatur dieser Periode. Neben dem stilistischen Erbe des Barocks, das weiterhin, besonders bei Dichtern der Zeit Stanisław Augusts wie Adam Naruszewicz und Stanisław Trembecki, stark hervortrat, lassen sich in der Literatur der polnischen Aufklärung drei grundlegende künstlerische Strömungen unterscheiden.

Die wichtigste und dominante Richtung war der Klassizismus. Diese Strömung, die rationalistischen Tendenzen gehorchte und durchdrungen war von einer moralisierenden Absicht, besaß ein klar umrissenes ideelles Programm, zu dem das Lob der Vernunft, Begeisterung für die Leistungen der Wissenschaft, die Propagierung der humanitären Maxime und die Hervorhebung der Kategorie einer natürlichen und sozialen Ordnung, die auch „sittliche Harmonie" genannt wurde, gehörten. Die Schriftsteller des polnischen Klassizismus standen dem patriotischen Reformprogramm nahe. Dabei hingen sie einem Standpunkt der Mitte an, das heißt eines vernünftigen Kompromisses zwischen der Anhänglichkeit der Tradition gegenüber und dem Verständnis für die Notwendigkeit einer Umgestaltung des öffentlichen Lebens.

Die Leistungen des Klassizismus zeichneten sich durch eine erweiterte diskursive und adhortative Ebene aus sowie durch einen sehr oft satirisch gefärbten Kritizismus unter Verwendung eher abgeschwächter als scharfer Varianten des Komischen. Im Bereich der Gattungen charakterisierte den Klassizismus eine Vorliebe für die verschiedenen Formen der Satire (Adam Naruszewicz, Ignacy Krasicki) und der Fabel (Adam Naruszewicz, Ignacy Krasicki, Stanisław Trembecki, Franciszek Dionizy Kniaźnin, Kajetan Węgierski, Julian Ursyn Niemcewicz). Von den dramatischen Formen überwog die Sittenkomödie und in der Spätphase die politische Komödie. Gern verwendete Gattungen waren der poetische Brief und besonders gegen Ende der Periode das beschreibende Poem. Auch die Heldenposse trat in mehreren glänzenden Umsetzungen zutage (Ignacy Krasicki, Kajetan Węgierski) sowie — zum erstenmal in der Geschichte der polnischen Literatur — der Sittenroman.

Den Kanon des polnischen Klassizismus von einem theoretischen und normativen Standpunkt aus formulierten Filip Neriusz Golański in seinem als Schulbuch gedachten Traktat *Von der Beredsamkeit und der Dichtkunst* (*O wymowie i poezji*), 1786 und 1788) und Franciszek Ksawery Dmochowski in seinem belehrenden Poem *Die Kunst des Reimens* (*Sztuka rymotwórcza*), das, mit Anregungen von Diderot und Pope ergänzt und den sich in der polnischen Literatur abzeichnenden, aber nicht immer mit der Doktrin übereinstimmenden Strömungen angepaßt, eine freie Adaptierung von Boileaus *L'art poétique* aus dem Jahr 1674 darstellte.

Beide genannten Autoren hoben in ihren Ausführungen zu den Prinzipien der klassizistischen Ästhetik deren normgebenden, erzieherischen Charakter hervor. Sie definierten den Begriff der Ordnung in bezug auf die Theorie und die Hierarchie der drei Stile sowie auf die Systematik der literarischen Gattungen. Sowohl Golańskis Lehrbuch als auch Dmochowskis Poem ließen einen Hang dazu erkennen, die buchstäbliche Bedeutung der Doktrin abzuschwächen, denn sie bezogen die Gattungen der sentimentalistischen Literatur mit ein, standen der Oper wohlwollend gegenüber und ließen in den Gattungen des hohen Stils das Auftreten von Figuren aus den niederen Bereichen zu.

Der Sentimentalismus, der in der polnischen Dichtkunst besonders in den achtziger Jahren des achtzehnten Jahrhunderts hervortrat, war eine Richtung, die sich in vieler Hinsicht dem klassizistischen Verständnis der Literatur entgegenstellte. Den Ausgangspunkt für das literarische Schaffen sah er in innerlichen Vorgängen, hob emotionale Werte hervor und betonte die Fülle zwischenmenschlicher Bindungen, auch jener Bindung, die zwischen dem literarischen Subjekt und dem Leser durch die Beschreibung und durch die Analyse von seelischen Zuständen entsteht. Die Dichter des polnischen Sentimentalismus gehörten hauptsächlich der Provinz an und besangen die Natur. Sie bekannten sich zu zwei Hauptprinzipien, der „Empfindsamkeit des Herzens" und der „Einfachheit" und griffen gern bodenständige poetische Traditionen sowie antiklassizistische Richtungen der zeitgenössischen europäischen Aufklärung auf.

Die im polnischen Sentimentalismus beliebtesten Gattungen waren die Idylle (Franciszek Karpiński, Franciszek Dionizy Kniaźnin), die Elegie, auch in ihrer patriotischen und religiösen Spielart, Erotika und Anakreontik (Franciszek Dionizy Kniaźnin), in der Spätphase auch die Duma, ein episch-lyrisches Werk in der Art eines balladenartigen Volksliedes, das wahrscheinlich aus der ukrainischen Tradition stammt (Julian Ursyn Niemcewicz), und der sentimentale Roman (Maria Wirtemberska, geborene Czartoryska, Julian Ursyn Niemcewicz, Fryderyk Skarbek).

Das für die polnische Aufklärung bezeichnende steigende ästhetische Bewußtsein führte auch in der sentimentalistischen Strömung zu einem theoretischen Traktat, zu Franciszek Karpińskis *Über die Beredsamkeit in Prosa und Vers* (*O wymowie w prozie albo w wierszu*), 1782. Im Mittelpunkt seines Gedankengangs stand die Gegenüberstellung der „großen Welt" mit ihrer Heuchelei, ihrer Ungleichheit und ihrer Ausbeutung einerseits und der Werte der unberührten Natur und echten menschlichen Bindungen, besonders der Liebe und der Freundschaft, andererseits. Eine bezeichnende Stelle kam in dieser Ausführung dem Patriotismus zu, der zum erstenmal auf innere, persönliche Erfahrungen des Menschen zurückgeführt wurde. Karpiński, der sich zum ästhetischen Ideal der Einfachheit bekannte, wandte sich dabei dem Reichtum der gesprochenen Sprache zu, da er an sie die Hoffnung auf eine Belebung der polnischen Dichtung knüpfte.

Die dritte in der Literatur der polnischen Aufklärung hervortretende Richtung war das Rokoko. In seinem Verständnis war die Literatur Unterhaltung und Vergnügen, wobei literarische Werte wie Sensualität, Eleganz und ausgelassener Schalk hochgehalten wurden. Frei von belehrenden Tendenzen und scharfer Satire war die Rokoko-Dichtung eine Kunstrichtung der kleinen Formen, die den *Concettismo* des Barock weiterführten und sich deutlicher Anspielungen bedienten (Erotika, Anakreontik, Scherz-Oden, höfische Idylle, manche Formen der Heldenposse).

Zu dieser Richtung können viele Gedichte von Franciszek Dionizy Kniaźnin, besonders seine Erotika, gezählt werden. Der wichtigste Vertreter und Theoretiker des polnischen Rokoko war der Dichter Józef Szymanowski, dessen zwei *Briefe über den Geschmack oder den Sinn für Schönes* (*Listy o guście czyli smaku*), 1779, Adam Kazimierz Czartoryski in seine Publikation der Komödie *Der Kaffee* aufnahm. Szymanowski, der normativen Auffassungen ablehnend gegenüberstand, verwies hier auf drei Merkmale der Salonkultur, die gleichzeitig über die Vorzüge der Dichtkunst bestimmen würden, auf die Empfindsamkeit, die Zartheit und die Treffsicherheit (sowohl in der künstlerischen Auswahl als auch in der Idee). Ein Ideal des Rokoko war eine spezifische Verweiblichung der Kunst, unter der man die Präsenz einer femininen Sensibilität in der Literatur verstand.

Die Mannigfaltigkeit der literarischen Richtungen in der polnischen Aufklärung stellt am besten das Werk des Smolensker Bischofs Adam Naruszewicz dar. Seine Dichtung, die er vor allem in den Jahren von 1770 bis 1775 schrieb und in dem von ihm herausgegebenen angenehmen und nützlichen „Zeitvertreib" veröffentlichte, ist eine Kombination von Prinzipien des Klassizismus mit der Poetik des sächsischen Barock und gewissen sentimentalen Akzenten. Dieser „Hofpoet" Stanisław Augusts schrieb vor allem Gelegenheitsdichtung, Oden, Festreden, aber auch Satiren und Idyllen. Ein häufiges Thema seiner Werke war der Monarch. Seine Gedichte, die den Geburtstag des Königs, seine Genesung oder den Jahrestag seiner Krönung feierten, waren durchdrungen vom Pathos einer adeligen Rhetorik. Dennoch kann man ihnen kaum Originalität absprechen, denn Naruszewicz war ein aufrichtiger Bewunderer Stanisław Augusts und ein Sprachrohr für dessen reformatorische Bestrebungen.

Einen wichtigen Platz in Naruszewicz' poetischen Werken nehmen acht Satiren ein, die sich bis zu einem gewissen Grad an den Dichtungen Boileaus orientierten und den Typus einer satirischen Lyrik, — die der „Monitor" als „schicklich" (im Gegensatz zum „schamlosen" Pasquill) bezeichnete — repräsentierten, der sich durch eine Verknüpfung von Ermunterung und in diesem Fall recht scharfer, ja sogar sarkastischer Ironie auszeichnete. Die besten davon sind *Der spindeldürre Literat* (*Chudy literat*), *Maskenbälle* (*Reduty*) und *Die Stimme der Toten* (*Głos umarłych*). In ihnen trat eine ganze Reihe anschaulich geschilderter satirischer Figuren auf, vor allem Vertreter eines degenerierten Sarmatismus und oberflächliche Stutzer, wie man sie in der ganzen polnischen Literatur kennt. Daneben zeigte sich ein neuer Typ, der den Wortführer der aufkommenden Gruppe von Berufsschrift-stellern darstellte. Es war dies der arme, jedoch talentierte Literat, dessen Not ihren Grund in der Stagnation des Buchmarkts infolge des niedrigen intellektuellen Niveaus und des Desinteresses des durchschnittlichen Provinzadeligen an Büchern hatte.

Naruszewicz machte sich auch als Übersetzer verdient. So veröffentlichte er eine Übertragung des Gesamtwerks von Tacitus (1772–1783) und gab einen Band *Gesammelte Lieder* von Horaz in verschiedenen Übertragungen ins Polnische, darunter auch seine eigenen, heraus. Sein Lebenswerk war jedoch *Die Geschichte des polnischen Volkes* (*Historia Narodu Polskiego*), die er im Auftrag des Königs in den Jahren 1780–1786 schrieb (sechs Bände, die einen Abriß der Geschichte Polens von den Anfängen des Staates bis zur Jagellonen-Dynastie gaben; nach Naruszewicz' Tod führte Jan Albertrandi dieses monumentale Werk weiter). Es war dies die erste Geschichte Polens mit wissenschaftlichem Anspruch (Außerachtlassen der sagenumwobenen Vorgeschichte, Quellenkritik, Erforschung der Ursachen für die erwähnten Ereignisse), die die Geschichte des Volkes und nicht die der Herrschenden darstellt. Sie kam zu einer bedeutenden, für den reformorientierten Kreis um den König bezeichnenden Diagnose über die politischen Mißerfolge Polens: Die Ursache für die Schwäche des Landes und des Staates läge in einer Anarchie der Gesellschaft. Eben diese Anarchie des Adels, seinen Egoismus und seine Sittenlosigkeit hatte Naruszewicz schon früher in der Satire *Die Stimme der Toten* an den Pranger gestellt.

Der glänzendste Dichter der klassizistischen Richtung in der polnischen Literatur der Aufklärung ist zweifelsohne Ignacy Krasicki (1735–1801). Dieser Freund und Protegé des Königs Stanisław August, der den Höhepunkt in der Karriere eines Geistlichen erreichte (er war Bischof von Ermland, dann Erzbischof von Gnesen und unterzeichnete seine Werke mit dem auf erstgenannte Würde zurückgehenden Kryptonym XBW), enthielt sich jeder aktiven politischen Tätigkeit. Dessen ungeachtet fanden sämtliche aktuelle öffentlichen Fragen ihre Widerspiegelung in seinen Werken.

Krasickis Verdienste für die polnische Literatur sind nicht zu überschätzen. Seine umfangreiche und ungemein vielfältige schriftstellerische Tätigkeit schloß alle einigermaßen wichtigen Lücken in der damaligen Literatur. Er schuf und belebte sowohl die literarischen Formen wie auch die Sprache, war Autor der ersten polnischen Heldenposse, führte zum erstenmal in der polnischen Literatur Romane ein, die zu Sensationen der ganzen Epoche wurden, war ein wahrer Meister der Fabel und befaßte sich mit der Satire, der Kurzgeschichte und der Komödie. Darüber hinaus übersetzte er Plutarch und Ossians Lieder und fertigte endlich die erste Enzyklopädie Polens mit dem Titel *Sammlung nützlicherer Nachrichten* (*Zbiór potrzebniejszych wiadomości*) an.

Krasickis relativ spät begonnene schriftstellerische Laufbahn nahm mit Artikeln im „Monitor" ihren Anfang. Im Anschluß daran erschienen zwei Heldenpossen, *Die Mäuseade* (*Myszeidos pieśni X*), 1775, und *Monachomachia oder der Mönchen-Krieg* (*Monachomachia albo wojna mnichów*), 1778, Parodien des Heldenepos, die Gelegenheit zu scherzhaften Abstechern in viele Richtungen boten. Beide Dichtungen sind in wundervollen, klassischen Oktaverimen geschrieben, dennoch stilistisch so verschieden, daß man hier von zwei selbständigen Spielarten des polnischen *heroicomicum* sprechen kann. *Die Mäuseade* knüpft an die phantastische Epik von Ariost und Tasso an, während *Monachomachia oder der*

*Mönchen-Krieg* eindeutige und offensichtliche satirische Züge besitzt. Im erstgenannten Werk dient die polnische Sage vom bösen König Popiel, der von den Mäusen gefressen wurde, als Ausgangspunkt für eine Kritik an absurden Elementen früher Chroniken und für einen Aufruf zur kritischen Bewertung historischer Quellen. In *Monachomachia oder der Mönchen-Krieg* prangert der Autor die Rückständigkeit und den moralischen Verfall in den damals allzu zahlreichen Klöstern an, indem er ein scholastisches Streitgespräch zweier Orden vorführt, das in ein Handgemenge übergeht, zu einer Übereinkunft kommt es dann dank gemeinsamer Zecherei. In dieser Dichtung ließ Krasicki sein ganzes parodistisches und satirisches Können sehen, während er im Ton einer ironischen Spöttelei das traurige Bild der polnischen Provinz mit dem für die damalige Zeit typischen Niedergang der Städte vorführte.

Zur Sensation der polnischen Aufklärung wurde der erste moderne polnische Roman *Begebenheiten des Nikolai Doświadczyński* (*Mikołaja Doświadczyńskiego przypadki*), 1776. Dieser der Ideologie und der Atmosphäre des „Monitor" geistesverwandte Roman stellte eine Synthese der verschiedenen Formen des damaligen europäischen Romans dar. Der Autor kombinierte hier Elemente des Sittenromans, des Abenteuerromans und des Erziehungsromans mit einer phantastischen Robinsonade, wobei er dem Ganzen einen satirischen Einschlag verlieh. In Form eines Tagebuchs (hier beginnt in Polen das Erzählen in der ersten Person!) führt er das Schicksal eines „modernen" jungen Mannes vor, der auf seinen Reisen durch die moralisch verkommenen Metropolen des zivilisierten Europa die verhängnisvollen Folgen einer falschen Erziehung erfährt, um dann den Helden einer eigentümlichen Umerziehung auf der Insel Nipu, einem patriarchalen Utopia, zu unterziehen. Am Schluß kehrt der Held nach Hause zurück, wo seine eben angeeigneten Ideale schmerzhaft mit der Wirklichkeit des öffentlichen Lebens konfrontiert werden, läßt sich schließlich in der ländlichen Abgeschiedenheit nieder und führt das glückliche Leben eines Gutsbesitzers und Philosophen. Dieser auf originelle Weise Rousseaus Motive einer Kritik der modernen Zivilisation transformierende Roman machte Krasicki auch in Europa berühmt, nachdem er in seinem Erscheinungsjahr genauso in deutscher und französischer Übersetzung publiziert wurde.

Von den unzähligen interessanten Erwiderungen und Bezugnahmen, die auf diesen Roman hin entstanden, ist vor allem Dimitr Michał Krajewskis Roman *Wojciech Zdarzyński beschreibt sein Leben und seine Begebenheiten* (*Wojciech Zdarzyński życie i przypadki swe opisujący*), der im Jahr 1794 ebenfalls ins Deutsche übersetzt wurde, zu erwähnen, in dem außer den verschiedenen, schon aus den Begebenheiten bekannten Romanelementen die Science-fiction zu finden war: Das utopische Land Idyllien, in das der Held auf der Flucht vor seinen Gläubigern im Heißluftballon gelangt, befindet sich auf dem Mond.

Seine Reverenz den wundervollen polnischen (und auch deutschen) Traditionen der literarischen Ermahnung gegenüber erwies Krasicki mit seinem nächsten, unvollendeten Roman *Herr Untertruchseß* (*Pan Podstoli*), 1776–1778, der die Gattung eines erzieherischen Traktat-Romans vorstellte. Der Titelheld, das Muster eines idealen Landedelmanns und Staatsbürgers, legt in einer Reihe von Gedankengängen, für die eine vordergründige Handlung Vorwand bietet, mit dem Programm des aufgeklärten Konservativismus konforme Anschauungen dar. Der Gehalt dieses Romans, der von allen Werken Krasickis bei seinen Zeitgenossen die größte Anerkennung fand und zweifelsohne großen Einfluß auf das idyllische Bild des adeligen Lebens in Mickiewicz' *Pan Tadeusz* ausübte, bestand in einem moralischen Optimismus und einer Glorifizierung der auf der Pflege alter Sitten und bodenständiger Tugenden beruhenden Ordnung bei gleichzeitiger Betonung der Bedeutung von Bildung und Kultur.

Die zwei Zyklen von Krasickis *Satiren* (*Satyry*), 1779 und 1784, insgesamt zweiundzwanzig, spiegeln seine Ansicht wider, die in einer von ihnen in Versform zum Ausdruck gebracht wird, daß das Lachen eine wirkungsvollere Waffe sein kann als die Entrüstung des Moralisten. Eine gewisse nachsichtige Haltung setzt den Grundton dieser Werke von den *Satiren* Naruszewicz' ab, obgleich auch hier ein sarkastischer Predigerton zutage tritt [*Die verkommene Welt* (*Świat zepsuty*), *Lob des Jahrhunderts* (*Pochwała wieku*)] sowie eine strenge Beurteilung der Ansprüche und der Niederlagen der eigenen Epoche, während die Welt der Gegenwart recht düster gezeichnet wird, nicht deshalb, weil sie voll von Lastern ist, sondern weil von diesen der Erfolg im Leben abhängt (von der Beliebtheit). Krasicki schildert in seinen Satiren meisterhaft den schon bekannten Corso von negativen Typen seiner Epoche, bietet dabei aber bahnbrechende, originelle Ergebnisse an: in *Trunksucht* (*Pijaństwo*) formuliert im Dialog mit dem Erzähler der Trinker selbst die kritische Bewertung seines eigenen Lasters, in *Die moderne Ehefrau* (*Żona modna*) legt der Monolog des „durch Schaden Klugen" die Fehler beider Eheleute bloß: Die Dummheit der sentimentalen Modepuppe und die Naivität des Ehemanns. Krasickis Satiren sind eigentlich dramatische Skizzen, in denen das Talent eines außergewöhnlich subtilen Psychologen und großen Schriftstellers zu Wort kommt.

Krasicki war auch der größte Meister der Fabel, den es in der polnischen Aufklärung gab. In seinen zwei Zyklen, die über hundert Stück enthielten *Fabeln und Sentenzen* (*Bajki i przypowieści*) sowie die postum herausgegebenen *Neuen Fabeln* (*Bajki nowe*) schuf er eine eigene Gattung der epigrammatischen Fabel, die äußerst kompakt war. Ihre Struktur ist ungewöhnlich präzis, die knappen Gedichte verblüffen durch ihren klaren Aufbau und die Symmetrie — Qualitäten, die von der Ästhetik des Klassizismus hoch geschätzt wurden. Hier dominiert die Idee das Bild, prägnante Eröffnungen und Schlüsse (die Moral erfüllt mal die Rolle einer These, mal die der Pointe), parallele Formulierungen ergeben den charakteristischen „Rhythmus" von Krasickis Fabeln. Eine beinahe bis zur Abstraktion reduzierte Welt zeigt sich hier als wenig erfreuliche Realität, in der es mehr Dummheit als Verstand gibt, mehr Trug als grundlegende Werte, die Macht das Gesetz in der Hand hat und die Schläue und der Egoismus die Tugend ausstechen [*Das Lamm und die Wölfe* (*Jagnię i wilcy*), die beiden Varianten der Fabel *Der Wolf und die Schafe* (*Wilk i owce*)]. Sogar die Logik der Ereignisse scheint grausam zu sein: *Die störrischen Ochsen* (*Woły krnąbrne*), *Der Herr und der Hund* (*Pan i pies*). Die schwierige Philosophie von Krasickis Fabeln lehrt Skeptik und eine Geisteshaltung des gesunden Menschenverstands, Zufriedenheit mit dem Wenigen, Gewissenhaftigkeit in der Pflichterfüllung und ein heilsames Mißtrauen schlauen Menschen gegenüber [*Der Ochse als Minister* (*Wół minister*)].

Krasicki hob als erster polnischer Meister des Wortes vor Mickiewicz die Grenze zwischen Schriftsprache und der natürlichen Umgangssprache auf. Viele Wendungen aus seinen Fabeln und Satiren sind in Polen zu Sprichwörtern geworden. Außerdem war er der im Ausland bekannteste Autor der polnischen Aufklärung. 1776–1796 erschienen alle seine wichtigen Werke (*Begebenheiten des Nikolai Doświadczyński*, der erste Teil von *Herr Untertruchseß*, *Der Mönchen-Krieg* und *Die Mäuseade*, der allegorische Roman *Eine gefundene Geschichte* [*Historia*] und schließlich die Sammlung der Fabeln) in deutscher Übersetzung.

Glanzstücke der polnischen Fabel sind auch die Werke Stanisław Trembeckis (1739–1812), eines anderen Dichters aus dem Kreis um Stanisław August, Kammerherr und Sekretär des Königs. Seine Blütenlese von zwölf Fabeln *Einige Fabeln Äsops nach dem Geschmack La Fontaines nach Kräften übersetzt* (*Bajki niektóre Ezopa w guście La Fontaine'a ile możności tłumaczone*) bereicherte die polnische Literatur um Meisterwerke der erzählenden Fabel, um Formulierungen, die in ihrer Originalität den bescheidenen Rahmen von Paraphrasen der genannten Autoren verlassen, und außerdem um ein Beispiel klassizistischer Dichtkunst, kombiniert mit Tendenzen des Rokoko, das sich von Krasickis Stil absetzte. Seine lebhafte bildliche Darstellung, seine derbe und sinnliche Sprache, die ausdrucksstarke vulgäre Wörter nicht scheute, setzen sich zu diesen (häufig frei von moralischen Schlüssen) kleinen Szenen an der Grenze zwischen Plauderei und Fabel zusammen [*Der Löwe und die Fliege* (*Lew i mucha*), *Das Mäuschen* (*Myszka*), *Der Kater und der Hahn* (*Kot i kogut*), *Das Pferd und der Wolf* (*Koń i wilk*)]. Adam Mickiewicz soll sich für Trembeckis Dichtung begeistert und in ihm einen unübertrefflichen Meister der Sprache gesehen haben.

Außer Fabeln schrieb Trembecki literarische Briefe, die an große Zeitgenossen adressiert waren [*Als Gast in Heilsberg* (*Gość w Heilsbergu*) war an Krasicki gerichtet] sowie Oden anläßlich verschiedener Gelegenheiten des gesellschaftlichen und kulturellen Lebens der Hauptstadt [*Der Ballon* (*Balon*), *An Frau Kosowska im Tanze* (*Do Kosowskiej w tańcu*)]. Als Meisterwerk sollte sich ein Spätwerk Trembeckis herausstellen — die beschreibende Dichtung *Sofiówka* (1806), die den englischen Park im Landsitz Szczęsny Potockis bei Tulczyn pries, wo Trembecki an seinem Lebensende Unterschlupf fand. Ein Spaziergang durch diesen auch in Europa (durch seine sensationellen Wasser-Anlagen) berühmten Park bietet Gelegenheit zu ethischen, ja sogar metaphysischen Reflexionen: zum Lob der Tugend, die ihren Ursprung in einem natürlichen Leben und den natürlichen Verhaltensweisen des Menschen habe.

Zu den herausragenden Vertretern des polnischen Klassizismus gehört mit Sicherheit der schon genannte Komödienautor Franciszek Zabłocki. Tomasz Kajetan Węgierski (1756–1787), ein anderer dem Kreis des Zeitvertreibs nahestehender Dichter, setzte sich hingegen eindeutig über die strengen Regeln der klassizistischen Richtung hinweg, vor allem über die Zurückhaltung und die Mäßigkeit, und neigte damit schon den Konventionen des Rokoko zu [die Heldenepen *Die Orgel (Organy)*, 1784, eine Paraphrase von Boileaus *Le Lutrin*, ein in seinem Ton recht libertinisches Werk, das ein nicht ganz ernstes Bild der polnischen Provinz und eines Dorfpfarrers zeichnet, der mit dem Organisten wegen der ungesetzlichen Beschäftigung einer Frau zum Blasebalgtreten im Streit liegt]. Hier näherte er sich schon der scharfen Spielart einer Satire mit Nennung des Namens an, wie den in Warschau in Abschriften kursierenden gehässigen Pasquillen mit dem berühmten *Porträt der fünf Elisabethen (Portret pięciu Elżbiet)*, das die Damen, die der Familie und dem Kreis um den König angehörten, verspottete.

In der Übersicht über die Leistungen des polnischen Klassizismus im Bereich der Kunst des Wortes fehlt noch die bedeutende politische Publizistik. Zu ihren Meisterwerken dürfen die *Warnungen an Polen (Przestrogi dla Polski)* von Stanisław Staszic (1755–1826) und die *Briefe eines Anonymen an Stanisław Małachowski (Do Stanisława Małachowskiego Anonima listów kilka)* von Hugo Kołłątaj (1750–1812) gezählt werden. Diese beiden Führer des patriotischen Lagers beim Großen Reichstag weisen unter Verwendung einer erhebenden appellativen Rhetorik einen direkten Zusammenhang zwischen dem Weg zu einem freien Volk und dem modern organisierten Staat einerseits und einem Aufstieg der benachteiligten Gesellschaftsschichten sowie der Aufhebung jeglicher ständischen Ungleichheit in Polen, die die vom „Jahrhundert des Lichts und der Vernunft" verkündeten Prinzipien verspottete, andererseits nach.

Eine ähnliche Kombination des erhabenen, pathetischen Stils mit einer poetischen bildlichen Schilderung charakterisiert einen anderen bedeutenden Text Kołłątajs, die zwei anonym veröffentlichten Bände *Über die Konstituierung und das Scheitern der polnischen Verfassung des Dritten Mai (O ustanowieniu i upadku Konstytucji Polskiej 3-ego Maja)*, die die Geschichte des Großen Reichstags von seinen Anfängen bis zur Konföderation von Targowica und dem Scheitern der Verfassung inklusive darstellt (1793, gleichzeitig in der deutschen Übersetzung des ersten bedeutenden Lexikographen der polnischen Sprache Samuel Bogumił Linde.)

Die Verfassung des Dritten Mai war selbst in einem wunderbaren klassischen Stil geschrieben, der erhabenes Pathos mit klaren rechtswissenschaftlichen Ausführungen verband, und wird oft als Denkmal der polnischen Aufklärung oder eben auch als Denkmal des Klassizismus bezeichnet. Sie schlug nicht nur eine Wende in der Organisation der Verfassung des Staates vor, indem sie ein neues Modell der konstitutionellen Monarchie schuf, das auf den Ideen der Aufklärung beruhte, — *notabene* in Europa das erste vor der französischen Verfassung und weltweit das zweite nach der amerikanischen — sondern war auch der Ausdruck eines intellektuellen Lebens des Volks zur Zeit des Untergangs der Staatlichkeit.

Der Sentimentalismus, eine Richtung, die zwar den Prämissen des Klassizismus nicht widersprach, jedoch eine gewisse Reaktion auf ihn darstellte und ihn ergänzte, indem er ihm ein „menschliches Antlitz" verlieh, das an den Leitsatz von der Natürlichkeit und der Einfachheit sowohl in der Lebensführung als auch in den künstlerischen Formen anknüpfte, und die für die Notwendigkeit eintrat, auf das „empfindsame Herz" zu hören, wurde in Polen von zwei Dichtern initiiert. Der erste von ihnen war Franciszek Karpiński (1741–1825), der Übersetzer von Delilles der Mode entsprechenden Gärten und der ungemein populäre Autor von Idyllen [*Laura und Philon* (*Laura i Filon*)], die ein bezeichnendes Beispiel dafür waren, daß die Abkehr von klassizistischen Normen neue, sentimentale Muster und Konventionen hervorbrachte. Neben seiner Elegie auf das einfache Landleben auf seinem bescheidenen väterlichen Erbgut *Rückkehr von Warschau aufs Land* (*Powrót z Warszawy na wieś*), 1784, und der sentimentalen Komödie *Der Zins* (*Czynsz*) sowie einigen patriotischen Elegien — die Geschichte dieser Gattung gehört schon zur polnischen Frühromantik —, verfaßte Karpiński einen Zyklus *Fromme Lieder* (*Pieśni nabożne*), 1792, darunter das bekannteste polnische Weihnachtslied *Gott ist geboren* (*Bóg się rodzi*). Durch religiöse Dichtung dieser Art, die mit den didaktischen Zielen der Aufklärung übereinstimmte und die ethischen sowie sozial-nationale Dimension der Religiosität herausstrich, sticht die Lyrik der polnischen Aufklärung entschieden unter den anderen europäischen Literaturen dieser Periode hervor.

Karpiński machte sich, als zweiter nach dem großen Jan Kochanowski, an eine Übersetzung sämtlicher *Psalmen Davids* (*Psalmy Dawida*), 1786, wobei er sie auf die Prämissen der formalen Einfachheit und auf den Horizont des einfachen Rezipienten aus dem Volk abstimmte. Der zweite herausragende Dichter des polnischen Sentimentalismus war Franciszek Dionizy Kniaźnin (1749–1807), der oft wegen seiner engen Beziehung zu jenem Zentrum des künstlerischen Lebens mit einer spezifischen intellektuellen und emotionellen Atmosphäre, das das Fürstenpaar Izabela und Adam Kazimierz Czartoryski um ihren Landsitz in Puławy schufen, „der Dichter Puławys" genannt wird. Kniaźnin erwies der „Poesie des Herzens" vor allem in seinen Erotika (eine Sammlung in zwei Bänden erschien im Jahr 1779) die Ehre, unter denen sich neben Liebesgedichten auch Elegien *An die Sterne* (*Do gwiazd*) sowie äußerst populäre scherzhafte Oden befanden, vor allem die Ode *An die Schnurrbärte* (*Do wąsów*), die eigentlich dem Rokoko angehörte, gleichzeitig aber durch die in ihr erweckten Erinnerungen an die ritterliche Tradition der Polen sowie durch ihr Pathos und ihren Humor für den Geist von Puławy typisch war. Kniaźnin schrieb auch lyrische Idyllen mit auf die polnische Provinz übertragenen Realien und einheimischen Namen der Helden sowie für das Theater in Puławy gedachte dramatische Idyllen mit Musik, die sympathische bäuerliche Liebespaare auf der Bühne einführten [*Drei Feiern* (*Trzy gody*), *Die Marynkas* (*Marynki*), *Die Zosinas* (*Zosiny*)].

Mit der zunehmenden Bedrohung des Landes und der anschwellenden Woge patriotischer Stimmungen begann Kniaźnin für eine manifeste Wendung zur Vergangenheit einzutreten, die übrigens Teil des ideologischen Programms der Czartoryskis war. Seine „opera seria" *Mutter Spartanerin* (*Matka Spartanka*) aus dem Jahr 1786, die die Idee des geopferten Lebens für das Vaterland darstellte, nahm schon den frühromantischen Charakter der polnischen Dichtung in der Zeit nach den Teilungen vorweg.

Filip Kallimach

Konrad Celtis

Mikołaj Kopernik

Andrzej Krzycki

Jan Dantyszek

Marcin Bielski

Maciej Stryjkowski

Mikołaj Rej

Marcin Kromer

Jan Kochanowski

Piotr Skarga

Jan Andrzej Morsztyn

Maciej Kazimierz Sarbiewski

Wespazjan Kochowski

Ignacy Krasicki

Stanisław Konarski

Franciszek Zabłocki

Adam Naruszewicz

Stanisław Trembecki

Wojciech Bogusławski

Franciszek Karpiński

Stanisław Staszic

Julian Ursyn Niemcewicz

Hugo Kołłątaj

Adam Mickiewicz

Juliusz Słowacki

Zygmunt Krasiński

Cyprian Kamil Norwid

Eliza Orzeszkowa

Jósef Ignacy Kraszewski

Aleksander Fredro

Bolesław Prus

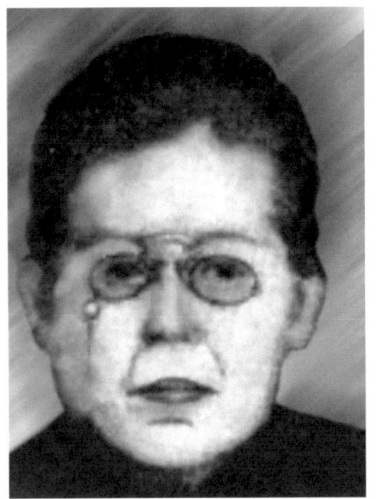
Maria Konopnicka

Gabriela Zapolska

Henryk Sienkiewicz

Władysław Reymont

Jan Kasprowicz

Kazimierz Pzerwa-Tetmajer

Stanisław Wyspiański

Stanisław Żeromski

Bolesław Leśmian

Witold Gombrowicz

Juian Tuwim

Maria Dąbrowska

Krzysztof Kamil Baczyński

Czesław Miłos

Jarosław Iwaszkiewicz

Jerzy Andrzejewski

Stanisław Lem

Tadeusz Konwicki

Sławomir Mrożek

Wisława Szymborska

Grażyna Królikiewicz

# DIE LITERATUR DER ROMANTIK

## DIE LITERATUR NACH DEN TEILUNGEN (1795–1822)

Die dritte und endgültige Teilung Polens im Jahr 1795 schien den Hoffnungen auf eine Aufrechterhaltung der staatlichen Unabhängigkeit ein Ende zu setzen. Die Gefangennahme Tadeusz Kościuszkos bei Maciejowice und das Blutbad, das die Truppen des russischen Generals Suworow am 4. September 1795 im Warschauer Stadtteil Praga anrichteten, gaben ein erstes erschütterndes Beispiel für die Reaktion der Besatzungsmacht auf den Versuch eines bewaffneten Widerstands der Polen. Auf populären patriotischen Radierungen dieser Zeit wurden dem verwundeten Oberbefehlshaber des Aufstands, Kościuszko, die Worte „finis Poloniae" (die er in Wirklichkeit nie gesagt hat) in den Mund gelegt.

Die Teilungen stellten auf verhängnisvolle Weise eine Bedrohung für die von den Aktivisten der Aufklärung begonnene Arbeit an der politischen Reform und einem volksbildenden und kulturellen Aufstieg des Landes dar. Es hatte jedoch nicht so kommen sollen, und das Jahr 1795 bezeichnet weder das Ende noch eine Krise des aufklärerischen Modells in der polnischen Kultur und Literatur. Im Gegenteil: Bis zum Debüt von Adam Mickiewicz als Dichter im Jahr 1822 sollte auf diesem Gebiet die außergewöhnlich interessante und viele Jahre lang fruchtbare „Übergangszeit" fortdauern, in der die Literaturhistoriker bald eine polnische Variante der Frühromantik, bald die Endphase der klassizistischen Stilrichtung sahen. In den damaligen Gegebenheiten traten diese beiden Richtungen längere Zeit ohne weiteres nebeneinander auf, im gemeinsamen Bemühen um die Entwicklung eines Systems zur Selbstverteidigung des Volks gegen seine Vernichtung, zu der die Auflösung des Staates hätte führen können.

In dieser — sowohl in ihrem intellektuellen Programm als auch auf der Ebene des aktiven Handelns — äußerst vehementen Reaktion auf den politischen Zusammenbruch trat die Kraft und der unbestreitbare geistige Wert der ausgehenden Aufklärung und der sich schon bemerkbar machenden polnischen Romantik zutage.

Nach der dritten Teilung sollte das Bemühen der intellektuellen und künstlerischen Elite beider Strömungen in zwei grundlegende Richtungen gehen, die auf charakteristische Weise die Aktivitäten im Bereich der Politik und der Kunst (besonders der Literatur) gleichsetzten und beiden eine gemeinsame ethische Qualität zuschrieben.

Die erste Richtung orientierte sich am Imperativ des „sich Emporschwingens zur Unabhängigkeit" mit der Unterstützung, später sogar führenden Rolle der Literatur.

Die zweite Richtung knüpfte sich an das Bestreben nach „der Rettung und dem Schutz des nationalen kulturellen Erbes". Auch hier kam der Literatur eine besondere Rolle zu: Ihr intellektueller Gehalt wie auch die Möglichkeit der mündlichen Überlieferung und Verbreitung machten sie zum einzigen praktisch unzerstörbaren Teil dieses Erbes, der sich mit dem Bereich des kollektiven Gedächtnisses sowie der nationalen Tradition deckte.

DIE DICHTUNG DER LEGIONEN

Sie drückte vor allem die Hoffnung aus, die die Polen seit der Aufstellung von polnischen Legionen in Italien (Mailand, Januar 1797) in Napoleon setzten. Dank Napoleon war es den polnischen Soldaten sogleich in der Fremde und nach 1807 aufgrund des Abkommens von Tilsit auch mit eigenen Streitkräften, den Truppen des Herzogtums Warschau, möglich, im Kampf gegen die russische und österreichische Armee, die für sie die Feinde des Vaterlandes bedeuteten, wieder aktiv zu werden. Das Herzogtum, das über eine sich am modernen französischen Vorbild orientierende Verfassung verfügte und mit Erfolg um die Erweiterung seines Territoriums kämpfte (der Feldzug des Jahres 1809 ist die große Legende von Polens Waffengang), stellte das Versprechen und die Keimzelle eines auch in gesellschaftlicher Hinsicht erneuerten Staates dar. Der Kult um Napoleon war unter den Polen, ungeachtet der Enttäuschung durch das Ende des Heldenepos der Legionen, beispiellos, und der Bonapartismus sollte sich als eine der beständigsten Ideen des polnischen romantischen Denkens und als ein Mythos erweisen, der die Literatur und die Kunst der Romantik beflügelte. Das beste Beispiel für die „goldene" Napoleon-Legende wurde Mickiewicz' *Herr Tadeusz*, insbesondere das letzte Buch dieses Epos.

Nach der Formierung der polnischen Legionen in Italien um ihren Kommandanten General Jan Henryk Dąbrowski entstand innerhalb der Soldatenschaft auch ein recht aktiver literarischer Kreis. Seine wichtigsten Stützen waren Cyprian Godebski, der in Mantua die Zeitschrift „Die Legionen", Zweiwochenschrift („Dekada Legionowa") leitete, und Kantobery Tymowski, Autor der bekannten patriotischen Elegie *Gedanken eines polnischen Soldaten im altertümlichen Schloß der Mauren am Rio Tajo* (*Dumania żołnierza polskiego w starożytnym zamku Maurów nad Tagiem*). Eine besondere Rolle für die Dichtungen der Legionen spielte der glänzende Publizist der Aufklärung Józef Wybicki (1747–1822). Während seines Besuchs der in Reggio Emilia stationierten polnischen Soldaten schrieb er für sie (und sang zur Melodie einer Mazurka) *Das Lied der polnischen Legionen in Italien* (*Pieśń Legionów Polskich we Włoszech*), das später allgemein Dąbrowskis Mazurka genannt wurde. Dieses zur Zeit der nationalen Aufstände — des Novemberaufstands und des Januaraufstands sowie des Völkerfrühlings — weitverbreitete Soldatenlied mit seinem schwungvollen Refrain gab es schon in den vierziger Jahren des neunzehnten Jahrhunderts in allen slawischen Ländern in unzähligen Varianten und Paraphrasen. Das Verbot der Mazurka in den polnischen Gebieten unter den Teilungsmächten, aber auch Kościuszkos enthusiastisches Urteil über ihre muteinflößende Wirkung führten dazu, daß dieses Lied zum Symbol für die Einheit des Volkes wurde, das sein Vaterland verloren hatte, und man es im Jahr 1927 zu Polens offizieller Nationalhymne erklärte.

Das Phänomen der Popularität von Wybickis Lied beruhte auf seiner Schlichtheit im Versbau und in der Musik, hing jedoch auch mit den Ideen zusammen, die hier zum erstenmal in literarischer Form zum Ausdruck kamen: mit dem optimistischen Paradoxon des Anfangs: *Noch ist Polen nicht verloren, solange wir leben...*, dem hoffnungsvollen Streben nach Unabhängigkeit, der schlichten Formel für soldatischen Heldenmut, dem symbolhaften Ausdruck für das Herumirren der Truppen und schließlich mit einer bahnbrechenden Unterstützung sowohl des politischen Konzepts als auch des Kampfethos um die Freiheit, in der Überzeugung, daß es einen Zusammenhang zwischen dem Schicksal Polens und den Umwälzungen in Europa gäbe.

Ein Beispiel für die Entwicklung einer eigenen Variante der patriotischen Literatur nach den Teilungen aus der Richtung des Sentimentalismus heraus war auch der Legionenroman *Der Grenadier-Philosoph* (*Grenadier-filozof*) von Cyprian Godebski (herausgegeben im Jahr 1805 in Warschau). Im Mittelpunkt der Handlung steht hier der Marsch des verwundeten Autors nach dem Fall von Mantua nach Frankreich, der gleichzeitig als soldatische Wanderschaft und sentimentale Reise eines „empfindsamen" Philosophen dargestellt wird.

Godebskis Roman präsentierte ein neues Modell des Helden und einen neuen Typus der Gefühlsbetonung — Realisierungen, auf die sich viele Autoren der polnischen Romantik stützen sollten. Zum erstenmal wurde hier ein Held mit einer zwar gewöhnlichen Biographie, doch einem außergewöhnlich tiefen geistigen Leben gezeigt. Es ist dies auch das erste Beispiel der für die polnischen Romantiker typischen Verinnerlichung des Patriotismus, das heißt seiner Übertragung auf den Bereich anderer persönlicher Empfindungen (zugleich mit denen der Liebe und vor allem mit religiösen Gefühlen), die die Identität des Individuums bestimmen.

Die durch und durch demokratische Struktur der Legionen Dąbrowski', in denen Vertreter aller Schichten von der Aristokratie bis zum Bauernstand aufeinandertrafen, führte zu einem in diesem Kreis zunehmenden Kult um Tadeusz Kościuszko als dem Oberbefehlshaber der ersten nationalen Erhebung, der die Bauern mit sich gerissen hatte. Die polnische Volkskunst sollte Kościuszko mit Hilfe ikonographischer Schablonen und aus der sakralen Kunst übernommener Topoi (bis hin zur Darstellung von Szenen aus seinem Leben) zu einem Heiligen der polnischen Frage stilisieren. Zu dieser Zeit bildete sich überhaupt das Pantheon der allgemein verehrten Helden und Märtyrer der polnischen, insbesondere jener neueren Geschichte heraus, das sich die Romantik zu eigen machte und das sie bereicherte. Kościuszko sollte dort über die ganze Zeit der nationalen Unterdrückung hinweg den Ehrenplatz einnehmen.

Eine Geste, die sich in bezeichnender Weise schon an romantischen Überzeugungen orientierte, war die Errichtung eines Denkmals besonderer Art für Kościuszko im Jahr 1820 auf einer der Anhöhen in der Umgebung von Krakau, eines mit der Erde von den Schlachtfeldern aufgeschütteten und grün überwachsenen Hügels. Dieses symbolische Grabmal für Kościuszko, das von vielen Dichtern der polnischen Romantik besungen wurde, sollte zwei Ideen darstellen: die Unzerstörbarkeit des Denkmals, das mehr zur Welt der Natur gehört als zu den Werken der Menschen, aber auch das Heimische, das Slawische des Helden, der mit einem Hügel verewigt wurde, der den beiden frühgeschichtlichen Grabhügeln gleicht, die es schon vorher am Stadtrand von Krakau gegeben hatte, und die mit den legendären Gestalten des Königs Krak und der Königstochter Wanda assoziiert werden. Die Idee eines natürlichen Denkmals, das zu einem kultischen Ort werden kann, verbreitete sich in Polen und brachte eine Reihe späterer Nachbildungen des Hügels hervor, die heldenhaften Persönlichkeiten der polnischen Geschichte gewidmet wurden.

Eine andere Figur im Helden-Pantheon der Zeit nach den Teilungen war Fürst József Poniatowski, der durch seine Teilnahme an den Feldzügen Napoleons in den Jahren 1809 und 1812 berühmt wurde. Sein Heldentod in den Fluten der Elster während der Völkerschlacht bei Leipzig (1813) schuf um ihn den Mythos eines polnischen Curtius, der sich zur Rettung des Vaterlands mit dem Säbel in der Hand in den Schlund stürzte. Genau solche Abbildungen des schönen Fürsten schürten die kollektive Phantasie und traten in unzähligen Erzeugnissen der volkstümlichen bildenden Kunst des neunzehnten Jahrhunderts, die angewandte Kunst eingeschlossen, auf.

Die feierliche Beisetzung der sterblichen Überreste des Fürsten József in der Kathedrale auf dem Wawel im Jahr 1819 wurde an sich zum Thema vieler Dichtungen jener Periode und war der Beginn einer für die romantische Kultur Polens charakteristischen Körpersprache zur Manifestierung patriotischer Gefühle und Einstellungen während der Trauerzeremonien herausragender Persönlichkeiten.

DAS KULTURELLE LEBEN IN DEN POLNISCHEN GEBIETEN
NACH DER DRITTEN TEILUNG

Neben der Idee der Erringung einer unabhängigen Staatlichkeit zeichnete sich in der frühromantischen Periode ein zweites Ideal ab: die Rettung der historischen Kontinuität des Volkes durch den Schutz und die Weitergabe seines kulturellen Erbes an die nachfolgenden Generationen, sowohl in materieller Form als auch durch ein entsprechendes intellektuelles und geistiges Niveau, das von seinem Weiterleben auch nach dem politischen Tod zeugen sollte.

Von nicht geringer Bedeutung war hier die Möglichkeit, das Werk der Kommission für Nationale Bildung im Bereich der Bildungsreform in der ersten Periode der Zeit nach den Teilungen zu bewahren, ja sogar weiterzuführen. Repressionen im Schulwesen sowie in wissenschaftlichen Institutionen waren im russischen Teilungsgebiet, also in drei Fünfteln des Territoriums der vormaligen Republik, erst nach der Niederschlagung des Novemberaufstands im Jahr 1832 an der Tagesordnung.

Bis dahin waren die Bedingungen für eine Entfaltung des intellektuellen und kulturellen Lebens auf dem Gebiet des Herzogtums Warschau, und später, in den ersten Jahren nach der Besteigung des polnischen Throns durch Zar Alexander I.

aus dem Hause Romanow, in Kongreßpolen (1815–1831), sogar in den östlichen, dem russischen Teilungsgebiet einverleibten Gebieten relativ günstig, auf jeden Fall besser als in den übrigen Teilen. Die Bemühungen der aufklärerischen Elite richteten sich jetzt also auf eine Erhaltung des hohen Niveaus im Schulwesen wenigstens in diesen Gebieten. Die ausgezeichnete Qualität der polnischen Schulen, die in Kürze die erste Generation der polnischen Romantiker, unter ihnen Adam Mickiewicz, absolvieren würde, aber auch der Aufschwung vieler wissenschaftlicher Zentren in dieser schwierigen Periode war zweifelsohne das Verdienst der Repräsentanten der späten Aufklärung.

Ein charakteristisches Merkmal dieser Periode war die kulturelle Belebung der bisherigen Provinz, insbesondere der Ostgebiete (Ukraine, Wolhynien, Litauen). Sie resultierte aus einer bewußten Strategie der Kulturaktivisten, die sich während der ganzen Romantik in Form einer außergewöhnlichen Produktivität und eines ebensolchen intellektuellen und künstlerischen Niveaus in gerade diesen Gebieten bezahlt machen sollte. Eine epochale Persönlichkeit dieser neuen aufklärerischen Politik war Adam Jerzy Czartoryski (der Sohn Adam Kazimierz Czartoryskis und Izabela Flemings), Kurator der Universität von Wilna, die seit 1803 die Stellung einer Hochschule innehatte, also *de facto* Unterrichtsminister dieses Gebiets (denn die Funktion der Kommission für Nationale Bildung hatten die Universitätskuratorien übernommen). Dank Czartoryskis Bemühungen gewann Wilna in kurzer Zeit als ein Zentrum des intellektuellen Lebens an Bedeutung, um so mehr, als Warschau bis 1817 keine Universität hatte und die Krakauer Akademie unter der österreichischen Teilungsmacht stagnierte. Neben Czartoryski machte sich der gelehrte Historiker Tadeusz Czacki um den kulturellen Aufstieg der Ostprovinzen verdient. Er gründete (noch im Rahmen der Realisierung von Projekten der Kommission für Nationale Bildung) im Jahr 1805 — auf eigenem Gelände, wobei er zwei Drittel seines Guts für diesen Zweck bestimmte — ein vorzügliches Gymnasium für Wolhynien mit Sitz in Krzemieniec, allgemein „Lyzeum von Krzemieniec" oder „wolhynisches Athen" genannt. Dieses modern entworfene und ausgestattete Zentrum, das den Unterrichtsplan der Mittelschulen teilweise mit dem der höheren Schulen kombinierte und über Stipendien für seine besten Schüler verfügte, bildete zahlreiche verdienstvolle Persönlichkeiten der Romantik nach allen Richtungen hin aus (samt Leibesübungen, Grundlagen des Heereswesens, aber auch elitärer Salonkultur).

In Warschau war das beste Resultat der polnischen Aufklärung nach der dritten Teilung die Gesellschaft der Freunde der Wissenschaften (sie wurde im Jahr 1800 gegründet), eine Art Bruderschaft, die aus Gelehrten von Format sowie begeisterten Laien bestand, die die geistigen Errungenschaften der vorangegangenen Jahrzehnte, vor allem auf dem Gebiet der Pflege des Polnischen sowie in den historischen Wissenschaften, verankern und bereichern wollten. An der Spitze der Gesellschaft standen Stanisław Staszic und Jan Albertrandi, die unermüdlichen Förderer großer Projekte noch zur Zeit Stanisław August Poniatowskis, außer diesen noch Tadeusz Czacki und Stanisław Potocki, der Minister für Nationale

Bildung und Großmeister der polnischen Freimaurer war. Der Gesellschaft gelang es, ein Werk von wahrhaft europäischer Dimension zu Ende zu führen: das sechsbändige *Wörterbuch der polnischen Sprache (Słownik języka polskiego)* von Samuel Bogumił Linde (1771–1847), das in den Jahren 1807–1814 herausgegeben wurde. Linde, der Theologe und Philologe war, Lehrer für polnische Sprache an der Universität in Leipzig und Übersetzer der Werke von Niemcewicz und Kołłątaj ins Deutsche, verfaßte auf diese Weise ein bahnbrechendes lexikographisches Werk, das sich auf die Methoden der historischen und komparatistischen Lexikographie stützte und das zum ersten Mal den Wortschatz auch mit Zitaten aus der Umgangssprache belegte.

In der intellektuellen Atmosphäre des Kreises um die Gesellschaft der Freunde der Wissenschaften hatte das für die polnische Romantik sowohl in ihren Anfängen als auch in der späteren Periode, den vierziger Jahren des neunzehnten Jahrhunderts, charakteristische Interesse am Altertum seinen Ursprung. Sie kreierte eine richtiggehende Mode, prähistorische Funde, besonders Relikte des Urslawentums, zu sammeln und zu kommentieren. Beträchtliches Echo fand die Tätigkeit Adam Czarnockis, der das slawisch stilisierte Pseudonym Zorian Dołęga-Chodakowski verwendete. Sein Traktat *Über das Slawentum vor dem Christentum (O Sławiańszczyźnie przed chrześcijaństwem)* lenkte die Aufmerksamkeit der Forscher und Liebhaber der Geschichte der grauen Vorzeit auf die Folklore und ermutigte sie zur Suche nach Liedern und Volkssagen, in denen sich die edelsten Werte der urslawischen Gemeinschaft erhalten hätten: die Tugend und die Poesie. Czarnocki riß eine Reihe von Begeisterten mit, entfachte die Phantasie der Dichter und initiierte ein romantisches Verständnis des Volkes und des Volkstümlichen in Polen.

Zu dieser Zeit traten zwei Bewegungen besonderer Art auf, die der Absicht entsprangen, die Idee des Schutzes für das aus dem Orkan der Geschichte gerettete Erbe mit dem Gedanken an eine Gründung von Zentralpunkten für das Volk, von Zentren seines geistigen und intellektuellen Lebens, zu verbinden. Im Jahr 1817 brachten die Bemühungen des gelehrten Bücherfreundes Józef Maksymilian Ossoliński ein Ergebnis: Es wurde eine Stiftung gegründet, die „Ossoliński-Institut" oder landläufig „Ossolineum" genannt wurde. In einem Gebäude, das Bezug auf das römische Pantheon nahm, wurden Bibliotheks- und Archivbestände von unschätzbarem Wert untergebracht, mit der Zeit auch Museumssammlungen, die bedeutende Adelsfamilien der Ostgebiete dem Ossolineum vermacht hatten. Um das Ossolineum sollte sich im neunzehnten Jahrhundert die ganze geistige Elite Lembergs sammeln.

Während das Ossoliński-Institut große Projekte und Träume der polnischen Aufklärung verwirklichte, war das zweite angesprochene Unterfangen zweifelsfrei schon ein Produkt der Romantik. Es handelte sich dabei um das erste polnische und eines der ersten Museen der Welt, das Izabela Czartoryska, geborene Fleming, auf ihrem Landsitz in Puławy gründete. An der Weichselböschung wurde in der Umgebung eines idyllischen Parks, den die Fürstin, eine Kundige und Theoretikerin des Gartenbaus [*Verschiedene Gedanken zum Anlegen von Gärten (Myśli różne o zakładaniu ogrodów)*], 1805, angelegt hatte, eigens zur Unterbringung der Sammlungen zwei Gebäude nach einem Entwurf des wichtigsten Architekten der

Czartoryskis, Piotr Aigner, errichtet: ein klassizistisches Rundgebäude, das „Sibyllentempel" genannt wurde (1798), und das Gotische Haus, das früheste Beispiel eines neogotischen Pavillons in Polen (1809). Das Ziel Izabelas, die auch einen im entsprechenden Ton gehaltenen Führer durch die Sammlungen verfaßte, war es, einen besonderen „trophäischen Ort" zu schaffen, wo die nach dem Verlust der Unabhängigkeit gebliebenen Erinnerungsstücke Schutz und Zuflucht finden sollten. Die Metaphorik der Arche, die von den Wogen der Sintflut der Geschichte mitgerissen wird, hob diese Absicht deutlich hervor.

Als Museumsentwurf knüpfte Puławy an das Vorbild von Alexandre Lenoires Musée des Monuments Français an, das in Paris für die Präsentation von nach der Revolution erworbenen Werken (hauptsächlich Grabsteinen, 1795) eingerichtet worden war. Die von Izabela Czartoryska angelegte Sammlung unterschied sich von jenem sentimental-theatralen Arrangement durch eine Unterstreichung der gefühlsmäßigen Atmosphäre der Erinnerungsstücke. Ihre Kollektion umfaßte sowohl Kunstwerke von Wert als auch Gegenstände unklarer, mystifizierter Provenienz sowie Fragmente, die man auf unterschiedlichste Weise erworben und von ihren ursprünglichen Standorten hierher gebracht hatte, mit der Zeit auch eigentümliche militärische Exvotos in Form von Waffen und Auszeichnungen, die Offiziere nach Schlachten und Feldzügen gesammelt hatten. Das einzige Auswahlkriterium bestand im assoziativen Wert jedes einzelnen Stücks, denn die Gegenstände sollten historische oder patriotische Persönlichkeiten in Erinnerung rufen und zu Betrachtungen patriotischer und sittlicher, seltener sentimentaler Natur anregen.

Dennoch war dieses eklektische Museum von ungeheurer Bedeutung für die Prägung der Idee der polnischen Romantik. Es betonte die Rolle von Verbindungsgliedern zwischen der Geschichte und der Gegenwart und machte auf die bewahrende Funktion des kollektiven Gedächtnisses aufmerksam. Die über dem Eingang des Sibyllentempels angebrachte Aufschrift „Die Vergangenheit der Zukunft" war sein optimistischer Kern, die räumliche Anordnung dagegen bewirkte, daß die Besichtigung der Sammlungen zu einer nostalgisch-patriotischen Pilgerfahrt wurde.

Der literarische Kreis, der sich um die Czartoryskis scharte, griff die Idee Puławys auf und bereitete den Boden für die romantische Denkweise, aber auch für die romantische Ästhetik vor. In diesem Zirkel und in eben diesen Jahren traten die ersten polnischen Werke zutage, die in der Poetik des Erhabenen und des „gotischen" Grauens gehalten waren (die Romane Anna Mostowskas in der Art von *Ein Geist im Schloß* (*Duch w zameczku*), 1806; Julian Ursyn Niemcewicz' Adaptationen der Balladen und Elegien von Matthew Gregory Lewis und Thomas Gray, 1803–1805). Hier gab es auch die ersten Bezüge auf die Richtung der „Ruinen- und Gräberdichtung", anfänglich auch von England inspiriert, später schon in einer heimischen Spielart, die der patriotischen Elegie näherstand. Zu dieser letzten Strömung kann Jan Paweł Woronicz gezählt werden, Bischof von Krakau und Primas von Polen, der aber auch mit dem Kreis von Puławy in Verbindung stand, insbesondere *Der Sibyllentempel* (*Świątynia Sybilli*). Diese Werke, die das charakteristische Motiv und auch die Sprache der Prophezeiung einführten, deuteten schon auf die romantische Ideologie des Messianismus hin und verliehen dem Glauben an einen besonderen Schutz der Vorsehung für das polnische Volk in Anbetracht seines außergewöhnlichen Leids im Lauf der Geschichte Ausdruck.

Im Kreis von Puławy erschienen auch konkrete Motive und literarische Topoi, die dann von der romantischen Literatur übernommen wurden. Das wichtigste von ihnen war die Figur des Barden, die man den Ossian-Liedern entnahm [*Der polnische Barde (Bard polski)* von Adam Jerzy Czartoryski, eine elegische Dichtung über die Verwüstung Puławys und Polens nach dem Kościuszko-Aufstand, erschienen 1840 in Paris, mit einem Vorwort von Julian Ursyn Niemcewicz]. In der polnischen Dichtung wurde der Barde zur Personifikation deren bewahrender Funktion, aber auch zum stilisierten charismatischen geistigen Führer, der die Rolle des Dichters, Priesters und Propheten in einem erfüllt.

Das Werk, das am besten die Ziele und die Atmosphäre dieses Kreises veranschaulichte, der schon auf romantische Art und Weise den Intellektualismus der Aufklärung mit der Gefühlsbetontheit des Sentimentalismus verknüpfte, waren Julian Ursyn Niemcewicz' *Historische Gesänge* (*Śpiewy historyczne*). Sie erschienen im Jahr 1816 unter der Schirmherrschaft der Gesellschaft der Freunde der Wissenschaften und waren in ihrer endgültigen Fassung (der Dichter erweiterte den Band jahrelang) eine Sammlung von dreiunddreißig „Dumen", also kurzen lyrisch-epischen, schon im Ton einer Ballade gehaltenen Stücke, die den Heldenmut und die Tugenden bedeutender Persönlichkeiten der polnischen Geschichte, vor allem der Regenten und Hetmane, schilderten.

Diese in einer für die damalige Zeit Rekordauflage (1500 Exemplare, drei Neuauflagen) gedruckten und mit Noten und Stichen ergänzten *Historische Gesänge* wurden das erste literarische Medium zur Verbreitung des Patriotismus, auch das erste Buch, das als Produkt der großen Träume der Aufklärung das romantische Ideal eines Werks, das dem Volk gehören soll, verwirklichte. In den langen Jahren der Knechtschaft sollten sie die Rolle eines Liederbuchs erfüllen.

## DIE ROMANTISCHE WENDE IN POLEN

### DER STREIT DER ROMANTIKER MIT DEN KLASSIZISTEN

Die Romantik war die erste bedeutende Strömung, die in den meisten europäischen Literaturen in Form eines Umbruchs, in einer Atmosphäre der Auseinandersetzung und des Konflikts zwischen den Generationen auftrat, da es nicht nur um ästhetische Leitsätze, sondern auch um sittliche, gesellschaftliche und politische Vorstellungen ging. In Polen nahm diese Auseinandersetzung als sogenannter Kampf der Klassizisten gegen die Romantiker in den Jahren 1815–1830 besonders unerbittliche und kompromißlose Züge an. Die Polemik begann eigentlich mit Parolen, noch Jahre vor dem Erscheinen des ersten bedeutsamen Werks, das die Prämissen der Romantik umsetzte, Adam Mickiewicz' Debütband *Dichtungen*

(*Poezje*) aus dem Jahr 1822, der die *Balladen und Romanzen* (*Ballady i romanse*) enthielt. Auch die darauf publizierten Werke der jungen Dichter waren von einer aufgestachelten Stimmung begleitet. Besonders heftige Diskussionen lösten die in den zweiten Band von Mickiewiczs *Dichtungen* aufgenommene *Totenfeier* (*Dziady*) und die schon in Rußland erschienenen *Krim-Sonette* (*Sonety krymskie*), 1828, sowie sein *Konrad Wallenrod*, 1829, aus. Nicht ohne Vorbehalte wurden zwei poetische Erzählungen der sogenannten ukrainischen Schule aufgenommen, Antoni Malczewskis *Maria*, 1825, und Seweryn Goszczyńskis *Das Schloß von Kaniow* (*Zamek kaniowski*), 1828.

Die Heftigkeit dieses polnischen Streits um die Romantik rührte daher, daß sich unter dem Vorwand eines Angriff der Jungen auf die bislang unantastbaren ästhetischen Prinzipien und Normen nationale Ideen und politische Überzeugungen verbargen. Der Kampf um die Unabhängigkeit der Kunst von den Normen des Klassizismus und der Tyrannei der Vernunft, aber auch die manifestierte Hinwendung zu den volkstümlichen Ursprüngen der Kultur sowie zur heimischen Geschichte stellten eine Art Schleier für die Überzeugungen und Ziele dar, die man aus verschiedenen Gründen in der geführten Polemik nicht beim Namen nennen konnte.

Die wichtigste maskierte Prämisse der polnischen Polemik um die Romantik war die von vielen immer stärker empfundene Notwendigkeit, die politische Unabhängigkeit wiederzugewinnen, die in den Gegebenheiten der neuen Stabilisierung Europas nach dem Wiener Kongreß nur durch eine bewaffnete Volkserhebung zu erreichen war. In vielen Kreisen des polnischen Königreichs wuchs die Enttäuschung durch die Innenpolitik des Zaren Alexander I., der anfänglich (durch eine liberale Verfassung, durch seine Freundschaft mit Adam Kazimierz Czartoryski) in Polen Hoffnungen geweckt und genährt hatte, um schon nach wenigen Jahren auf sie offen keine Rücksicht mehr zu nehmen. Die verschärfte Auseinandersetzung der Klassizisten mit den Anhängern der Romantik gerade in den Jahren 1818–1822 war ein Symptom der zunehmenden Spannung. Damals kam es zu krassen Verstößen gegen die Verfassung von Seiten der Statthaltermächte des Königreichs und zu Ereignissen, die eine konsequente und planmäßige Liquidierung der bürgerlichen Freiheiten zum Ziel hatten (Niederhalten der parlamentarischen Opposition, Verschärfung der Zensur, Betätigungsverbot für die Freimaurerlogen mit weitreichenden, drastischen Folgen in Form von neuen Prozessen für sämtliche Geheimbünde und Gesellschaften, wovon besonders militärische Kreise sowie Schulen unterschiedlichster Stufen betroffen waren u.ä.).

In dieser Situation enthüllte der Generationenkonflikt, sogar in Fragestellungen der Philosophie und Literatur, ein allgemeineres Kräftespiel und wurde zu einer Konfrontation der Jungen mit den Alten, das heißt der unbekannten und im Leben weniger konsolidierten mit den berühmten, geehrten und angesehenen Vertretern des Establishments. Die „Jungen" sahen in Loyalismus und verständiger Fügsamkeit der verbindlichen Ordnung gegenüber eine Sackgasse, die „Alten", deren Schicksal in die Tragödie der Teilungen Polens und der Napoleon-Kriege verwickelt war, wandten sich ab vom Ungestüm und der Grausamkeit der Geschichte und hin zu den Idealen der

Stabilität, der Harmonie und der Ordnung. Dies erklärt die sonst wenige verständliche Verbissenheit der Auseinandersetzung, ja sogar Schmähungen, mit denen besonders die Klassizisten die Anhänger der neuen Strömungen des geistigen und künstlerischen Lebens bedachten.

Bis zu Mickiewicz' Debüt als Dichter fand die Polemik auf ästhetischer Ebene keinen anderen Nährboden als die — hauptsächlich deutschen und englischen — Novitäten im Bereich der Philosophie und Literatur. Sie gelangten vermittels der *Warschauer Presse*, die in diesen Jahren der Übersetzungstätigkeit und Propagierung viel Platz einräumte, zum polnischen Publikum. Einige Zeitschriften, wie das „Warschauer Tagebuch" („Pamiętnik Warszawski"), sowie einige Kritiker und Literaten wie Bruno Kiciński oder Kazimierz Brodziński spezialisierten sich auf die Verbreitung von Neuheiten des europäischen intellektuellen Lebens. Im Jahr 1813 erschienen in der Warschauer Presse umfangreiche Fragmente des berühmten Buchs von Madame de Staël *De l'Allemagne*, die zahlreiche Besprechungen der Arbeiten von Sulzer, Herder, Jean Paul und Goethe einleiteten. Es erschienen die ersten Übersetzungen der Werke von Byron und Scott. Diese Berichte waren anfangs keineswegs von einer kämpferischen Parteinahme begleitet. Ausgewogen im seinem Ton war der Traktat *Über Klassik und Romantik oder Bemerkungen zum Geist der polnischen Dichtung (O klasyczności i romantyczności tudzież o duchu poezji polskiej)* von Kazimierz Brodziński (1791–1835), der im Jahr 1818 im „Warschauer Tagebuch" abgedruckt wurde und den Streit richtig anfachte. Der Autor, ein glänzender Kritiker und Dichter, Dozent an der Warschauer Universität, brachte in ihm Klassizismus und Romantik in Einklang. Ersterer war für ihn eine außer Frage stehende Domäne des guten Geschmacks, letztere ein Phänomen der Frische, die durch eine freie Phantasie sowie eine philosophisch verankerte Hinwendung zur Natur und zum Volk in die Literatur eingebracht werden kann. Das Resultat von Brodzińskis Erwägungen war das Postulat einer idyllischen Empfindsamkeit als der dem slawischen Geist der polnischen Literatur angemessensten und mit den Zielen beider Strömungen übereinstimmenden Dichtung. Zwar gefiel dieser Vorschlag den jungen Kritikern des radikaleren Flügels keineswegs, doch sahen sie mit der Zeit in Brodziński ihren Vorläufer, auch deshalb, weil er im Jahr 1822 *Die Leiden des jungen Werther*, das Lieblingsbuch der ersten polnischen Romantiker, ins Polnische übersetzte.

Brodzińskis Auftreten, in dem zum erstenmal die Kategorien der Klassizität und der Romantik gleichberechtigt nebeneinander gestellt wurden, veranlaßte die Anhänger des Klassizismus zu heftigen Wortmeldungen in der Presse und während der Gesellschaftstreffen in den Salons der Hauptstadt (die berühmten Donnerstage bei General Wincenty Krasiński). Die unnachgiebigste, doktrinärste Haltung legten Wissenschaftler und hohe Beamte des Bildungswesens und des Staatsapparats an den Tag: Jan Śniadecki, ein glänzender Mathematiker und zu jener Zeit Rektor der Universität von Wilna, die Minister Stanisław Potocki und Tadeusz Mostowski, aber auch Schriftsteller von großem gesellschaftlichem Prestige: Ludwik Osiński, Theaterdirektor, der Nachfolger und Schwiegersohn Bogusławskis sowie Kajetan Koźmian, deren literarische Verdienste hauptsächlich im Abfassen von in der späten Aufklärung modernen Gelegenheitsoden bestanden. Denn sie vertraten einen unerschütterlichen rationalistischen und empiristischen Standpunkt, in dem sie gleichzeitig einen Wachposten für das Werk der polnischen Reformen sahen. Die neuen Strömungen im überwiegend deutschen philosophischen Denken, die sie, ihren Leitsprüchen nach, mit der Romantik gleichsetzten, verstanden sie als eine Gefahr für das „Licht der Vernunft", ja sogar für den gesunden Menschenverstand im ganz herkömmlichen Sinn. Jegliche Art von Metaphysik (von ihnen unnachgiebig als „dunkler Mystizismus" bezeichnet) betrachteten sie als Obskurantismus und eine Rechtfertigung des Aberglaubens, aus denselben Gründen empörten sie sich über die Aufforderung, neue Quellen der Inspiration in volkstümlichen Vorstellungen oder der Phantastik des Mittelalters zu suchen. Diese Denkweise brachte Jan Śniadecki in seinem Artikel *Über klassische und romantische Schriften* (*O pismach klasycznych i romantycznych*), 1819, in dem er auf Brodzińskis Traktat reagierte, wunderbar zum Ausdruck. Formulierungen wie „die Romantik ist Anarchie, eine Kriegserklärung an die Vernunft, ein Komplott gegen die gesellschaftliche Harmonie und die Kinder des Friedens" lassen die offenkundigen wie die verborgenen Grundlagen des Streits zwischen den polnischen Klassizisten und den Romantikern erkennen.

Der Sieg der Romantiker im polnischen Generationenkonflikt war das Verdienst von Maurycy Mochnacki (1803?–1834). Dieser glänzende junge Literaturkritiker (der auch der erste polnische Musikkritiker war) ließ sich in seiner journalistischen Arbeit für die *Warschauer Presse* von der Absicht leiten, es im intellektuellen Leben der Polen dem Phänomen Deutschlands gleichzutun, wo in kurzer Zeit *quasi* aus dem Nichts eine beeindruckende geistige und künstlerische Kultur entstanden war. Dazu sollten umfassende Darstellungen der Konzepte Schillers, der Brüder Schlegel, besonders aber Schellings in Mochnackis Artikeln zwischen 1825 und 1829 dienen.

Die wichtigsten Ideen der deutschen Denker von Jena und Weimar faßte er in seiner Schrift *Über die polnische Literatur im neunzehnten Jahrhundert* (*O literaturze polskiej w wieku dziewiętnastym*) zusammen, die er kurz vor dem Ausbruch des Novemberaufstands fertigstellte. Der Wert dieses Bändchens beruht unter anderem auch auf einer eigenständigen, modernen Definition der Nation und der Nationalliteratur, die der Autor hier formulierte. Unter Nation verstand Mochnacki nicht eine ethnische oder territoriale Gemeinschaft, sondern ein Kollektiv mit einem über die Sprache und die Literatur gewonnenen Bewußtsein dessen, daß es eine Nation ist. Die Literatur kam auf diese Weise in den Rang einer grundlegenden Kraft zur Entstehung der Nation.

Mochnacki war auch ein wohlwollender und scharfsichtiger Rezensent der ersten literarischen Werke der polnischen Romantik. In seinen Besprechungen von Mickiewicz' *Gedichtbänden*, Malczewskis *Maria* oder Goszczyńskis *Das Schloß von Kaniow* stellte er nicht nur den Inhalt dieser Werke vor, sondern erklärte auch, worauf das Geheimnis ihrer Kunstform beruhte, und lehrte auf diese Weise eine neue Art zu lesen, die für ein richtiges Verständnis der neueingeführten Formen unabdingbar war. Dadurch schlug er den Klassizisten, die aus der Sichtweise ihrer eigenen Doktrin der jungen Literatur Barbarei und schlechten Geschmack vorwarfen, die Waffe aus der Hand.

Während des Novemberaufstands tat sich Mochnacki von Anfang an als außergewöhnlich aktiver ziviler Geheimbündler und Politiker, dann als tapferer Soldat hervor. In der französischen Emigration verfaßte er eine Geschichte dieser Erhebung, ein ausgezeichnetes Beispiel einer Analyse historischer Ereignisse, aber auch eines exzellenten Stils [*Der Aufstand des polnischen Volks im Jahr 1830 und 1831* (Powstanie Narodu Polskiego w roku 1830 i 1831)].

### DIE PERIODISIERUNG DER POLNISCHEN ROMANTIK

Die außergewöhnliche Situation, in der sich Polen nach den Teilungen befand, hatte zur Folge, daß sich die polnische Romantik in direkter Abhängigkeit von politischen Ereignissen entwickelte. Sie sind es auch, die den Großteil der für die innere Entwicklung der Literatur in dieser Zeit wesentlichen Daten abstecken.

Die wichtigsten Eckdaten der polnischen Romantik sind das Jahr 1822 (als der erste Band der Dichtungen von Adam Mickiewicz erschien) und das Jahr 1863, in dem der Januaraufstand ausbrach, der als letztes Aufbäumen angesehen wird, das die romantische Idee eines Volksaufstands und eines kompromißlos verstandenen Patriotismus hervorbrachte. Eine innere Zäsur der Romantik in Polen stellt der Novemberaufstand von 1830–1831 dar. Der Aderlaß von ausgezeichneten Künstlern, die emigrierten, sowie die Repressionen, die nach der Niederschlagung dieser Erhebung die Intelligenz im Land trafen, hatten einen radikalen Wandel des geistigen Lebens der Nation zur Folge. Deshalb sprechen wir bis zum Jahr 1830 von einer sogenannten Frühromantik und nach diesem Datum von einer Romantik im Land selbst oder einer Romantik der Emigration, die auch „die Literatur der Großen Emigration" genannt wird.

Unter dem Gesichtspunkt der an ihr beteiligten literarischen Generationen betrachtet, ist die polnische Romantik ein vielschichtiges Gebilde: Neben den Generationen, die an erster Stelle standen, waren Epigonen der vorangegangenen Generationen aktiv (der Zeit Stanisław August Poniatowskis und des ausgehenden Klassizismus) sowie die Vorläufer der nachfolgenden Generationen, aber auch bedeutende und unbedeutendere Einzelgänger, die einen eigenen Standpunkt innehatten, sei es, weil sie sich mit den grundlegenden Prämissen der Epoche nicht identifizierten, sei es, weil sie infolge ihrer langen Lebenszeit nicht zu ihrer Spitze gehörten (der Fall Cyprian Norwid und Aleksander Fredro).

Die polnische Literatur und Kunst der Romantik wurde von zwei dominierenden Generationen geschaffen. Die erste kam um das Jahr 1820 zu Wort, als die Universitäten von Warschau und Wilna die Jahrgänge der ca. 1800 Geborenen entließen. Die Schaffenskraft dieser Generationen versiegte in der Mitte des Jahrhunderts, doch ergaben sich für die Beteiligten gemeinsame Generationserfahrungen aus dem napoleonischen Epos, das für viele eine wesentliche Kindheitserinnerung darstellte sowie aus dem Novemberaufstand, der im Schicksal zahlreicher Einzelpersonen und des ganzen Volks einen Wendepunkt bedeutet hatte. Zu dieser ersten Generation der polnischen Romantiker gehörten Adam Mickiewicz, Antoni Malczewski, Seweryn Goszczyński,

Aleksander Fredro, Maurycy Mochnacki, Juliusz Słowacki und Zygmunt Krasiński, in der Musik Frédéric Chopin. Diese Generation war auch durch alle polnischen Philosophen der Romantik vertreten.

Die zweite Generation bildeten Cyprian Norwid, Józef Ignacy Kraszewski, Narcyza Żmichowska, Ludwik Sztyrmer, Edward Dembowski, Teofil Lenartowicz, Ludwik Kondratowicz (Syrokomla), Kornel Ujejski — Prosaschriftsteller und Dichter, die um das Jahr 1820 geboren wurden und ca. 1840 zum erstenmal publizierten. In der Musik war diese Generation durch Stanisław Moniuszko vertreten.

Auch die Aktivität der zweiten Generation der polnischen Romantiker überlebte sich in den fünfziger Jahren des neunzehnten Jahrhunderts. Ihre Vertreter hatten in der Kindheit die Folgen der Niederschlagung des Novemberaufstands erfahren, im Erwachsenenalter dagegen war der „Völkerfrühling" und die Enttäuschung über seinen politischen, besonders aber gesellschaftlichen Ertrag eine Erfahrung dieser Generation. Letztgenannte führte schnell zu einer Kritik an den wichtigsten Prämissen der Romantik und zu einer gewissen defensiven Haltung dieser Strömung gegenüber. Danach trat kurz vor dem Januaraufstand, um das Jahr 1858, die sogenannte „Generation vor dem Sturm" auf: Mieczysław Romanowski, Walery Łoziński und Adam Asnyk, die wiederum auf romantische Art gegen den voranschreitenden kulturellen und politischen Zusammenbruch der Gesellschaft aufbegehrte. Diese Generation kam während des Aufstands um, und diejenigen, die am Leben geblieben waren, sollten schon eine für den polnischen Positivismus charakteristische Haltung einnehmen.

## DIE POLNISCHE ROMANTIK VOR 1830

### DAS FRÜHE WERK ADAM MICKIEWICZ' (1798–1855)

Die wichtigsten Zentren, an denen sich frühromantische Tendenzen herausbildeten, waren zwei Universitätsstädte, die Hauptstadt Warschau und das litauische Wilna. In Warschau machte sich die intellektuelle Ausstrahlung der Universität in einer Belebung der kulturellen Presse und dem vorzüglichen Niveau der jungen Literaturkritik bemerkbar. Die Universität von Wilna prägte die polnische Romantik während ihrer Entstehung ganz unmittelbar. Dies hing größtenteils mit der einmaligen Atmosphäre, die an dieser Universität herrschte, zusammen, die ja nach dem Verlust der Unabhängigkeit Polens ihre Blüte erlebte.

Ein Paradoxon war die Tatsache, daß von dieser ausgesprochen rationalistischen Hochschule, die von Männern der Aufklärung unter der Leitung ihres Rektors Jan Śniadecki geprägt wurde, jene romantische Gärung ausgehen sollte, die in Kürze das Aussehen der polnischen Kultur und den kollektiven Bewußtseinsstand veränderte. Dies war zu einem großen Teil das Verdienst ihrer ausgezeichneten Professorenschaft. Neben Vertretern eines gemäßigten, nicht-doktrinären Klassizismus — wie der über antike Literatur lehrende Leon Borowski — unterrichteten hier Gelehrte eines ganz neuen Zuschnitts. Die Sensation der Jahre 1822–1824 war der von Joachim Lelewel, einem glänzendem Historiker, späterem Mitglied der aufständischen Regierung und Aktivisten der demokratischen Gruppierungen in der Emigration, gehaltene Kurs über allgemeine Geschichte. Seine Vorlesungen waren in einem — wie man es nannte — philosophischen Geist gehalten. Ihr universalistischer Humanismus, die Verknüpfung der Geschichte der Nationen mit der allgemeinen Geschichte, das Aufzeigen der Mechanismen und des Sinns der Geschichte auf der Ebene von kollektiven Phänomenen — in der gesellschaftlichen Realität, rissen die Studenten mit, ebenso wie die vom Katheder verkündeten Worte, daß „die Geschichte zu großen Taten begeistern soll".

Die Absolventen der Universität von Wilna nahmen von dieser Hochschule ein in seiner Art einmaliges aufklärerisch-romantisches Profil mit, das Adam Mickiewicz, der Fahnenträger der polnischen Romantik und gleichzeitig ein ausgezeichneter Kenner des Klassizismus, in historischer und praktischer Hinsicht vorzüglich repräsentierte. Während seiner Studienzeit ein Bewunderer und Übersetzer Voltaires, begann er in der Emigration zweimal (aus dem Gedächtnis und nicht anhand von aufbewahrten Notizen) die Tätigkeit als Vortragender, die von seiner enzyklopädischer Bildung zeugte: über antike Literatur in Lausanne (1838–1839) und über slawische Literaturen am Collège de France in Paris (1840–1844).

Die Universität von Wilna war nicht nur ein Zentrum wissenschaftlicher Arbeit, sondern auch ein Bereich eines lebhaften geselligen und organisatorischen Lebens der Studenten wie der Professoren. Außerhalb des Studienplans traten hier öffentliche und geheime Jugendbünde in Erscheinung, die in der Hauptsache intellektuelle Bedürfnisse befriedigten, dem Selbstunterricht, aber auch gewissen Formen einer sittlichen Vervollkommnung dienten. Mickiewicz war einer der Gründer und aktives Mitglied der geheimen „Gesellschaft der Freunde des Wissens", die im Jahr 1817 unter dem Namen Philomathen von sechs Universitätsfreunden ins Leben gerufen wurde. Diese Kameradschaftsgruppe, die sechs Jahre lang im Geist von im aufklärerischen Sinn Bürgeridealen aktiv war, widmete sich auch literarischen Übungen. Diese Philomathen-Dichtung pries eine sich an einer sozialen Ethik orientierenden Welt von Werten und propagierte die Verehrung der Freundschaft und der Arbeit, war aber auch gleichzeitig eine Art von Gelegenheitslyrik, die den Zauber von kameradschaftlichen Gruppenbindungen besang [Das Lied der Philareten (Pieśń Filaretów) von Mickiewicz, die *Triolette* (*Triolety*) von Tomasz Zan].

Dem Geist der Gesellschaft der Philomathen entstammte Mickiewicz' Werk *An die Jugend* (*Do Młodości*), 1820, eine klassizierende Ode, erfüllt von einem Schillerschen Ton, die außer den Leitsprüchen der Philomathen die Ideologie der Freimaurer aufgriff. Aus Zensurgründen in die erste Ausgabe der Dichtungen nicht aufgenommen, war diese Ode in unzähligen Abschriften im Umlauf und wurde zu einem ungeheuer populären, „anspornenden" Gedicht in den Zeiten der nationalen Knechtschaft.

Die Entwicklung der politischen Situation im russischen Teilungsgebiet hatte zur Folge, daß die größer werdende Gesellschaft der Philomathen, die allmählich Kontakt mit ernstzunehmenden Kreisen der politischen Konspiration bekam, einem der berühmtesten Prozesse der konspirativen Organisationen jener Zeit zum Opfer fiel. Unter den zwanzig Ende des Jahres 1823 und Anfang des Jahres 1824 zu „lebenslänglicher Deportation in von Polen weit entfernte Gouvernements" Verurteilten befand sich auch Mickiewicz. Der Prozeß, während dessen Verlauf die Angeklagten im Basilianerkloster in Wilna inhaftiert waren und der Thema der sogenannten Gefängnisszenen der *Totenfeier Teil III* (*Dziady cz. III*) werden sollte, wurde von einem unbedeutenden Vorfall zu einem unglaublichen politischen Skandal aufgebauscht, und die Reaktion auf ihn war ein Schlag, der gegen den ganzen universitären Kreis von Wilna gerichtete war.

Die ersten *Gedichtbände* von Adam Mickiewicz waren noch vor dem Philomathen-Prozeß dank der Bemühungen und der großen Unterstützung seitens der Freunde des Dichters aus diesem Kreis in Wilna erschienen. Zu dieser Zeit arbeitete er selbst nach Abschluß seines Studiums als Lehrer in der litauischen Provinz, in Kaunas, sein Universitätsstipendium ab. Beide Sammelbände der Dichtungen — 1822 und 1823 — wurden ein großer Erfolg. Sie erreichten eine hohe Auflage und gewannen auch in Warschau, wo man über den Kurator Adam Jerzy Czartoryski von diesem begabten Studenten aus Wilna erfahren hatte, viele Subskribenten. Das enthusiastische Urteil über diese Dichtungen von Autoritäten wie Julian Ursyn Niemcewicz, das Gepolter des klassizistischen Kreises mit Koźmian und die äußerst wohlwollende Rezension Mochnackis bergündeten den Ruhm des jungen Dichters.

Auf diese Weise wurde Mickiewicz zum Bergünder der polnischen Romantik und zum Normgeber ihrer typischsten Merkmale. Der Zyklus der vierzehn *Balladen und Romanzen* (*Ballady i romanse*), die der erste Band der Dichtungen enthielt, lieferte das Manifest des Intuitionismus und präsentierte eine neue Welt der Dichtung, in der die Geistigkeit regiert — geheimnisvolle Bande zwischen dem Menschen und der Natur sowie die Verbindung von Angehörigen einer volkstümlichen Gemeinschaft. Seine programmatische Ballade *Romantik* (*Romantyczność*) stellte auf revolutionäre Weise den „lebendigen Wahrheiten" — den Wundern der Welt und der Seele des Menschen — die „toten Wahrheiten" der Vernunft gegenüber. Das Beispiel eines Mädchens in einer Kleinstadt, das nachts von ihrem verstorbenen Geliebten besucht wird, ruft zwei verschiedene Reaktionen hervor, eine kategorische Ablehnung seitens des Greises und Mitleid im versammelten Volk. Der Erzähler trifft am Ende eine in der Tat Pascalsche Wahl, entscheidet sich für eine Geste der Sympathie und tritt entschieden auf die Seite der Werte des „Gefühls und des Glaubens". Der polemische Ton dieser Ballade tat ihrer Ausdruckskraft keinerlei Abbruch. Diese hing auch damit zusammen, daß hier zum erstenmal in der polnischen Literatur der Typ des romantischen Irren auftritt, der richtiger sieht und tiefer empfindet als andere Leute. Eine typisch polnische Spielart dieses Motivs sollte später der vor Liebe zum Vaterland Besessene werden, aber auch Figuren, die den Wahnsinn der modernen Welt verkörperten.

In literarischer Hinsicht war *Die Lilien* (*Lilie*) zweifelsohne die interessanteste Ballade dieses Zyklus. Diese Bearbeitung eines alten polnischen Volksliedes über die Ermordung eines vom Krieg heimgekehrten Ehemanns durch seine untreue Frau gewann hier die Dimension einer universellen mythischen Erzählung: Das Opfer kommt, durch eine unbewußte Blasphemie heraufbeschworen, aus dem Jenseits zurück, um Rache zu üben.

Die Balladen brachten eine ungeheure Vielfalt an Formen und Stimmungen. Die Fülle der Varianten von balladenartigen Erzählweisen war bei Mickiewicz nicht nur das Resultat der gegenseitigen Verknüpfung von verschiedenen Gattungselementen, sondern auch eine Folge der ästhetischen Spannweite vom Grauen und Erhabenen bis hin zu Komik und Scherz [*Das mag ich* (*To lubię*), *Frau Twardowska* (*Pani Twardowska*)]. Meisterhaft operierte er hier mit dem Rätsel und dem Geheimnis als Konstruktionsprinzip und vorherrschendem Mittel zur Erkenntnis der Welt der Dichtung. Besondere Bedeutung maß Mickiewicz der Art und Weise bei, wie von Ereignissen berichtet wird. Seine eigene Erfindung war ein charakteristischer Typus von Erzähler, der später Balladennarrator genannt wurde. Dieser Augenzeuge der Geschehnisse versucht, diese fieberhaft in eine Ordnung zu bringen und mit Anteilnahme zu verstehen, und wird als ein mit der dargestellten Welt Vertrauter, aber gleichzeitig auch Fremder gezeigt (meistens als jemand, der auf der Durchreise in ihm einst bekannten Gegenden ist). Er steht den seltsamen Tatsachen immer hilflos gegenüber, so daß rhetorische Fragen und narrative Lücken die Kapitulation der aufgeklärten Vernunft vor dem Geheimnis, zu dem lediglich Figuren aus dem Volk einen natürlichen Zugang zu haben scheinen, hervorgehoben werden.

Der erste Band der Dichtungen von Mickiewicz erwies sich für die weitere Entwicklung der polnischen Lyrik als epochal. Er löste eine wahre Balladenmanie aus, anfänglich in jenem unmittelbaren Kreis der Freunde und Nachahmer des Dichters (Edward Odyniec, Ignacy Chodźko), der dann als Litauische Schule bezeichnet wurde, in der Folge auch bei den Epigonen der Romantik, Dichtern, die nach dem Novemberaufstand in Polen waren.

Die Dichtungen des Jahres 1823 dagegen trugen zwei neue Gattungen bei, die die polnische Romantik stark charakterisierten: die erste lyrische Erzählung *Grażyna* und das erste romantische Drama [*Totenfeier Teil II und IV* (*Dziady cz. II i IV*)]. *Grażyna* wurde, trotz der neuen Form — einem raffiniert eingesetzte Trick einer unvollständigen Handschrift mit originell abgewandelte Reminiszenzen an Ossian (das Motiv des Weibes in männlichem Harnisch) — in erster Linie als poetisch ausgedrückte politische Anspielung verstanden, in der unter dem Deckmantel einer Episode aus der litauischen Geschichte mit dem Deutschen Ritterorden im vierzehnten Jahrhundert die Aufforderung steckte, keinesfalls mit Feinden des Landes zu paktieren. Die *Totenfeier* (die man auch *Totenfeier* von Wilna und Kaunas nennt) rief durch die meisterhaft eingesetzte Stimmung und die Intensität der Spannweite der Gefühle Erstaunen hervor. Sie überraschte damit, was sich später als eine wahre Eigenheit Mickiewicz' und des großen polnischen romantischen Dramas im allgemeinen erweisen sollte: durch eine organische Verbindung einer extremen Auflösung der traditionellen Dramenstruktur (seine Teile folgen nicht nur nicht mehr der Reihe nach, sondern lassen sich nicht einmal versuchsweise so ordnen) mit einer inneren Einheit des Dramas, die durch den Ideenkomplex eines ethischen Verhältnisses zwischen Individuum und Gemeinschaft mit einer moralischen Aussage des Volksbrauches, der hier den Hintergrund der Handlung abgibt, bestimmt wird. Diese erste *Totenfeier* von Mickiewicz gibt ein vollständiges Bild von der polnischen Spielart der romantischen Volkstümlichkeit. Die von der Kirche verbotene traditionelle *Totenfeier* wird als zutiefst ethische Manifestation des kollektiven Mitleids gezeigt. Die in der Friedhofskapelle nachts heraufbeschworenen Seelen der Verstorbenen predigen eine Lehre von den Pflichten im Leben, zu denen ein gewisses Maß an Leid gehört. Die größte Sünde in diesem Kodex ist jedoch Unmenschlichkeit. Der Initiationsaspekt des im zweiten Teil dargestellten Rituals findet im vierten Teil in Form eines gewaltigen Ausbruchs der gequälten Seele gegen die gefühllose Welt seinen Abschluß. Mickiewicz' Held Gustaw ist die erste Figur in der polnischen Romantik mit einem doppeldeutigem ontologischem Status. Als lebender Selbstmörder ist er ein dem Volksglauben entstammendes Gespenst und gleichzeitig ein „wandelnder Leichnam" im herkömmlichen Sinn, jemand, der durch sein privates Unglück — „noch in dieser Welt, jedoch nicht mehr für diese Welt" zugrunde gerichtet wurde.

Mickiewicz, der im Herbst 1824 im Philomathen-Prozeß verurteilt worden war, verließ sein Land schon als reifer Dichter. Während seines fünf Jahre dauernden Aufenthalts in Rußland kam er der russischen intellektuellen Elite (den Dichtern aus dem Kreises der zukünftigen Dekabristen und Puschkin) näher, und seine gedichteten Improvisationen, für die er in den Salons von Petersburg und später Moskau berühmt war, verfeinerten sein präzises Talent als Redner, durch das seine Lyrik auffallen sollte.

An die Spitze der Werke dieser Periode traten zwei in Rußland erschienene Bände, die *Sonette* (*Sonety*), 1826, und *Konrad Wallenrod*, 1828. Die *Sonette* bestanden aus zwei kunstvoll komponierten Zyklen, der erste war ein Zyklus von Erotika, die verschiedene Stadien und Schattierungen der Liebe von sentimentalem Zaudern bis hin zu sinnlichen Freuden darstellen [die sogenannten *Odessa-Sonette* (*Sonety odeskie*)]. Der zweite Zyklus, die *Krim-Sonette* (*Sonety krymskie*), ist eine Art lyrisches Tagebuch einer Reise auf die Krim, die eine Kombination einer exotischen Irrfahrt durch die Wunder der Natur und auf den Spuren der Geschichte mit einer geistigen Wallfahrt auf der Suche nach der Integration des eigenen gespaltenen Inneren wurde. Eben diese Darstelung des lyrischen Subjekts als ein Pilger verlieh diesem Zyklus Einheit und entschied über seine innere Dramatik. Mickiewicz konstruierte diese Figur aus zwei deutlich zu erkennenden Elementen, von denen eines mit einer neuen Art der Welterkenntnis zusammenhing, in der Fragestellungen sowie das Gefühl des Staunens über die Vielfalt der Landschaft und der Kultur des Ostens vorherrschen. Das zweite Element entwickelte das schon aus der *Totenfeier Teil II und IV* bekannte Motiv des „wandelnden Leichnams" weiter, das hier eine persönliche Aussage gewann: Der Pilger befindet sich physisch im „Land der Lustbarkeiten und Pracht", stirbt aber vor Sehnsucht nach dem heimatlichen Litauen, in das er im Geist unablässig zurückkehrt.

In seinen *Krim-Sonetten* gab Mickiewicz vielleicht das beste Beispiel für das Sprengen der bislang geltenden Konventionen der Gattung bei gleichzeitiger Sorge um die innere Homogenität der poetischen Aussage. Einerseits lockerte er die traditionelle Strenge des Sonetts (verschwommene Grenzen zwischen den beschreibenden und den reflektierenden Teilen, Einführung des Dialogs, sogar Verletzung der kanonischen Zahl von vierzehn Versen), andererseits führte er eine geordnete Form des Zyklus vor, mit einem gemeinsamen lyrischen Helden, dessen Erlebnisse sich zu einem gewissen geistigen Prozeß aneinanderfügten. Diese Kombination aus klassizistischer Harmonie und romantischer Gefühlsbetontheit schuf jenes Modell des Sonettzyklus, das von weniger bedeutenden Dichtern der polnischen Romantik häufig und gern imitiert wurde.

*Konrad Wallenrod* hingegen faßte die Erfahrungen der Periode der Konspirationen und Verschwörungen zusammen. Diese gedichtete Erzählung Mickiewicz', die ebenfalls den Trick eines leicht zu durchschauenden politischen Deckmantels anwandte, führte im sittlichen Dilemma des geheimnisvollen Alf, bzw. Konrad, des Großmeisters des Deutschen Ritterordens Ende des vierzehnten Jahrhunderts, die Tragik jener Generation vor, dessen „einzige Waffe der Verrat war". Sein Wirken über eine Sabotage eigener Art vernichtet zwar den Feind, richtet aber auch den Helden selbst und seine ihn liebende Frau zugrunde. Die Geschichte und die in sie verwickelte Existenz wurde hier zum erstenmal von der tragischen Seite gezeigt. Sowohl die Politik als auch der Lauf der Dinge selbst haben ein destruktives Wesen. Der einzige Wert, der imstande ist, den Sturm der Geschichte zu überdauern, ist die Dichtkunst, die durch die Figur des Wajdeloten (des litauischen Barden) Halban verkörpert wird.

Dieses Werk von Mickiewicz erreichte am Vorabend des Novemberaufstands seine polnischen Leser und spielte als eines der wichtigsten Werke mit einer politischen Aussage in unserer Literatur eine bedeutende Rolle. Man las es als ein patriotisches Manifest des geknechteten Volks, das dazu aufrief, im Kampf gegen den Feind alle nur möglichen Mittel, ungeachtet ihres sittlichen Werts, einzusetzen. Nach dem Ausbruch des Aufstands verbreitete sich hingegen der Mythos mit in seiner Art initiierenden Kraft von dieser Dichtung hinsichtlich des Verlaufs der Ereignisse.

DIE DICHTER DER SOGENANNTEN UKRAINISCHEN SCHULE

Die Verserzählung war eine der Hauptgattungen der polnischen Romantik. Der außerordentliche Reiz dieser Form beruhte nicht nur auf der Schirmherrschaft Byrons (der in Polen bekannt und beliebt war, von Mickiewicz übersetzt und paraphrasiert wurde, um nur dessen glänzende Übersetzung von *Giaur* anzuführen), seiner „dunklen Phantasie" und meisterhaften lyrischen Narration, sondern auch auf ihrer charakteristischen Aura eines Grenzbereichs zwischen Nostalgie und Phantastik, die in der polnischen gedichteten Erzählung mit der „Poesie" gleichgesetzt wurde, die die Geschichte und die Welt der Vorstellungskraft des Volks umgab.

So war es auch nicht Mickiewicz mit *Grażyna* und *Konrad Wallenrod*, die über ihre aktuellen Anspielungen verstanden wurden, der die beiden prägnanten Meisterwerke dieser Gattung in der ersten Periode der polnischen Romantik schuf, sondern große Gestalter von Stimmungen, die Dichter der sogenannten ukrainischen Schule. Die Bezeichnung der „ukrainischen Schule" war ein spezifischer *nom de guerre* zu ihrer Unterscheidung von der litauischen Schule und Mickiewicz, denn ihre Vertreter stammten keineswegs aus der Ukraine, sondern standen ihr höchstens in ihrer Kindheit oder Schulzeit nahe. Ihre Werke veröffentlichten sie in Warschau, und das „Ukrainische" ihrer Dichtung lag hauptsächlich in der Thematik und dem charakteristischem Lokalkolorit dieser Werke. Der führende Dichter dieser Richtung war lange Zeit hindurch Bohdan Zaleski (1802–1866), der lyrische Gesänge, die die Geschichte und Figuren der Kosaken idealisierten, schrieb, ein Meister der Wehmut, die u.a. aus einer Übertragung der Melodik und Rhythmik ukrainischer Volkslieder auf die polnische Dichtung resultierte.

Zu großer künstlerischer Bedeutung kam diese Schule jedoch durch zwei Verserzählungen, durch Malczewskis *Maria*, 1825, und Goszczyńskis *Das Schloß von Kaniow*, 1828. *Maria*, der größte Erfolg der polnischen Romantik bei den Lesern (gemessen an der Menge der Auflagen und Paraphrasen, darunter auch eine dramatische Bearbeitung), war ein Spätwerk Antoni Malczewskis (1783–1826) und sollte sein einziges bleiben. Der Autor, Absolvent des berühmten Gymnasiums von Krzemieniec, Offizier Napoleons, Reisender und einer der ersten Besteiger des Mont Blanc, war eine pittoreske Gestalt mit einem dramatischen, wechselvollen Schicksal. In *Maria* setzte er die Verserzählung auf ungewöhnliche Art und Weise ein, indem er sie zu einer Metapher der menschlichen Existenz machte.

Die verworrene Fabel, die lückenhafte Erzählweise, die nächtliche Szenerie, das Einsetzen der monotonen und in die Irre führenden ukrainischen Steppe fügt sich zu einer zutiefst pessimistischen Darstellung eines vom Tod gezeichneten Lebens, das bis zur Kapitulation der menschlichen Vernunft geheimnisvoll bleibt. Diese philosophische Qualität erreicht der Autor, indem er von einer authentischen Geschichte ausgeht, die quasi dem Pitaval entstammt: dem Mord an der jungen Schwiegertochter im Auftrag ihres Schwiegervaters, eines mächtigen Magnaten in den Ostgebieten, als Reaktion auf die Mesalliance seines Sohns. Die Verlegung der Handlung ins siebzehnte Jahrhunderts und das meisterhafte historische Lokalkolorit hatten zur Folge, daß dieses Werk in der polnischen Literatur ein gewisses Klischee von der Ukraine entstehen ließ, das später die Romane von Henryk Sienkiewicz noch festigen sollten.

Auf ganz andere Art schilderte Seweryn Goszczyński (1801–1876) die Ukraine in *Das Schloß von Kaniow*, dem ersten polnischen Werk, das den blutigen Aspekt einer sozialen Revolution darstellte. Der Aufstand der Kosakenbauern gegen den polnischen Adel im Jahr 1768 wird hier als romantische „Raserei" mittels einer Folge starker, grausamer Szenen gezeigt. Der Sturm der Kosaken auf das Schloß wird zu einem Gemetzel, das mit nicht weniger blutigen Repressionen endet. Das Grauen und das düstere Kolorit dieser Verserzählung, das scheinbar dem schwarzen Roman entstammt, sollen nicht ausschließlich dem Schaffen von Stimmungen dienen, sondern die philosophische Wahrheit vom Höllenrad sozialer Unruhen vermitteln.

DIE LYRIK DES NOVEMBERAUFSTANDS

Der Ausbruch des Novemberaufstands besiegelte endgültig den Sieg der romantischen Ideen in der polnischen Gesellschaft. Er bedeutete auch das Ende des Einflusses der Klassizisten in der Politik wie in der Literatur. Die zehn Monate, die die Erhebung, die den polnisch-russischen Krieg zur Folge hatte, dauerte, waren zu kurz, als daß größere literarische Formen hätten entstehen können. Es zeigten sich hingegen Werke, die unter dem unmittelbaren Einfluß der Ereignisse geschrieben wurden. Die patriotische Rhetorik erfuhr einen Aufschwung. Kazimierz Brodziński, der bislang zwischen Klassizismus und Romantik hin und her schwankte, nahm jetzt einen radikal romantischen Standpunkt ein und hielt Reden, die ähnlich wie Fichtes Reden an die deutsche Nation klangen, jedoch schon die messianistische Idee vom Leiden Christi und der Auferstehung des Volks vorwegnahmen.

Eine besondere Bedeutung gewann die patriotische Dichtung, die zum Kampf für die Freiheit aufrief. Sie führte (Dąbrowskis Mazurka vergleichbar) zur Herausbildung eines Modells der polnischen Lyrik und des polnischen Volkslieds. Ebenso verankerte sie in der polnischen Gesellschaft die Überzeugung, daß der Dichter verpflichtet sei, angesichts von Ereignissen, die über das Leben des Volks entscheiden, die aktive Haltung eines Beteiligten, sogar eines Führers, einzunehmen.

Zur Zeit des Novemberaufstands vollzog sich eine Hinwendung zur populären Literatur und ihrer mündlichen Verbreitung. Die polnischen Romantiker lernten den schlichten Stil des Soldatenlieds, des Tagebuchs und der Aufzeichnungen aus den Lagern schätzen sowie jegliche Formen, die von einer schwülstigen Schriftlichkeit und schriftstellerischen Regeln weit entfernt waren und sich aus der Inspiration und inneren Notwendigkeit ergaben. Die aufständische Dichtung wurde häufig von anonymen Soldaten geschaffen, aber auch die an den Kriegshandlungen zahlreich beteiligten Berufsschriftsteller, wie Maurycy Gosławski, Stefan Garczyński oder Konstanty Gaszyński, deren während des Novemberaufstands entstandene *Gedichtbände* 1833 in Paris erschienen und jetzt das poetische Vorbild der schlichten Aussage populär machten. Lyrik dieser Art schrieb auch Seweryn Goszczyński, eine besonders hochgeachtete Leistung dieser Dichtung waren *Janusz' Lieder* (*Pieśni Janusza*), Paris 1833, von Wincenty Pol. Sie gaben das typische Klischee des phantasiebegabten Ulanen „zur Schlacht und zum Glas" sowie des heldenmütigen Führers, der tollkühn dem zahlenmäßig überlegenen Feind die Stirn bietet und, ohne sich zu ergeben, den Tod wählt, an die nachfolgenden Generationen weiter. Nach der Niederschlagung des Novemberaufstands kündeten auch die großen Autoren der romantischen Literatur, die sich von den Berichten der an den Ereignissen Beteiligten inspirieren ließen, von der eigentümlichen Schönheit des Freiheitskampfs. Diese authentischen Aufzeichnungen und Dokumente aus dem Alltag der Aufständischen sammelte die Literaturgesellschaft in Paris. Die charakteristischsten Werke der großen Romantiker, die die Heldenverehrung mit einer stilisierten Authentizität oder sogar volkstümlicher Schlichtheit verknüpften, waren Mickiewicz' *Ordons Redoute* (*Reduta Ordona*), sowie Słowackis *Sowiński in den Schützengräben von Wola* (*Sowiński w okopach Woli*).

## DIE LITERATUR DER GROSSEN EMIGRATION

Die Niederschlagung des Novemberaufstands war für das polnische Volk eine der größten Katastrophen der Geschichte. Zu den unermeßlichen Verlusten infolge der Kämpfe und der Repressionen, die auf den Aufstand folgten (reihenweise Konfis-kationen des Vermögens und Deportationen nach Sibirien), kamen noch die Folgen der Vergeltung an der Kultur. Im russischen Teilungsgebiet wurde das ganze höhere Bildungswesen außer Kraft gesetzt, das Gymnasium von Krzemieniec, die Gesellschaft der Freunde der Wissenschaften und die Museumsbestände sowie die privaten und öffentlichen Bibliotheken eingezogen. Das Jahr 1831 war auch eine Unterbrechung im Lauf des literarischen Lebens, denn von da an verlief es in zwei seperaten Strömungen, der Emigration und im Land selbst. Die Aufrechterhaltung einer Verbindung zwischen beiden ging nur mit größter Anstrengung um jeden Preis vor sich.

Die Emigration, die auf den Novemberaufstand folgte, nannte man häufig die Große Emigration, da die intellektuell und künstlerisch wertvollsten Persönlichkeiten und Kreise, die aktiv an der Erhebung teilgenommen hatten und auf unterschiedliche Weise politisch kompromitiert waren, durch sie von ihrer Heimat abgeschnitten wurden.

Das bittere Bewußtsein der Niederlage, die Trennung vom natürlichen sozialen Hintergrund und der beschränkte Kreis der Rezipienten führten dazu, daß sich die Emigrationsliteratur ungeachtet ihrer Redefreiheit abkapselte und auf eine Analyse der Dilemmata konzentrierte, die die Tragödie des Aufstands an den Tag gebracht hatte, von seinem Sinn angefangen bis hin zur Soziotechnik, und inbesondere die Frage einer vernachlässigten gesellschaftlichen Solidarität aufgriff (das Problem der sogenannten „einsamen Revolution des Adels", die jetzt einer Kritik zugunsten der demokratischen Idee eines „Aufstands des ganzen Volks" unterzogen wurde).

### DAS WERK ADAM MICKIEWICZ' NACH 1831

Mickiewicz hatte zwar am Aufstand, der ihn in Italien überraschte, nicht teilgenommen (die in ihrem Ton dramatische Elegie *An die Mutter Polin* (*Do matki Polki*) entstand auf die Nachricht vom ausgebrochenen Aufstand hin), beschloß aber dennoch, im Westen zu bleiben. Er gelangte über Deutschland, den wichtigsten Weg für die polnischen Flüchtlinge, nach Paris, wo er bis zu seinem Lebensende die Rolle einer moralischen und literarischen Autorität der größten polnischen Agglomeration außerhalb des Landes spielen sollte. Diese Stellung eines geistigen Führers hatten ihm auch seine Werke aus der Zeit in Wilna und Rußland gesichert, in denen man die Ankündigung oder Anregung der politischen Ereignisse gesehen hatte, und wurde durch die in Dresden geschriebene *Totenfeier Teil IV* (1832) gefestigt.

Die Bedeutung dieses Werks für die polnische Literatur ist unermeßlich. Es steuerte einen neuen Typus des Dramas bei, der schon bald dank anderer großer Autoren, in der Hauptsache Słowacki und Krasiński, als eine polnische Eigenheit dieser Epoche angesehen wurde. George Sand prägte für diese Variante die Bezeichnung metaphysisches Drama. Sein charakteristisches Merkmal war eine sakrale Dimension, auf die die in ihm dargestellten politischen Ereignisse übertragen wurden (die gerichtliche Untersuchung im Prozeß der inhaftierten Philomathen, seine Kulisse von Wilna und die Reaktionen in den Warschauer Salons) sowie die Geschichte des Helden, also Gustavs aus der *Totenfeier Teil IV*, der in der Gefängniszelle eine geistige Metamorphose zu Konrad durchmacht und sich vom romantischen Liebhaber zu einem Kämpfer für die Freiheit des Volks verwandelt. Doch sündigt Konrad durch Hochmut und fordert von Gott (im berühmtesten Monolog der polnischen dramatischen Literatur, genannt *Die große Improvisation*) das bedingungslose Recht auf eine geistige Führung über das Volk. Ihm gegenüber steht der demütige Priester Piotr, der in einer mystischen Vision das Martyrium der Jugend von Wilna aus dem Gesichtswinkel des Opfers Christi erblickt.

Das aktuelle politische Drama vermischt sich in der Dresdener Totenfeier mit einer Ebene des ewigen Kamps zwischen Gut und Böse. Das Schicksal der Generation und des Individuums sind der Einsatz in diesemRingen. Gleichzeitig brachte Mickiewicz sowohl in der Fabel des Dramas, als auch in seinem epischen Kommentar die schärfste Kritik vor, die es in der polnischen Literatur am zaristischen Absolutismus und seinen Abartigkeiten, die nicht nur auf die von ihm unterjochten Länder, sondern auch auf das Erscheinungsbild Rußlands selbst ausstrahlten, gibt.

Mickiewicz' ebenfalls im Jahr 1832 in Paris erschienenen *Bücher des polnischen Volkes und der polnischen Pilgerschaft* (*Księgi Narodu Polskiego i Pielgrzymstwa Polskiego*) entwickelten gemeinsam mit der Dresdener *Totenfeier* eine messianistische Ideologie. Der polnische Messianismus gilt als die klassischste Richtung innerhalb der millenaristischen Strömungen, die zu jener Zeit das Wort ergriffen. Er brachte die Überzeugung zum Ausdruck, daß die Geschichte der Menschheit eine Vervielfältigung der heiligen Geschichte sei und die Geschichte Polens nach den Teilungen das Leiden und die Auferstehung Christi wiederhole. Das Volk, das den Tyrannen zum Opfer gefallen war, sollte nach seiner Auferstehung von den Toten eine Epoche der Freiheit in der allgemeinen Geschichte beginnen.

Mickiewicz propagierte zwei verschiedene Varianten des Messianismus, einen individuellen in der *Totenfeier Teil III*, die die Ankunft eines Menschen der Vorsehung, der mit der geheimnisvollen Zahl 44 bezeichnet ist, ankündigt, sowie einen kollektiven in den Büchern des polnischen Volkes, die die Rolle des geistigen Wiedererweckers der Toten in Europa der polnischen Emigration als Wahrerin der religiösen und ethischen Werte inmitten des moralisch verarmten Westens zuschrieben. Der so verstandene Messianismus war hauptsächlich ein Versuch, die Politik ethischer zu gestalten. Indem er für den Optimismus einer Endvision der Geschichte eintrat und zu einem aktiven Einsatz für eine moralische Vervollkommnung des Individuums und der Gemeinschaft rief, spielte er nach dem Novemberaufstand im Leben der polnischen Emigration eine eindeutig konstruktive Rolle.

Die Bedeutung der Bücher des polnischen Volkes beruhte auch darauf, daß sie eine neue Art der Aussagegestaltung in der polnischen Literatur einführten, die sich an einer Stilisierung nach der Bibel (*Bücher des Volkes*) und der Verwendung der Evangelien-Parabel (*Bücher der Pilgerschaft*) orientierte. Der prophetische und anspielungsreiche Stil der Bibel erwies sich in der Periode der nationalen Unterdrückung als populär und hilfreich...

Das dritte und letzte bedeutende Werk, das Mickiewicz nach dem Novemberaufstand schrieb, war *Pan Tadeusz*, 1834. Als Idylle in der Art von Goethes *Hermann und Dorothea* geplant, wuchs es zu einer umfangreichen nostalgischen Dichtung an, zu einem Epos über den polnischen Beitrag zu den Napoleonischen Kriegen, dessen Handlung Mickiewicz 1812, im Jahr des Moskaufeldzugs, in einem litauischen adeligen Gutshof anlegte und darin vorführte, wie die alte Welt des polnischen Adels samt ihren Gebräuchen und ihrer Kultur unwiederbringlich der Vergangenheit anheimfällt. Die nach dem Prinzip des Romans konstruierte Fabel schildert in einer lebhaften und humorvollen Erzählweise das Alltagsleben durchschnittlicher Figuren, doch verleiht ein geläutertes Pathos der hier dargestellten Wirklichkeit eine symbolische Qualität. Eine unvergleichliche Aura, die aus dem Heimweh, der Sehnsucht nach dem verlorenen „Land der Kinderjahre" geschaffen wurde, machte *Pan Tadeusz* zu einem Meisterwerk von größter Bedeutung, das typisch polnisch ist.

Nach *Pan Tadeusz*, Mickiewicz' letztem gedruckten Werk, versiegte zwar seine literarische Tätigkeit nicht, doch ist sie uns heute nur in Fragmenten bekannt [u.a. eine Reihe metaphysischer Gedichte von meisterhafter Schlichtheit, die *Lausanner Lyrik* (*Liryki lozańskie*) genannt werden, sowie die philosophisch-religiösen *Ansichten und Bemerkungen* (*Zdania i uwagi*)], da sie teilweise vom Autor selbst vernichtet wurden, der sie in einem bestimmten Augenblick für weniger wertvoll hielt als seine politische Aktivität innerhalb der Emigration. Aufgaben dieser Art widmete er sich ganz und gar seit dem Beginn der vierziger Jahre des neunzehnten Jahrhunderts. Eine Ausnahme machte er lediglich dafür, um seine Ideen vom Lehrstuhl am Collège de France (1840–1844) aus propagieren zu können. Er starb zur Zeit des russisch-türkischen Kriegs in Konstantinopel, als er mit der Bildung von polnischen Legionen, die an der Seite der Türkei kämpfen sollten, beschäftigt war.

## JULIUSZ SŁOWACKI (1809–1849)

Das Werk Juliusz Słowackis stellt die vollständigste Umsetzung der romantischen Ästhetik in Polen dar. Auch die Biographie und Lebenseinstellung des Dichters schildert modellartig die polnische Romantik in ihrer tiefsten Strömung. Seine

Beziehung zu Wolhynien und Litauen in der Kindheit (sein früh verstorbener Vater Euzebiusz Słowacki war Professor für Rhetorik und Literatur am Gymnasium von Krzemieniec, später an der Universität Wilna) fand durch seine Übersiedlung nach Warschau ein Ende, von wo er am Vorabend des Ausbruchs des Novemberaufstands über London nach Paris gelangte.

Zwei Umstände sollten die Mehrheit der Unternehmungen und Unterfangen in Słowackis Leben und Literatur prägen: ein außergewöhnlich starkes Schuldgefühl, weil er am Aufstand nicht teilgenommen hatte, sowie das Bedürfnis, sich in den Kreisen der Emigration einen eigenen geistigen, künstlerischen, ja sogar gesellschaftlichen Freiraum zu erkämpfen, der in dieser Hinsicht von Mickiewicz und der ihn umgebenden kultischen Atmosphäre unabhängig wäre. Słowackis Beziehung zu Mickiewicz wurde noch zudem dadurch kompliziert, daß ersterer der Stiefsohn des in der Dresdener Totenfeier als Kollaborateur mit dem Zarenregime in Verruf gebrachten Doktor Bécu war.

Die Emigration überging Słowackis dichterisches Debüt stillschweigend, ungeachtet der beeindruckenden Qualität und Quantität der veröffentlichten Werke des jungen Dichters. Sie bildeten drei ganze Bände von *Dichtungen* (*Poezje*), die 1832 (Band I und II) und 1833 (Band III) in Paris erschienen. Darin stellte der Dichter seine individuell abgewandelte Variante des europäischen Dandytums vor. In den sieben Verserzählungen des ersten Bandes kommt ein Byronscher Orientalismus zu Wort, doch knüpft sein nahöstliches Kolorit auf originelle Art an die Exotik der polnischen Ostgebiete an. Der zweite Band der Dichtungen enthält Dramen, die die Geschichte als tragischen „Nährboden von Verbrechen" zeigen. Im dritten Sammelband zeichnet sich schon der spätere große Lyriker ab. Die zutiefst persönliche Dichtung *Gedankenstunde* (*Godzina myśli*), die Geschichte einer Jugendfreundschaft und der Kluft zwischen Träumen und Wirklichkeit, überrascht durch ihr poetisches Konzept von der Dichtung als Therapie für psychisches Leid, das seiner Zeit voraus war.

Die ausbleibende Reaktion der Öffentlichkeit führte dazu, daß Słowacki Paris verließ und längere Zeit (1833–1835) auf Reisen war, von der Schweiz bis ins Heilige Land. In dieser Periode publizierte er anonym *Kordian*, 1834, das zweite polnische metaphysische Drama nach der *Totenfeier*, das als persönliche Polemik gegen Mickiewicz und die polnische Emigration gedacht war. Auch hier nahm die Fabel auf aktuelle Ereignisse Bezug (der mißglückte Anschlag auf Zar Nikolaus I. nach seiner Krönung zum polnischen König im Jahr 1827), doch wird die Geschichte als Sphäre des Wettstreits göttlicher und teuflischer Mächte gezeigt. Vor allem schildert das Drama jedoch ein Bild der Epoche und eine Synthese von Schicksalsläufen der Generation des Aufstands. Der Held ist als Tatmensch nichts wert, doch auch ganz zu recht von dem hier dargestellten Querschnitt der damaligen polnischen und europäischen Wirklichkeit enttäuscht. Dieses ambivalente (solidarische und gleichzeitig distanzierte) Verhältnis zum Haupthelden macht Słowacki schon in seinem *Kordian* zum künftigen romantischen Meister der Ironie.

Der Umfang und die Vielfalt von Słowackis lyrischem Werk war nach seiner Rückkehr aus dem Nahen Osten über Italien nach Frankreich ungeheuer. Es erschienen, eins nach dem anderen, hervorragende Werke. Eröffnet wurde diese Reihe von *Anhelli*, 1838, einer von Dante inspirierten Dichtung über die weiße Hölle Sibiriens, in dem das Schicksal der Verbannten eine Parabel der moralischen und politischen Verelendung der zerstrittenen polnischen Emigration darstellt. Gleich im Anschluß darauf erschien *Balladina (Balladyna)*, 1839, ein Drama, das in einem diametral entgegengesetzen Ton gehalten ist und in der polnischen Literatur am besten die ästhetischen Prämissen und Leistungen der Romantik resümiert. Diese Erzählung von einem Bauernmädchen, das mit Hilfe einer Reihe von Verbrechen nach Macht strebt, ist nach dem Prinzip einer Anspielung auf verschiedenste literarische und kulturelle Traditionen konstruiert und kombiniert unterschiedliche Elemente miteinander: das Shakespearesche Drama, insbesondere die politische Tragödie und das szenische Märchen, die Welt der Volkslegenden, die Phantastik der Ballade, die Tricks der Oper und sogar Elemente der Heldenposse. Schließlich erschien *Beniowski*, 1841, das große Manifest des romantischen Kreatianismus, das in der polnischen Literatur die Gattung der digressiven Dichtung einführte. Diese in Oktaven geschriebene Erzählung über das Leben des jungen Maurycy Beniowski, eines Teilnehmers an der Konföderation von Bar, wird vom Autor mit einer ironischen Geringschätzung behandelt. Die Handlung reißt dauernd ab und bietet nur den Vorwand zu Abschweifungen, die hier eindeutig dominieren. In einigen davon rechnet der Dichter mit seinen Gegnern, der ihm nicht gewogenen Literaturkritik der Emigration und Mickiewicz, ab, der Rest bildet eine autothematische Dichtung über das Schreiben und verrät (im Spaß oder im Ernst) Geheimnisse der schriftstellerischen Technik des Autors und dessen literarisches Credo.

In der Periode von 1835–1842 entstanden auch Słowackis beste Gedichte, die für eine Spitzenleistung der Lyrik in der polnischen Romantik gehalten werden. Wie Mickiewicz durch den der objektiven Wahrheit und der Schönheit der Welt getreuen Blick eines Epikers hervorsticht, so ist Słowacki ein Meister der lyrischen Suggestion. Er gestaltet die Wirklichkeit nach den Gesetzen eines phantasievollen, freien Umgangs mit einer Fülle von Assoziationen und mannigfachen Registern. In dieser Periode war vor allem eine Verbindung des elegischen Stils mit dem Pathos [*Auf die Überführung von Napoleons Leichnam (Na sprowadzenie prochów Napoleona)*, 1840] bezeichnend.

Nach 1842 unterlag Słowackis Schaffen einem deutlich erkennbaren Wandel im Stil und in den Ausdrucksmitteln. Die schon vorher dynamische Darstellung wurde jetzt visionär. Es entstand eine Reihe von Dramen, die das Pittoreske des polnischen Barock mit der Grausamkeit und Tragik der Konföderation von Bar und dem polnisch-ukrainischen Konflikt verbanden [*Pfarrer Marek (Ksiądz Marek)*, *Salomes Silbertraum (Sen srebrny Salomei)*]. Die Realität verschwimmt hier mit dem Traum, und das prophetische Element hebt den höheren, geistigen Sinn der dargestellten Ereignisse und Figuren hervor. Auf der anderen Seite tritt — als kontrastives Motiv zur barocken Pracht — das Streben nach einer extrem „unbearbeiteten" Schlichtheit der dichterischen Aussage auf, die im Ton einer mittelalterlichen Legende oder einer kindlichen beziehungsweise volkstümlichen Naivität stilisiert ist.

Eine Feuervision, die Słowacki im April 1845 hatte, eröffnet die mystische Periode in seinem Leben. Sein außergewöhnlich umfangreiches Werk aus dieser Zeit wurde vom Autor größtenteils weder vollständg geordnet noch publiziert. Es unterscheidet sich ideell und formal von seinen früheren Werken. Słowacki, der immer Demokrat, Republikaner und auf romantische Art Revolutionär war, begann jetzt seine Arbeit an der Bildung eines philosophischen Systems, in dem diese Anschauungen ihre religiöse Sanktion bekommen sollten. Die Darlegung dieses sogenannten „Systems der Genese" enthält die Prosadichtung *Aus dem Geist* (*Genezis z Ducha*), die Merkmale des Traktats und des Gebets kombiniert. Die Welt der Natur und der Geschichte des Menschen wird von einer Art katastrophistischem Evolutionismus beherrscht. Der Fortschrift des Geistes, „des ewigen Revolutionärs", geht um den Preis eines freiwilligen oder durch „Gottes Drangsal" erzwungenen Verzichts auf weitere Existenzformen vor sich.

In dieser Zeit machte Słowacki seine schlimmer werdende Schwindsucht zu schaffen, so daß seine beiden letzten wichtigen Werke, das Drama *Samuel Zborowski* und die Dichtung *König Geist* (*Król-Duch*), die seinen spiritualistischen Entwurf in der Form von großen visionären Erzählungen über die polnische Geschichte weiterentwickelten, unvollendet blieben.

## ZYGMUNT KRASIŃSKI (1812–1859)

Im Gegensatz zu fast allen anderen Vertretern der Großen Emigration war Zygmunts Krasiński kein politischer Flüchtling. Sein Auslandsaufenthalt begann 1829 mit dem Studium in Genf und dauerte eigentlich bis an sein Lebensende an. Nichtsdestoweniger hatte er als einziger von allen großen Romantikern die Möglichkeit, in seine Heimat zurückzukehren, machte aber davon fast keinen Gebrauch. Sein Vater, der General Wincenty Krasiński, einer der vermögendsten Aristokraten Polens, ehemaliger Kommandant des berühmten Chevauleger-Regiments in Napoleons Garde (Bonaparte war wohlgemerkt Zygmunt' Taufpate), diente nach der Abdankung des Franzosenkaisers mit dem gleichen Eifer den russischen Zaren als den Herrschern über das polnische Königreich, was in den Augen der radikalen patriotischen Gruppierungen beinahe als nationaler Verrat galt. Dies hatte für seinen Sohn den Boykott der akademischen Kreise in Warschau zur Folge und verstrickte ihn in einen Konflikt mit seinen Kollegen, der mit seinem Verweis von der Universität endete. Diese Vorfälle, die noch durch das Verbot seines Vaters, am Novemberaufstand teilzunehmen, verstärkt wurden, führten dazu, daß Zygmunt Krasiński allmählich „in die Krankheit flüchtete" und sich auf Reisen und Kuraufenthalten fern der Heimat aufhielt. Die Beziehung zu seinem Vater blieb kompliziert und schwankte zwischen Ergebenheit und seiner zutiefst patriotischen, vor ihm geheim gehaltener Überzeugung hin und her.

Krasiński war von klein auf zweisprachig, sprach ein natürliches Französisch und schrieb einige Werke in dieser Sprache (u.a. *Journal*, ein intimes Tagebuch aus dem Jahr 1830 mit nicht alltäglichen Reisebeschreibungen aus den Alpen). Nach seinem sehr frühen Debüt mit einer in der schwarzen Richtung des romantischen Wahnsinns gehaltenen Reihe von Erzählungen, die aber eine eigene Spielart des heimischen „Gotizismus" präsentierten, entwickelte sich Krasińskis literarische Tätigkeit in einem sehr unregelmäßigen Rhythmus, durchlief Perioden, in denen er leicht schrieb, und solche mit Schreibhemmungen. Sie erreichte zwei künstlerische Höhepunkte in den Dramen *Die Un-Göttliche Komödie* (*Nie-Boska Komedia*) und *Iridion* (*Irydion*).

Zweifelsohne war Krasiński der glänzendste polnische Briefeschreiber. An die 2800 in seinen 47 Lebensjahren geschriebene Briefe, in denen sich je nach Adressat und in Übereinstimmung mit dem Wesen der intellektuellen, familiären oder erotischen Beziehungen die psychologische Atmosphäre und die Arten der Selbstdarstellung gestalten, machen ihn zum hervorragendsten Vertreter der romantischen intimen Richtung.

Krasińki' literarisches Werk zeigt ausgezeichnet eine Eigenart der polnischen Romantik, in der vor allem philosophierende Schriftsteller die philosophische Reflexion pflegten. Seine wichtigsten literarischen Werke enthalten wesentliche Elemente des politischen und gesellschaftlichen Denkens. Krasińskis Anschauungen repräsentierten eine Spielart des Traditionalimus, die die Bedeutung der Kontinuität in der Geschichte einer Gesellschaft und die kulturschaffende Rolle von Eliten betonte. Als entschiedener Gegner der Revolution sah er in ihr einen Einschnitt in der natürlichen, stufenweisen Entwicklung der Geschichte, und ihr destruktiver Aspekt widersprach entschieden seinem Gefühl für eine sittliche und religiöse Harmonie.

Große Aufmerksamkeit widmete er sowohl in seinen strikt literarischen Werken als auch in seinen Briefen allen Epochen eines Umbruchs, in denen sich der Versuch des Menschen, den Lauf der Geschichte auf eigene Faust zu forcieren, als nutzlos und nicht im Einklang mit Gottes Plan für die Welt erwies. Die in Paris wie alle seine veröffentlichten Werke anonym erschienene *Un-Göttliche Komödie* (*Nie-Boska Komedia*), 1835, wird als „christliche Tragödie über die Revolution" bezeichnet. Dieses in Prosa geschriebene Drama mit epischen Einleitungen in seine vier aufeinanderfolgenden Teile präsentiert eine verkürzte, modellhafte Darstellung eines gesellschaftlichen Umsturzes. Mit großem Scharfblick werden hier vor allem die Fehler und Ausartungen zweier miteinander konfrontierten Lager beurteilt, ein primitiver gesellschaftlicher Revanchismus, die Demagogie und das ganz und gar utopische Programm der Revolutionäre für die Zukunft sowie der sittliche Verfall der Aristokratie. Auch ihre Argumente werden, personifiziert in den Figuren der Anführer, gerecht abgewogen, obgleich der gesellschaftliche Instinkt und Verstand Pancracys, des Führers der „neuen Menschen", in einen unlösbaren Konflikt mit der Wahrung der traditionellen christlichen Werten des Grafen Henryk gerät. Beide Gruppen sind zum historischen Untergang verurteilt, der in der großartigen symbolischen Schlußszene des Dramas durch die Erscheinung Christi besiegelt wird.

In Krasińskis zweitem Hauptwerk, dem Drama *Iridion*, 1836, wird die tragische Problematik einer vorschnellen revolutionären Erhebung mit ihrem ganzen Ballast der moralischen Fragestellungen über die Rechtfertigung der Rache und das Recht zu doppelzüngigem Handeln in die Zeit des untergehenden römischen Kaiserreichs verlegt. Eine außergewöhnlich originelle Figur in diesem Drama ist der Satan der Geschichte Masinissa, der Iridion dazu bringt, das den Griechen angetane Unrecht an Rom zu rächen, obwohl sich — Jahrhunderte später — die Christen als siegende Kraft erweisen sollten.

Krasińskis Dramen, die von Mickiewicz sehr geschätzt wurden, unterscheiden sich von den anderen polnischen Umsetzungen des metaphysischen Dramas durch ihre beinahe geometrische Struktur, aber auch durch ein außergewöhnliches Geschick in der gedanklichen und plastischen Kürze sowie in der konzentrierten Aussage, die in knappen, anschaulichen Fragestellungen formuliert wird. Dadurch schuf Krasiński seine individuelle Spielart der polnischen romantischen Literatur.

## CYPRIAN NORWID (1821–1883)

Norwid nimmt in der polnischen Literatur der Romantik die Stellung eines großen Einzelgängers ein. Gedanklich wie sozial von den meinungsbildenden Zentren der polnischen Emigration isoliert, geriet er nur zufällig mit ihr in Kontakt. Er debütierte in Polen zu Beginn der vierziger Jahre als Dichter und talentierter Zeichner, der dem Kreis der sogenannten Warschauer Boheme nahestand. Der aus Frankreich übernommene Begriff bezeichnete eine Gruppe von radikal demokratischen Schwärmern, die sich für die Problematik des Künstlers und die Volkskultur begeisterten. Aus diesem Kreis kam u.a. auch der bedeutende Dichter der Romantik innerhalb des Landes und „masowische Wandersänger" Teofil Lenartowicz (1822–1893).

Als Norwid dank eines Kunststipendiums nach Italien reiste, wurde er infolge eines Mißverständnisses von der preußischen Polizei in Berlin verhaftet und ihm sein Paß entzogen. Sein Leben in der Emigration war von diesem Zeitpunkt an ein Kampf gegen die Armut, seine fortschreitende Schwerhörigkeit und die feindselige Literaturkritik, die die wenigen Werke (seines vielfältigen und originellen oevre), die er veröffentlichen konnte, in Verruf brachte. Auch die Zeit meinte es nicht gut mit ihm: In seinem Geist gehörte er zur Generation des „Völkerfrühlings", er kritisierte jedoch die grundlegenden Ideen der polnischen Romantik, insbesondere ihre Mickiewicz folgende Linie. Den Messianismus und den martyrologischen Kult lehnte er entschieden ab, da er die Gewöhnung an die Unfreiheit verstärke. Er war ein Feind der klischeehaften Vorstellungen der Polen von sich selbst, insbesondere der Mentalität des Adels, deren Apologie Mickiewicz' *Pan Tadeusz* enthielt.

Sein äußerst originelles poetisches Programm und seine eigenständigen historiosophischen, gesellschaftlichen und ästhetischen Gedanken fomulierte er in Werken, die außerhalb des chronologischen Rahmens der Epoche erschienen. Dem literarischen Publikum nicht bekannt oder von ihm verkannt, sollten sie erst dank Miriam-Przesmycki in der Epoche des Jungen Polen entdeckt werden. Es gelang ihm ausgezeichnet, sein Konzept der Kunst sowie der gesellschaftlichen Rolle und Aufgaben des Künstlers darzulegen [in seinem poetischen Traktat *Promethidion*, 1851, der als eine Grenzform zwischen platonischem Dialog und Salonkonversation gehalten ist, sowie seinem umfangreichen lyrischem Gedicht *Chopins Flügel* (*Fortepian Szopena*)]. In der Kunst sieht Norwid eine Verbindung zwischen ihrem idealen Aspekt (sie ist die personifizierte Schönheit, „die Form der Liebe") und dem praktischen Aspekt. Er betont die Bedeutung der Arbeit, des Handwerks und des Könnens in der Kunst. Die Aufgabe des Künstlers ist die Suche nach der Wahrheit, aber auch, den Menschen die Kunst näherzubringen. In dieser Hinsicht war sein Ideal Chopin, der volkstümliche Elemente auf die Ebene der künstlerischen Vollendung hob. In seiner Novelle *Ad leones* griff Norwid auch bahnbrechend das Problem der beruflichen Stellung des Künstlers in den kapitalistischen Gesellschaften Europas auf, die Metamorphose der Kunst zu einer Ware und die damit verbundene Abhängigkeit vom Rezipienten und der öffentlichen Meinung im positiven und im negativen Sinn.

Durch seine Thematik der modernen Zivilisation und des Lebens in der Stadt unterschied sich Norwid entschieden von der Hauptströmung der polnischen Romantik. Seine Hinwendung zu Aktuellem, Alltäglichem und Konkretem hängt mit einer eigenen Spielart der romantischen Ironie zusammen, in der die Destruktion der Illusion nicht durch eine Geste kreativer Unbekümmertheit wie bei Słowacki erfolgt, sondern durch die Darstellung des alltäglichen Laufs irdischer Angelegenheiten. Betont wird dies durch literarische Gattungen, die nur für ihn charakteristisch, frei von traditionellen Konventionen und ästhetischen Qualitäten (auch hinsichtlich der romantischen Modelle) sind und eine spezifische „formlose Form" darstellen: die weiße Tragödie *Der Ring der großen Dame* (*Pierścień wielkiej damy*), 1872, die *Römischen Novellen* (*Nowele rzymskie*) ohne Fabel und vielleicht am deutlichsten seine Memoirenessays in Form eines Zyklus von kleinen Bildern *Weiße Blumen* (*Białe kwiaty*) und *Schwarze Blumen* (*Czarne kwiaty*), 1855/1856.

Norwids Ablehnung des romantischen Kreatianismus wird in seiner Lyrik (der Zyklus *Vade-mecum*, 1858–1865) am sichtbarsten. Die Form dieser Gedichte spiegelt ihren mit Intellektualismus durchtränkten Charakter wider. Sie ist präzis und schwierig zugleich, der grundlegende Sinn des Werks liegt außerhalb des Textes und muß erraten werden. Norwid sprengt den traditionellen Versbau und verwendet sein individuelles Interpunktionssystem, das vor allem Sphären des Schweigens mit Gedankenstrichen markiert. Er führt auch charakteristische Neologismen ein, die Kombinationen von Begriffen mit scheinbar weitreichender Bedeutung sind. Dies entsprach den Anschauungen vom verborgenen Sinn sprachlicher Zeichen, für die dieser bedeutende und tief religiöser Philosoph des Wortes stand [(die Dichtung *Über die Redefreiheit* (*Rzecz o wolności słowa*), der Essay *Das Schweigen* (*Milczenie*)]. Dieser Aspekt in Norwids Werk hatte zur Folge, daß seine eigentliche Renaissance bei den Lesern erst in der jüngsten Zeit erfolgte.

# DIE ROMANTISCHE LITERATUR
# NACH DEM NOVEMBERAUFSTAND IN POLEN

Ein charakteristisches Merkmal des intellektuellen und künstlerischen Lebens nach 1831 in Polen war seine Spaltung in viele Zentren, die jedoch aus politischen Gründen im Grunde voneinander und auch von der Emigration abgeschnitten waren. Dennoch hatten die Romantiker in Warschau, Lemberg und Krakau gemeinsame Eigenschaften. Eine davon war der radikale Demokratismus und die soziale radikale Einstellung der meisten Autoren. Die romantische Idee der Tat und des Glaubens an die zukünftige Freiheit der Völker verband sich mit einer Verherrlichung des Volks. Das Motiv des Unrechts und der Rache trat hier neben patriotische Themen (die Dichtung Gustav Ehrenbergs, Wolskis Libretto für Moniuszkos Oper *Halka*). Eine zweite ideelle Ausrichtung war der Traditionalismus des Adels, verknüpft mit einer nostalgischen Rückkehr zum Sarmatismus und einer Glorifizierung der adeligen Welt der Werte. Die bei dieser Strömung beliebteste Gattung wurde die Plauderei und die Posse [in der Prosa Henryk Rzewuskis *Die Denkwürdigkeiten des Herrn Severin Soplica* (*Pamiątki imć pana Seweryna Soplicy*), in der Lyrik Władysław Syrokomlas *Der echte Jan Dęboróg* (*Urodzony Jan Dęboróg*) und Wincenty Pols *Mohort*], die gern das Lokalkolorit der Ostgebiete aufgriff.

Die Dichter dieser Periode, in vielerlei Hinsicht Epigonen der großen Romantiker, setzten sehr häufig das geballte Pathos der Bibelstilisierung ein [Kornel Ujejskis *Der Choral* (*Chorał*)], aber auch schlichte Formen der beschreibenden, revolutionären oder soldatischen Lyrik (das lyrische Werk Wincenty Pols).

Die am meisten ausgebaute Gattung der Romantik war in dieser Periode mit Sicherheit der Roman, der damals eine thematische Vielfalt hervorbrachte, den historischen Roman (Józef Ignacy Kraszewski, Henryk Rzewuski), den Sittenroman (Józef Korzeniowski), aber auch ganz neue Varianten wie den psychologischen Roman (Ludwik Sztyrmer) und sogar den Sensationsroman [Walery Łozińskis *Der verhexte Gutshof* (*Zaklęty dwór*)]. Die in diesen Romanen häufig auftretenden Motive der Arbeit und des sozialen Deklassierung nahm schon die Literatur des polnischen Positivismus vorweg.

### GRAF ALEKSANDER FREDRO (1793–1873)

Die Sonderstellung, die Fredro in der polnischen Romantik einnimmt, ist eine offensichtliche Folge seiner langen Lebenszeit: Er war älter als Mickiewicz, nahm noch an den Napoleonkriegen teil, starb aber nach dem chronologischen Ende der Periode. Sie hängt aber auch mit dem schwer auf eindeutige Weise zu definierenden Charakter seines Werks zusammen, das auf dem Gebiet der Dramatik und der polnischen Komödie meisterhaft ist, der sich aber einer effektiven Entscheidung zwischen den klassischen Konventionen und der Freiheit der romantischen Schöp-ferlust entzog. Fredro besaß einen ungeheuren Sinn für das Theater, der noch durch seine persönliche Kontakte mit den für jene Periode bezeichnenden

Boule-vardbühnen in Paris geschärft wurde. Im Bereich der unterhaltenden Dramatik schrieb er eigentlich alles, größere Komödien und Einakter, Possen, Vaudevilles und sogar Libretti.

Die polnische Romantik stand der Gattung der Komödie distanziert gegenüber, weil sie von allzu bestimmten Richtlinien gehemmt und für die Vermittlung der patriotischen Problematik wenig geeignet wäre. Fredro hatte durch seine Vorliebe für das Vaudeville wie auch seine Schwäche für die polnische Komödie der Aufklärung in den orthodox verstandenen Kategorien der Romantik und der Nationalität nicht Platz. So fiel er den Angriffen der Literaturkritik der Lemberger Kreise, denen er nahestand, was ihn nach 1832 für einige Jahre zum Verstummen brachte.

Heute betrachtet ist Fredros Werk ein Phänomen der wirklich reifen, individualisierten Romantik. Dieser für die Architektonik des Dramas sensible Komödienautor distanzierte sich nicht vom Paradigma der klassizistischen Kunst, scheint jedoch dabei zu vermitteln, daß der Mensch und die Realität seiner Umgebung kompliziert und verworren sei. Dieser Hang zur Suche nach der Wahrheit über die Welt, die oft bitter ist, und nach einer realistischen Beobachtung werden in vielen Komödien Fredros durch Happy-ends betont, die hinsichtlich der Logik ihrer Fabel überraschen [*Mann und Frau* (*Mąż i żona*), *Die Familie Jowalski* (*Pan Jowialski*), *Die Rache* (*Zemsta*)].

Fredros Fähigkeit, die Realität ironisch und satirisch zu betrachten, macht das Meisterwerk seiner Prosa deutlich, seine für die Schublade geschriebenen Erinnerungen an die Napoleonkriege *Dies und jenes* (*Trzy po trzy*). Die Kombination von Elementen der Memoirenliteratur, der Plauderei und der Sterneschen Erzählweise ermöglicht hier eine demonstrative Zerschlagung der Chronologie und eine Umkehrung der Hierarchie von wichtigen und unwichtigen Fragen und gibt eine vorzügliche Darstellung einer Welt, die von den Erfahrung in Kriegen und Revolutionen gezeichnet ist.

Zbigniew Przybyła

# DIE LITERATUR DES POSITIVISMUS

## DIE FRAGE DER DATIERUNG

Der Bestand der Literatur des polnischen Positivismus läßt sich nicht in die Jahre 1864 bis 1890, die man üblicherweise für die auf die Romantik folgende Epoche annimmt, einordnen, da auch nach dem Jahr 1890, trotz der immer bedeutenderen Strömung des Modernismus, weiterhin wichtige Romane von Vertretern der Generation der Zeit nach dem Januaraufstand erschienen, wie z.B. *Ohne Dogma* (*Bez dogmatu*), *Quo vadis* und *Die Kreuzritter* (*Krzyżacy*) von Henryk Sienkiewicz sowie *Die Emanzipierten* (*Emancypantki*) und *Der Pharao* (*Faraon*) von Bolesław Prus. Nach dem Jahr 1900 stieg geradezu das gesellschaftliche Ansehen dieser Autoren, wie das feierlich begangene fünfundzwanzigjährige Jubiläum der schriftstellerischen Tätigkeit von Sienkiewicz und Konopnicka, deren Eintreten für die verfolgten polnischen Kinder von Września, die Aktivierung der journalistischen Tätigkeit von Prus nach dem Jahr 1905 und auch die von Sienkiewicz während des Ersten Weltkriegs in Vevey repräsentierte polnische Frage belegen.

Der Abschnitt der „organischen Arbeit" hingegen ging am Ende der achtziger Jahre nach den Metamorphosen des Warschauer positivistischen Programms infolge der Enttäuschung durch den Frühkapitalismus und der Kritik von Seiten der „jungen Konservativen und Sozialisten" unwiderruflich zu Ende. Die positivistischen Schlagwörter verloren damals ihre Aktualität, und es kamen neue romantische Stimmungen auf. Dessen ungeachtet trat noch zu Beginn des zwanzigsten Jahrhunderts der Positivismus als Weltanschauung im literarischen Schaffen einiger Autoren der älteren Generation auf, die den Versuch unternahmen, ihre Programme und Poetiken neu zu gestalten [die Publikation *Die allgemeinsten Lebensideale* (*Najogólniejsze ideały życiowe*) von Prus, die Arbeiten von Piotr Chmielowski und Julian Ochorowicz], oder sogar, wie Prus und Orzeszkowa, zur Religion und den damit verbundenen Themen zurückkehrten. Es handelte sich hier also um einen von seinen naturalistischen und antiklerikalen Tendenzen gereinigten Positivismus.

Auch der Zeitpunkt des Beginns dieser Epoche, die Niederschlagung des Januaraufstands, stellte eher eine innere Zäsur der politischen Geschichte dar, da in der Abwehrideologie der Posener „Nationalphilosophen" (August von Cieszkowski, Karol Libelt) schon in den vierziger Jahren frühpositivistische Tendenzen aufgetreten waren, und eine Gruppe von Schriftstellern und Publizisten aus

Lemberg, wie auch die wissenschaftliche Tätigkeit von Józef Supiński an der Wende von den fünfziger zu den sechziger Jahren in Galizien die romantischen Mythen zerstörten und die positivistische Ideologie vorwegnahmen.

Mit absoluter Sicherheit hingegen kann man sagen, daß der Januaraufstand keine Zäsur innerhalb der Geschichte des polnischen Romans, der dominierenden Gattung in der positivistischen Literatur, darstellt, wenn man an das Werk von Józef Ignacy Kraszewski oder Józef Korzeniowski noch vor dem Aufstand denkt. Auch knüpfte der Positivismus, trotz des Vorwurfs des Kosmopolitismus und Imports von Ideen, die der Seele des Volkes fremd seien, wie die Konservativen meinten, an die heimischen Ergebnisse des rationalistischen Denkens der Aufklärung, an den Empirismus der Brüder Śniadecki und die Gesellschaftsentwürfe von Staszic und Kołłątaj an. Daher lag auch Prus im Jahr 1910 die der Kultur der Aufklärung entstammende philomathische Romantik des jungen Mickiewicz am Herzen, den der Autor des Romans *Die Puppe* (*Lalka*) den „Erzieher des Volkes" nannte, da er in den Ideen der Philomathen ein Wesen zu finden glaubte, das das Programm der „organischen Arbeit" vorwegnahm. Davor hatten auch die „Vorboten des Sturm" in Galizien (1858–1863), die Wegbereiter der ideellen und künstlerischen Tendenzen, die nach dem Jahr 1864 auf dem Warschauer Parkett ein Forum gefunden hatten, auf ihrer Suche nach Personen unter Mickiewicz' Freunden, die für die damalige Jugend als Vorbilder (Solidarität, Gemeinschaftsgefühl) dienen könnten, an die Philomathen angeknüpft.

Eine vergleichbare Hinwendung zur Romantik können wir auch bei Orzeszkowa im ersten Jahrzehnt des zwanzigsten Jahrhunderts beobachten, als sie sich für die philosophisch-religiöse Dichtung von Krasiński und seine Symbolik der patriotischen Metapher vom Durchlaufen einer „Probe des Grabes" für das geknechtete Volk in seiner *Morgenröte* (*Przedświt*) interessierte. In den siebziger und achtziger Jahren des neunzehnten Jahrhunderts, als der Positivismus die dominante intellektuelle und künstlerische Richtung in Polen war, waren auch noch romantische Dichter wie Kornel Ujejski oder Wincenty Pol sowie Epigonen der Romantik (Felicjan Faleński, Deotyma, Leonard Sowiński) produktiv.

Dies sind also Beispiele für eine Verflechtung der romantischen Tradition mit positivistischen Idealen, und nur im alltäglichen (oft schulischen) Verständnis des literarhistorischen Prozesses sieht man im Positivismus eine Negation der Romantik. Indessen läßt sich in der politischen Geschichte und der Geschichte des kulturellen Lebens des polnischen Volkes, wenn man sie in der Kategorie „eines langen Fortwährens" betrachtet, im neunzehnten Jahrhundert eine „Pendelbewegung" [nach einer Bezeichnung Orzeszkowas in *Exzelsior* (*Excelsior*)] zwischen zwei gesellschaftlichen Haltungen, die die nationale Identität prägten, beobachten, das heißt diejenige des konspirativen Kämpfers für die nationale Sache und die des „nüchternen" organischen Arbeiters. In diesem abwechselnden Rhythmus historischer Epochen wurden die Perioden nach den bewaffneten Aufständen zu Jahren mühseliger organischer Arbeit für den Zweck einer Stärkung der biologischen und ökonomischen Kraft vor einem wieder aufs neue unternommenen Anlauf zur Wiedererlangung der Unabhängigkeit. Erst am Ende des neunzehnten Jahrhunderts gelangte man endgültig zur Überzeugung, daß eine unter eingeschränkten politischen Bedingungen durchgeführte organische Arbeit nicht zur Unabhängigkeit des Volkes führen wird, da gerade diese Unabhängigkeit Voraussetzung für einen Aufschwung des Landes in allen Bereichen des gesellschaftlichen und ökonomischen Lebens ist.

Aus diesen Gründen sind die zeitlichen Grenzen der auf den Januaraufstand folgenden Epoche unscharf und können nur zu einer einleitenden Systematisierung der literarischen Phänomene in der zweiten Hälfte des neunzehnten Jahrhunderts dienen.

## DAS SOZIALE PROGRAMM DES POLNISCHEN POSITIVISMUS

Die oben dargestellte Dichotomie der Einstellungen zu Nation und Gesellschaft spitzte sich nach der Niederschlagung des Aufstandes im Jahr 1863 besonders zu, als man der romantischen Dichtung und Denkweise vorwarf, das Volk in einen ungleichen Kampf mit dem Feind getrieben zu haben. Die Niederlage im Januaraufstand, der der letzte Versuch im neunzehnten Jahrhundert war, die politische Souveränität des polnischen Volkes mit Waffengewalt zurückzuerobern, zeigte wieder einmal, daß Polen auf keinerlei reale, allerhöchstens auf eine moralische Unterstützung Europas bei einer militärischen Erhebung zählen konnte. Auch der fehlende Rückhalt des Aufstandes bei den Bauern, trotz des im Jahr 1863 von der Nationalregierung proklamierten Manifests zur Aufhebung der Leibeigenschaft, bestätigte der polnischen politischen Elite die geringen Chancen auf eine Befreiung vom Joch der Teilungsmächte durch Kampf, zu dem die ausgeblutete Gesellschaft auch nicht mehr fähig war, der (in der Folge des verlorenen Aufstands) Massendeportationen nach Sibirien zusetzten und die, durch Kriegskontributionen und Konfiskationen von Gütern wirtschaftlich ruiniert, verstärkten Entnationalisierungsaktionen (Russifizierung und Germanisierung) ausgesetzt war, die in allen Bereichen des gesellschaftlichen Lebens, insbesondere im Bildungswesen, durchgeführt wurden.

Es mußte also ein Mindestprogramm zum Überleben geschaffen werden, damit das Volk nicht in totale Hoffnungslosigkeit und Zweifel verfiel, wie die von Orzeszkowa 1876 in ihrem Brief an T. T. Jeż und Sienkiewicz in *Die Tatarenknechtschaft* (*Niewola tatarska*), 1880, zitierte erste Strophe des Klagepsalms 136 über die Knechtschaft der „an den Ufern von Babylon" weinenden Juden zum Ausdruck brachte.

So war also die auf den Januar folgende Generation, die als „nüchterne" Menschen bezeichnet wurden, schon die dritte Generation nach den Teilungen, die nach der vergeblichen Erhebung die von ihren Vorgängern übernommenen Denkkategorien ändern und, ohne die romantische Tradition ganz zu verwerfen, zu einer realistischen Bewertung der eigenen politisch-gesellschaftlichen Tätigkeit kommen mußte. Die Parolen des bewaffneten Kampfes wurden von einem Arbeitsprogramm für die Gesellschaft abgelöst, das dem Volk seine Existenz und ein

Überleben unter den Bedingungen der politischen Unfreiheit sichern sollte. Bei ihrem Entwurf eines provisorischen Programms „für heute" ließen die Ideologen des polnischen Positivismus nicht vom Traum von einer wiedererlangten Unabhängigkeit ab, doch wurde dieser Zeitpunkt infolge der Entwicklung in eine nicht näher bestimmte Zukunft verschoben. Indem die Positivisten die Vergeblichkeit und Sinnlosigkeit des Leidens im Dienste des Vaterlands aufzeigten, suchten sie nicht mehr in den Vorgaben der romantischen Dichtung, sondern in wissenschaftlichen Theorien nach Hilfe für das Volk. Sie machten eine Erneuerung des polnischen Volkes von seiner Integration in das schöpferische Werk einer die ganze Menschheit umfassenden Kultur abhängig.

Initiatoren des neuen Programms waren Angehörige der arbeitenden Intelligenz, einer neuen Gesellschaftsschicht, die innerhalb des nach der Reform zur Aufhebung der Leibeigenschaft im Jahr 1864 bankrotten Adels entstand, gebildete Söhne von Kaufleuten, Industriellen und Handwerkern. Die Intelligenz spielte als kulturschaffende Kraft in Polen die Rolle einer mittleren Klasse, da das polnische Bürgertum im bisherigen feudalen System keine Chance auf eine unbeschränkte Entwicklung gehabt hatte. Daher kam es auch, daß sich innerhalb der Intelligenz durch deren unterschiedliche Herkunft demokratische Tendenzen eine Kritik der Relikte des Feudalismus auf polnischem Boden und eine Wertschätzung der Arbeit als einem mächtigen Faktor für die Sozialisierung und Aisbildung der Menschenwürde entfalteten.

Eine wichtige Rolle im herbeigeführten positivistischen intellektuellen Umsturz spielten die Absolventen der *Warschauer Hochschule* (*Szkoła główna*) (1862–1869), zu denen die späteren Literaten Henryk Sienkiewicz, Bolesław Prus, Aleksander Świętochowski, Adolf Dygasiński, die Literaturkritiker Piotr Chmielowski, Antoni Gustaw Bem, Bronisław Chlebowski sowie Wissenschaftler wie die Linguisten Jan Baudouin de Courtenay, Lucjan Malinowski, Adam Antoni Kryński, der Ethnograph Zygmunt Gloger, der Mathematiker Samuel Dickstein, der Psychologe Julian Ochorowicz, der Historiker Aleksander Kraushar, der Slawist Bronisław Grabowski und der Naturwissenschaftler Józef Rostafiński gehörten.

Die positivistische Kampagne der Jahre 1871–1874 wurde von der Studentenschaft ausgelöst, die eine Gruppe um die radikal progressive und kämpferische „Wochenrevue" („Przegląd Tygodniowy") sowie die gemäßigten Schriften „Die Aue" („Niwa") und „Der Hausvorstand" („Opiekun domowy") bildete. Zu diesen Zeitschriften kamen später das wissenschaftliche Monatsblatt „Athenäum" („Ateneum"), 1876, und die von Świętochowski redigierte Wochenschrift „Die Wahrheit" („Prawda"), 1881, hinzu. Die Auseinandersetzung der „Jungen" mit den Publizisten der „alten" Presse [„Die Warschauer Bibliothek" („Biblioteka Warszawska"), „Das Jahrhundert" („Wiek"), „Das Illustrierte Wochenblatt" („Tygodnik Ilustrowany") und „Ähren" („Kłosy")] betraf die nationale und literarische Tradition (beziehungsweise die Romantik), die Relikte des Feudalismus in Mentalität und Moral, die Rückständigkeit der Gesellschaft, Intoleranz und Xenophobie. Das Manifest der „Jungen" wurde Świętochowski' Artikel *Wir und ihr* (*My i wy*), in dem er einen „Wachwechsel" in der Führung der Gesellschaft forderte.

In ihrem Kampf um eine Umgestaltung der polnischen Gesellschaft in Richtung einer europäischen Demokratie ließen sich die Publizisten der progressiven Warschauer Zeitschriften vom positivistischen Szientismus des Westens inspirieren, der Historiographie von Henry Thomas Buckle, der positiven Philosophie von August Comte, dem Organizismus und Evolutionismus von Herbert Spencer, dem Empirismus, Utilitarismus und Liberalismus von John Stuart Mill, der Psychologie von Alexander Bain und der Ästhetik von Hippolyte Taine.

Die Warschauer Positivisten pflichteten vor allem den philosophischen Prämissen des Evolutionismus Spencers bei, da sein soziologischer Orga-nizismus, der das Volk als eine in Wandlung begriffene und den Gesetzen des Fortschritts unterworfene Gesellschaft betrachtet, die Aufrechterhaltung der nationalen Existenz von einer Beteiligung der jeweiligen Gesellschaft am Fortschritt der gesamten Zivilisation abhängig machte. Spencers Definition der Gesellschaft des militärischen Typus als eines in der Entwicklung der Menschheit tiefer als das industrielle stehenden Stadiums entsprach den polnischen Ideologen, deren Land keine Entwicklungsmöglichkeit auf dem Wege militärischer Erfolge hatte. Die für den Spencerismus charakteristische Idee einer Beschränkung des administrativen Einflusses des Staates harmonisierte mit der positivistischen Vision eines Volkes ohne Staat und war insbesonders im russisch besetzten Teil ein attraktives Motto, ähnlich wie die zweite These Spencers, daß der Staat keine Kolonien haben dürfe, um das Recht jeder Gesellschaft auf Freiheit nicht zu verletzen. Weniger enthusiastisch nahm man hingegen Spencers Behauptung von der Unerkennbarkeit der transzendenten Wirklichkeit auf, und dieser einem erkenntnistheoretischen Minimalismus entspringende religiöse Agnostizismus war es, der den Anhängern des Warschauer Positivismus den Vorwurf des Atheismus und einer ablehnenden Haltung zu Religion und Kirche einbrachte und sogar zu ihrer Verleumdung als Verräter an der Sache des Volkes führte, da zur Zeit der Teilungen diese Institutionen als Refugium für das Polentum angesehen wurden.

Der Szientismus hingegen, dessen Leitspruch „Wissen ist Macht" die Vignette der „Aue" („Niwa") zierte, ließ den optimistischen Glauben zu, daß eine Entfaltung der Bildung automatisch eine den Fortschritt bewirkende Kraft und imstande sei, vor nationalen Niederlagen zu schützen, gesellschaftliche Konflikte zu entschärfen und das Individuum zu vervollkommnen.

Die jungen Publizisten waren nicht im Besitz einer tieferreichenden philosophischen Kultur, und u.a. deswegen formulierte der polnische Positivismus, im Unterschied zur positivistischen Philosophie im Westen, die Doktrin einer gesellschaftlich-ökonomischen Tätigkeit, die die Merkmale verschiedener Spielarten des Positivismus übernahm, wie einen Kult der Fakten, eine Anti-Metaphysik, eine Theorie des gesellschaftlichen Organismus, das Evolutionsrecht, Szientismus, Fortschrittsglauben, Zivilisationskult, Utilitarismus und Praktizismus.

Im Vorstoß der „Jungen" wurde die Devise der „organischen Arbeit" in Verbindung mit dem szientistischen Denken und dem Prinzip des Utilitarismus zur einzigen Form einer legalen Aktivität der Ideologen des zivilisatorischen Fortschritts und der Industrialisierung des Landes unter den Teilungsmächten. Die Idee der organischen Arbeit, die sich auf das positivistische Konzept der Gesellschaft als Organismus und eines gesellschaftlichen Solidarismus stützte, bestand in einer Anspannung der ökonomischen und kulturellen Kräfte des Volkes, einer Stärkung des Unternehmergeistes, der Wirtschaftlichkeit, der Fachkenntnis und der organisierten Tätigkeit durch Gründungen von Fabriken, Handwerksbetrieben und Handelsunternehmen, einer Modernisierung der landwirtschaftlichen Produktion, der Einrichtung von Kreditanstalten, in organisierter Selbsthilfe im Bereich der Produktion und einer Entwicklung des Fachschulwesens. Auf diese Weise wollte man gleichzeitig eine Wertschätzung der Arbeit im allgemeinen, besonders aber der täglichen Arbeit, vermitteln, die längerfristig die Kräfte des „Organismus des Volkes" stärken sollte. Die Legalität der gesellschaftlichen Tätigkeit, die erzwungene Loyalität gegenüber den Teilungsmächten (in Galizien deklarierte man eine dreifache Loyalität) war jedoch nicht gleichbedeutend mit einem Verrat an den Idealen der Freiheitsbewegung und einer Kollaboration mit den Besatzungsmächten, sondern lediglich ein vom Realismus geprägtes, „nüchternes" Vorgehen unter Berücksichtigung der eigenen Kräfte und Mittel, im Gegensatz zu den heroischen Strapazen und Insurrektionen.

Eine Schlüsselrolle im Programm der Positivisten spielte das Postulat der „Arbeit an der Basis" (1873), das den Landadel, den Klerus und die Intelligenz in der Provinz (die Lehrer) zur gesellschaftlichen Tätigkeit im Bereich einer ökonomischen, aufklärerischen und moralischen Anhebung der Volksschichten, besonders der Bauern, aufrief, deren Situation die Reform zur Aufhebung der Leibeigenschaft im Jahr 1864 radikal geändert hatte. Denn die Idee der „Basisarbeit" bestand darin, den Bauern aus ihrer Not herauszuhelfen, ihnen allgemeines und landwirtschaftliches Grundwissen zu vermitteln, aus ihnen bewußte Bürger zu machen und damit den Russifizierungs- und Germanisierungsbestrebungen entgegenzuwirken.

Den Prämissen der Positivisten nach sollten die Veränderungen in der Gesellschaft stufenweise erfolgen. Zum Garanten eines harmonischen Zusammenspiels der einzelnen Teile jenes Organismus, den die Gesellschaft darstellte, machte man die jedes einzelne ihrer Mitglieder verpflichtende Idee des Solidarismus. Die Warschauer Anhänger des Fortschritts hatten in ihrem gesellschaftlichen Programm eine allgemeine Demokratisierung, die Beseitigung der Ignoranz, Rückständigkeit und des Fanatismus mit Hilfe der Aufklärung und eine Zunahme der Moral und des Humanitarismus, der Emanzipation der Frauen, religiöse und sittliche Toleranz, die Assimilation der jüdischen Gesellschaft und die Laisierung des gesellschaftlichen Lebens vorgesehen. Die erzieherischen Aufgaben der positivistischen Publizistik führten also zur Herausbildung eines neuen Persönlichkeitsmodells des Polen als eines gebildeten Menschen, der sich nach rationalen und nicht emotionalen Prämissen richtet, fleißig ist, eine für die Allgemeinheit nützliche Arbeit aufzuweisen hat, frei ist von ständischen und konfessionellen Vorurteilen, tolerant und humanitär eingestellt.

Die Positivisten betrachteten ihr Programm als provisorisch, auf einem Kompromiß beruhend und unter den Bedingungen, die im aufgeteilten Polen herrschten, realisierbar. Eine deutliche Formulierung der patriotischen Ziele des Programms ließ die Zensur der Teilungsmächte nicht zu.

Eines der Symptome der Entwicklung des positivistischen Programms in den achtziger Jahren war die von Dygasiński 1886 vorgebrachte Devise der „Arbeit für die Heimat", die den polnischen Bauern die Rolle von Schöpfern des Volksreichtums und eigenen kulturellen Werten zusprach. Die Hinwendung der Positivisten zum Volk [die programmatische Gründung der Wochenschrift „Die Stimme" („Głos"), 1886] erfolgte in dem Augenblick, in dem das Programm der organischen Arbeit gescheitert war, das von den Konservativen wegen seiner versöhnlichen Haltung und seines mangelnden Patriotismus kritisiert und von den Sozialisten wegen seiner Begünstigung des Kapitalismus und der besitzenden Schichten sowie wegen seines Hemmens von, ihrer Meinung nach, notwendigen gesellschaftlichen Änderungen bekämpft wurde.

In Galizien wurde das Leitprinzip der organischen Arbeit von verschiedenen ideologisch-politischen Gruppierungen aufgegriffen. In den demokratischen Kreisen von Lemberg tauchten noch vor dem Warschauer Gefecht der „Jungen" diese Parolen in Verbindung mit einer szientistischen Weltanschauung auf. Die Krakauer Tageszeitung „Heimatland" („Kraj"), 1869–1874, sah in der organischen Arbeit den „Höhepunkt des Patriotismus", gestand dem Bürgertum eine wichtige Rolle zu und sprach sich für die Trennung von Kirche und Staat, eine Laisierung des Bildungswesens und die Assimilation der Juden aus. Die Stańczyk-Partei hingegen, deren führendes Leitbild der mit politischer Klugheit begabte Hofnarr des Königs Sigismund des Alten war, an den das berühmte, gleichnamige Bild von Jan Matejko (1862) erinnert, darf mit dem Positivismus nicht in Zusammenhang gebracht werden, obwohl sie mit vielen analogen Postulaten (z.B. der Ablehnung konspirativer Tätigkeit) auftrat. Dennoch widersprach diese Partei, deren Manifest das gemeinschaftlich verfaßte politische Pamphlet *Stańczyks Mappe* (*Teka Stańczyka*), 1869, wurde, dem Gedanken einer notwendigen gesellschaftlichen Umgestaltung, kritisierte die Demokratie und die Devise der Laisierung und kooperierte mit der österreichischen Regierung. Die Anschauungen der „Stańczyks" kamen in den Publikationen jener Historiker zum Ausdruck, die der Krakauer historischen Schule angehörten (Józef Szujski, Michał Bobrzyński), der man eine pessimistische Interpretation der polnischen Geschichte zum Vorwurf machte.

In den achtziger Jahren ergriff die Krakauer Wochenschrift „Die neue Reform" („Nowa Reforma") für den Positivismus Partei, in der man, im Genuß der Redefreiheit im österreichisch besetzten Teilungsgebiet, die patriotische Problematik aufgriff und die Tradition der nationalen Erhebungen in Ehren hielt. Dem Positivismus nahe stand auch die publizistische und wirtschaftliche Tätigkeit Stanisław Szczepanowskis.

Auch im preußisch besetzten Teilungsgebiet Polens kam es, trotz einer lang existierenden Tradition der organischen Arbeit wegen der strengen Germanisierungspolitik der Besatzungsmacht (vgl. die Kolonisationskommission 1886) zu keiner Herauskristallisierung des Positivismus nach Warschauer Muster. Die antipolnische Haltung der preußischen Regierung führte zu einem Zusammenschluß der Polen im Namen eines nationalen Solidarismus und zu einem Aufkommen von konservativ-klerikalen Stimmungen als Konsequenz der Verfolgung (unter dem Aushängeschild des Kulturkampfes) der katholischen Kirche als Bollwerk des Polentums.

So wurde der Positivismus in Großpolen, da ihm eine bleibende Unterstützung durch die geschwächte lokale Publizistik fehlte, eher zu einer praktischen Tätigkeit, einem Kampf um das Polentum auf dem Gebiet der Wirtschaft.

Bei einem Fazit der Bedeutung der Epoche des Positivismus für die Gesellschaft und polnische Kultur sind die Verdienste der führenden Ideologen und Aktivisten dieser Epoche hervorzuheben, die beträchtliche Änderungen in den Einstellungen und Anschauungen ihrer Zeitgenossen zustande gebracht haben, indem sie sie vom metaphysisch-romantischen Denken wegführten und deren Interessen auf die Wissenschaft und die Forschungsleistungen der europäischen Gelehrten hinlenkten. Diese Generation vermittelte Respekt vor gediegenem Wissen und solider Arbeit, führte einen radikalen Wandel in den sittlichen Einstellungen herbei (eine kritische Haltung den Privilegien gegenüber, die Anerkennung der Rolle des Bürgertums, die Emanzipation der Frau), und bewirkte, daß man, unter den Bedingungen der nationalen Unterwerfung, den Rückstand der Zivilisation aufzuholen versuchte. Das Programm des Positivismus erzog die polnische Gesellschaft im Geiste demokratischer und altruistischer Ideale und lehrte die Achtung vor jedem Menschen, unabhängig von dessen Stellung in der gesellschaftlichen Hierarchie, seinen Anschauungen und seiner Religion.

Das ökonomische und kulturelle Programm des Positivismus stellte eine wirkungsvolle Ebene des Kampfes um die Erhaltung des Polentums dar, dessen Sieg durch emsige, tägliche, systematische Arbeit garantiert wurde. Durch diese Arbeit versuchte man, den antipolnischen Maßnahmen der Teilungsmächte entgegenzuwirken. Die Positivisten schufen so einen neuen Typus des Patriotismus, der auf einer gründlichen, gewissenhaften und verantwortungsbewußten Art der Pflichterfüllung in jeder Position beruhen sollte.

Die Wurzeln der modernen polnischen humanistischen Wissenschaften reichen in die positivistische Geschichtsschreibung, Literaturwissenschaft, Philosophie, Soziologie und Ethnographie zurück. Diese Wissensgebiete prägten im gleichen Maß wie die Belletristik in der zweiten Hälfte des neunzehnten Jahrhunderts das Bewußtsein der polnischen Gesellschaft, die damals schon um die zivilisatorische Integration Polens in Westeuropa bemüht war.

## THEORIE UND PRAXIS DER LITERATUR DES POSITIVISMUS

Die literarischen Diskussionen und Polemiken in der Periode des Positivismus waren ein Mittel zur Tarnung von brisanten nationalen, politischen und gesellschaftlichen Inhalten. So waren auch die literaturkritischen Auseinandersetzungen über das Vermächtnis der romantischen Literatur in den frühen siebziger Jahren der wichtigste Bereich für die Herausbildung nicht nur des literarischen, sondern auch des gesellschaftspolitischen Bewußtseins. Obgleich die Positivisten selbst von einem Nebeneinander der Elemente des romantischen Denkens und der neuen szientistischen Haltung in Verbindung mit der organischen Arbeit überzeugt waren, so machten sie das romantische Bewußtsein wegen seines negativen Einflusses auf die empirischen Wissenschaften, wegen der niedergeschlagenen Aufstände im Namen der Unabhängigkeit, der Huldigung des Irrationalismus in der Geschichtsschreibung, der Billigung der sarmatischen Tradition und der fehlenden Lösungen in gesellschaftlichen Fragen zum Hauptangriffsziel ihrer Attacken. Ihre Zustimmung zu einer rationalszientistischen Einstellung führte auch zu einer kritischen Polemik mit dem Mystizismus und politischen Messianismus.

Doch war dies keine generelle Ablehnung der Romantik, da deren große Dichtkunst für die Positivisten die „Muttermilch" war und u.a. in der Stilistik ihrer publizistischen und literarischen Texte deutliche Spuren hinterließ. Es wäre auch nicht leicht gewesen, diese visionäre Dichtung anzugreifen, die die Rolle einer politischen Repräsentation des weiterhin geknechteten Volkes übernommen hatte. Deswegen beschränkte sich der Disput mit der Romantik auch auf eine kritische Beurteilung zweitrangiger Dichtung und der Epigonen.

Diese Kampagne betraf die drei grundlegenden Faktoren der Literatur, den Schriftsteller, den Helden und das Werk. Angegriffen wurde das Persönlichkeitsmodell des romantischen Künstlers von Byronschem Charakter, das von den polnischen Dichtern karikiert wurde. Der romantischen Auffassung des genialen Dichters stellte man, dem Postulat des Utilitarismus gemäß, das Ideal des Schriftstellers als Bürger gegenüber, des Künstlers, der gesellschaftliche Ziele verfolgt. Man polemisierte gegen die Theorie einer unbewußten Inspiration als Ursprung des künstlerischen Schaffens und stellte das Postulat einer auf Kenntnissen und einer wissenschaftlichen Sammlung von Beobachtungsmaterial beruhenden literarischen Arbeit auf. Der Schriftsteller sollte, nach dem Konzept von Hippolyte Taine, von seinem Umfeld geprägt sein, das er wiederum verpflichtet ist zu verstehen und in seinem Werk zum Ausdruck zu bringen. Man verstand demnach literarisches Schaffen als Bürgerpflicht.

Den einsamen romantischen Helden, der egozentrisch und in sich versunken seine Leiden ergründet, sollte jetzt ein neuer Held, ein Mensch der Arbeit, mit unterschiedlichem Beruf, der eine für die Gesellschaft nützliche Tätigkeit ausübt, ablösen. Die Auseinandersetzung um den positivistischen Helden wurde gleichzeitig zum Streit über das Persönlichkeitsmodell des modernen Polen. Auf diese Weise erfüllte die polnische Literatur der eigenen Gesellschaft gegenüber eine erzieherische Aufgabe.

Die Demokratisierung der Literatur erfolgte nicht nur dadurch, daß man den Helden aus den Niederungen der Gesellschaft holte und die verschiedensten Milieus dargestellt wurden (das Bauerntum, die Juden, der wirtschaftliche und industrielle Bereich, die Handwerker, die Emigranten), sondern auch durch eine Massenrezeption literarischer Werke u.a. mit Hilfe der feuilletonistischen Serien in der positivistischen Presse.

Als angemessenste Aussageform galt der Roman, dessen Fabel und Helden zur Illustration der programmatischen Thesen der Positivisten dienen konnten und dessen Bild der gezeigten Wirklichkeit ein Spiegelbild der empirischen Realität darstellte. Das auf Erfahrung gestützte Werk sollte auch in einer zugänglichen und anschaulichen Form Wissen über diese Welt vermitteln.

Die „Jungen", die die in der Lyrik blühende Phantasie und Gefühlsbetontheit bekämpften, verstanden die moderne Dichtung nicht, von der sie verlangten, daß sie philosophische oder gesellschaftliche Themen aufgreifen solle. Doch stellten sie weder die Rolle der Nationaldichtung in Frage, noch griffen sie die großen Gestalten der romantischen Literatur an.

Die literarischen Erwartungen sollte der am Muster des *roman á thése* und des „Thesenromans" aus der Zeit zwischen den Aufständen orientierte Tendenzroman erfüllen, der am Ende der sechziger Jahre von Orzeszkowa und Bałucki kreiert wurde sowie die frühpositivistischen Novellen (mit einer These), deren Thematik die in der damaligen Publizistik erörterten Fragen behandelten.

Schon in den dreißiger und vierziger Jahren hatte der erzählerische Kommentar eine wichtige interpretative und ideologische Funktion erfüllt. Im Tendenzroman hingegen hob der Kommentar dessen These häufig mit Hilfe generalisierender Ansichten hervor, die überwiegend von einem allwissenden und allmächtigen auktorialen Erzähler geäußert wurden, der zu einer moralischen und lebensnahen Autorität stilisiert war. Dieser These des Werks unterstand eindeutig der positive Held, der sich in starkem Kontrast zu einer negativen Figur befand, während der Gang der Fabel für den Verwirklicher der positivistischen Anliegen glücklich endete und er siegreich aus allen Schwierigkeiten, auf die er bei der Realisierung der gesellschaftlich nützlichen Aufgaben traf, hervorging und sie so bekräftigte. In der Fabel dieses Romantyps wurden alle übernatürlichen Phänomene, unwahrscheinlichen Situationen und phantastische Figuren ausgesondert, um seine Überzeugungsfunktion nicht abzuschwächen. Auch zur Glaubhaftmachung der im Roman dargestellten Welt setzte man den Erzähler mit dem Autor gleich.

Dieser deutlich vom Utilitarismus geprägte Roman wurde, wie es Henryk Sienkiewicz im Jahr 1872 ausdrückte, zu „einer Broschüre in künstlerischer Form, die einen anschaulichen Nachweis gewisser Prinzipien erbringt, das heißt, an aus dem Leben gegriffenen Beispielen". Es ist dies ein probürgerlicher Roman, dessen Helden sehr häufig vom Adelsstand zur Kauf-mannschaft überwechseln.

Gegen Ende der siebziger Jahre jedoch wurde infolge des Scheiterns der solidaristischen und organistischen Ideologie des Positivismus die Kritik am Tendenzroman heftiger, der diesen Leitsprüchen verpflichtet war und deshalb das Postulat der objektiven Wahrheit verfehlte. Unter dem Einfluß der von Antoni Sygietyński propagierten naturalistischen Romantechnik in der Spielart von Flaubert („mit einer natürlichen Komposition") ließ der Roman also von seiner aufdringlichen Tendenz zugunsten eines tiefreichenden, vielseitigen und ausgewogenen Weltbilds ab. Auf Grund dieser Tatsache entstanden die glänzendsten literarischen Werke dieser Epoche, die Romane des sogenannten reifen Realismus, deren Wert nicht mehr die in ihnen zum Ausdruck gebrachte ideologische Bedeutung, sondern die künstlerische Wahrheit ausmachte. So nahm also dank des Realismus das Postulat von der Bewertung eines Werks nach ästhetischen anstelle von gesellschaftspolitischen oder ethischen Kriterien seinen Anfang. Deshalb verschwanden als Ergebnis der Angriffe der literarischen Kritik nach dem Jahr 1880 postulatartige Persönlichkeitsmodelle aus den Romanen, wie auch dem Erzähler (der nun aufhört, allwissend zu sein) oder dem positiven Helden in den Mund gelegte, plumpe Kommentare.

Dennoch setzten die führenden positivistischen Autoren weiterhin die Tendenz ein, doch taten sie das in einer indirekten Weise, um den künstlerischen Wert des Werks durch sie nicht zu mindern. In diesem Falle ergab sich die Tendenz entweder konsequent aus dem Bau des Werks, oder die Verteilung der Akzente auf verschiedene seiner Elemente ließ, wie im Fall von *Die Puppe* (*Lalka*) von Prus, differenzierte Lesarten seiner Aussage zu. Entscheidenden Einfluß auf diese Mehrdeutigkeit im Kerngedanken des Romans, der von einem plumpen Moralisieren abließ, hatte die Beschränkung der Allwissenheit und Omnipräsenz eines apodiktischen Erzählers, der jetzt aufhörte, für den Leser die einzige maßgebliche, außer Frage stehende Autorität zu sein, und folglich nicht mehr das Recht besaß, die Aussage des Helden abschließend zu kommentieren. In diesem Romantypus kommen auch Hauptfiguren, und bisweilen sogar Nebenfiguren, die ein begrenztes, für sie typisches Gesichtsfeld haben, in den Genuß des Rechtes auf einen Kommentar. Es wurde also der Übergang von einer auktorialen (apriorischen) Narration zu einer personalen (relativierten) Narration vollzogen, und im Falle einer Überlagerung der Aussage des Erzählers und der Sprache einer Figur entstand die sogenannte erlebte Rede, in der die Sprache der Figur diejenige des Erzählers beeinflußte. Die Beschränkung der Rolle des Erzählers führte auch zu einer szenenartigen Präsentation der Helden, in der der Erzähler nur informative Sätze äußert, den Figuren das Wort erteilt und die Anweisungen der Szene erläutert, während die Beschreibung der Sphäre des Helden eine ihn wertende Funktion erfüllen kann, besonders, wenn es sich um die patriotische Thematik handelte. Gleichzeitig reichte nun die Charakterisierung des Helden als eines Individuums mit einer klar umrissenen Psyche tiefer.

In der künstlerisch umgesetzten Theorie des reifen Realismus, die u.a. unter dem Einfluß der Arbeiten von Friedrich Spielhagen entstand, verstand man die objektive Wahrheit, die die grundlegenden Gesetzmäßigkeiten des Lebens aufzeigen soll, als ein getreues Abbild der außerliterarischen Wirklichkeit, das aus der Verbindung der (lebensnahen und statistischen) Wahrscheinlichkeit mit der Typisierung (Generalisierung) der literarischen Figuren, zwischenmenschlichen Beziehungen und sittlichen Gegebenheiten gewonnen wird. So wird also der Roman, der den Anforderungen des positivistischen Realismus gerecht wird, von einer mit den Resultaten der Beobachtung und Lebenserfahrung übereinstimmenden künstlerischen Fiktion charakterisiert, von einer der Realität des Alltags entnommenen Thematik und der Elimination abstoßender Situationen, grauenerregender Szenen, schriller Komik und der Groteske. Der Romanschriftsteller war dem Prinzip der Objektivität verpflichtet, das heißt, der Unkenntlichmachung der Präsenz des Erzählers, wodurch das Einnehmen eines objektiven Standpunkts (der sogenannte „transparente" Stil) den dargestellten Phänomenen gegenüber und die Unterdrückung eines eigenen emotional-wertenden Verhältnisses zu ihnen gefördert wurde. Dadurch wurde das geschaffene Bild der Welt losgelöst von einem persönlichen, subjektiven Gesichtspunkt des Erzählers.

Die Wahrscheinlichkeit der literarisch dargestellten Welt setzte nicht nur die Existenz gemeinsamer Überzeugungen beim narrativen Medium und beim Leser, die außerliterarische Wirklichkeit betreffend, voraus. Diese wurde durch eine authentische Namensgebung und Ansiedlung des Geschehens, historische Daten, authentische oder wahrscheinliche Figuren, Alltagserscheinungen, typische Gegenstände und detaillierte Beschreibungen glaubhaft gemacht. Die Wahrscheinlichkeit der bildlichen Darstellung betraf auch die formelle Mimikry, das heißt die Einführung von Gebrauchsliteratur mit der Berechtigung von Dokumenten, wie Tagebuch, Memoiren oder Briefen, sowie der Umgangssprache, deren Rolle die damalige Hochsprache mit einem leichtem Hang zum Umgangssprachlichen übernahm. Der Sittenroman dieser Periode setzte die Sprache seiner Figuren und sogar diejenige des Erzählers in der Konvention der Alltagssprache der verschiedensten gesellschaftlichen Milieus an, wie es Prus *Die Puppe* wunderbar vorführt. Dia-lektismen hingegen traten in der Sprache der Helden selten auf [z.B. *Der Bauer Ślimak* (*Placówka*) von Prus, die Erzählungen von Dygasiński].

Eine Eigentümlichkeit der Prosa dieser Periode war die sogenannte äsopische Sprache, auch Gefängnissprache genannt, in der die Schriftsteller des „Weichsellandes" mit dem Unabhängigkeitskampf verknüpfte Begriffe chiffrierten. So war z.B. „Sturm" gleichbedeutend mit „Aufstand", oder „das Land" ersetzte das Wort „Polen". Um patriotische Inhalte am Auge des fremden Zensors vorbeizuschmuggeln, dienten neben einer Ersatzlexik stilistische (Metapher, Periphrase, Synekdoche) und syntaktische Mittel (Auslassungen, Aposiopese, Ellipse), die sich an einen in der polnischen kulturellen Tradition großgewordenen Leser richteten. Die Zensurbeschränkungen erhöhten die Vorsicht (die Autozensur) der Autoren und Redakteure, die wiederholt auch mit materiellen Mitteln (Bestechungsgeldern, Trinkgelagen) versuchten, die Wachsamkeit der russischen Zensoren zu mindern.

Das Prinzip der Wahrscheinlichkeit wurde in den Werken des Naturalismus, den man als eine radikale Variante des Realismus sah, verschärft eingehalten. Anfänglich verwendete man übrigens den Terminus „Realismus" wechselweise auch zur Bezeichnung des naturalistischen Romans, um den Schwerpunkt seiner Thematik, die negativen Seiten des Lebens, zu betonen, und stellte ihm, wie z.B. in Bezugnahme auf Mickiewicz' *Herr Tadeusz*, die Bezeichnung „durchgeistigter Realismus" gegenüber.

Der Naturalismus Flauberts, der in Polen zu Beginn der achtziger Jahre bekannt wurde, war, obgleich er die Formgebung der Poetik des realistischen Romans dadurch entscheidend beeinflußte, daß er ihn von der Dienstbarkeit der Tendenziösität befreite, dennoch nicht die vorherrschende Strömung des Positivismus. Denn er stellte für die großen Realisten nur eine kurzlebige Inspiration dar [*Der Bauer Ślimak* (*Placówka*) von Prus, *Niederungen* (*Niziny*) von Orzeszkowa], fand aber in den Werken zweitrangiger Autoren (Adolf Dygasiński, Artur Gruszecki) und bei den Schriftstellern der nachfolgenden Generation (Zapolska, Reymont, Żeromski) breitere Anwendung. Die Gründe für die Ablehnung des Naturalismus in der Spielart Zolas als philosophisch-literarische Richtung hingegen nannte Sienkiewicz deutlich in seinem Vortrag (1881), als er die polnische Gesellschaft vor einem materialistischen Konzept des Menschen, einer Verknüpfung der naturalistischen Literatur mit den Naturwissenschaften (der Physiologie) und dem Pessimismus der Werke Zolas warnte, da, wie er in seinen *Briefen über Zola* (*Listy o Zoli*), 1893, sagte, „der Roman das Leben festigen und nicht untergraben sollte". Denn die naturalistische Methode ist, im Gegensatz zum klassischen Realismus, charakterisiert durch einen erkenntnistheoretischen Pessimismus, ein Interesse am biologischen Umfeld und das Aufzeigen von dessen deterministisch-fatalistischen Einfluß auf das einzelne Individuum, die Suche nach der Wahrheit über den Menschen auf dem Weg der Analyse seiner Physiologie, einer Einengung der menschlichen Psyche auf pathologische Phänomene und Krankheitssymptome, einer Übertreibung der Rolle der Instinkte und der Vererbung, einen Blick auf die Gesellschaft in den Kategorien des Darwinschen Existenzkampfs sowie das Mißtrauen gegenüber der industriellen, städtischen Zivilisation. Trotz des deklarierten „fotografischen" Objektivismus kennzeichnen die naturalistischen Werke eine gesteigerte Schärfe der Beobachtung, eine Betonung anschaulicher Details und eine entlarvende Demaskierung gesellschaftlicher Ungerechtigkeiten und menschlichen Elends.

Die positivistische Theorie des realistischen Romans zeigt jedoch eine Reihe von Gemeinsamkeiten mit dem naturalistischen Konzept der Literatur im Bereich einer gemeinsamen Abneigung der historischen Thematik gegenüber sowie einer Ablehnung der Tendenz, auch einer Neigung zum Szientismus und den Erkenntnisaufgaben der Literatur (der Roman als wissenschaftliche Studie), eines um die Welt der niedrigen Schichten erweiterten Felds der gesellschaftlichen Beobachtung, der Demokratisierung der Literatur, der Elimination des diskursiven Kommentars des Erzählers, des Verismus der künstlerischen Fiktion und einer formellen Mimese im Bereich der Gattungen und der Sprache.

## DIE LITERARISCHEN GATTUNGEN DES POSITIVISMUS

Die Positivisten favorisierten den modernen gesellschaftlichen Sittenroman, der die Möglichkeit bot, aktuelle programmatische Aufgaben zu proklamieren, und das Postulat eines Realismus, der vom zeitgenössischen Leser durch seine Beobachtungen überprüft werden sollte, erfüllte. Einer solchen Verifikation konnte der historische Roman nicht unterzogen werden, der, nachdem er schon im Ausland von Autoritäten der Kritik (Hippolyte Taine, Georg Brandes) abgelehnt worden war, in Polen nach dem Januaraufstand auch aus gesellschaftlichen Gründen negiert wurde. Der Meinung der Positivisten nach war ein übermäßiges Interesse des Volkes an seiner heroischen Vergangenheit nicht von Vorteil, da es zu einer Geringachtung der schwierigen Realität nach dem Januaraufstand führen könnte.

Die „Jungen", die die Tradition des Adels als Hemmschuh für die Modernisierung und Demokratisierung der Gesellschaft angriffen, konnten historische Romane, in denen es von adeligen Figuren, die häufig sarmatische Züge trugen, wimmelte, nicht gutheißen, da diese „Herrenromane" (eine Bezeichnung von Feliks Bogacki, 1871) den Begriff des Volkes auf die Adelsgemeinschaft beschränkte. Zudem wich die Schilderung einiger Ausschnitte der Vergangenheit im Roman von den Resultaten der Historiker ab, deren Erklärungen für die Ursachen des Niedergangs der Adelsrepublik den ermutigenden Aussagen in der literarischen Interpretation dieser Periode der nationalen Geschichte widersprachen. In dieser Situation eigneten sich diejenigen, die den bewaffneten Kampf um die Unabhängigkeit glorifizierten, diese Gattung an.

Der historische Roman gewann in Polen erst mit Sienkiewicz' *Trilogie* (*Trylogia*), 1883–1888, größere Bedeutung, über deren Erfolg beim Leser nicht nur das schriftstellerische Talent dieses Autors entschied. Auch die Wahl einer weit zurückliegenden Epoche, die für die bedrohte Existenz des Volkes genauso schwierig war wie die damalige, erregte vielleicht nach dem Prinzip der Analogie die Hoffnung darauf, daß Menschen aufträten, die das Vaterland retten würden. So ließen Sienkiewicz' Romane viele seiner russifizierten und germanisierten Landsleute ihr nationales Bewußtsein wiedergewinnen. „Du hast aus uns Polen gemacht", sagten die Bauern zu Sienkiewicz während seiner Vortragsreisen im Jahr 1903. Auf diese Weise spielte in Polen der historische Roman infolge seiner patriotisch-ermutigenden Funktion innerhalb der historisch-bürgerlichen Erziehung einer Gesellschaft ohne eigenen Staat eine größere Rolle als anderswo.

So löste also erst der Erfolg von Sienkiewicz' „Romanen aus vergangenen Jahren" bei den Positivisten Interesse an der historischen Thematik aus, die es ermöglichte, historiosophische Konzepte auszuführen [*Mirtala* von Orzeszkowa, *Der Pharao* (*Faraon*) von Prus], die aus Zensurgründen unmöglich in einem modernen Werk darzustellen gewesen wären. Die Leser von Kraszewskis Roman *Rom unter Nero* (*Rzym za Nerona*), 1866, und Sienkiewicz' *Quo vadis*, 1896, konnten, trotz des historischen Kostüms, das Märtyrertum der ersten Christen mit der Verfolgung der Aufständischen des Jahres 1863 in Verbindung bringen. Das steigende Niveau der Lesefähigkeit führte hingegen dazu, daß für viele Kraszewskis *Eine alte Mär* (*Stara baśń*) eine Anregung zur Lektüre ernsthafter historischer Arbeiten wurde. Der in den ersten Jahren nach der Niederschlagung des Januaraufstandes steigende Skeptizismus der Warschauer Positivisten und Krakauer Konservativen machte mit der Zeit einer Hochachtung der aufständischen Tradition gegenüber Platz, die, ein Vierteljahrhundert nach der Insurrektion des Jahres 1864, das dem Aufstand gewidmete Gedicht von Asnyk und das Motiv des Grabhügels der Aufständischen in Orzeszkowas *An der Memel* (*Nad Niemnem*) proklamierten.

Die nationale Problematik trat dank einer Abschwächung der Zensur und der Vollendung der äsopischen Sprache auch in einer anderen Richtung des positivistischen Tendenzromans auf [vgl. *Die Prinzessin* (*Księżniczka*) von Zofia Urbanowska, *Der Australier* (*Australczyk*) von Orzeszkowa]. Schon vorher waren in den sechziger Jahren in der Emigration Bolesławitas (d.i. Józef Ignacy Kraszewskis) Romane, die Warschau während des Aufstands schilderten [*Das Altstadtkind* (*Dziecię Starego Miasta*)] und die Diskussionen der Befürworter und Gegner des Aufstands wiedergaben [*Wir und sie* (*My i oni*)], in dieser Konvention verfaßt.

Die zweite bedeutende Gattung neben dem Roman war in der Literatur der Positivisten die Novelle, deren Pflege für die führenden Autoren eine Übung vor dem Verfassen eines Romans darstellte und es ihnen in einer späteren Periode leichter machte, auf eine weniger beschwerliche Weise die Erwartungen der Leser an ihre literarischen Produkte zu erfüllen.

Im damaligen literarischen Bewußtsein besaß die Scheidelinie zwischen Roman und Novelle in Polen fast ausschließlich quantitativen Charakter, und man verwendete den Terminus „Novelle" nicht nur in bezug auf ihre klassische Variante (nach dem Vorbild Boccaccios), sondern auch für Erzählungen und Romanentwürfe. Von den einzelnen Gattungen innerhalb der Novelle besaßen lediglich die Skizze und die Humoreske deutliche genologische Züge. Eine klassische Komposition haben die besten Novellen von Sienkiewicz [*Der Leuchtturmwärter* (*Latarnik*), *Sachem, Janko, der Musikant* (*Janko Muzykant*)], Prus [*Antek, der Bildschnitzer* (*Antek*), *Der Bekehrte* (*Nawrócony*)] und Konopnicka [*Rauch* (*Dym*), *Unser Gaul* (*Nasza szkapa*)]. Bei Orzeszkowa ist die Grenze zwischen den Gattungen verschwommener als bei Prus und Sienkiewicz, da sie eher die Kunst der Erzählung interessierte als eine dramatische, dialogartige Darstellung der Handlung der Novelle. Sie richtete ihr Augenmerk auf eine relativ verständliche Einheit der Handlung, ihr novellistisches Spätwerk entfaltete sich in Richtung einer Novelle der Epiphanie. Bei den anderen Autoren läßt sich eine Durchmischung der Gattungsvarianten beobachten, so kombinieren z.B. *Michalko* (*Michałko*) von Prus und *Unser Gaul* (*Nasza szkapa*) von Konopnicka die Novellenform mit der Erzählung, und *Stas und Jas* (*Przygoda Stasia*) sowie *Die Weste* (*Kamizelka*) von Prus bestehen aus zwei kompositorischen Ganzheiten.

Im thematischen Bereich überwogen damals Sittennovellen, oft mit einem Schuß Phantastik, psychologischer Beschreibung oder Allegorie. Sehr häufig trat in ihnen eine auf einen Schlußeffekt ausgerichtete auktoriale Erzählweise auf, während die Rolle des Erzählers wie in den Novellen von Sienkiewicz oder Prus erst im Epilog enthüllt wurde, der dann die Art der Perzeption durch den Leser eindeutig festlegte. Dies war für die Novelle „mit einer These" wie *Antek, der Bildschnitzer* oder *Janko, der Musikant*, die sich für die Propagierung von positivistischen Leitsätzen engagierten, von besonderer Bedeutung. Die Einführung der „naiven Berichterstattung" eines Kindes diente entweder zur Steigerung der Dramatik der beschriebenen Situation (*Unser Gaul*) oder zum verstohlenen Einbringen der verbotenen patriotischen Thematik [*Ein Versehen* (*Omyłka*) von Prus]. Aus Zensurgründen veränderten die Autoren auch reale Gegebenheiten und verlagerten die Handlung in das preußische Teilgebiet, wie z.B. Orzeszkowa in *A...B...C...* und Sienkiewicz schon im Titel seiner Novelle *Aus dem Tagebuch eines Posener Lehrers* (*Z pamiętnika poznańskiego nauczyciela*). So war also die typisch positivistische Novellistik, die thematisch häufig mit der damals in der Publizistik behandelten Problematik verknüpft war, charakterisiert von Belehrung, Moralisieren und dem Wunsch, den Intellekt, die Emotionen und die ethische Haltung des Rezipienten zu beeinflussen.

In der naturalistischen Novelle (Dygasiński, Zapolska, Niedźwiecki, Sygietyński) hingegen änderten sich die Thematik und die narrative Gestaltung, denn neben der Erzählung der dritten Person, in der die Kompetenz des Erzählers Beschränkungen unterliegt, trat nun auch das personale Erzählen auf. In den achtziger und neunziger Jahren erschienen auch kurze epische Werke, in denen die Fiktion sich vom Realismus entfernte. Es handelte sich dabei um parabolische und moralitätenartige Formen, wie z.B. die *Seefahrerlegende* (*Legenda żeglarska*) von Sienkiewicz sowie *Der Traum* (*Sen*) und *Schimmlige Welt* (*Pleśń świata*) von Prus.

Die oben umrissenen Grundlagen der Poetik der positivistischen Prosaform stellen das Resultat moderner literaturwissenschaftlicher Richtlinien dar, da der literaturtheoretische Wissensstand der „Jungen" selbst nicht hoch war. Ihr szientistisches Konzept der Literatur verknüpfte die Soziopsychologie Taines mit Proudhons Thesen von einem gesellschaftlich nützlichen Charakter künstlerischen Schaffens, wobei selektiv einzelne Thesen und Formeln, nicht aber das ganze Konzept der Literatur dieser beiden Ästhetiker übernommen wurde. Außerdem waren ästhetische Fragen für die damalige Kritik von geringerer Bedeutung als die gesellschaftliche Thematik des Werks. Taines Thesen wurden zuerst auf die Prämissen der Tendenzliteratur abgestimmt, und in den achtziger Jahren stellte man unter seinem Einfluß im Urteil der Kritik das der Erkenntnis dienende explikative Primat in der Beschreibung eines Werks über dessen Beurteilung. Taine bewirkte die Hervorbringung des Postulats einer genetischen Untersuchung des Werks, der Erläuterung der das Schaffen bestimmenden Gesetze (die Faktoren der Rasse, des Milieus und des historischen Zeitpunkts) sowie der Suche nach dem dominanten Merkmal (*faculté maîtresse*) des jeweiligen Autors.

Der Tainismus inspirierte allgemein gesehen Orzeszkowa, Prus und Piotr Chmielowski, den führenden Kritiker der positivistischen Literatur, der sich bei der Beurteilung eines Werks nach dessen neuen Erkenntnissen, der psychologischen Kohärenz der Figuren und der rationalen Motivation ihrer Handlungsweise, dem Engagement des Autors und der Korrektheit seines Stils richtete. Chmielowskis normative Ästhetik basierte auf der Ausgewogenheit, Harmonie und logischen Ordnung des Werks sowie auf einem korrekten, reinen, klaren und knappen Stil.

Die positivistischen Kritiker sahen im literarischen Helden eine reale Figur und beurteilten seine Verhaltensweise vom Standpunkt des gesunden Menschenverstandes aus. Im Bewußtsein der Autoren und Leser waren Fabel und Held das wichtigste, während man die Präsenz und die Rolle des Erzählers, der erst in der Theorie und Praxis der Naturalisten wahrgenommen wurde, geringschätzte. Das damalige literarische Bewußtsein machte kaum einen Unterschied zwischen Erzähler und Autor, deshalb hielt man einen in klassischer, homophoner Prosa geschriebenen Text für die unmittelbare Aussage des Schriftstellers, insbesonders was die in ihm formulierten Ideen anbelangt. Zwar grenzte Chmielowski in seiner *Methodik der Geschichte der polnischen Literatur (Metodyka historii literatury polskiej)*, 1899, die Tauglichkeit von biographischen Untersuchungen auf eine literarhistorische Synthese ein, doch war auch er der Meinung, daß das Werk das Spiegelbild der Psyche seines Autors sei. Dieser Grundsatz kam sowohl in den kritischen Besprechungen der damaligen Prosa als auch in Bezugnahme auf die analysierten Meisterwerke der romantischen Literatur zur Anwendung.

## AUTOREN DES POSITIVISMUS

### BOLESŁAW PRUS (1847–1912)

Der dem zeitgenössischen literaturwissenschaftlichen Urteil nach zweifellos wichtigste Beitrag zum polnischen Positivismus kam von Bolesław Prus (Pseudonym für Aleksander Głowacki), der um ein Jahr jünger war als sein erfolgreicher Konkurrent auf dem Gebiet des Romans, der populäre Chronist Warschaus der Jahre 1874–1911 und Nobelpreisträger Henryk Sienkiewicz.

Głowacki wurde in der Gegend von Lublin geboren und wuchs dort auf, studierte nach seiner Beteiligung am Januaraufstand zwei Jahre an der mathematisch-physikalischen Fakultät der Warschauer „Hochschule" und danach am Institut für Land- und Forstwirtschaft in Puławy. Ab 1871 lebte er in Warschau, wo er Nachhilfestunden gab, Arbeiter war und anfing, bei der lokalen Presse mitzuarbeiten, für die er z.B. Artikel über Elektrizität, den Bau des Universums, verschiedene Entdeckungen und Erfindungen schrieb. In der humoristischen Zeitschrift *Die Fliege (Mucha)* brachte Prus Humoresken und satirische Geschichten, die er im Band *Dies und jenes, eigentlich weder dies noch jenes, das heißt 48 Fabeln für volljährige Kinder (To i owo, właściwie zaś ani to, ani owo, czyli 48 powiastek dla pełnoletnich dzieci)*, 1873, sammelte.

Ab dem Jahr 1875 verwendete Prus größere Novellengattungen [*Palais und Hütte (Pałac i rudera)*, *Geknechtete Seelen (Dusze w niewoli)*, *Im Kampf mit dem Leben (W walce z życiem)*, *Das große Schicksal (Wielki los)*, *Großmutters Schatulle (Szkatułka babuni)*]. Im Jahr 1880 erschienen seine berühmten Erzählungen und Novellen *Die Drehorgel (Katarynka)*, *Antek, der Bildschnitzer (Antek)*, *Michalko (Michałko)*, *Der Bekehrte (Nawrócony)*, *Die Welle strömt zurück (Powracająca fala)*, die zusammen mit *Stas und Jas (Przygoda Stasia)*, 1879, den ersten Band der Werkausgabe (*Pisma*), 1881, bildeten. Auch in späteren Jahren kamen Erzählungen, wie z.B. *Die Weste (Kamizelka)*, 1882, *Der Nichtsnutz und das Mädchen (Grzechy dzieciństwa)*, 1883, *Das Versehen (Omyłka)*, 1884, und die parabolischen Novellen *Schatten (Cienie)*, 1885, *Aus altägyptischen Legenden (Z legend dawnego Egiptu)*, 1888, *Der Traum (Sen)*, 1890, und *Die Rache (Zemsta)*, 1908, heraus, in denen sich Phantastik mit Elementen des Märchens, der Utopie sowie auch sensationslüsternem Grauen verbanden.

Schon der Band *Dies und jenes* stellte Prus' präzise Beobachtung des gesellschaftlichen Lebens unter Beweis, sein Talent für das Erfassen von Anomalien und der Dissonanz zwischen leeren Phrasen und ihrer Umsetzung in der Gesellschaft. Der wesentliche Vorzug dieser Texte wie auch vieler späterer novellistischer Werke war der Witz, an den Prus seine parodistische Technik knüpfte. Zum Scherz und zur Belustigung des Lesers führte er absichtlich Inkonsequenzen und paradoxe Schlußfolgerungen ein. Prus, der als Humorist bezeichnet wurde, war sich dessen schmerzlich bewußt, daß seinen literarischen Versuchen, die den Erwartungen der Leser entgegenkamen, wegen ihres niedrigen künstlerischen Niveaus keine Wertschätzung gebührte.

Vorteilhaft für Prus' literarisches Schaffen wirkte sich seine vielgelesene *Wochenchronik* (*Kroniki tygodniowe*) aus, die durch thematische Vielfalt, differenzierte feuilletonistische Gattungen und Aussagestile auffiel. Pru' kompositioneller Einfallsreichtum als Chronist, der neben bildlichen Illustrationen zu Problemen die Poetik des Essays oder einen diskursiv verlaufenden Disput einsetzte und nie auf witzige und unerwartete Assoziationen, Aphorismen oder Paradoxa verzichtete, war enorm. Infolgedessen war das Moralisieren der Chronik kein plumper Kommentar, denn Prus' eigensinnige Gedankengänge brachten ihm den Ruf eines Publizisten ein, der „gegen den Strom" schwamm. Ein Beispiel für Pru' journalistischen Mißerfolg war der Ruin der von ihm redigierten Tageszeitung „Nachrichten" („Nowiny"), da die Leser seine Belehrungen im *Programmentwurf* (*Szkic programu*), 1883, der auf der organistischen Soziologie Spencers beruhte, nicht billigten.

Um so eifriger wandte sich Prus seinem belletristischen Schaffen zu, als er als Novellist und Autor von *Angelika* (*Anielka*), 1880, deren ursprünglicher Titel *Fast ein Roman* (*Chybiona powieść*) die Leser vor der fehlenden Handlung in einem Werk, das das ländliche Polen nach der Aufhebung der Fronarbeit und der Leibeigenschaft der Bauern zeigte, warnte, beachtlichen Erfolg hatte. Die Titelfigur erweiterte die Sammlung junger Helden in Prus' Novellen, wie auch der Waise Jaś in *Waisenschicksal* (*Sieroca dola*), 1876, das blinde Mädchen in *Die Drehorgel* (*Katarynka*) und der begabte *Antek* oder *Michałko*, der das Dorf verläßt und nach Warschau auf Arbeitssuche fährt. Den Namen „psychologische Studie" verdient auch seine Erzählung von den Erlebnissen eines sich entwickelnden Kindes [*Stas und Jas* (*Przygoda Stasia*)], die Novelle über den Geiz eines Warschauer Hausbesitzers *Der Bekehrte* (*Nawrócony*), über Kanzler Bismarck [*Er* (*On*), 1882] oder die als das Meisterwerk von Prus' Novellistik geltende Novelle über die Liebe eines kranken Westenbesitzers zu seiner Frau [*Die Weste* (*Kamizelka*)]. Ein Kind als Erzähler trat in *Der Nichtsnutz und das Mädchen* (*Grzechy dzieciństwa*) und *Ein Versehen* (*Omyłka*) auf, das unter Verwendung der äsopischen Sprache die Problematik des Aufstandes von 1863 vorführt.

Die Erzählung *Die Welle strömt zurück* (*Powracająca fala*) zeigt die Tätigkeit eines deutschen Industriellen in Kongreßpolen. Das gleichermaßen frei von Chauvinismus dargestellte Problem des Zustroms deutscher Siedler nach Polen sollte eines der Motive des Romans *Der Bauer Slimak* (*Placówka*), 1885, bilden, der

Prus' Romanzyklus „zu den großen Fragen unserer Epoche" eröffnete. Das Thema dieses auf naturalistische Inspiration hin entstandenen Romans ist die Geschichte eines Bauernhofs, der zum „Vorposten" (so der Titel im Original) im instinktiven Kampf des Józef Slimaks gegen die deutschen Siedler um die Erhaltung des eigenen Landes wurde. Der der Logik der Fabel widersprechende optimistische Schluß des Romans macht ihn zu einem Tendenzwerk, das „zur Stärkung der Gemüter" geschrieben wurde.

Weniger enthusiastisch, ja sogar mit anfänglicher Verständnislosigkeit für die Komposition und polyphone Erzähltechnik wurde *Die Puppe* (*Lalka*), 1890, aufgenommen, der wichtigste Roman des polnischen Positivismus. Zwar bezieht sich der metaphorische Titel auf eine Episode im Prozeß um den Diebstahl einer Puppe, doch umspannt die Handlung des Romans die Jahre 1878–1879, und durch das Motiv der unglücklichen, romantischen Liebe des Kaufmanns (adeliger Herkunft) Stanisław Wokulski zur verarmten Aristokratin Izabela Łęcka lernt der Leser zwei verschiedene Milieus des damaligen Warschaus kennen. Die wirklichen Helden des Romans sind, nach den Worten seines Autors, „unsere polnischen Idealisten vor dem Hintergrund des gesellschaftlichen Zerfalls", das heißt der verspätete Romantiker, Teilnehmer am Ungarnfeldzug und Handlungsgehilfe Ignacy Rzecki, Wokulski als Mensch der Übergangsepoche und der gelehrte Erfinder Julian Ochocki. Das düstere Bild der dargestellten Wirklichkeit, in das humoristische Fragmente aus dem „Tagebuch eines alten Handlungsgehilfen" als eines zweiten Erzählers eingeflochten sind, findet am Ende des Romans dank dem Horazzitat *non omnis moriar*, das das geistige Testament der abtretenden Romantiker war, einen optimistischeren Ausklang.

Eine der Hauptheldinnen in *Die Emanzipierten* (*Emancypantki*), 1894, ist eine Gouvernante in einem Warschauer Mädchenpensionat, die in ihrer Opferbereitschaft zu einem „Gefühlsgenie" stilisiert ist. Die Fabel des Romans bildet der psychologische und intellektuelle Reifeprozeß der Madzia Brzeska, in dem ein Vortrag von Professor Dębicki (Prus' *porte-parole*), der den Versuch darstellt, der materialistischen Philosophie entgegenzutreten, eine entscheidende Rolle spielt. Die kritische Einstellung des Autors zur Emanzipationsbewegung der Frau wird durch die karikaturistisch dargestellte Figur des Fräulein Klara Howard verkörpert, die von ihren radikalen Anschauungen zu den Rechten der Frau Abstand nimmt und heiratet.

Prus' Zeitgenossen sahen in *Der Pharao* (*Faraon*), 1897, einem Roman über den altägyptischen Herrscher Ramses XIII., einen historischen Schlüsselroman. Die Literaturwissenschaftler hingegen fanden in ihm Prus' Historiosophie, die aus den politischen Prinzipien der positivistischen Soziologie hervorging, die aber in einem Roman mit zeitgenössischer Thematik aus Rücksicht auf die Zensur der Teilungsmächte nicht dargelegt werden konnte. In dieser literarischen Darstellung des Funktionierens des Staatsapparats gewinnt im Leben nicht der junge Herrscher über Ägypten, dem jeder politischer Instinkt fehlt, sondern sein Oberpriester Herhor, der als überlegter und rücksichtsloser Politiker im Kampf gegen Ramses XIII. sogar die Information über eine Sonnenfinsternis für sich zu nutzen weiß. Der (seit dem Jahr 1934) dem Roman beigefügte Epilog verweist hingegen in den Betrachtungen des Weisen Menes auf das Funktionieren des Spencerschen Rhythmus von Entwicklung und Zerfall als ein allgemeines, in der Natur und der Welt des Menschen gültiges Recht.

In Prus' Romanwelt dagegen geht wiederum ein Idealist in einer Situation des „gesellschaftlichen Zerfalls" (Ägypten befindet sich ebenfalls in einer Periode des Niedergangs) verloren, da Ramses Tod sich durch eine vergleichbare mangelnde Anpassung des Helden an seine Zeit erklärt, wie das im Fall von Rzeckis Tod, Wokulskis Tragödie oder Brzeskas Rückzug war. Der Protagonist der *Puppe* kann, ähnlich wie der Held des *Pharao*, in der Prusschen Typologie der Charaktere nach seinem ethischen Traktat *Die allgemeinsten Lebensideale* (*Najogólniejsze ideały życiowe*), 1901, als die Inkarnation eines Genies des Willens gelten, bei dem eine Überspitzung dieser Charaktereigenschaft zu einer Schwächung des Gefühls und des Denkens führte. Auch die anderen Helden des Romanzyklus „zu großen Fragen" verfügen über keine ausgewogene Verbindung dieser drei Geisteskräfte, und dadurch konnten sie das Prussche Ideal eines gesellschaftlich nützlichen Menschen nicht zur Gänze umsetzen.

Prus' Romanproduktion in seinen letzten Lebensjahren besteht eigentlich in nur zwei Romanen, der von gesellschaftlich-moralischer Seite aus kritischen Darstellung der Revolution der Jahre 1905–1907 *Die Kinder* (*Dzieci*), 1909, und dem unvollendeten Roman *Veränderungen* (*Przemiany*), der eine Analyse der Umwälzungen in der polnischen Gesellschaft während der vorangegangenen beiden Generationen sein sollte.

Die moderne Rezeption von Prus' Werken ist von einem Verlassen des Klischees eines gesellschaftlichen Aktivisten und Dickensschen „Herzens der Herzen" zugunsten seines Verständnisses als glänzendster Vertreter des polnischen Positivismus gekennzeichnet, als eines Autors, dessen Engagement für die gesellschaftliche Problematik seiner Zeit tief reichte, und eines Prosaisten, der dem polnischen Roman des Realismus neue Entwicklungswege wies.

## HENRYK SIENKIEWICZ (1846–1916)

Henryk Sienkiewicz, der Autor des wohl in Polen populärsten Romanwerks, der *Trilogie* (*Trylogia*), übertraf, was den schriftstellerischen Erfolg betrifft, seine Zeitgenossen, indem er durch seine Romane *Ohne Dogma* (*Bez dogmatu*) und *Quo vadis* zu internationalem Ruhm kam und im Jahr 1905 für sein Lebenswerk den Nobelpreis erhielt.

Seiner Herkunft nach aus Podlasien, war er seit seiner Jugendzeit mit Warschau verbunden, wohin er von seinen zahlreichen Reisen (nach Nordamerika, Afrika und Europa) und von dem ihm anläßlich des fünfundzwanzigjährigen Jubiläums seiner schriftstellerischen Tätigkeit zum Geschenk gemachten Palais und Landsitz in Oblęgorek bei Kielce immer wieder zurückkehrte.

Nach seinem Studienabschluß an der historisch-philologischen Fakultät der „Hochschule" begann Sienkiewicz im Jahr 1872 seine journalistische Laufbahn und publizierte zur gleichen Zeit seinen ersten Roman *Umsonst* (*Na marne*), eine

Beschreibung des Studentenlebens. Das Verhältnis des jungen Literaten zur Epoche, die auf den Januaraufstand folgte, zeigten seine *Humoresken aus Worszyłłos Mappe* (*Humoreski z teki Worszyłły*), 1872, die die positivistischen Parolen der Arbeit an der Basis und der organischen Arbeit illustrierten. Die sogenannte „kleine Trilogie" bildeten die adelige Plauderei *Der alte Diener* (*Stary sługa*), 1875, die sentimentale Erzählung *Hania*, 1875, und die Abenteuererzählung *Selim Mirza*, 1876.

Durch die *Briefe aus Amerika* (*Listy z Ameryki*), in denen Sienkiewicz seine Zeit in Kalifornien (1876–1877) und seine Reise mit der Eisenbahn von einem Ozean zum anderen beschrieb, wurde Sienkiewicz in den literarischen Kreisen Warschaus und der anderen Teilgebiete populär. Gleichzeitig gelangte er zu schriftstellerischer Reife, da er als Reporter begonnen hatte, den amerikanischen Kontinent mit dem Auge eines Epikers zu betrachten und dabei die verschiedensten Textsorten (Feuilleton, Brief, Reisebericht) einzusetzen. Eine Folge seines Amerikaaufenthalts waren *Kohlezeichnungen* (*Szkice węglem*), 1876, die auf groteske Weise die Situation der Bauern im russischen Teilungsgebiet aufzeigten, sowie die vor amerikanischem Hintergrund konzipierte *Komödie der Irrungen* (*Komedia z pomyłek*), 1877.

Ende der siebziger Jahre entstanden Sienkiewicz' erste „klassische" Novellen mit der typisch novellistischen Konzentration der Fabel auf eine einzige Begebenheit und nur eine Figur mit einem stark betonten Schlußeffekt. So beinhaltet das naturalistische „ländliche Bild" *Der Engel* (*Jamioł*), 1878, ungewöhnlich komprimiert die Ereignisse des tragischen Schicksals eines Waisen, vergleichbar mit der ähnlich tragisch endenden Novelle vom begabten dörflichen „Außenseiter" in *Janko, der Musikant* (*Janko muzykant*), 1878. *Der Leuchtturmwärter* (*Latarnik*), 1880, als „Meisterwerk der Sienkiewiczschen Komposition" und „die beste polnische Novelle" angesehen, zeigt das Schicksal des heimatlosen Soldaten Skawiński, der, nachdem er in die Lektüre des *Pan Tadeusz* versunken war, seine Stelle als Leuchtturmwärter verliert und sich nun „auf neue Wanderschaft" machen muß. Dichte kennzeichnet auch die Novelle *Aus dem Tagebuch eines Hauslehres* (*Z pamiętnika korepetytora*), 1879, deren zweiter Titel *Aus dem Tagebuch eines Posener Lehrers* (*Z pamiętnika poznańskiego nauczyciela*) den Ort der Handlung, die in einer polnischen Schule im russischen Teilgebiet spielt, vor dem Zensor tarnen sollte. Die Novelle *Orso*, 1879, schildert die Situation der in einem amerikanischen Zirkus auftretenden Kinder. Die Erzählung *Ums liebe Brot* (*Za chlebem*), 1879, führt auf melodramatische Weise das tragische Schicksal des ausgewanderten Bauern Wawrzon in Amerika vor. Die Drangsal und Verfolgung der polnischen Bauern im Gebiet von Posen stellt hingegen die Erzählung *Sieger Bartek* (*Bartek Zwycięzca*), 1882, über einen Helden des deutsch-französischen Kriegs dar. Ähnlich schrieb Sienkiewicz über die geistige Unterdrückung der Bürger eines geplünderten Landes in der Novelle *Sachem*, 1893, die parabolische Aussagekraft besitzt.

Sienkiewicz' der patriotischen Problematik gewidmete Aufmerksamkeit war nicht nur der Ausdruck seines Protests gegen die damals verstärkt betriebene Russifizierung und Germanisierung des polnischen Volks, sondern zeugte auch von einer Abkehr des Autors vom positivistischen Lager und seinem Anschluß an den Kreis der Neokonservativen, die dem Glauben an die historische Bedeutung der Grundadelsschicht und deren patriotische Zukunft huldigten. Damit brach Sienkiewicz auch mit dem Pessimismus der naturalistischen Schule und suchte in der Vergangenheit nach heroischen Helden, um sie dem Kleinmut seiner Zeitgenossen entgegenzusetzen.

Der erste Versuch in dieser Richtung war die Novelle *Tatarische Gefangenschaft* (*Niewola tatarska*), 1880, die die *Trilogie* vorwegnahm, ein Zyklus von historischen Romanen, die auf Ereignissen der Kriege gegen die Kosaken [*Mit Feuer und Schwert* (*Ogniem i mieczem*), 1884], die Schweden [*Die Sintflut* (*Potop*), 1886], und die Türken [*Herr Wolodyjowski* (*Pan Wołodyjowski*), 1888] basierten. Die konsolidierende Funktion dieser enthusiastisch aufgenommenen *Trilogie* beruhte darauf, daß sie vorführte, wie die Republik „viribus unitis bei göttlichen Auxilien" (so der Trinkspruch Zagłobas am Ende der *Sintflut*) im siebzehnten Jahrhundert nach den Niederlagen, die ihre Existenz bedrohten, wieder Fuß faßte. Diese „Reihe von Büchern, die ... zur Stärkung der Gemüter geschrieben wurden" (so der Epilog des Zyklu'), formulierte in der Einstellung und dem Verhalten seiner Haupthelden Skrzetuski, Kmicic, Wołodyjowski das Ethos des Ritters und Bürgers als einen Kodex der Pflichten des Individuums gegenüber dem Staat. Dabei beeinflußte die barocke Weltanschauung und Literatur die Struktur der dargestellten Welt der *Trilogie* wie auch das Barocke ihrer Phantasie und ihres Stils. Beherrscht wird die Welt der *Trilogie* von einem auktorialen Erzähler, der über den Wissensstand und die Autorität eines Historikers aus dem neunzehnten Jahrhundert verfügt. Auf der Grundlage des Modells des Abenteuer- und Sensationsromans von Scott und des „Mantel- und Degenromans" von Dumas schuf Sienkiewicz einen positivistischen historischen Roman, der der Technik des zeitgenössischen Romans des reifen Realismus entgegenkam. Den Lesern und auch Filmregisseuren sagte die mitreißende, höchst spannende Handlung dieses Romanzyklus zu, die sich zu einer Folge von Kriegsabenteuern reiht, die wiederum vor dem Hintergrund großer historischer Ereignisse gezeigt werden, wie auch die ethische und staatsbürgerliche Größe der Hauptfiguren.

Nach dem Vorbild Prus' *Puppe* schrieb Sienkiewicz seinen zeitgenössischen Roman *Ohne Dogma* (*Bez dogmatu*), 1891, der in Form eines Tagebuchs das Bild eines Dekadenten am Ende des neunzehnten Jahrhundert zeichnet. Leon Płoszowski, der Sproß einer aristokratischen Familie, ein intelligenter Skeptiker, Freigeist, Salonlöwe und Herzensbrecher, der von der damals modernen „Krankheit des Willens" befallen ist und wie Hamlet zwiegespalten, wurde ein bei deutschen und russischen Lesern beliebter Held. Im Roman *Die Familie Polaniecki* (*Rodzina Połanieckich*), 1895, schuf Sienkiewicz dagegen das literarische Muster eines (seinen Erklärungen nach) unternehmerischen und ehrlichen Kaufmanns adeliger Abstammung, der das verlorene Landgut seiner Frau zurückkauft und aufs Land zurückkehrt, wodurch dieser Roman, entgegen der Intention des Autors, in den Kategorien einer vereinfachten Tendenziösität verstanden wurde.

Sienkiewicz wandte sich noch einmal der historischen Thematik zu und stellte in *Quo vadis*, 1896, die Christenverfolgung unter Kaiser Nero dar. Die eindrucksvolle Schlußszene, in der der lygische (slawische) Athlet Ursus in der Zirkusarena einen teutonischen Auerochsen besiegt, bekam für den polnischen Leser, unabhängig von der ethischen Aussage eines Sieges des Guten über das Böse, eine patriotische Bedeutung. Auch dieser historische Roman bestätigt die Ansicht, daß der Realist Sienkiewicz unter dem Einfluß der romantischen Archetypen und der romantischen künstlerischen Vorstellungskraft blieb.

Sienkiewicz' nächstes „erbauliches" Werk war sein „Jubiläumsroman" *Die Kreuzritter (Krzyżacy)*, 1900, in dem er nach dem Vorbild von Matejko eine Vision der Nationalgeschichte in den Kategorien der Größe und Glorie des alten Polen schilderte. Dem mächtigen, begüterten und bestens organisierten Kreuzritterorden stellte der Autor das wirtschaftliche Wachstum des polnischen Staates zur Regierungszeit von Jadwiga und Jagiełło sowie den Prozeß des erwachenden polnischen Nationalbewußtseins gegenüber. Der mit der Beschreibung der siegreichen Schlacht bei Grunwald (Tannenberg) endende Roman wurde von Anfang an als ein historisches Werk mit einer anschaulichen politischen Pointe gelesen.

Sekundären Charakter haben Sienkiewicz' letzten beiden historischen Romane *Auf dem Feld der Ehre (Na polu chwały)*, 1906, aus der Zeit Sobieskis, und der unvollendete Roman *Die Legionen (Legiony)*, 1913, aus der napoleonischen Epoche. Im *Strudel (Wiry)*, 1910, dagegen ist ein politischer Roman, der die Realität zur Zeit der Revolution von 1905-1907 in Kongreßpolen schildert. Kein einziges Programm der damaligen politischen Parteien fand bei diesem Autor Zustimmung, der der Versöhnungspolitik mit dem Zarismus und den vom Osten aufziehenden „Strudel" der Revolution den polnischen Willen, die Unabhängigkeit wiederzuerlangen, entgegenstellte.

Der populäre Roman *Durch die Wüste (W pustyni i puszczy)*, 1911, über die Abenteuer zweier im Sudan entführter Kinder entsprang, wie der Autor selbst sagte, seiner „Liebe zu unseren Kindern und eigenen Reiseerinnerungen", die er fast zwanzig Jahre zuvor in den *Briefen aus Afrika (Listy z Afryki)* geschildert hatte.

Parallel zu den großen Romanen schuf Sienkiewicz novellistische Werke mit sittlicher, volkstümlicher, antiker und politisch-parabolischer Thematik, wie *Die Dritte (Ta trzecia)*, *Lux in tenebris lucet*, *Am lichten Gestade (Na jasnym brzegu)*, *Sabałas Märchen (Sabałowa bajka)*, *Der Organist von Ponikła (Organista z Ponikły)*, *Folget ihm nach! (Pójdźmy za Nim)*, *Das Urteil des Zeus (Wyrok Zeusa)*, *Das Gericht des Osiris (Sąd Ozyrysa)*, *Seefahrerlegende (Legenda żeglarska)*, *Zwei Wiesen (Dwie łąki)*, *K.H.T.* u.a.

Sienkiewicz trat als moralische Autorität eines unterdrückten Volkes mit Proklamationen und offenen Briefen an die Öffentlichkeit, in denen er die Verfolgung der polnischen Kinder durch die preußische Regierung in Września (im Jahr 1901) brandmarkte, die Anerkennung der polnischen Sprache im Bildungswesen des russischen Teilungsgebiets forderte (1904), gegen Prus chauvinistische Politik protestierte (1906) und die zivilisierten Völker zu einem Beitrag für die vom Krieg zugrunde gerichtete polnische Bevölkerung aufrief (1915).

Sienkiewicz besaß echtes schriftstellerisches Talent, das er in den Dienst der Nation stellte, und seine polnische Sprache bleibt ein Vorbild künstlerischer Gestaltungskraft.

### ELIZA ORZESZKOWA (1841–1910)

Das literarische Werk von Eliza Orzeszkowa, das recht früh in viele europäische Sprachen übersetzt wurde, verlor rasch seine Spitzenposition unter den Autoren der auf den Januaraufstand folgenden Epoche an ihre jüngeren Schriftstellerkollegen Prus und Sienkiewicz.

Orzeszkowa, die ihr ganzes Leben lang mit Grodno und seiner Umgebung verbunden war, hielt sich nur selten und kurz in Warschau auf, mit Ausnahme einiger Jugendjahre, die sie zusammen mit Maria Wasiłowska (Konopnicka) in einem Klosterpensionat verbrachte. Dennoch pflegte sie mit Warschauer Freunden, Schriftstellern, Zeitschriftenredakteuren und Verlegern lebhaften Kontakt.

Ihr doppeltes Debüt im Jahr 1866, das literarische mit *Ein Bild aus den Hungerjahren* (*Obrazek z lat głodowych*) und auch das literaturkritische, ließen auf ihr umfangreiches literarisches Schaffen der nachfolgenden Jahre und ihre publizistische Tätigkeit schließen, die in Stellungnahmen zu Fragen des Romans, der Frauenfrage, der Juden, des Patriotismus und Kosmopolitismus zum Ausdruck kam.

Orzeszkowas erste Romane zeichneten sich keineswegs durch eine gehobene künstlerische Form aus. Das in ihnen (sowohl in den Dialogen der Figuren als auch dem Kommentar des Autors) präsente publizistisch-diskursive Element diente der Propagierung der positivistischen Ideologie, die durch die Figuren von Ingenieuren, Ärzten, Gelehrten und Aktivisten verschiedenster Berufe vertreten ist. Von diesen Tendenzromanen erregte *Ein Frauenschicksal* (*Marta*), 1873, das das tragische Schicksal einer nicht auf das Berufsleben vorbereiteten Frau zeigt, nicht nur in Polen größtes Aufsehen. Auch in ihren anderen frühen Romanen schilderte Orzeszkowa die persönliche und gesellschaftliche Lage von Frauen, ihre Probleme in der Ehe und im Familienleben. Wieder andere Romane aus den siebziger Jahren zeigen den damaligen polnischen Landadel [*Die Familie Brochwicz* (*Rodzina Brochwiczów*), *Die Pompalińskis* (*Pompalińscy*)].

Der Roman *Meir Ezofowicz*, 1878, mit einem jüdischen Thema leitete die Periode von Orzeszkowas reifem Werk ein. Zu Beginn der achtziger Jahre schrieb sie die Romane der Gruppe Gespenster *Die Gespenster* (*Widma*), *Zygmunt Ławicz und seine Kollegen* (*Zygmunt Ławicz i jego koledzy*), *Die Urmenschen* (*Pierwotni*), die vor den Einflüssen der russischen „Volkstümler" und des Sozialismus warnten, die unter der Jugend Nihilismus und Kosmopolitismus verbreiten würden. Zu dieser Zeit veröffentlichte Orzeszkowa den Erzählband *Aus verschiedenen Sphären* (*Z różnych sfer*) zum Thema der Stadt [*Julianchen* (*Julianka*), *Milord*], des Landadels [*Fräulein Luise* (*Panna Luiza*)] und der Juden [*Simson der Starke* (*Silny Simson*), *Der Dorfhausierer* (*Gedali*)], der moralisierend-didaktische Ziele verfolgte. Die nächsten Novellensammlungen *Fräulein Antonina* (*Panna Antonina*) und *An einem Winterabend* (*W zimowy wieczór*) publizierte die Autorin im Jahr 1888. Oft waren die Helden ihrer Novellen Kinder [*Julianchen (Julianka), Tadeusz, Die Gute (Dobra Pani), A...b...c...*] oder Frauen, die sich um Kinder kümmerten und bisweilen Gegenstand einer psychologischen Studie wurden [*Fräulein Antonina (Panna Antonina), Frau Romanow (Romanowa)*]. In künstlerischer Hinsicht charakterisiert Orzeszkowas Novellistik in dieser Periode Authentität, das Bestreben, die realen Gegebenheiten des Lebens darzustellen, eine der These des Werks untergeordnete Hauptfabel und Monothematik.

Das dörfliche Milieu war das Thema der Romane *Niederungen (Niziny)*, 1884, *Die Hexe (Dziurdziowie)*, 1885, und *Der Njemenfischer (Cham)*, 1889. Im ersteren, durch ein folkloristisches (weißrussisches) Element erweiterten Roman schreibt Orzeszkowa in einem entlarvenden Ton über die Winkeladvokaten, die sich an der ländlichen Ignoranz, der Not und der Ausbeutung des Hofgesindes bereichern. Ihre humanitäre Einstellung kam im zweitgenannten Roman über ein weißrussisches Dorf, in dem die Bauern aus Aberglauben eine angebliche Hexe, die Frau des Dorfschmieds, töten, zum Ausdruck. Die naturalistische Auseinandersetzung des dörflichen Konflikts in der Hexe wurde im Roman *Der Njemenfischer*, der auf authentischen Begebenheiten des ländlichen Lebens basiert, zur vollen Entfaltung dieser literarischen Technik verwandt. Die Güte und Natürlichkeit des Njemenfischers Paweł Kobyski (des „Einfältigen" oder „Primitivlings", so der Originaltitel) ist in diesem psychologischen Roman der städtischen Demoralisierung gegenübergestellt, die seine Frau Franka, ein ehemaliges Zimmermädchen, verkörpert.

Dem literarischen Erfolg der Autorin mit dem *Njemenfischer* folgte der an den *Herrn Tadeusz* anknüpfende, episch angelegte Roman *An der Memel (Nad Niemnem)*, 1888, der zum Musterroman des positivistischen Realismus wurde. In die Darstellung des Lebens am Gutshof und bäuerlich gewordenen Adelssitzes sind Schilderungen der Natur an der Memel, der reichen Folklore der in ihren Sitten und Gebräuchen adeligen Umgebung und, ungeachtet der Zensurbeschränkungen, zahllose Bezüge zu der Tradition des Januaraufstands und anderer polnischer Unabhängigkeitskämpfe eingeflochten. Der optimistische Schluß, den die Aussöhnung der beiden im Streit liegenden Schichten durch die junge Generation darstellt, exponiert das Programm einer gesellschaftlichen und nationalen Erneuerung durch die Zusammenarbeit von Adelshof und Dorf.

Das Problem der aufständischen Tradition erwachte im Roman *Zwei Pole (Dwa bieguny)*, 1892, zu neuem Leben, in dem die Autorin der Dekadenz und dem fehlenden Dogmatismus des Zdzisław Granowski das von Seweryna Zdrojowska realisierte positive Programm der „Arbeit an der Basis" gegenüberstellte. In den Romanen *Der Australier (Australczyk)*, 1896, und *Die Argonauten (Argonauci)*, 1900, wurde das Problem des Argonautismus, also der Migration von Talenten und der Suche nach dem „goldenen Vlies" in der Fremde aufgegriffen. Zur Problematik der *Zwei Pole* kehrte die Autorin in *Ad astra*, 1904, einem Briefroman, den sie gemeinsam mit dem Naturwissenschaftler Tadeusz Garbowski verfaßte, zurück.

In ihrer letzten Schaffensperiode wandte sich Orzeszkowa der religiösen und ethischen Problemstellung zu, wie die zwei Erzählbände *Die Melancholiker* (*Melancholicy*) belegen, deren Helden von ihren intellektuellen Spekulationen im Stich gelassen werden, als sich ihnen die Frage nach dem Sinn der menschlichen Existenz stellt. In den Jahren 1898–1903 publizierte Orzeszkowa die in einer neuen Stilistik geschriebenen Novellensammlungen *Funken* (*Iskry*), *Augenblicke* (*Chwile*), und *In der Spinnstube* (*Przędze*), in denen sie noch einmal die Frage des Argonautismus, der Dekadenz und des Kosmopolitismus thematisierte.

Die größte literarische Leistung ihrer letzten Lebensjahre war der von der Literaturkritik enthusiastisch aufgenommene Erzählband *Gloria victis*, 1910, der den Helden des Januaraufstands in Litauen gewidmet ist. In diesen poetischen und in der Stilistik des Jungen Polen gehaltenen Erzählungen ließ Orzeszkowa im Rahmen des von ihr entwickelten Motivs des Gedenkens die Atmosphäre der Hingabe und des Heldentums der idealisiert gezeigten Aufständischen wiederaufleben.

Diese Hinwendung der Autorin zur Vergangenheit läßt sich auch mit ihrer Ratlosigkeit bei der Lösung der schwierigen zeitgenössischen gesellschaftlich-nationalen Probleme erklären. Denn Orzeszkowa war schon längst durch ihr literarisches Schaffen, ihre kurze Tätigkeit im Verlagswesen und im Buchhandel und die zahlreichen von ihr unternommenen gesellschaftlichen Aktionen (z.B. die Hilfsorganisation nach dem Brand von Grodno) für ihre Landsleute im gleichen Maße wie Sienkiewicz, Kraszewski, Prus und Konopnicka eine moralische Autorität und, wie es Stanisław Brzozowski formulierte, „eine Autorin des Gewissens".

### JÓZEF IGNACY KRASZEWSKI (1812–1887)

Als erster polnischer Romanschriftsteller und Wegbereiter der großen Realisten des Positivismus bezeichnet zu werden, verdient Józef Ignacy Kraszewski, Autor von 223 Romanen, Dichter, Publizist, Literaturkritiker und Journalist, dessen literarische Tätigkeit bis in die dreißiger Jahre des neunzehnten Jahrhunderts zurückreicht und nach dem Januaraufstand (während der Dresdner Emigrationszeit dieses Autors) das literarische Schaffen Orzeszkowas, Prus' und Sienkiewicz' begleitete.

Unter Kraszewskis Frühwerken fällt der Roman *Der Dichter und die Welt* (*Poeta i świat*), 1839, auf, der das Problem des romantischen Konflikts des Individuums mit seinem Umfeld aufgreift. Den Versuch, die Gemeinschaft darzustellen, unternahm *Laterna magica* (*Latarnia czarnoksięska*), 1843/1844. Die hier formulierte Kritik an der Aristokratie führte der Autor in den Romanen *Die Interessen der Familie* (*Interesy familijne*), 1853, und *Zwei Welten* (*Dwa światy*), 1856, weiter und zeigte zugleich in *Der letzte Siekierzyński* (*Ostatni z Siekierzyńskich*), 1851, einen adeligen Kaufmann, der mit der üblen ständischen Tradition bricht.

In den vierziger Jahren verfaßte Kraszewski die Romane *Tagebuch eines Unbekannten* (*Pamiętniki nieznajomego*) und *Sphinx* (*Sfinks*), die die Frage nach dem Ziel der menschlichen Existenz stellten. Das wertvollste Werk dieser Schaffensperiode ist der volkstümliche Romanzyklus *Ulana*, 1843, *Ostap und Jaryna (Ostap Bondarczuk)*, 1847, *Die Hütte jenseits des Dorfes (Chata za wsią)*, 1854, und *Die Geschichte vom Pflock im Zaun (Historia kołka w płocie)*, 1860, die den Fronbauer zu einem vollberechtigten Bürger mit einer eigenen Ethik, Kultur und der Fähigkeit zu großen Leidenschaften erheben.

Schon in seiner ersten Schaffensperiode sprach sich Kraszewski für einen „anschaulichen Roman" aus, dessen Aufgabe es sei, ein getreues Abbild des gesellschaftlichen Lebens zu zeichnen. In seinem reifen historischen Roman *Die Zeiten der Sigismunde (Zygmuntowskie czasy)*, 1846, stützt sich Kraszewski weiterhin auf Quellenmaterial und setzt gleichzeitig in der Strukturierung der Fabelelemente die Scottsche Technik ein. In seinen späteren historischen Romanen versuchte der Autor, das Prinzip der Fiktionalität des Fabelmotivs zu verlassen. Kraszewskis literarische Technik hatte grundsätzlich schon vor seiner Emigration ihre Prägung gefunden und unterlag später nur geringfügigen Änderungen im Romanstil.

Die Dresdner Periode dieses Autors eröffnete ein Zyklus von Romanen aus den sechziger Jahren (unter dem Pseudonym Bolesławita) über den Januaraufstand, *Das Altstadtkind (Dziecię Starego Miasta)*, *Der Spion (Szpieg)*, *Roter Rauch (Para czerwona)*, *Wir und sie (My i oni)*, und *Der Moskowiter (Moskal)*. In seinen nächsten zeitgenössischen Romanen griff Kraszewski Probleme aus dem Leben Polens auf, doch begegnete die positivistische Kritik seinen gesellschaftlichen Vorschlägen mit Mißtrauen, trotz der weiteren Demokratisierung der Anschauungen dieses Autors. Denn Kraszewski kritisierte, entgegen den Erwartungen der „Jungen" dem Grundadel gegenüber, den Lebensstil des Adels heftig und zeigte in *Morituri*, 1874, und *Träumereien (Niebieskie migdały)*, 1876, den wirtschaftlichen und moralischen Verfall des Herrenhofs. Kritisch beurteilte er auch das heimische Bürgertum, das den Leitsatz der organischen Arbeit für eine Spekulantenjagd nach großem Gewinn aufgab [*Goldenes Hänschen (Złoty Jasieńko)*, 1869, *Die Puppen (Lalki)*, 1874, *Arbeit (Roboty i prace)*, 1875]. Eine eigene Gruppe stellen die das konservative Lager kritisierenden Romane dar [*Die Ramults (Ramułtowie)*, 1872, *Der große Unbekannte (Wielki nieznajomy)*, 1872, und *Das Tagebuch der Serafina (Dziennik Serafiny)*, 1876].

Nachdem Kraszewski von einem weiteren Aufgreifen von ihm nicht näher bekannten Landesproblemen (wodurch die Romandarstellung zugunsten des Autorenkommentars verkümmert war) Abstand nahm, wandte er sich der historischen Thematik zu. Infolgedessen entstand während seiner letzten zehn Lebensjahre beinahe die Hälfte (von insgesamt 94) seiner historischen Romane. Der Zugang zu den Archiven in Dresden ermöglichte ihm, sich mit dem achtzehnten Jahrhundert auseinanderzusetzen, was in der sächsischen Trilogie [*Gräfin Cosel (Hrabina Cosel)*, 1874, *Brühl (Bruehl)*, 1875, *Aus dem siebenjährigen Krieg (Z siedmioletniej wojny)*, 1876] seinen Niederschlag fand. Im Roman *Die Kreuzritter im Jahr 1410 (Krzyżacy 1410)*, 1872 verurteilte der Autor, daß man aus dem Sieg bei Grunwald (Tannenberg) aus strategischen Gründen nach beendeter Schlacht keinen politischen Nutzen gezogen hatte.

Im Jahr 1876 publizierte Kraszewski *Eine alte Mär* (*Stara baśń*), den ersten Roman eines geplanten Zyklus von historischen Romanen, von denen er 29 Stück in 76 Bänden schuf. Der letzte Roman dieses Zyklus war der *postum* veröffentlichte Band *Sächsischer Karneval* (*Saskie ostatki*), 1889. Die Absicht des Autor war es, die Geschichte der Staatsmacht und Königskrone in Polen in Verbindung mit einer Kritik am Magnatentum, das für das Scheitern des Staats verantwortlich war, zu illustrieren. Gleichzeitig stellte Kraszewskis Zyklus eine Polemik gegen die Idee des Romanzyklus von Gustav Freytag *Die Ahnen* dar, der den Sieg der Germanen über die Slawen pries. Sein Romanzyklus über die Geschichte Polens besaß einen dokumentarischen Charakter, die Begebenheiten im Roman beruhten auf historischen Ereignissen, und das Schicksal der fiktiven Figuren schuf Nebenhandlungen, die die historische Berichterstattung belebten.

In den politischen Gegebenheiten Polens unter den Teilungsmächten wurden Kraszewskis historische Romane zu Lehrbüchern der nationalen Geschichte. Viele Motive aus seinen Werken wurden ein zweites Mal in den Romanen der positivistischen Prosaisten behandelt, für die er eine große Autorität darstellte, der wohlwollend über die literarischen Anfänge von Orzeszkowa, Sienkiewicz oder Konopnicka wachten. Einen Beweis für die Anerkennung der Verdienste dieses großen Schriftstellers um die polnische Gesellschaft lieferten das fünfzigjährige Jubiläum seiner literarischen Tätigkeit, das man im Jahr 1879 feierlich in den Krakauer Tuchhallen beging, sowie sein Begräbnis in Krakau, das zu einer patriotischen Manifestation der Polen aus allen drei Teilungsgebieten wurde.

## ALEKSANDER ŚWIĘTOCHOWSKI (1849–1938)

Für seine Zeitgenossen war Aleksander Świętochowski, gebürtig aus Podlasien, aber in Warschau ansässig, vor allem ein bedeutender Publizist und Autor von Lesedramen, während sich seine Novellistik geringerer Popularität erfreute.

Świętochowski wurde bald zum Herold der „Jungen", die wie er von der „Hochschule" stammten und eine Gruppe um ihr kämpferisches Organ „Die Wochenrevue" („Przegląd Tygodniowy") bildeten, in dem sie in aggressivem Ton Feuilletons unter dem gemeinsamen Titel *Echos der Woche* (*Echa tygodnia*) publizierten. Hier druckte Świętochowski seinen programmatischen Artikel *Wir und ihr* (*My i wy*), 1871, und gemeinsam mit Leopold Mikulski den Artikel–Zyklus *Arbeit an der Basis* (*Praca u podstaw*), 1873. Nach seiner Mitarbeit bei der Tageszeitung „Nachrichten" („Nowiny") redigierte Świętochowski ab 1881 die Wochenschrift *Die Wahrheit* (*Prawda*), in der er als „Bote der Wahrheit" den berühmten Zyklus von polemischen Feuilletons *Liberum veto* veröffentlichte.

Świętochowskis Publizistik spielte für die Prägung der Denkweise der polnischen Intelligenz eine wichtige Rolle, da er jegliche Art von Vorurteilen und solche Laster der Gesellschaft wie Obskurantismus, Fideismus und Sozialismus bekämpfte, dagegen Wissenschaft und Arbeit, die Bildung der Frauen und eine neue Literatur verteidigte. Für seine Negierung der Notwendigkeit von Unabhängigkeitskämpfen, u.a. in den *Politischen Belehrungen* (*Wskazania polityczne*), 1883, wurde ihm Landesverrat vorgeworfen. Świętochowski, wie Piotr Chmielowski und Julian Ochorowicz Doktor der Philosophie der Universität Leipzig, besaß den Intellekt eines kühlen Dialektikers, seinen eigenen persönlichen Stil, voll von Metaphern, Aphorismen, Parabeln und Paradoxa, mit scharfem Witz und epigrammatischer Pointe. Daher gilt er auch als bester Stilist der polnischen Literatur.

Es nimmt also nicht wunder, daß seine philosophischen Dramen nicht bühnengerecht waren, ihre Helden alles nur mit dem Verstand begreifen, und man statt Emotionen Dialektik, einen geistreichen rhetorisierten Dialog, vernimmt. In seiner Dramentrilogie *Unsterbliche Seelen* (*Nieśmiertelne dusze*), 1876, 1888, 1889, die das tragische Geschick des Priesters Makary und seiner Familie (Aureli, Regina) schildert, verteidigte Świętochowski die natürlichen Rechte des Menschen (er lehnte das priesterliche Zölibat ab) und brachte das Problem der Verantwortung für die eigene Handlungsweise zur Sprache. In der dramatischen Dichtung *Die Geister* (*Duchy*), 1895–1909, an der er fünfzehn Jahre lang arbeitete, stellte der Autor ein rationalistisches Konzept der Entwicklungsstufen der Menschheit am Beispiel des Kampfes der fortschrittlichen Kräfte gegen Fanatismus und Obskurantismus dar.

Das mißtrauische Vorurteil „dem Fremden" gegenüber bekämpfte Świętochowski in seinem Novellenzyklus *Ums Leben* (*O życie*), 1878–79, dessen Helden Damian Capenko, Chawa Rubin und Karl Krug mit ihrem tragischen Geschick die These belegen, daß hinter nationalen Konflikten ein wirtschaftlicher Kampf steckt. Die Thematik seiner späteren Novellen berührte ethische Probleme, die sich auf die Wahrheit und das Bedürfnis, Geheimnisse zu enthüllen [*Der Klub der Schachspieler* (*Klub szachistów*), 1894] gesellschaftliche Fragen [*Beim Begräbnis* (*Na pogrzebie*), 1881, *Diebe* (*Złodzieje*), 1901] oder Bismarcks Politik der „Ausrottung" der Polen [*Atemzüge* (*Oddechy*), 1886, *Frau Bartlomiej* (*Bartłomiejka*), 1900] bezogen.

Aus der letzten, nicht positivistischen Schaffensperiode Świętochowskis stammen die Romane *Die Drygałs* (*Drygałowie*), 1913, *Nałęcze*, 1928, und *Twinko*, 1936, und historisch-publizistische Schriften, wie *Abriß der Geschichte der polnischen Bauern* (*Historia chłopów polskich w zarysie*), 1925–1928, und *Genealogie der Gegenwart* (*Genealogia teraźniejszości*), 1935.

„Der Papst des Warschauer Positivismus" überlebte seine Epoche in Gołotczyzna bei Ciechanów, und da er unverändert an seiner Weltanschauung festhielt, widerfuhr ihm im freien Polen wegen seiner Stellungnahme gegen die Restrukturierungspolitik und seiner unabhängigen Denkweise nicht die ihm gebührende Anerkennung.

## ADOLF DYGASIŃSKI (1839–1902)

Im Schatten der großen Realisten schuf der Schriftsteller, Publizist und Privatlehrer Adolf Dygasiński, dessen Lebenslauf die unsichere materielle Lage eines polnischen Literaten veranschaulicht, dem zur Zeit der Teilungsmächte jegliche institutionelle Unterstützung fehlte. Dieses schwierige Leben lieferte dem aus Kielce stammenden und in Warschau ansässigen Autor reichhaltiges Beobachtungsmaterial aus dem Leben der verschiedensten gesellschaftlichen Kreise und der Welt der Natur, das er in seinen Werken jedoch ausschließlich in Hinsicht darauf darstellte, daß sie im Leben denselben Gesetzen unterstanden. Denn, wie Wilhelm Feldman in seiner Modernen polnischen Literatur schrieb, „liebt" Dygasiński, „im Grunde seiner künstlerischen Disposition und wissenschaftlichen Vorliebe ein Naturalist, ... als Künstler die Natur, und versteht sie als Philosoph und Positivist klar und ohne Illusionen".

Als im Jahr 1884 der programmatische Roman der Naturalisten *Auf Calvados Felsen* (*Na skałach Calvados*) von Antoni Sygietyński erschien, veröffentlichte Dygasiński die erste Reihe seiner Novellen, darunter die Erzählung *Der Wolf, die Hunde und die Menschen* (*Wilk, psy i ludzie*), in der er Zolas Postulat einer experimentellen Methode umsetzte (ein Naturwissenschaftler zähmt einen Wolf). In seinem Romanzyklus über das Schicksal eines Sprößlings zweier aristokratischer Familien [*Auf dem Edelhofe* (*Na pańskim dworze*), *Von Molken, Hunger und Liebe* (*Głód i miłość*), *Auf Warschaus Gasse* (*Na warszawskim bruku*)] zeigte dieser Autor in den achtziger Jahren das Funktionieren der Vererbungsgesetze. Die Helden dieses Zyklus sind durch ihr Schicksal determiniert, das sie nicht ändern können, besonders Tüchtige fallen anderen am leichtesten zum Opfer. Die wichtigsten Leitmotive im Leben sind hier Hunger und Liebe.

Auch Dygasińskis andere Gesellschaftsromane sind nach dem Vorbild wissenschaftlicher Monographien über die jeweilige gesellschaftliche Schicht [*Die Besitzer* (*Właściciele*), 1888, *Herr Jędrzej Piszczalski* (*Pan Jędrzej Piszczalski*), 1890] oder zu einem bestimmten Problem [*Schnaps* (*Gorzałka*), 1894] konstruiert. Der Roman *Hals über Kopf* (*Na złamanie karku*), 1893, entstand als Resultat einer Reise des Autors nach Brasilien, um dort die Verhältnisse der bäuerlichen Emigration zu untersuchen.

Zu den wertvollsten Werken Dygasińskis gehören der im Dialekt geschriebene Roman *Beldonek* über die Geschichte eines Waisenkindes in einem Dorf sowie der Roman *Der Hase* (*Zając*), 1900, in dem das Leben des im Titel genannten Tieres eine Allegorie auf das Los eines herrschaftlichen Forstaufsehers ist, eines drangsalierten Menschen, der pausenlos gejagt wird und sich gegen seine Feinde zur Wehr setzen muß.

Dygasiński beschrieb in seinen Werken hauptsächlich das Leben der Armen auf dem Land und des städtischen Lumpenproletariats sowie den Abstieg der Gutsbesitzerfamilien. Er schilderte unter Zuhilfenahme seines fachlichen Wissens über das Leben der Natur anschaulich und fesselnd das Leben der Tiere. Sein letztes Werk war die Erzählung *Lebensfreuden* (*Gody życia*), 1901, in der neben naturalistischen Lebensbeschreibungen im Lied der Krähe, einem Lobgesang auf die Kunst und das Leben im Einklang mit dem Kosmos, modernistische gefühlvolle Märchenelemente auftreten.

## ADAM ASNYK (1838–1897)

Der aus Kalisz stammende und in Krakau ansässige Adam Asnyk, Mitglied der Warschauer Nationalregierung während des Januaraufstands im Jahr 1863, Doktor der Philosophie der Universität Heidelberg, Abgeordneter des Galizischen

Landtags, Publizist und Aktivist der Aufklärungsarbeit, war Dramenautor und der glänzendste Dichter des polnischen Positivismus (Pseudonym El...y).

Seine Dichtkunst brachte das Bewußtsein jener Generation zum Ausdruck, die die Niederlage des Januaraufstands erleben mußte und sich gezwungen sah, ein neues positivistisches Überlebensprogramm für das Volk in Angriff zu nehmen. So ließ also Asnyk nach seiner Abkehr von der pathetisch-höhnischen Rhetorik und der visionären Darstellungsweise der Romantiker (Słowacki) in seiner patriotischen Dichtkunst der sechziger Jahre und im Poem Der *Traum der Gräber* (*Sen grobów*), 1865, zu einem kühlen Intellektuellen gewandelt davon ab, sich über seine Zeit zu beklagen [vgl. *Dem neunzehnten Jahrhundert* (*XIX-emu wiekowi*)], und wandte sich einem auf Evolution ausgerichteten Konzept des Volkes zu. Dieses neue weltanschauliche Credo vertrat der Dichter ab der Hälfte der siebziger Jahre und formulierte es u.a. in seinem *Gedicht Nacht am Fuße des Wysoka* (*Noc pod Wysoką*) aus dem Zyklus *In der Tatra* (*W Tatrach*). Da Asnyk die Vergänglichkeit für ein allgemein gültiges Gesetz des Seins hielt, nahm er in der Auseinandersetzung über den Wert der Leistungen der Vergangenheit für die Zukunft einen Standpunkt ein, der auf einem Kompromiß beruhte, während die zu dieser Frage aphoristisch in seiner Programmlyrik ausgedrückten Leitsätze [*An die Jugend* (*Do młodych*), 1876, *Umsonst* (*Daremne żale*), 1877, *Den heutigen Idealisten* (*Dzisiejszym idealistom*), 1877] zeitlosen Wert besitzen.

Eine Synthese dieser Anschauungen beinhaltet der Zyklus von dreißig Sonetten *Über den Abgründen* (*Nad głębiami*), 1883–1892, der, von Spiritualismus durchdrungen, einen evolutionsgemäßen Fortschritt proklamiert, der nicht mehr durch Kampf [wie im Gedicht *Der Chor der Ozeaniden* (*Chór Oceanid*), 1876], sondern durch das solidarische gemeinsame Handeln einzelner (vgl. das Sonett XVIII) erfolgen soll. Die Faktoren dieser Evolution sind Leiden und sogar der Tod. Sie sollten für das zukünftige Geschick des polnischen Volkes den Glauben an sein Wiedererstarken (die Sonette XIII und XXX) trotz Niederlage und Knechtschaft erklären. Dieser philosophische Gedichtzyklus von Asnyk glänzt durch seine Bandbreite der Gedanken (von Hegel bis zu den Neukantianern), die in eine verständliche poetische Sprache gefaßt sind, durch eine transparente Beweisführung und seine Kunstfertigkeit in der Form des Sonetts.

Eine andere Richtung in Asnyks Dichtkunst bildet seine Liebeslyrik, die nach dem Vorbild Heines von Ironie, Wehmut und Enttäuschung über die launenhaften Gefühle seiner Partnerin durchdrungen ist [*Karamelgedicht* (*Karmelkowy wiersz*), 1868, *Ach, wie traurig ich bin* (*Ach, jak mi smutno*), 1868, *Mahnung* (*Przestroga*), 1870)]. Es handelt sich dabei um Gedichte mit vielfältigen lyrischen Ausdrucksformen, einer beträchtlichen atmosphärischen Bandbreite, einfachem Stil, meisterhaftem Strophenbau und einer ebensolchen Wahl der Versmaße.

Asnyk verfaßte auch Gelegenheitsgedichte (z.B. zum fünfundzwanzigjährigen Jubiläum des Aufstands von 1863, für die Feierlichkeiten zu Ehren Mickiewicz', Słowackis und Prus'), gesellschaftspolitische Gedichte [*Skizze zu einem zeitgenössischen Bild* (*Szkic do współczesnego obrazu*), 1895] sowie Satiren über die Stańczyks [*Die historische neue Schule* (*Historyczna nowa szkoła*), 1890].

In Asnyks Dichtung lassen sich Merkmale des Parnassismus feststellen, wie z.B. eine überreiche philosophische Problematik, Intellektualismus der Aussage, Antikisierung, ein kunstfertiger Vers und präziser Stil. Der ideellästhetische Eklektizismus von Asnyks Dichtkunst gestattet es, ihren eur opäischen Charakter im Kontext der wichtigsten Strömungen (Eklektizismus, Klassizismus, Biedermeier) der europäischen Kunst des ausgehenden neunzehnten Jahrhunderts zu betrachten.

Von geringerer Bedeutung ist Asnyks dramatisches Werk: Salonkomödien [*Ein Zweig des Heliotrop* (*Gałązka heliotropu*), 1869, *Hiobs Freunde* (*Przyjaciele Hioba*), 1879], gesellschaftspolitische Dramen [*Der Kampf der Parteien* (*Walka stronnictw*), 1869, *Die Brüder Lerche* (*Bracia Lerche*), 1887] und gleichnishafte historische Dramen (*Cola Rienzi*, 1873, *Kiejstut*, 1878).

## MARIA KONOPNICKA (1842–1910)

In den achtziger Jahren gewann, im Zusammenhang mit der abnehmenden Popularität der Lyrik Asnyks, die Dichtkunst von Maria Konopnicka, die zuerst in Kalisz und dem Dorf Bronów lebte und dann mit ihren Kindern nach Warschau übersiedelte, immer größere Bedeutung. Konopnickas in drei Reihen von *Dichtungen* (*Poezje*), 1881, 1883, 1887, gesammeltes Werk kennzeichnet das vehemente Engagement der Autorin für die Benachteiligten und Unterdrückten sowie eine tiefe Liebe zur Heimat und die patriotische Sorge um das Schicksal des geknechteten Vaterlands.

Der gesellschaftliche Radikalismus ihrer rebellischen Lyrik und der Antiklerikalismus ihrer Dramenfragmente *Aus der Vergangenheit* (*Z przeszłości*), 1881, lösten Angriffe von seiten der Konservativen aus. Doch gewann Konopnicka, die in einer Periode von Enttäuschungen über die Ideologie des Positivismus debütierte, durch ihr Mißtrauen der Evolutionstheorie der gesellschaftlichen Entwicklung gegenüber auch nicht die Sympathie der Anhänger des positivistischen Fortschritts. Ungeachtet dessen ist die allgemeine Beliebtheit von Konopnickas Lyrik in entscheidendem Maße auf ihren regen Ton zurückzuführen, denn diese Autorin kreierte ihre Gedichte nach romantischem Muster, indem sie das lyrische Subjekt häufig zu einem visionären Propheten stilisierte, der sich romantischer Phrasen, Rhetorik und Amplifikationen bedient.

Konopnickas volkstümliche Neigung trat in den Gedichten der zweiten Reihe der Dichtungen Poezje (vgl. die Zyklen *Auf der Weidenflöte* (*Na fujarce*), *Abendlieder* (*Wieczorne pieśni*), voller Natürlichkeit und Melodik, häufig von volkstümlicher Folklore inspiriert, zutage. In beiden Serien finden sich sogenannte „Bilder" (*Der freie Knecht* (*Wolny najmita*), *Vor Gericht* (*Przed sądem*), *Jaś hat nicht gewartet* (*Jaś nie doczekał*), Werke im Grenzbereich zwischen Epik und Lyrik, deren Helden arme Leute, meistens Kinder, sind.

Die nationale Thematik dominierte im dritten Band ihrer Dichtungen, der auch ihre Übersetzungen von Gedichten Jarosław Vrchlickis und Luise-Victorine Ackermanns sowie der allegorischen Dichtung Das *Feenkind* von Paul Heyse (übersetzt

1880) enthält. Das Interesse dieser Autorin an den Werken der europäischen Kultur, das durch ihre Reisen durch Europa nach 1890 entstand und vertieft wurde, wie auch ihre Bezugnahme auf die Tradition der Bibel, der Romantik und der Poetik des Symbolismus und Parnassismus kamen in der vierten Reihe ihrer Dichtungen, 1897, sowie in den Bänden *Linien und Töne* (*Linie i dźwięki*), 1897, *Italien* (*Italia*), 1901, und *Neue Lieder* (*Nowe pieśni*), 1905, zum Ausdruck. In diesen letztgenannten Sammlungen sprach die Autorin mit Bitterkeit vom ausgebliebenen „Morgenrot" der Freiheit und war gleichzeitig von der von ihr erfüllten Mission einer Verbreitung des Glaubens in der polnischen Gesellschaft an eine bessere Zukunft überzeugt. Ihr Gedicht *Die Rotte* (*Rota*) mit seinem Anfang „Wir lassen nicht die Scholle unsrer Väter..." („Nie rzucim ziemi, skąd nasz ród...") war ein Protest gegen die Germanisierungspolitik der preußischen Teilungsmacht und wurde im Bewußtsein der Polen *quasi* zur zweiten Nationalhymne.

Konopnickas Werk im Bereich der lyrischen Epik bilden die sich auf die romantische Tradition berufende digressive Dichtung *Imagina*, 1886–1887, 1890–1891, sowie die als „Bauernepos" bezeichnete Dichtung *Herr Balcer in Brasilien* (*Pan Balcer w Brazylii*), 1892–1910, über die Emigration des polnischen Volks nach Südamerika und die Treue der durch den Zarismus verfolgten Uniierten zu Polen.

Das umfangreiche novellistische Werk Konopnickas, eine Form, die sie seit Beginn der achtziger Jahre pflegte, führte sie in weiteren Bänden fort: *Vier Novellen* (*Cztery nowele*), 1888, *Meine Bekannten* (*Moi znajomi*), 1890, *Unterwegs* (*Na drodze*), 1893, *Novellen* (*Nowele*), 1897, *Menschen und Dinge* (*Ludzie i rzeczy*), 1898, und *An den Küsten der Normandie* (*Na normandzkim brzegu*), 1904. Das Thema dieser Werke war das dem Volk zugefügte Unrecht und Leid, die psychologische Analyse der Figuren aus gesellschaftlich niederen Schichten und die Schilderung der dramatischsten Augenblicke in deren Leben. Zum Unterschied zu den ersten Novellen ihrer großen Vorläufer Sienkiewicz, Prus und Orzeszkowa nahm Konopnicka nicht Zuflucht bei einem Kommentar des Autors, sondern erteilte das Wort den Helden selbst, deren dramatische Erlebnisse sie mittels scheinbar leidenschaftsloser Beschreibung vorführte.

Frei von jeglicher Didaktik sind auch ihre Werke für Kinder, die von der Fähigkeit der Autorin, sich in die kindliche Phantasie einzufühlen, zeugen, wie ihr bekanntes *Märchen Marysia und die Zwerge* (*O krasnoludkach i o sierotce Marysi*) belegt.

Von beträchtlichem Wert sind bis heute Konopnickas Übersetzungen europäischer Prosa und Lyrik (aus der deutschen, französischen, tschechischen und italienischen Literatur) sowie ihre literaturkritischen Studien (die Autorin war wohlgemerkt Autodidaktin) über die polnischen Romantiker.

Als Beweis der Ehrerbietung und Dankbarkeit der polnischen Gesellschaft für die Autorin von Die Rotte schenkte man Konopnicka im Jahr 1902 anläßlich des fünfundzwanzigjährigen Jubiläums ihrer literarischen Tätigkeit ein Landhaus bei Żarnowiec bei Krosno.

Magdalena Popiel

## DIE LITERATUR DES JUNGEN POLEN

„Dort ist unser Anfang", so klar und prägnant definierte Czesław Miłosz in seinem *Poetischen Traktat* (*Traktat poetycki*) die Rolle des Jungen Polen für die polnische Kultur des zwanzigsten Jahrhunderts. Diese Aussage suggeriert nicht nur einen Blick auf diese literarische Periode als auf eines von vielen Gliedern in der chronologischen Entwicklung der polnischen Literatur, sondern verlockt auch dazu, in ihr die kulturellen Wurzeln des ganzen Jahrhunderts zu sehen. Jetzt, da sich das zwanzigste Jahrhundert seinem Ende zuneigt, hat Miłosz' Diagnose, die er in der Mitte des Jahrhunderts aussprach, nichts von seiner Richtigkeit eingebüßt. Die Jahrzehnte, die auf das Junge Polen folgten, zeigten ganz deutlich die Kraft, die jenes Erbe sowohl in Form einer künstlerischen Fortsetzung als auch nach dem Prinzip einer programmatischen Negation ausübte. Sämtliche interessanten literarischen Phänomene der zwanzig Zwischenkriegsjahre lassen sich im Spannungsfeld dieser bipolaren Relation sehen. Der durch die Ereignisse des Zweiten Weltkriegs hervorgerufene Schock und dann die Anforderungen, die ein totalitärer Staat an die Literatur stellte (vor allem in der Epoche des sozialistischen Realismus), führten zu einem teilweisen Bruch in der kulturellen Kohärenz, die erst in den letzten Jahren aus mindestens zwei Gründen wiederhergestellt wurde. Zuerst gibt die Erfahrung des ausgehenden zwanzigsten Jahrhunderts den Anstoß dazu, kulturelle Parallelen mit der Epoche vor hundert Jahren zu suchen. In Polen wurde anläßlich des hundertjährigen Jubiläums des Jungen Polen u.a. eine wissenschaftliche Tagung organisiert, als deren Ergebnis eine interessante Festschrift mit Referaten entstand, sowie auch eine imposante Ausstellung zu Malerei, Skulptur und Gebrauchskunst des Jungen Polen, die in Warschau und Krakau gezeigt wurde. Diese Rückkehr in die hundertjährige Vergangenheit wird auch vom Phänomen der Postmoderne inspiriert, die es zur Definition der eigenen Ziele nahelegt, die Moderne in neuem Lichte zu betrachten. Daher erschienen auch in der polnischen Literaturwissenschaft Arbeiten, die versuchten, eine neue Bewertung des Jungen Polen durchzuführen und es unter einem anderen Gesichtspunkt zu sehen. Dies sind die Ursachen für das lebhafter gewordene Interesse am Jungen Polen und seinem Bezug zur Gegenwart.

# ALLGEMEINES

## DIE BEZEICHNUNG DER EPOCHE

Im Jungen Polen kumulierten und verflochten sich verschiedene Tendenzen, die das neunzehnte Jahrhundert entwickelte, sie brachten, angereichert mit den Ideen neuer philosophischer und künstlerischer Strömungen, neue Qualitäten hervor. Diese Vielgestaltigkeit der Epoche, die u.a. aus der Spannung zwischen einer Hinwendung zur Vergangenheit und einer Vorwegnahme der Zukunft resultierte, wird auch in der Namensgebung sichtbar. Unter den damaligen Künstlern, wie auch den späteren Literaturhistorikern, konkurrierten zwei Termini miteinander: der zum erstenmal von Wilhelm Feldman und Edward Porębowicz verwendete und später von Julian Krzyżanowski in seinem Buch *Die polnische Neuromantik* (*Neoromantyzm polski*), 1963, popularisierte Begriff Neuromantik, sowie der Terminus Moderne, dessen Rang Kazimierz Wyka in seinem Werk *Die polnische Moderne* (*Modernizm polski*), 1959, bekräftigte, aber auch beträchtlich einschränkte, indem er unter ihm lediglich die Frühphase der Epoche (1887-1903) verstand. Mit der Zeit erwies sich ein anderer Terminus, Das Junge Polen, als der beständigste. Er imitierte im damaligen Europa kursierende Bezeichnungen, wie z.B. eine deutsche Anthologie mit dem Titel *Jungdeutschland*, 1886, die belgische Zeitschrift *La jeune Belgique*, die Anthologie *Parnasse de la jeune Belgique*, 1887, oder das Buch von Ola Hansson *Das junge Skandinavien*, 1891. In Polen wurde er durch den Zyklus von manifestartigen Artikeln von Artur Górski populär, der im Jahr 1898 in der berühmten Krakauer Zeitschrift „Leben" („Życie") erschien. Eine Alternative zu diesen drei Bezeichnungen wurden Termini, die sich direkt von den in der europäischen Kultur der Jahrhundertwende herausgebildeten Strömungen in der Literatur und Kunst ableiteten: Symbolismus, Dekadenz, Impressionismus, Expressionismus, Sezession. Die Tatsache, daß sie als Bezeichnung für die ganze Epoche vorgeschlagen wurden, zeugt von der ungeheuren inneren Differenziertheit der literarischen Phänomene jener Zeit.

## DER CHRONOLOGISCHE RAHMEN

Die chronologischen Grenzen des Jungen Polen sind genau umrissen, wenn auch nur der Übereinkunft nach. Das Jahr 1890 versteht man als Anfangsdatum der Epoche, da in den ersten Jahren des letzten Jahrzehnts des neunzehnten Jahrhunderts das erste programmatische Auftreten und die ersten literarischen Werke der Modernisten erschienen, u.a. der Artikel-Zyklus von Zenon Przesmycki (Miriam) mit dem Titel *Harmonien und Dissonanzen* (*Harmonie i dysonanse*), seine Studie über Maurice Maeterlinck, sowie die erste Serie der Gedichte von Kazimierz Przerwa-Tetmajer. Das Jahr 1918 ist für das Junge Polen der Terminus *ad quem*. Für die Nationalgeschichte ist dieses Datum von enormer Wichtigkeit, denn damals gewann Polen mit dem Ende des Ersten Weltkrieges seine Unabhängigkeit nach 123 Jahren Teilung und staatlicher Nichtexistenz wieder. Doch gingen in der Literatur in diesem Jahr keine bahnbrechenden Änderungen vor sich, da sich gewisse weltanschauliche und künstlerische Inhalte schon vor dem Krieg verschlissen hatten, andere wiederum blieben auch nach dem Jahr 1918 in der Literatur weiterhin bestehen und reichten tief in die Zwischenkriegszeit hinein.

DIE POLITISCHE SITUATION

Das Junge Polen umspannt also die letzten dreißig Jahre einer langen Periode der nationalen Knechtschaft. Das unter den drei Mächten Rußland, Preußen und Österreich aufgeteilte Polen konnte trotz deren angestrengter Bemühungen, die auf eine Denationalisierung der polnischen Gesellschaft abzielten, seine sprachlich-kulturelle Identität wahren. Auf der polnischen Geschichte des neunzehnten Jahrhunderts lasteten schwer zwei Aufstände, der Novemberaufstand des Jahres 1830 und der Januaraufstand des Jahres 1863, die zur unmittelbaren Quelle der weltanschaulichen und literarischen Inspiration der nachfolgenden großen Epochen der Romantik und des Positivismus wurden. Am Anfang des Jungen Polen fehlte ein so epochales historisches Ereignis, das traditionsgemäß nicht nur das politische, sondern auch das künstlerische Leben auf sich konzentriert hätte. In Polen stellte, ähnlich wie in den übrigen europäischen Staaten, das ausgehende neunzehnte Jahrhundert eine Periode relativer Stabilisierung dar. Das bedeutete jedoch keinesfalls eine Aufhebung der Repressionen, die die Teilungsmächte gegen Polen ausübten: So trafen Gerichtsprozesse, Gefängnis, Deportationen weit nach Rußland hinein häufig die akademische Jugend und die Kreise der Intellektuellen und Künstler. Man nutzte folglich jede Gelegenheit, um sein Polentum zu demonstrieren: historische Jahrestage (z.B. die Landestrauer im Jahr 1895 anläßlich des hundertsten Jahrestages der dritten Teilung Polens, oder im Jahr 1910 das fünfhundertjährige Jubiläum des Sieges über den Deutschritterorden in der Schlacht bei Grunwald/Tannenberg), Jubiläen und Begräbnisse (z.B. die Feierlichkeiten anläßlich der Rückführung der sterblichen Überreste von Mickiewicz nach Krakau und deren Beisetzung in der Kathedrale des Wawel im Jahr 1890). Für die Schriftsteller stellte die Zensur, die in allen drei Teilungsgebieten, wenn auch nicht mit gleicher Stärke, in Kraft war, eine besondere Belastung dar. Am empfindlichsten machte sie sich im von Rußland annektierten Gebiet bemerkbar, denn hier konnten Werke, die im österreichischen Teilungsgebiet problemlos, wenn auch bisweilen unter Pseudonym, publiziert wurden, nicht erscheinen (auf diese Weise ließen die Warschauer Schriftsteller Żeromski und Berent in Krakau drucken). Hier kamen auch Aufführungen, die auf den Bühnen Galiziens Triumphe feierten, wie Stanisław Wyspiańskis *Die Hochzeit* (*Wesele*), nicht zustande. Nicht zu übersehen ist in polnischen Werken auch eine innere Zensur, die die Schriftsteller dazu veranlaßte, sich einer „äsopischen" Sprache zu bedienen, die es ihnen durch Symbole, Periphrasen und Metonymien ermöglichte, mit der nationalen Problematik verknüpfte Themen aufzugreifen.

Sowohl die aktuelle politische Situation als auch die eng mit der polnischen Geschichte verbundene literarische Tradition der Romantik und des Positivismus führten dazu, daß in der Literatur des Jungen Polen die Präsenz einer Idee der Unabhängigkeit deutlich hervortrat. Doch sollte sie nur eine Säule dieser Literatur bilden, die zweite stellte dagegen eine von jeglichen ideologischen Obliegenheiten freie Kunst in den Vordergrund. Diese zweite Richtung sollte mit dem Umbruch in der europäischen Literatur der Wende vom neunzehnten zum zwanzigsten Jahrhundert konform gehen und sich von ihm inspirieren lassen. Karol Irzykowski, ein hervorragender Literaturkritiker des Jungen Polen, hielt in seinem Artikel *Zwei Revolutionen* (*Dwie rewolucje*), 1908, den er unter dem Einfluß der Diskussion über die Bedeutung der Revolution des Jahres 1905 für die polnische Literatur schrieb, entschieden fest: „... Die Literatur hat ihre eigenen, besonderen Revolutionen, ihren eigenen, besonderen Heroismus und ihre eigenen Heldentaten, die nicht auf physischer Tapferkeit beruhen, sondern auf einer vollständigen Aufbietung des Geistes. Es gibt vielleicht revolutionäre Werke, in denen kein Wort über eine Revolution zu finden ist, und es gibt umgekehrt Werke voll von enthusiastischen Bildern einer politischen Revolution, die trotzdem in ihren Grundlagen ganz und gar konservativ sind. Denn die Allianz der beiden Revolutionen, der politischen und der literarischen, findet in einem ganz anderen Bereich statt." Dieser Gedankengang gehörte im polnischen literarischen Bewußtsein keineswegs zur Selbstverständlichkeit. Die Bipolarität der Literatur des Jungen Polen, entweder zu Themen zu tendieren, die von der nationalen und gesellschaftlichen Geschichte vorgegeben waren, oder die Richtung universeller Probleme mit Hilfe einer Kunst, die sich ihrer Unabhängigkeit und Autonomie bewußt ist, zu verfolgen, bedeutet keineswegs, daß sich in der Literatur Bereiche, die der einen oder der anderen Seite angehören, deutlich voneinander abgrenzen lassen. Die großartigsten literarischen Erscheinungen dieser Epoche, wie die Werke von Stanisław Wyspiański, Stefan Żeromski oder Wacław Berent, zeigen, daß sich beide Richtungen durchdringen und miteinander verschmelzen konnten.

## IN RICHTUNG EUROPA

Das Junge Polen ist eine Epoche der Neuentdeckung der europäischen Identität. Viele Jahrzehnte lang waren die Beziehungen Polens zur Kultur der anderen europäischen Länder aus politischen Gründen beträchtlich eingeschränkt. Das ausgehende neunzehnte und beginnende zwanzigste Jahrhundert brachte, insbesondere im österreichischen Teilgebiet Galizien, eine Abschwächung der Verbote und Blockaden. Diese Öffnung wurde auch durch die Entwicklung der Zivilisation begünstigt, die die Verkehrsmittel verbesserte und eine schnelle Information ermöglichte, die Entwicklung der Presse, erhöhte Auflagen von Büchern und ihre Übersetzung in andere Sprachen. Diese Faktoren führten dazu, daß in den achtziger und neunziger Jahren des neunzehnten Jahrhunderts unvermittelt neue Tendenzen in Kunst und Philosophie nach Polen drangen. Es kamen nicht nur Nachrichten von aktuellen Ereignissen in der Kunst, sondern man holte auch schnell und gierig das in den vorangegangenen Jahren Versäumte nach. Ein nicht geringer Teil der Künstler des Jungen Polen hatte ein Studium in München, Berlin, Zürich oder Paris und Kunstreisen nach Italien oder Frankreich hinter sich. Dabei wurden bleibende Freundschaften zwischen Künstlern, z.B. zwischen Wacław Rolicz-Lieder und Stefan George (die ihre Werke gegenseitig übersetzten), geschlossen, der Kritiker und Schriftsteller Antoni Lange war bei den Dienstagtreffen bei Stefan Mallarmé zu Gast und Zenon Przesmycki bedachte den tschechischen Schriftsteller Julius Zeyer mit freundschaftlicher Wertschätzung. Eine besondere Rolle spielten in der Epoche des Jungen Polen die polnisch-deutschen Beziehungen. Jan Józef Lipski erfand zur Beschreibung dieses Phänomens den Begriff des „kulturellen Grenzraums", der eine solche „Klasse" kultureller Phänomene bezeichnet, „zu deren vollem Verständnis die gleichzeitige Berücksichtigung des Kontexts zweier nationaler Kulturen erforderlich ist". Diesen „kulturellen Grenzraum" füllte Lipski mit den Biographien und Werken von Autoren wie Stanisław Przybyszewski, Jan Kasprowicz, Wacław Berent oder Tadeusz Miciński. Dabei blieben alle, sogar wenn sie wie Przybyszewski anfänglich deutschsprachige Schriftsteller waren, in ihrem nationalen Bewußtsein Polen. Die ersten beiden stammten aus Kujawy, das im neunzehnten Jahrhundert zum preußisch annektierten Teil Polens gehörte, besuchten ein deutsches Gymnasium und studierten später u.a. an den Universitäten von Berlin und Leipzig. Auch Berent und Miciński nahmen, hauptsächlich während ihrer Studienzeit, die deutsche Kultur tief in sich auf. Daher rührte u.a. Berents Faszination für Nietzsche und Goethe. An diesen kulturellen Phänomenen läßt sich z.B. die Genese eines gewissen Hangs zum Expressionismus festmachen, der bei diesen Schriftstellern völlig unabhängig voneinander in verschiedenen Schaffensperioden und verschiedenen literarischen Formen zutage tritt. Die opulenteste und interessanteste Erscheinung des polnisch-deutschen kulturellen Grenzraums war Stanisław Przybyszewski, denn er ließ sich nicht nur von der deutschen Kultur inspirieren, sondern war auch aktiver Mitbegründer der deutschen Moderne. In der Zwischenkriegszeit war er eine der bekanntesten Persönlichkeiten der Berliner Boheme, seine Bekanntschaft mit August Strindberg (dem er den Namen „der geniale Pole" verdankte), Eduard Munch, Richard Dehmel und Ola Hansson war voller dramatischer Spannung. Er faszinierte durch seine Persönlichkeit, seinen künstlerischen Lebenswandel, seinen leidenschaftlichen Klaviervortrag der Werke Chopins und schließlich durch seine eigenen literarischen Werke. In den Jahren 1892–1899 schrieb er Essays, lyrische Prosa, Romane und Dramen in deutscher Sprache, und die deutsche Kritik nahm diese Produktion wohlwollend, bisweilen geradezu enthusiastisch auf. Im Ruhmesglanz eines führenden Schriftstellers der europäischen Moderne kehrte Przybyszewski nach Polen zurück und wurde hier einer der Initiatoren der Bewegung des Jungen Polen. Im Jahr 1906 befand er sich erneut in Deutschland, diesesmal in München, wo er dreizehn Jahre lang, unterbrochen von zahlreichen Reisen und Vorträgen in fast ganz Europa, verbringen sollte. Diese Beziehungen hatten unmittelbaren Einfluß auf eine Erweiterung der Rezeption der deutschen Literatur. Man machte sich an die Publikation der Werke von Friedrich Nietzsche in der Übersetzung von Wacław Berent, Stanisław Wyrzykowski, Leopold Staff und Konrad Drzewiecki. Es erschienen Übersetzungen von Werken, die dem Autor von *Also sprach Zarathustra* gewidmet waren, Kazimierz Twardowski übertrug das Buch von Hans Vaihinger, man publizierte auch polnische Bearbeitungen der Werke dieses Philosophen, z.B. von Berent, Malwina Posner-Garfeinowa, Maria Czesława Przewóska und Zofia Daszyńska. Die deutschen Dramen Gerhart Hauptmanns (Kasprowicz) und Friedrich Hebbels (Irzykowski) wurden gerne übersetzt und kommentiert. Gleichermaßen enge künstlerische Beziehungen verbanden Polen traditionsgemäß mit Frankreich. Die Rezeption der Werke Baudelaires, der Parnassien und vor allem der Symbolisten sowie das gleichbleibende Interesse am französischen Realismus und Naturalismus in Roman und Drama stellen auf der Landkarte der kulturellen Beziehungen des Jungen Polen ein wichtiges Gebiet dar. Auch das künstlerische Leben von England, Italien und der Tschechoslowakei wurde gerne durchforscht, feste Informationsspalten in der Presse, kritische Artikel und Übersetzungen ermöglichten einen um vieles vollständigeren Kenntnisstand der neuen Erscheinungen in der europäischen Kultur als bisher.

## DIE GEOGRAPHIE DER LITERATUR

In den Jahren nach dem Januaraufstand hatte sich eine in der polnischen Kultur zu bemerkende Spaltung in zwei geistige Traditionen verankert, die auch eine deutliche räumliche Dimension besaß: das Zentrum der einen war Warschau, das der anderen Krakau. Diese schufen konträre ideelle und künstlerische Traditionen: das sich in Warschau entwickelnde positivistische gesellschaftliche Denken, eine politische Aktivität von konspirativ-revolutionärem Charakter, stand in Opposition zum politischen Konservativismus und Historizismus, der seine Grundlagen in der berühmten historischen Schule von Krakau fand (Józef Szujski, Michał Bobrzyński, Walerian Kalinka, Stanisław Smolka). Auf so unterschiedlichem Nährboden entstanden auch ihrem Charakter nach unterschiedliche künstlerische, und weiter gefaßt, kulturelle Strömungen.

### KRAKAU

Die Entstehung und Entwicklung des Jungen Polen ging vor allem in Krakau vor sich. Gerade hier fand die Boheme des Jungen Polen ihr Domizil, denn nirgendwo anders war die Haltung des *épater le bourgeois* so angebracht wie in den ehrbaren Mauern Krakaus, auf denen historische Tradition und akademische Würde lastete. An diesem Ort, wo man jeden einzelnen Stein in Ehren hielt und sämtliche nationalen Jubiläen feierlich beging, trat eine Schar rebellischer Künstler auf den Plan, die bereit waren, im Namen einer neuen Kunst die geheiligten Werte zu schänden. Alles begann an jenem Tag des Jahres 1898, als Stanisław Przybyszewski von Berlin nach Krakau kam. Das Begrüßungsfest, das ihm eine Gruppe von Verehrern mit Adolf Nowaczyński und Maciej Szukiewicz an der Spitze schon am Bahnhof bereitete, übertraf alle Erwartungen. Denn Przybyszewski kam umgeben von der Aura europäischen Ruhms als Prophet der Moderne nach Krakau und scharte in Kürze junge Künstler, Journalisten, Intellektuelle und auch einige Sonderlinge um sich, die in einer skandalumwitterten Atmosphäre bei den ehrbaren Krakauer Bürgern Empörung stifteten. Die sittliche Provokation war ihr Alltag, bar jeder finanziellen Stabilisierung, sowie der Hang zum Alkohol, zu erotischen Exzessen, ekstatischen Klavierkonzerten und sogar extravaganter Kleidung. Diese Atmosphäre wurde durch tragische Liebesaffären und Selbstmord, gesteigert: Przybyszewskis Ehefrau, die Norwegerin Dagny Juel, Femme fatale der Krakauer Boheme, starb durch die Hand eines späteren Selbstmörders; auch der junge und talentierte Dichter Stanisław Korab Brzozowski beging Selbstmord. Zentren des künstlerischen Lebens waren neben der Wohnung der Przybyszewskis Schmidts Kaffeehaus, Turlińskis „Paon" und später Michalik' „Lemberger Konditorei". Przybyszewski enttäuschte die in ihn gesetzten Hoffnungen keineswegs und brachte nicht nur die Brise einer sittlichen, sondern auch die einer künstlerischen Rebellion nach Krakau. Dazu schuf man ihm auch entsprechende Bedingungen: er wurde von Oktober 1898 an mit der Redaktion des Wochenblattes „Leben" („Życie") betraut. Przybyszewski wollte aus ihm eine Literatur- und Kunstzeitschrift machen, die es in ihrer editorischen Meisterschaft mit den berühmtesten europäischen Zeitschriften wie „Pan" oder „Moderni Revue" aufnehmen könnte. Im Leben druckte er seine eigenen Manifeste *Confiteor (Confiteor)* und *Für „die neue Kunst" (O „nową sztukę")*, 1899, sowie Artikel, die eine modernistische Betrachtungsweise der Kunst propagierten, z.B. *Die nationale Kunst (Sztuka narodowa)* von Ludwik Szczepanowski oder *Das Junge Polen; (Młoda Polska)* von Artur Górski. Die Zeitschrift vereinigte die führenden Schriftsteller und Kritiker des Jungen Polen, hier publizierten u.a. Jan Kasprowicz, Antoni Lange, Tadeusz Miciński, Maria Komornicka, Juliusz Żuławski, Lucjan Rydel und Stanisław Wyspiański. Przybyszewski machte seine Leser mit der Literatur der bekanntesten Schriftsteller des Auslands bekannt: mit Gabriele d'Annunzio, Henryk Ibsen, August Strindberg, Stefan Mallarmé und Oscar Wilde. Besondere Sorgfalt ließ er als Redakteur der graphischen Gestaltung und den Illustrationen zukommen. Reproduktionen der Werke von Eduard Munch, Felicien Rops oder Wojciech Weiss, Józef Mehoffer, Xawery Dunikowski gaben den Ausschlag für die Attraktivität der Zeitschrift. Nachdem sie von Anfang ihres Bestehens an mit finanziellen Schwierigkeiten zu kämpfen hatte, stieß sie schon bald auf ein anderes ernst zu nehmendes Hindernis: die ganze Auflage von drei Nummern (in denen Przybyszewskis *Die Synagoge des Satan (Synagoga Szatana)* und *De profundis* nebst einer Reproduktion der Skulptur Satan von Gustav Vigeland abgedruckt waren) wurde von der österreichischen Zensur aus sittlichen Gründen konfisziert. Im Jahr 1900 ging die Zeitschrift in Konkurs, und Przybyszewski selbst, dem die öffentliche Meinung gesellschaftlicher Skandale wegen arg zusetzte, mußte Krakau verlassen.

Leiter der künstlerischen Abteilung der Zeitschrift „Leben", die der Moderne in Polen den Weg ebnete, war Stanisław Wyspiański. Er ist chronologisch gesehen die nächste Persönlichkeit in der Kultur Krakaus, deren Schaffen das Erscheinungsbild des Jungen Polen in entscheidender Weise prägte. Seine vielseitigen künstlerischen Aktivitäten, denn er war Dramaturg und Dichter, Maler und Bühnenbildner, Autor von Theaterinszenierungen und entwarf monumentale Glasfenster und Polychromien, waren eben eng mit Krakau verbunden. In seinen Visionen wurde seine Heimatstadt zu einer Art Krakauer *Akropolis* (*Akropolis* ist der Titel eines seiner Dramen), zur Quintessenz des Polentums, emporgehoben auf die Ebene der Symbole aus der Kultur des Mittelmeerraums, ja weiter gefaßt, des Christentums. Wyspiańskis Fresken und Glasfenster zieren bis heute die Krakauer Kirchen (vor allem die Franziskanerkirche); auf seinen Aquarellen und Pastellbildern erkennen wir Ansichten der Krakauer Grünanlagen, den Kościuszko-Hügel und bekannte Gesichter der damaligen Boheme, die Statuen der Wawel-Kathedrale, erwachen in seinen Dramen zu neuem Leben. Nachdem die Glanzzeit der künstlerischen Arbeit Wyspiańskis vorüber war, brach in Krakau die Zeit für die satirische Seite des Jungen Polen an. Im Jahr 1905 entstand auf Initiative von August Kisielewski in Michaliks Kaffeehaus das berühmteste literarisch-künstlerische Kabarett *Der grüne Luftballon*. Das Marionettenspiel, eine Art Puppentheater, das durch die Texte von Tadeusz Boy-Żeleński Berühmtheit erlangte (noch heute kann man die Puppen von Krakauer Persönlichkeiten jener Zeit im Kaffeehaus „Jama Michalika" besichtigen), war eine Fortsetzung der feixenden Späße und boshaften Witze der Krakauer Boheme, denen ehrwürdige Bürger zum Opfer fielen.

## ZAKOPANE

Auf dem Gebiet des österreichisch annektierten Teils, in Galizien, gab es neben Krakau noch zwei andere wichtige kulturelle Zentren, Zakopane und Lemberg. Das erstere wurde durch seine klimatischen und für den Tourismus günstigen Bedingungen berühmt und verwandelte sich sehr schnell von einem kleinen Bergdorf zu einem Gebirgskurort. Die Tatra zog Schriftsteller und Künstler an, die aus therapeutischen Gründen angereist kamen (in der damaligen Zeit wütete auch im künstlerischen Milieu die Schwindsucht), da man die würzige Gebirgsluft für ein ausgezeichnetes Heilmittel hielt. Enge gesellschaftliche Kontakte, die die Gäste mit der ansässigen Intelligenz (Tytus Chałubiński, Walery Eliasz Radzikowski, Maria und Bronisław Dembowski, die Familie Pawlikowski) sowie mit den alteingesessenen Gebirgsbewohnern (der legendäre Sabała) verbanden, führten dazu, daß sich auf diesem Gebiet eine spezifische kulturelle Enklave bildete, die ihrer Bedeutung nach auf ganz Polen ausstrahlte. Gefördert wurde diese auch durch die energische Tätigkeit der Tatra-Gesellschaft (Towarzystwo Tatrzańskie), der u.a. Piotr Chmielowski, Adam Asnyk, Jan Matejko, Wojciech Kossak, Ignacy Paderewski und Władysław Reymont angehörten. Eine große treibende Kraft in der Bewegung zur Entdeckung Zakopanes und der Tatra war für die ganze polnische Gesellschaft Stanisław Witkiewicz, der Vater des künftigen Schriftstellers und Malers Stanisław Ignacy Witkiewicz (Witkacy) und eine außergewöhnliche Persönlichkeit. Als Schriftsteller, Maler und Architekt scharte er einen Kreis talentierter Menschen um sich, denen er seine Vorstellung von der eigenen Kultur der Gebirgsbewohner einimpfte. Er begründete und propagierte in der Architektur den „Stil von Zakopane", den er zur Grundlage eines eigenen nationalen Stils machen wollte. Es darf also nicht wundernehmen, daß die Tatrafolklore und Schönheit dieser Berge rasch zu den Lieblingsmotiven der Literatur des Jungen Polen gehörten. Das Interesse an der Sprache und den Gebräuchen der Gebirgsbewohner war Teil einer allgemeinen, in der Kultur des Jungen Polen auftretenden Tendenz, die „Volksschwärmerei" genannt wird. Der Kult des Einfachen und einer gesunden Aktivität nahm bei den einzelnen Schriftstellern verschiedene Färbungen an, von der Idee des Volkstümlichen über die des Slawentums bis hin zur Nietzsche-Verehrung. Die Schönheit der Tatra-Landschaft besangen in ihrer Lyrik u.a. Tetmajer, Kasprowicz, Żuławski und Staff. Auf besonders interessante Weise trat Zakopane in manchen Romanen in Erscheinung, so in *Knorre* (*Nietota*) von Tadeusz Miciński, einer Synthese der modernistischen Zakopane- und Tatra-Mythen, in *Bungs 622 Stürze* (*622 upadki Bunga*) von Stanisław Ignacy Witkiewicz oder im satirisch-grotesken Werk *Zakopanoptikon* von Andrzej Strug. Hier sind auch noch zwei Komponisten zu erwähnen, die auf schöpferische Weise musikalische Motive aus der Tatra einsetzten, Karol Szymanowski und Mieczysław Karłowicz (der im Jahr 1909 in der Tatra ums Leben kam).

LEMBERG

Lemberg war eine Stadt, die sich eindeutig sowohl von Krakau als auch von Warschau unterschied. Es genoß das Prestige der Galizischen Hauptstadt, war Sitz des Parlaments und der Statthalterei. Hier gab es eine viel größere politische Freiheit als in Warschau. So war an beiden Hochschulen, der Stefan-Bathory-Universität und der Technischen Hochschule, die Unterrichtssprache das Polnische (so daß also z.B. die Universität im Jahr 1903 Piotr Chmielowski, der an der Warschauer Universität gezwungen war, in russischer Sprache zu lehren, den Lehrstuhl für polnische Literaturgeschichte anbieten konnte). Doch wurde Lemberg auch nicht, wie Krakau, so von seiner historischen Vergangenheit, der romantischen Tradition und dem „Wyspiański-Kult" beherrscht. Dies waren günstige Bedingungen für die Entfaltung einer zeitgemäßen, lebendigen und den europäischen Einflüssen gegenüber aufgeschlossenen Literatur. Zum Kreis der Schriftsteller gehörten Leopold Staff, Jan Kasprowicz, Karol Irzykowski, Antoni Mueller, Maryla Wolska, die Brüder Stanisław und Wincenty Brzozowski und Ostap Ortwin, die (da sie in den Jahren 1870–1880 geboren wurden) zur zweiten Generation des Jungen Polen zu zählen sind. Sie bildeten keine literarische Gruppe, sondern waren durch gesellschaftliche Kontakte, häufige Treffen in den literarischen Cafés (z.B. bei Szneider oder Naftuła) oder im Salon Maryla Wolskas im Stadtteil Zaświecie miteinander verbunden. Dennoch läßt sich als charakteristische Eigenschaft von Schriftstellern wie Staff, Kasprowicz oder Irzykowski feststellen, daß patriotische Themen in den Hintergrund treten, universelle Motive deutlich dominieren und der modernistische Pessimismus überwunden scheint.

### WARSCHAU

An der Wende des neunzehnten zum zwanzigsten Jahrhundert bekam Warschau den politischen Druck der Besatzungsmacht besonders zu spüren. Es reagierte daher auch häufiger und heftiger mit einer öffentlichen Bekundung seiner Unabhän-gigkeitsbestrebungen. So richteten sich z.B. Massenkundgebungen auf den Straßen gegen den Leiter des Warschauer Schulbezirks, den berühmten Russifizierer Apuchtin. Warschau war auch das Zentrum der politischen Konspiration. Hier entstanden jene Parteien, die den Keim des späteren politischen Systems des freien Polen in sich trugen: die National-Demokratische Partei (1897), die Polnische Sozialistische Partei (1893) und die Sozial-Demokratie des Polnischen Königreichs und Litauens (1900). Im Jahr 1905 wurde die Stadt auch zum Schauplatz der Revolution. Im Schaffen jener Schriftsteller, die am stärksten mit Warschau verbunden waren, wie Żeromski, Berent und Strug, fand jene politisch-gesellschaftliche Gärung ihr Spiegelbild. Warschau hatte auch seine künstlerischen Revolutionen. Die erste Schlacht um eine nicht positivistische Kunst wurde in der Zeitschrift „Der Wanderer" („Wędrowiec"), die in den Jahren 1884–1887 von Artur Gruszecki redigiert wurde, geschlagen. Hier propagierten Antoni Sygietyński und Stanisław Witkiewicz den Roman und die Malerei des Naturalismus. Das erste wichtige Forum, in dem die europäische modernistische Kunst zu Wort kam, war die Zeitschrift „Leben" („Życie"), die ab 1887 von Zenon Przesmycki (Miriam) in Warschau herausgegeben wurde. Eben dieser Przesmycki war zwei Jahrzehnte lang der oberste Vorkämpfer und Mäzen der „neuen Kunst". Seine Publikationen über zeitgenössische Schriftsteller des Auslands in dieser Zeitschrift [z.B. *Profile französischer Dichter* (*Profile poetów francuskich*)], Informationen über den Parnassismus und Symbolismus und seine Übersetzungen initiierten ein kritisch-publizistisches Werk, das dann in der Zeitschrift „Welt" („Świat") und vor allem in der „Chimera" fortgesetzt wurde. Die von Przesmycki im Jahr 1901 gegründete und sieben Jahre lang im polnischen literarischen Leben präsente „Chimera" war zweifellos die interessanteste Erscheinung unter den Editionen dieser Zeit. Der Absicht ihres Redakteurs folgend war sie, ähnlich wie das Krakauer Leben, doch in viel größerem Maßstab die Umsetzung des Ideals einer schönen Zeitschrift (gemäß dem ästhetischen Kanon von John Ruskin und William Morris), wie das englische „The Yellow Book", das österreichische „Ver Sacrum" oder die russischen „Apollon" und „Wesy". Aus den Vereinigten Staaten ließ man eigene Drucktypen für die „Chimera" kommen, die Reproduktionen der östlichen Tuschezeichnungen wurden auf japanischem Papier gedruckt, und jedes einzelne Heft war mit erlesenen Lithographien und Kupferstichen versehen. In seinen programmatischen Artikeln forderte Miriam in der polnischen Kultur Raum für die hohe, sich vom durchschnittlichen Geschmack und dem auf Konsum eingestellten Publikum abhebende Kunst. Die „Chimera" zog die hervorragendsten Namen an, hier veröffentlichten Berent, Kasprowicz, Miciński, Żeromski, Bolesław Leśmian und die Komornicka. Im Band VIII der „Chimera" fanden sich die Werke des von Miriam entdeckten Cyprian Kamil Norwid, die dank seiner Publikationen der polnischen Literatur aufs neue eingegliedert wurden. Dieser späte Romantiker spielte für die polnische Moderne eine vergleichbare Rolle wie Baudelaire für den französischen Symbolismus. In der Warschauer Presse besaß noch eine Zeitschrift, „Die Stimme" („Głos"), eine wichtige Position. Sie wurde ab dem Jahr 1900, als Władysław Dawid, ein Psychologe und Pädagoge, ihre Redaktion übernahm, zu einer wichtigen Tribüne für die Auftritte der Modernisten. In der Stimme veröffentlichte der ausgezeichnete Kritiker und Romancier Stanisław Brzozowski seine Artikel. Seine heftigen Angriffe auf Sienkiewicz und Miriam waren es, die dem literarischen Leben, nicht nur in Warschau, Farbe verliehen. Das polemische Temperament Brzozowskis provozierte Diskussionen und belebte das literarische Milieu.

## DIE LYRIK

Die Lyrik war es, die der Literatur des Jungen Polen den Weg ebnete, denn in ihrem Bereich kristallisierte sich eine neue poetische Sprache heraus, die der modernistischen Vorstellungskraft und weltanschaulichen Einstellung entsprach. Nachdem sie im Positivismus, der der Literatur hauptsächlich mimetische und didaktische Ziele vorgab, in den Hintergrund gedrängt worden war, bekam sie jetzt den Rang einer fundamentalen Ausdrucksform. Als Maßstab ihrer bedeutenden Position kann allein der starke Einfluß gelten, den sie auf die epische und dramatische Dichtung ausübte, sowie auf die Entwicklung literarischer Grenzformen.

Eine bahnbrechende Rolle für das Bewußtsein der Modernisten von ihrer Eigenart als Generation spielte das Schaffen von Kazimierz Przerwa-Tetmajer (1865–1940). Seine Reihe von Gedichtbänden, darunter auch sein interessantester, der im Jahr 1894 erschien [die Serie II der *Dichtung* (*Poezje*)], brachte die pessimistisch-dekadenten Stimmungen der Epoche zum Ausdruck. Gedichte wie *Jahrhundertende* (*Koniec wieku XIX*) oder *Hymne an das Nirwana* (*Hymn do Nirwany*) artikulieren eine ideelle Krise, die sich häufig hinter einer Schopenhauerischen Maske verbarg, vor allem jedoch eine moralisch-religiöse Krise darstellte. Der Zweifel am Sinn jeglicher Unternehmungen und das Fehlen von klaren ethischen Verhaltensregeln im Leben führten dazu, daß die Perspektive der menschlichen Existenz sich als schwarzer strudelnder Abgrund abzeichnete (eine Lieblingsmetapher, die man von Baudelaire übernahm). In diesem Zusammenhang stellte die Kunst den einzigen Wert und Gegenstand des Glaubens dar, und Tetmajer preist sie in seinem Gedicht *Evviva l'arte* wie in einem Hymnus. Melancholische, traurige und verdrießliche Stimmungen werden von Tetmajer in Werken, in denen eindeutig philosophische Reflexion überwiegt, direkt geäußert, doch werden sie auch mit Hilfe von symbolischen Bildern ausgedrückt. Die wichtigste Rolle spielt hier die Landschaft, die durch Eingriffe von Psychisierung und symbolischer Gleichsetzung zu einem inneren Landschaftsbild wird. Eine Lieblingslandschaft Tetmajers, die in seiner Lyrik wiederholt auftritt, ist die Gebirgslandschaft der Tatra. Der in Ludźmierz bei Nowy Targ, also direkt am Fuß der Tatra geborene Schriftsteller war von Kindheit an mit den Bergen vertraut. In seiner dekadenten Schaffensperiode faszinierte ihn das Gebirge durch seine düstere Unzugänglichkeit und die dadurch hervorgerufene Empfindung der Unendlichkeit, jenes von den Dichtern der Jahrhundertwende wohl am meisten ersehnte Gefühl. Dennoch erschien schon in den neunziger Jahren des neunzehnten Jahrhunderts beschreibende Lyrik, die die Schönheit, Farbenpracht und Vielfalt der Natur in der Tatra schilderte. In ihrer bildlichen Darstellung und Technik impressionistische Gedichte wie *Nachtnebelmelodie* (*Melodia mgieł nocnych*) zeigen die Flüchtigkeit und Unbeständigkeit der aus Lauten, Licht, verschwommenen Farben und Bewegung gewobenen Landschaft. Tetmajer' Sensibilität der Sinne trat auch in seiner Liebeslyrik zutage. Neben Przybyszewski und Żeromski gehörte er zu den mutigsten Schriftstellern der polnischen Literatur, die in ihrer Liebeslyrik sittliche Tabus verletzten. Seine Liebesdichtung wurde zu populären Schilderungen der sinnlichen Liebe, die jedoch in den Augen des dekadenten Dichters ein trügerisches Vergnügen von kurzer Dauer war. Bekanntlich war die Erotik neben nirwanahaften Sehnsüchten, eschatologischen Prophezeiungen, Drogen und Alkohol einer der Fluchtwege aus dem „Land der modernistischen Qualen". Tetmajers Dichtung, die die wankelmütige Labilität von Stimmungen, spiegelte die von einem tiefen Pessimismus bis hin zu euphorischer Begeisterung reichten, und sich im Bereich von Gefühlen und für die erste Phase des Jungen Polen repräsentativsten Erfahrungen bewegte, besaß auch die Vorteile und Nachteile der Literatur jener Epoche. Neben Gedichten von großer suggestiver Expressivität, gelungenen Ergebnissen von Experimenten im Bereich des Rhythmus und der bildlichen Darstellung gab es hier auch eine Menge von Gedichten, die mit sündhafter Geschwätzigkeit vor allem Adjektive mißbrauchten. Trotzdem war Tetmajers Lyrik äußerst populär, trug in großem Maße zu einem allgemeineren Interesse an der Poesie bei und wurde zum wichtigsten Instrument für den Ausdruck der Stimmungen des Jungen Polen zu Beginn der ganzen Epoche.

Eine besondere Persönlichkeit unter den Dichtern war Jan Kasprowicz (1860–1926), dessen Schaffen einen etwas anderen Verlauf nahm als bei Tetmajer. Seine ersten beachtenswerten Gedichte stellten eine recht eigentümliche Verbindung sozialer Themen (mit den autobiographischen Motiven des schwierigen gesellschaftlichen Aufstiegs eines Bauernkindes) und der Sonettform dar [so der Zyklus *Aus der Kate* (*Z chałupy*)]. Popularität brachten ihm Gedichte, die ebenfalls die klassische Gattung des Sonetts verwandten, sich jedoch metaphysischen Problemen zuwandten, wie der Zyklus *Der Heckenrosenbusch* (*Krzak dzikiej róży w Ciemnych Smreczynach*), 1898, der ein interessantes Beispiel für die Ethik des Symbolismus in der Lyrik des Jungen Polen ist. Die Symbole der Rose, der Zirbelkiefer und der mit der Landschaft der Tatra verschmelzenden Felsen evozierten eine dekadente

Atmosphäre von Unruhe, Furcht und Tragik. Wirklich eigenständige Werke, die ihm den Ruhm eines Dichterfürsten einbringen sollten, waren seine Hymnen, die als erste Manifestation des Katastrophismus in der polnischen Literatur angesehen werden. Der im Jahr 1902 erschienene Band *An die untergehende Welt* (*Ginącemu światu*) besteht aus *Dies irae, Oh, heiliger Gott* (*Święty Boże*), *Oh, heiliger Vater, heiliger starker* (*Święty Boże, Święty Mocny*), *Mein Abendlied* (*Moja pieśń wieczorna*) und *Salome*. Hier wurzeln apokalyptische Visionen tief in der biblischen Tradition, der Kunst des Mittelalters und der Renaissance, reichern sich jedoch gleichzeitig mit gesellschaftlich-historischen Gegebenheiten an. Diese Hymnen brachten die prometheische Auflehnung des Menschen der Jahrhundertwende zum Ausdruck, der von einem gleichgültigen, schweigenden Gott zu einem leiderfüllten Schicksal verurteilt ist. Sie steckten tief im katholischen Glauben, stellten jedoch auch eine dramatische Polemik mit dem Katholizismus dar. Eine weniger aufmüpfige, eher der Milde zuneigende Einstellung bot der Band *Salve Regina* mit den Hymnen *Hymne des Heiligen Franz von Assisi* (*Hymn św. Franciszka z Asyżu*), *Judas* (*Judasz*) und *Maria die Ägypterin* (*Maria Egipcjanka*). Die Poetik dieser Hymnen war sehr dem Symbolismus verpflichtet, vor allem jedoch dem Expressionismus. Die Richtung des jungpolnischen Expressionismus, eines „Expressionismus des Schreies", wird durch eine Intensität des Ausdrucks und eine Hyperbolisierung negativer Gefühlszustände geprägt. In Kasprowicz' Hymnen spielt nicht nur die Ausdruckskraft visueller Vorstellungen und die Betonung der Emotionen eine wesentliche Rolle, sondern auch die Verwendung des freien Verses, der die Spannung der dramatischen Monologe ausgezeichnet wiedergibt. Der freie Vers geht bei Kasprowicz auf zwei Quellen zurück, auf den freien Vers der polnischen Romantik (Słowacki, Norwid) und den *vers libre* der französischen Symbolisten. Der Expressionismus des Jungen Polen ist ein äußerst interessantes Phänomen, denn er ist dem programmatischen Auftreten der deutschen Expressionisten voraus. Er funktioniert hauptsächlich in der praktischen schöpferischen Tätigkeit und wird im literarischen Bewußtsein mit dem Begriff des „Intensivismus" assoziiert. Außer den Hymnen sind in vergleichbarem Grad die Werke von Autoren wie Przybyszewski, Tadeusz Miciński, Maria Komornicka und Wacław Berent von ihm durchdrungen. In jener Schaffensperiode, dessen Höhepunkt die Hymnen bildeten, schrieb Kasprowicz auch andere Werke, die die metaphysische Problemstellung des Dualismus von Gut und Böse vervollständigten, wie das dramatische Poem *Auf dem Todeshügel* (*Na Wzgórzu Śmierci*) oder *Herodiades Festschmaus* (*Uczta Herodiady*), wo er ein modernistisches Lieblingsmotiv, das u.a. aus den Werken Oscar Wildes und Hermann Sudermanns bekannt war, aufgriff. In der darauffolgenden Phase übernimmt er, verbunden mit einer sinkenden emotionalen Spannung, eine eher rationalistische, sogar skeptische Perspektive. Zu diesem Wandel trug u.a. die Revolution des Jahres 1905 bei, deren Zeuge Kasprowicz während seines Aufenthalts in Warschau wurde. Im Jahr 1906 erschien ein Band mit poetischer Prosa *Vom heldenmütigen Pferd und vom einstürzenden Haus* (*O bohaterskim koniu i walącym się domie*), in dem ein sarkastischer, ironischer Ton vorherrscht und die bürgerliche Moral Objekt der Satire wird. Die kurze Prosaform war Kasprowicz zumindest durch das Werk *Gaspard de la Nuit* von Aloysius Bertrand bekannt, das er selbst übersetzte. Seine Übersetzertätigkeit nahm im ganzen Schaffen Kasprowicz', der an der Universität in Lemberg jahrelang Vergleichende Literatur lehrte, wohlgemerkt einen sehr wesentlichen Platz ein (so übersetzte er u.a. Aischylos, Eurypides, Shakespeare, Shelley, Wilde, Ibsen). Seine nächsten drei Gedichtbände *Augenblicke (Chwile)*, 1911, *Armenbuch (Księga ubogich)*, 1916, und *Meine Welt. Lieder zur Fiedel und kleine Glasmalereien (Mój świat. Pieśni na gęśliczkach i malowanki na szkle)*, 1926, waren in weltanschaulicher und stilistischer Hinsicht von der rebellierenden, stürmischen modernistischen Lyrik weit entfernt. Die Zeit für ruhige Reife und Stabilisierung war angebrochen, von der der Dichter sagte: „Ich habe aufgehört, mit Gott zu hadern, dies war ein herzlicher Zank". Begleitet wurde dieser Wandel von einer klaren Stellungnahme für fundamentale Werte wie Liebe, Freundschaft, Familie, Religiosität und Vaterland. In rhythmischer Hinsicht wurden die Gedichte regelmäßig, bisweilen, wie in seinem letzten Band vor dem Krieg, zu Volksliedern stilisiert. Doch auch hier zeigte sich eine interessante Neuerung, denn die Gedichte des *Armenbuchs* waren in tonischen Versen geschrieben und stellten den ersten Einsatz dieses Versifikationstypus auf so konsequente Weise in der Geschichte der polnischen Literatur dar. In Kasprowicz' Schaffen zeichnete sich also klar und eindeutig das Verlassen der modernistischen Einstellung und Poetik ab.

Ausgezeichnete Dichter, deren Werke nur teilweise der Periode des Jungen Polen angehören, waren die beiden Altersgenossen Leopold Staff (1878–1957) und Bolesław Leśmian (1878–1937). Staff gehört als Dichter sogar in drei Epochen, da seine letzten Gedichtbände in den fünfziger Jahren unseres Jahrhunderts erschienen. Seine Dichtung durchlief in den ersten beiden Jahrzehnten des zwanzigsten Jahrhunderts eine interessante Entwicklung. Sein Debütband *Träume von der Macht (Sny o potędze)*, 1901, ist für die Stimmungen und die Poetik des Jungen Polen repräsentativ in seiner Faszination für das Geheimnisvolle, aber auch die Bitternis von Enttäuschungen, Gespräche mit der Seele und den Geschlechterkampf, jedoch vor allem symbolisch-stimmungsvolle Land-schaftsbeschreibungen, die mit seltsamen Geschöpfen, den vermenschlichten Emanationen des Augenblicks, bevölkert sind, z.B. im wunderschönen Gedicht *Herbstregen (Deszcz jesienny)*, in dem man die monotone Melodie der Regentropfen im amphibrachäischem Rhythmus vernimmt. Obgleich diese Gedichte häufig an die dekadente Lyrik Tetmajers erinnern, unterscheiden sie sich dennoch von ihr durch ihre weltanschauliche Einstellung, die weit von der Philosophie Schopenhauers entfernt ist und Nietzsche nahesteht. Ein innerer Tätigkeitsdrang und größtmöglicher Anspruch in allen Bestrebungen wird am besten im Gedicht *Der Schmied (Kowal)* deutlich, das den Band eröffnet. Der Hauptheld selbst, der sein Schicksal schmiedet, wie auch sein Attribut, der Hammer, liefert einen eindeutigen Hinweis auf die Herkunft jenes Postulats eines geistigen Heroismus. Trotzdem ist Staffs Nietzschebegeisterung in besonderer Weise auf die weltanschaulichen Prämissen des Dichters zugeschnitten, die ihm sein Katholizismus vorgab. Staff übernimmt also von der Philosophie Nietzsches das, was mit dem Christentum, aber auch mit dem Altruismus und dem Mitgefühl, zu vereinbaren ist. Dabei äußert Staff seine Träume von der Macht auf eher apollinische als dionysische Weise: Seine lyrische Lieblingsform ist das kunstvolle Sonett. Der nächste Band *Der Tag der Seele* (*Dzień duszy*), 1903, führte das für Staffs ganze Jungpolnische Dichtung charakteristische Motiv des Wanderers und Pilgers sowie der Reise ein, bei der die Verwechslung der Wege, das Irren und die Suche wichtiger sind als ihr Ziel (hier trifft der Nietzscheismus auf Einflüsse Bergsons). Staffs Dichtung begann die modernistische Stimmungsgeladenheit, ihr Pathos, ihre Abstraktion und Geschwätzigkeit zu verlassen und wandte sich einer konkreten Dichtung und unmittelbaren Lyrik zu. Dabei gewann sie auch neue philosophische Schutzherren, von denen der Heilige Franz von Assisi zu den wichtigsten gehörte. Staff war von dieser Persönlichkeit fasziniert (er übersetzte wunderbar *Die Blumen des Heiligen Franz von Assisi* und versah sie mit einer Einleitung, 1910), von der er lernte, das Leben anzunehmen und sich an ihm zu freuen. Ein anderes Vorbild für die von Staff verkündete Lobpreisung des Lebens war die antike Kultur. Die zwei Sammelbände, die nach dem Verstummen der Stilistik des Jungen Polen erschienen, *Blütenzweig* (*Gałąź kwitnąca*), 1908, und *Das Lächeln der Stunden* (*Uśmiechy godzin*), 1910, bargen deutliche Hinweise auf sein Interesse an der antiken Kultur und Philosophie. Seine auf den epikureischen und horazischen Hedonismus zurückgehende Einstellung erlangte Gesetzeskraft durch unzählige Fakten aus der antiken Welt, in der wundervolle Ruinen und zu Leben erwachte Statuen vorherrschen [die Zyklen *Italo-griechische Echos* (*Echa italo-greckie*) und *Statuenliebe* (*Miłość w posągach*)]. Staff versuchte auch, aus der Antike übernommene literarische Muster in der Versifikation einzuführen [der Zyklus *Dem antiken Fuß auf der Spur* (*Śladem stopy antycznej*)]. Diese Richtung stellen Staffs Dichtung in eine Reihe mit den wichtigen Werken, die zur klassizistischen Strömung des Jungen Polen gehörten. Ein klassizistisches Programm verkündete die Zeitschrift *Museion*, die in den Jahren 1911–1913 unter der Redaktion von Władysław Kościelski und Ludwik Hieronim Morstin erschien. Dieser Klassizismus geht, wie in der polnischen Kultur üblich, recht originelle Verbindungen ein, in diesem Fall mit der Philosophie Bergsons. Staffs Klassizismus hatte sein Vorleben im klassizistischen französischen Symbolismus (u.a. bei Jean Moreas und Henri Régnier). Der letzte Gedichtband Staffs, der an der Grenze zweier Epochen erschien, *Feldwege* (*Ścieżki polne*), 1919, kündigte deutlich den Richtungswechsel an, der sich in der Dichtung der zwanzig Zwischenkriegsjahre vollziehen würde. In Vorwegnahme der Literatur der Skamander-Gruppe wandte sich Staff der Poesie des Alltags und einem poetischen Realismus zu. Hier pries der Dichter das Leben auf dem Land in seinen prosaischsten Elementen. Dabei bediente er sich des paradoxen und leicht provokanten Kontrasts zwischen einem banalen Objekt und einer gewählten Form, wenn er in seinen

Sonetten nicht nur die Vorzüge des Ochsen und des Hahns, sondern auch diejenigen des Mists pries. In diesem poetischen Konzept liegt Ironie und eine heroisch-komische Note. Diese künstlerischen Mittel, wie das Paradoxe und die sanfte Ironie, waren es, die Staff in seinem späteren Werk zur Vollkommnung brachte und die in Verbindung mit der klassizistischen Poetik des Konkreten und des Lapidaren die Originalität und Unnachahmlichkeit der poetischen Sprache Staffs ausmachten.

Das Werk von Bolesław Leśmian ist das originellste poetische Phänomen in der ersten Hälfte des zwanzigsten Jahrhunderts. Nur sein erster Gedichtband *Obstgarten am Kreuzweg* (*Sad rozstajny*), 1912, fällt chronologisch in die Epoche des Jungen Polen. Doch läßt sich die Dichtung Leśmians als schöpferische Weiterführung und gleichzeitige Transformation gewisser literarischer Richtungen des Jungen Polen definieren. Zweifelsfrei muß sie aus der Sicht des Symbolismus betrachtet werden, dem sie sowohl durch ihre Konzeption einer autonomen poetischen Sprache als auch durch ihre metaphysische Dimension der poetischen Welt angehört. Leśmian publizierte seine Werke in der „Chimera" und war mit dem Künstlerkreis um den Vorkämpfer des Symbolismus, Zenon Przesmycki, eng verbunden. Ungeachtet einer gewissen Verwandtschaft mit der modernistischen Stimmungsgeladenheit unterscheidet sich Leśmians Schaffen schon in seiner poetischen Erstlingsprosa und dem folgenden eigenen Gedichtband deutlich von der typischen Lyrik des Jungen Polen. Seine weltanschauliche Grundlage bildete die Philosophie Henri Bergsons, dessen Ansichten Leśmian bestens bekannt waren und die er in seinen Essays kommentierte. Von ihr inspiriert, entstand in Leśmians Dichtung die Idee der Annäherung an die reine Dauer und ihre Beschreibung in ihrer Intensität und Konkretheit. Das wichtigste Gebiet für die Epiphanie von Entdeckungen dieser Art war für Leśmian die Natur. In seinem *Obstgarten am Kreuzweg* wird dieser Übergang von der stimmungsvollen Impression des Jungen Polen in der Naturbeschreibung zum für Leśmian charakteristischen Gefühl des Einswerden mit der Natur sichtbar. Der Mythos der Urmenschen, dessen Verhältnis zur Natur die Grundform seiner Phantasie und Sprache determinierte, stand Leśmian nahe. Der Dichter interessierte sich lebhaft für Folklore, weil er der Meinung war, daß in diesem kollektiven kulturellen Nachlaß, das heißt in den Märchen, Mythen und Legenden, die fundamendalen Quellen der poetischen Inspiration verborgen liegen. Das Ergebnis dieser Faszination waren auch drei Bände von Volksmärchen, *Die Sesammärchen* (*Klechdy sezamowe*), 1913, *Die Abenteuer Sindbad des Seefahrers* (*Przygody Sindbada Żeglarza*), 1913, und die postumen *Polnischen Volksmärchen* (*Klechdy polskie*), 1956. Das Werk Leśmians wies einen der Wege, denen die Dichtung folgen sollte, nachdem die Zäsur des Jahres 1918 überschritten war. Die Strömungen des Symbolismus, Klassizismus und auch des Expressionismus sollten in den zwanziger Jahren ihre Fortsetzung finden, doch der sprachliche Kontext der poetischen Avantgarde würde ihnen schon ein anderes Gesicht verleihen.

# DIE PROSA

Die polnische Prosa hatte ihre Glanzzeit schon im Positivismus. Die in den achtziger Jahren des neunzehnten Jahrhunderts erschienenen Romane *Die Puppe* (*Lalka*) von Bolesław Prus, *An der Memel* (*Nad Niemnem*) von Eliza Orzeszkowa oder Henryk Sienkiewicz' Trilogie gehörten zu den herausragendsten Leistungen dieser drei Prosaisten, die auch in den darauffolgenden Jahrzehnten produktiv blieben und weiterhin interessante Werke verfaßten. Besonders das letzte Jahrzehnt des neunzehnten Jahrhunderts brachte eine Fülle wertvoller Texte: Prus schrieb *Die Emanzipierten* (*Emancypantki*), 1894, und *Der Pharao* (*Faraon*), 1897, Orzeszkowa *Zwei Pole* (*Dwa bieguny*), 1893, *Der Australier* (*Australczyk*), 1896, und *Die Argonauten* (*Argonauci*), 1900, und Sienkiewicz *Ohne Dogma* (*Bez dogmatu*), 1891, *Die Familie Połaniecki* (*Rodzina Połaniecki*), 1895, *Quo vadis*, 1896, und *Die Kreuzritter* (*Krzyżacy*), 1900. Man sieht also, daß am Anfang des Jungen Polen das Schaffen der Positivistengeneration ein wichtiges Element für die Gesamterscheinung der polnischen Literatur darstellte. Diese Autoren nahmen auch den ideellen und künstlerischen Wandel wahr, der um sie herum vor sich ging. Zeugnisse treffender Diagnosen über diese weltanschauliche Krise sind Werke wie *Ohne Dogma* oder Orzeszkowas Novellenband *Die Melancholiker* (*Melancholicy*). In ihren publizistischen Stellungnahmen vernimmt man jedoch deutliche Töne des Widerspruchs gegen diese neuen Ideen und literarischen Strömungen (z.B. Sienkiewicz' berühmt gewordene Klage, die er in einer Umfrage des „Theaterkuriers" („Kurier Teatralny") äußerte und sich gegen Przybyszewskis Dramen richtete). Gerade *Ohne Dogma* und Orzeszkowas Werke aus den neunziger Jahren gehören zu jener Gruppe von Romanen, die als eine der wichtigsten Brücken von der realistischen zur modernistischen Erzählung gelten. Darunter befinden sich sogenannte Romane über das „nervöse Jahrhundert", wie u.a. *Der Tod* (*Śmierć*), 1893, von Ignacy Dąbrowski oder *Im nervösen Jahrhundert* (*W wieku nerwowym*), 1890, von Leo Belmont, eine in der ersten Person geschriebene „Beichtprosa", häufig in der Form eines Tagebuchromans, in der das Thema der religiös-moralischen Krise, die ein junger Mensch durchlebt, dominiert. Den Helden führt, da er in keinem Wertesystem Halt findet, sein tragisches Leben in den Wahnsinn oder er begeht Selbstmord. Diese von Pessimismus und einer tiefgründigen Selbstanalyse erfüllten Romane knüpfen an Werke wie *Beichte eines Kindes seiner Zeit* von Alfred de Musset, *Tagebuch eines Verführers* von Søren Kierkegaard oder *Der Schüler* von Paul Bourget an.

Diese Richtung einer Prosa, die sich auf die Erfahrungen eines neurotischen Helden konzentriert, der gleichzeitig der Erzähler ist, fand seinen vollkommensten Ausdruck bei Stanisław Przybyszewski. Das ganze frühe Schaffen Przybyszewskis ist eine Manifestation seines Strebens nach einer von den Zwängen der Ideologie und dem Dienst am Vaterland befreiten Kunst. In seinem programmatischen Artikel *Confiteor* sagte Przybyszewski geradeheraus: „Tendenziöse Kunst, belehrende Kunst, Unterhaltungskunst, patriotische Kunst, jede Kunst, die nur irgendein moralisches oder gesellschaftliches Ziel verfolgt, hört auf, Kunst zu sein... Kunst ist die Wiedergabe des Seelenlebens in allen seinen Erscheinungsformen, unabhängig davon, ob jene gut oder schlecht, schön oder häßlich sind." Für diese Definition des Ziels der Kunst schuf Przybyszewski eine eigene Konzeption der „nackten Seele", die ihre Grundlage darin hatte, was Sigmund Freud später das Unterbewußtsein nennen sollte, oder in der „Metaphysik des Geschlechts" Schopenhauers. Sein bekanntestes Werk aus dem in lyrischer Prosa geschriebenen Zyklus *Requiem aeternam* (*Totenmesse*, die polnische Fassung erschien im Jahr 1904, die deutsche im Jahr 1893), beginnt mit der blasphemischen Einleitung: „Am Anfang war das Geschlecht". Da Przybyszewski in den seelischen Zuständen die Ursache, das Ziel und den fundamentalen Stoff jeder schöpferischen Tätigkeit sah, verfolgte er eine neue, sich deutlich von der Tradition der realistischen Prosa unterscheidende Romanform, in der traumhaft-symbolische Visionen, scheinbar indirekte Rede und der innere Monolog eine wichtige Funktion besaßen. Die Romane *Satans Kinder* (*Dzieci szatana*), deutsche Fassung 1897, polnische Fassung 1899, *Homo sapiens*, deutsche Fassung 1896, polnische Fassung 1901, *Die Söhne der Erde* (*Synowie ziemi*), 1904, und *Der Schrei* (*Krzyk*), 1918, präsentieren Figuren, deren inneres Drama sich aus dem Willen, moralische Schranken zu überschreiten, und aus ihrem dadurch belasteten Gewissen ergeben (Motiv der Verführung, des Verrats, des Inzests, des Totschlags und auch anarchistische Inhalte). Die Helden leben in einem Grenzgebiet zwischen Wachsein und Traum, im Alkoholrausch, leiden an Neurasthenie, geben sich obsessiven Ängsten und Leidenschaften hin und identifizieren sich bisweilen mit Nietzsches Übermenschen. Doch wird ihre Faszination für das Böse als moralisch zweideutig entlarvt und ihr manchmal quasi eine religiöse, mystische Sehnsucht entgegengestellt. Przybyszewskis interessantester Roman, den er in der Endzeit des Jungen Polen schrieb und der recht deutlich an seine frühere Erzählung *De profundis* anknüpft, *Der Schrei*, ist erfüllt von stark expressionistischen Klängen. In den Jahren 1917/1918 war Przybyszewski Mitbegründer der expressionistischen Gruppierung *Die Quelle* (*Zdrój*), die in Posen eine Zeitschrift mit demselben Titel herausgab.

Der hervorragendste Prosaist des jungen Polen, der polnische Flaubert, wie ihn die Kritiker nannten, da er an den Leser hohe Ansprüche stellte, war Wacław Berent (1873–1940). Neben einigen Gedichten, Skizzen und Übersetzungen, hinterließ er nur vier Romane: *Der Fachmann* (*Fachowiec*), 1895, *Moder* (*Próchno*), 1903, *Wintersaat* (*Ozimina*), 1911 und *Die lebenden Steine* (*Żywe kamienie*), 1918, sowie drei erst nach dem Ersten Weltkrieg publizierten Bände mit biographischen Erzählungen: *Strömung* (*Nurt*), 1934, *Diogenes im altpolnischen Kostüm* (*Diogenes w kontuszu*), 1937, und *Führerdämmerung* (*Zmierzch wodzów*), 1939. Alle seine jungpolnischen Romane waren bedeutende künstlerische Ereignisse. *Der Fachmann* nahm sich die Generation der positivistischen Aktivisten zum Thema und war eine scharfe Kritik an der instrumentalisierten Behandlung des Menschen im Namen einer festgelegten Ideologie. Moder ist eine dramatische Abrechnung mit der modernistischen Weltanschauung. In Anknüpfung an den Rahmen des Künstlerromans analysiert dieses Werk eingehend den Prozeß der Selbstzerstörung („des Vermoderns") einer in das Böse (das ähnlich wie in Goethes *Faust* verstanden wird, auf den auch Bezug genommen wird) verstrickten Existenz. Das sich in seiner Komposition auf einige große Monologe stützende Werk skizziert die Porträts seiner Helden, der Künstler, vor dem Hintergrund einer nicht definierten europäischen Metropole (vielleicht Berlin oder München). Diese Helden gehen der Kunst, die sie leidenschaftlich begehren, in die Falle: Der Schauspieler Borowski wird zwischen dem Theater und der Liebe zu einer Frau hin und her gerissen, Müller ist ein hoffnungslos verliebter und todkranker Dichter, Jelsky ein sich nicht verwirklichender Dichter und Schriftsteller, Hertenstein verzichtet auf eine Karriere als Pianist und sucht in Drogen und Selbstmord Linderung für seinen existentiellen Schmerz. Die Darstellung dieses Künstlermilieus gewinnt durch den Einsatz einer polyphonen Erzählweise an Tiefe und Dimension. Die Helden, Opfer der Kunst, der Zivilisation und der Erotik, sind gleichzeitig ihre wahren „Priester", die Mut geben und durch ihre innere Leidenschaft die künstlerische Berufung des Menschen immer von neuem entfachen. Diese wahren Schöpfer der Kultur, jenes, der Meinung Berents nach, erhabensten Ziels unserer Existenz, vollführen einen Akt der Selbstzerstörung, der aber dennoch, wie der Moder, Licht spendet, zukünftigen Generationen den Weg weist und für die Vitalität und Kontinuität der Kultur garantiert. Ein ähnliches, schon in der ambivalenten Symbolik des Titels angedeutetes Thema finden wir in *Wintersaat*: totes Korn, das im Frühling zum Leben erwacht. Der in seiner kompositorischen Anlage interessante Roman entwickelt sich in Form einer Diskussion der im Warschauer Salon der Niemans versammelten Gäste. Erst in seinem Finale öffnet sich, im Lärm des russisch-japanischen Kriegs, der bis dahin hermetisch abgeschlossene Raum der dargestellten Welt und das Romangeschehen verlagert sich auf die Straßen der Stadt. Die Struktur des Romans ist durch die fortgesetzte Diskussion über das Schicksal, die Berufung und das Leben der polnischen Intelligenz polyphon. Dennoch stellt der Salon kein realistisches gesellschaftliches Panorama dar wie bei Balzac oder Prus, sondern ist eher eine Ansammlung origineller Persönlichkeiten. Berents bildliche Darstellung schöpft aus der Groteske und aus expressionistischen Mitteln und spielt, besonders in den beschreibenden Partien, mit interessanten Effekten (z.B. metaphorischen Leitmotiven, wie dem Fischmund des Barons). Der letzte modernistische Roman Berents ist der in der expressionistischen Quelle vorabgedruckte historische Roman über die Kultur des westeuropäischen Mittelalters *Die lebenden Steine*. Berent schrieb dieses Werk ganze zehn Jahre lang, und sein mediävisti-sches Wissen ist beeindruckend. Er schuf damit ein eigenständiges und im Verhältnis zur Interpretation der Historiker wegbereitendes Bild der Epoche. Dabei konstruierte er sein Mittelalter aus drei Elementen: der Welt der Vaganten und Goliards, der irrenden Ritter und der franziskanischen Askese. Material des Romans waren kulturelle Texte wie Zitate, Paraphrasen von Vagantenliedern, des Evangeliums und der Apokryphen, sowie des Artusroman, aber auch Kunstgegenstände wie einer gotischen Kathedrale (die die „Hauptheldin" des Werks ist), Skulpturen oder Bildern von Figuren aus den Buchilluminationen. *Die lebenden Steine* sind auch ein „Maskenroman", da das Mittelalter hier als Verkleidung und Kostüm für die Kultur des Modernismus dient, und wird somit nach dem Prinzip der „kulturellen Gleichung" zum Komplementärwerk des Moder. Es gibt hier eine Fülle von gemeinsamen Motiven, Symbolen, Metaphern und vor allem dieselbe Märchenlandschaft Acedias, aus dem die Künstler die Menschheit herausführen wollen. In diesem Roman erreicht Berents Sprache, dicht von Metaphern durchdrungen, mit Neologismen und Archaismen angereichert, ihren maximalen Grad an Komplikation. Seine barockartige Fülle der poetischen Mittel umfaßt auch eine raffinierte Rhythmisierung, die sowohl die sprachliche als auch die kompositionelle Ebene einschließt.

Berent war ein Künstler der Elite, der vor allem bei erfahrenen Kennern und Liebhabern der Kultur Beifall fand. Ein Autor, der es bei der breiten Masse der Leser zu Ruhm brachte, ja mehr noch, ihre Phantasie und ihre Überzeugungen prägte, war dagegen Stefan Żeromski (1864–1925). Er besaß das Talent, konfliktreiche Situationen zu schaffen, die er in ihrer ganzen Schärfe zeigte, um das Ausmaß ihrer Tragik zu steigern. Diesen Antagonismus kleidete er meist in die Form eines Gegensatzes zwischen Verantwortungsbewußtsein, nationaler und gesellschaftlicher Verbundenheit, und einer freien, sich jeglicher moralischen Restriktionen entziehenden Faszination für das Leben. Sensibilität für das Böse, vor allem für das in gesellschaftlichem Sinne Böse, und eine tiefe Teilnahme für Benachteiligte und Bedrückte kontrastierten mit dem leidenschaftlichen Verlangen, sich an der Schönheit der Natur und der Erotik zu berauschen. Diese Rezeption der Welt in Kategorien, die dem Manichäismus verwandt sind, wurde von Żeromski *expressis verbis* ausgedrückt, jedoch noch häufiger in Erzählungen über Patrioten und Aktivisten mit seltsam verworrenem Geschick aufgezeichnet. Denn gerade im Verlassen von Schemata, in der Zerstörung von weltanschaulichen Klischees und historischen Mythen sah er seine Aufgabe als Schriftsteller. Seine in ihrer Grausamkeit rücksichtslose Analyse und sein wiederholtes „Aufreißen schon vernarbter Wunden" waren von bitterer Ironie begleitet. Von seinem Erstlingsband mit Erzählungen (im Jahr 1895) bis hin zu seinen letzten Werken, die erst in seinem Todesjahr erschienen [der Roman *Vorfrühling* (*Przedwiośnie*) und das Drama *Mir ist die Wachtel entkommen* (*Uciekła mi przepióreczka*), 1925], spielte Żeromski die Rolle eines großen Gewissensprüfers, der, immer auf der Suche und unermüdlich, die heikelsten aktuellen Probleme aufgriff. Die Moderne begann für ihn im Jahr 1863 mit dem Ausbruch des Januaraufstandes, als dessen spätgeborenes Kind er sich fühlte und in dem er eine Lebenserfahrung von außerordentlicher Bedeutung für sich persönlich und seine ganze Generation sah. Ihm sind sein Roman *Der getreue Strom* (*Wierna rzeka*), 1912, und einige Erzählungen gewidmet. Auch in seinen Romanen, die sich mit der Gegenwart beschäftigen, klang der Aufstand nach und hatte immer eine aufdeckende Funktion, da er den Helden ihre wahre Berufung offenbarte und das richtige Wertesystem ans Licht brachte [u.a. *Sisyphusarbeit* (*Syzyfowe prace*), 1898, *Der Rächer* (*Uroda życia*), 1912, das Drama *Die Rose* (*Róża*), 1909]. Żeromski griff auch andere historische Epochen auf, in *Zu Schutt und Asche* (*Popioły*), 1904, malte er ein Panoramabild des Napoleonfeldzuges, das von Leo Tolstojs *Krieg und Frieden* inspiriert war. Darin erzählt er vom tragischen Schicksal der polnischen Legionäre, die, von Napoleon mit Hoffnung auf eine Wiedererlangung der Unabhängigkeit betrogen, selbst an den Annexionskriegen des Feldherrn in Spanien, Italien und San Domingo teilnahmen. Das berühmteste Werk Żeromskis, das eine Reihe literarischer und ideologischer Polemiken auslöste, war der Roman *Die Heimatlosen (Ludzie bezdomni)*, 1900. Die Figur des Haupthelden Tomasz Judym war so sehr mit einer bestimmten Einstellung verbunden, daß viele Jahrzehnte lang in Polen der Begriff des „Judymismus" als stehende Wendung gebräuchlich wurde. Judym, ein von armen Warschauer Handwerkern abstammender Arzt, sieht in seinem mit großer Mühe erarbeiteten Beruf eine Mission. Von einem Arzt und von sich selbst verlangt er Sensibilität für das Leid und die Not der niederen Gesellschaftsschichten und uneigennützige Hilfestellung. Sein Ziel ist es, nicht nur den Gästen des bekannten Kurortes, sondern auch den Bauernknechten vor Ort angemessene hygienische Bedingungen zu gewährleisten (ein von Ibsens *Ein Volksfeind* übernommenes Motiv). Trotz seines Ehrgeizes und seines vollen Einsatzes endet diese edelmütige Initiative mit einer Niederlage, hervorgerufen von dem auf ihm lastenden Fatum (die Grenzen des eigenen Charakters sowie schicksalhafte Vorsehung). Die berühmte Schlußszene, in der der Held die Liebe der geliebten Frau zurückweist, um sich zurückgezogen seiner Arbeit zu widmen, stellt den Höhepunkt der tragischen inneren Zerrissenheit dar, die zur Selbstzerstörung führen muß (das Symbol der „gespaltenen Föhre"). Żeromski überwindet in den *Heimatlosen* wie auch in anderen Romanen ganz deutlich die Konvention des positivistischen realistischen Romans, indem er sich sowohl von einem auktorialen Erzähler entfernt als auch von einer erzählerisch-kompositorischen Kontinuität. Seine epischen Werke sind in Anlehnung an die Konzeption eines „führenden Helden" konstruiert, das heißt, eines Helden, in dessen Perspektive die Erzählung verläuft. Die Erzählung der Ereignisse erfolgt aus dem Gesichtspunkt dieses Helden und wird deshalb von einer scheinbar indirekten Rede dominiert. Dabei komponierte Żeromski seine Romane nach einem vom Naturalismus eingeführten Grundsatz und zersplitterte den Roman in eine Reihe von Szenen. Dadurch wird die Einheit von Zeit, Raum und Narration im Werk durchbrochen und gleichzeitig die Bedeutung des Haupthelden, der vor allem vermittels seiner inneren Empfindungen dargestellt wird, gehoben. In Żeromskis von Gefühlsbetontheit durchtränkten Werken pulsieren häufig lyrische Stimmungen, von der Melancholie bis hin zum ekstatischen Pathos, die jedoch auch eine andere, realistisch-naturalistische Seite haben. Dieser letzteren Quelle entspringt die selbstironische Kritik, mit der er gerne seine Helden bedachte, sowie eine eingehende, entlarvende Betrachtung der Wirklichkeit. Żeromski war ein Erneuerer der Gattung des Romans im Jungen Polen, doch erreichen die Ergebnisse seiner stilistisch-kompositorischen Experimente nicht immer das höchste künstlerische Niveau. Trotzdem sicherten ihm die Mehrheit der von ihm kreierten Helden und die große Überzeugungskraft seiner Werke eine wichtige Stellung in der polnischen Literatur.

Es hätte nicht viel gefehlt, und Żeromskis literarisches Schaffen wäre auch im Weltmaßstab gewürdigt worden, denn er war ein ernstzunehmender Kandidat für den Nobelpreis des Jahres 1924, der aber dann einem anderen polnischen Prosaisten zugesprochen wurde, seinem Rivalen dem Talent und der Popularität nach: Władysław Reymont (1867–1925). Dieser war ein echter Epiker mit einer ausgezeichneten Beobachtungsgabe, der aus der Schule der Naturalisten hervorging und ihr besonders treu blieb. Sein erster, direkt an die Motive der Tradition von Zola anknüpfender Roman war *Das gelobte Land* (*Ziemia obiecana*), 1899. Hier malte der Autor ein höchst überzeugendes Bild von Łódź, der größten industriellen Metropole Polens am Ende des neunzehnten Jahrhunderts. Der sprunghafte Anstieg der Textilindustrie hatte dazu geführt, daß sich hier gesellschaftliche, sittliche und kulturelle Phänomene zeigten, die mit der Entstehung eines energiegeladenen, dynamischen industriellen Zentrums einhergingen und in Westeuropa schon bestens bekannt waren. Reymont beschrieb das Spezifische dieser Stadt in ihrer ethnischen Spezifik, das Zusammenleben dreier nationaler Elemente, des polnischen, des deutschen und des jüdischen ausgezeichnet, die eigene, sich aber miteinander vermischende Subkulturen herausbildeten. In seinem realistisch gezeichneten Bild von Łódź hielt Reymont den Mythos der Stadt als Moloch fest. Das „gelobte Land" des Titels ist ein Polyp, der seine Opfer ohne Rücksicht auf ihre Nationalität, gesellschaftliche oder materielle Position verschlingt und zugrunderichtet. Symbolträchtig ist dabei die Szene, die den Tod des Fabrikanten und eines seiner Arbeiter im Räderwerk einer Maschine darstellt. Łódź wird für den Autor eine „mystische ökonomische Macht", eine faszinierende Dynamik und Energie, zugleich aber auch erschreckende Rücksichtslosigkeit und Grausamkeit. Nach der Publikation dieses Stadtromans wandte sich dieser Erforscher der „mystischen Mächte" der Natur zu. Die Provinz und ihre Bewohner wurden das Thema seines Romanes *Die Bauern* (*Chłopi*). Das realistische und genaue Bild der Provinz verfolgte die Absicht, die polnische Realität darzustellen, gewann bei Reymont aber auch eine universelle Dimension. Hier vereinigte sich die realistisch-naturalistische Konvention mit einem modernistischen Lyrismus und Symbolismus, so finden sich z.B. drastische Szenen aus dem Leben armer Bauernknechte neben der Idee des Bauern als des großen Sämanns und Lebensspenders. Das Werk ist in vier den Jahreszeiten entsprechenden Teile gegliedert, so daß sich also die Welt, die von den gnadenlosen Gesetzen des Existenzkampfes und des biologischen Determinismus regiert wird, dem Rhythmus der Natur, sowie einem rituell-liturgischem Rhythmus unterwirft. Die Wiederholung eröffnet als Prinzip des Lebens der Natur und des Lebens der dörflichen Gemeinschaft vor der Welt des Romans die Perspektive des Mythos. Das mit epischem Schwung geschriebene Werk brachte Reymont Weltruhm und der polnischen Literatur den zweiten Nobelpreis nach Henryk Sienkiewicz ein.

## DAS DRAMA

Die dramatische Kunst des Jungen Polen entwickelte sich in mehreren Strömungen parallel, denn neben dem realistischen und naturalistischen Drama entstand auch ein symbolistisches und expressionistisches Drama. Doch zeigte sich gerade innerhalb der dramatischen Gattung des Jungen Polen ein hervorragendes, selbständiges literarisches Phänomen, das sich durch keinerlei Konvention definieren läßt: das Werk von Stanisław Wyspiański (1869–1907). Wyspiański brachte während seines kurzen, gerade achtunddreißig Jahre dauernden Lebens das Talent, mit dem ihn die Natur bedacht hatte, zu seiner vollen Entfaltung. Seine Leidenschaft war das Theater, er träumte von einem „gigantischen Theater", das heißt von einem monumentalen (und wie er selbst entwarf, auf dem Hügel des Krakauer Königsschlosses angelegten) Theater, das das große nationale und auch weltweite dramatische Repertoire auf die Bühne bringen sollte. Durch seine eigenen Dramen und Inszenierungen, bei denen er als Bühnenbilder, Kostümbildner, ja sogar als Mitregisseur tätig war, sowie durch seine theoretischen Äußerungen über das Theater (z.B. in seiner interessanten Studie über Shakespeares *Hamlet*) wurde Wyspiański zum glänzendsten Erneuerer des polnischen Theaters an der Wende vom neunzehnten zum zwanzigsten Jahrhundert. Außerdem war er, neben Żeromski, der größte „geistige Führer" der Modernisten. Das Gewicht der Themen, die er in seinen Werken berührte, und deren formale Überzeugungskraft bewirkten, daß er nicht nur auf seine Zeitgenossen und die nachfolgenden Künstler, sondern auch auf das Bewußtsein und die Vorstellungskraft des ganzen Volkes äußerst starken Einfluß ausübte. Die Gesellschaft erwies ihm schon zu Lebzeiten zahlreiche Bezeugungen ihrer Wertschätzung seiner ungewöhnlichen, prophetischen Rolle. Er wurde in der Krypta der hochverdienten Persönlichkeiten in der Krakauer Kirche „Na Skałce" beigesetzt. Wyspiański war ein Künstler, für den die Kultur ein Ganzes darstellte, das sich auf das Prinzip der Einheit in der Vielheit stützte. In der Verbindung von antiken, jüdischen, christlichen und heidnisch-slawischen Motiven sah er die Möglichkeit einer Synthese. Bisweilen bildeten diese Motive die eigenständige Handlung eines Dramas, wie z.B. in der *Achilleis*, 1903, oder der *Legende* (*Legenda*), 1898, öfters jedoch verflochten sie sich mit einer historischen oder zeitgenössischen Thematik. Inspiriert von Nietzsche und Wagner bot sich diese Welt der Geschichte und Kultur Wyspiański in Gestalt eines Mythos dar. Polens Vergangenheit, die für die Polen gewöhnlich ein Gegenstand kultischer Verehrung darstellt, war für Wyspiański, einen leidenschaftlichen Stürmer von Klischees, eine bedeutende Herausforderung. Daher rührt als wichtiges Motiv in seinen Werken z.B. die Polemik mit den Romantikern, vor allem mit Mickiewicz, als den Schöpfern einer nationalen Mythologie [u.a. die Figur des Genius in der *Befreiung* (*Wyzwolenie*)]. Die Verknüpfung von polnischen und fremden Motiven, u.a. durch den Mythos, führte dazu, daß die nationalen Probleme ihre partikuläre Dimension verloren und zu universellen Werten wurden. Dies war nur dadurch möglich, daß sich bei Wyspiański historiosophische Fragestellungen immer sehr eng mit existentiellen verknüpften. Die Überwindung der Grenzen von Zeit, Raum und der Einmaligkeit der Fakten führte zu einem Exponieren der fundamentalen existentiellen Motive wie dem Leben, dem Tod, der Liebe. Ein Beispiel für so eine künstlerische Gliederung ist *Novembernacht* (*Noc listopadowa*), 1904, ein Drama, das auf den Ereignissen des Novemberaufstandes im Jahr 1830 basiert. Es arbeitet mit historischen Fakten, in die Gestalten aus griechischen Mythen eingeführt werden, die so das eindimensionale „Hier und Jetzt" sprengen. Der Aufstand endete in Wirklichkeit mit einer Niederlage, und auch in Wyspiańskis Drama lastet der Tod auf dem gesamten Werk, doch deutet die Präsenz des Eleusinischen Mythos und seiner Symbole wie Korn oder Feuer diesen Tod als eine notwendige Phase einer zukünftigen Wiedergeburt. Dieses Drama, das gleichzeitig dialogartig zu den Werken der Romantik, die dieses Thema oft aufgriffen (z.B. Słowackis *Kordian*), angelegt ist, wird so zu einer vielseitigen Reinterpretation der Geschichte. Bisweilen setzte Wyspiański die Konvention des symbolistischen Dramas in der Version Maeterlincks ein. So ist z.B. im *Warschaulied* (*Warszawianka*), 1898, diese Aura einer stimmungsvollen Mysteriösität, eine dramatische Verdichtung und eine Zeit, Raum, Helden und Ereignisse umfassende Mehrdeutigkeit festzustellen. All diese Merkmale besitzt auch Wyspiańskis bekanntestes Schauspiel *Die Hochzeit* (*Wesele*), dessen Premiere im Krakauer Theater im Jahr 1901 nicht nur in künstlerischer Hinsicht zu einem Ereignis wurde. Das Publikum war von der letzten suggestiven Szene eines traumartigen Tanzes der Helden im Rhythmus einer seltsamen, von der Märchengestalt des Strohmanns auf der Geige gespielten Musik tief betroffen. Bis zum heutigen Tag übt eine Theateraufführung der *Hochzeit* wie auch die Verfilmung des Stückes durch Andrzej Wajda (1973) auf die Zuschauer eine starke Wirkung aus. Das Hauptthema der *Hochzeit*, das Problem der Überwindung der Ohnmacht und des geistigen und nationalen Marasmus, erwies sich in den verschiedensten historischen Situationen als immer wieder aktuell. Die Poetik der *Hochzeit* verbindet die Konvention der realistischen Komödie im ersten Akt (das Schauspiel basiert auf einer wahren Begebenheit, der Hochzeit des jungpolnischen Dichters Lucjan Rydel und eines Bauernmädchen aus einem Dorf bei Krakau und den sich daraus ergebenden Zusammenprall zweier gesellschaftlicher Schichten, der Intelligenz und der Bauern) mit dem symbolistischen Schauspiel (den zweiten Akt füllen Dialogszenen der Helden mit Erscheinungen von aus Legenden, der Geschichte oder aus Märchen stammenden Figuren). Inspiriert von der Wagnerschen Idee einer Synthese der Künste sowie aus seinen eigenen vielseitigen Interessen und seiner außergewöhnlichen Vorstellungskraft resultierte ein bezeichnendes Merkmal in Wyspiańskis Schaffen: das Vordringen verschiedener Formen der bildenden Kunst in literarische Werke. Ein Lieblingskunstgriff Wyspiańskis war die Belebung von Statuen, Bildern, Gobelins oder gewisser architektonischer Komplexe. Der Großteil seiner Dramen sind Schauspiele eines Ortes, in denen er einen ganz bestimmten Raum zum Leben erweckt, wie z.B. den Warschauer Łazienki-Park in der *Novembernacht*, die Kathedrale auf dem Krakauer Wawel in *Akropolis* und die Bauernkate in Bronowice in der *Hochzeit*. Eine stets präsente Komponente seiner Werke ist auch die Musik (das einaktige Schauspiel *Warschaulied* ist vor dem Hintergrund des Liedes mit diesem Titel angelegt). Das gegenseitige Durchdringen verschiedener Domänen der Kunst findet seine Fortsetzung in der Osmose verschiedenster literarischer Gattungen. Der Einfluß der Dichtkunst auf Wyspiańskis Drama manifestiert sich sowohl in der Versform und der starken Anreicherung der Sprache in den Dialogen und Monologen mit Metaphern als auch in den Regieanweisungen, die sich in ihrer versifizierten Struktur dem Haupttext angleichen. Vom heutigen Gesichtspunkt aus betrachtet sind von Wyspiańskis ganzem mannigfaltigem dramatischem Schaffen zwei kurze Tragödien *Der Fluch* (*Klątwa*), 1899, und *Die Richter* (*Sędziowie*), 1907, der Ästhetik des zwanzigsten Jahrhunderts am nächsten. Frei von der Monumentalität historischer Dramen und einem mythisch-symbolischen Rahmen wirken sie durch ihre asketische und präzise Komposition, die in großem Maße die Prinzipien der klassischen Tragödie umsetzt. Die Wyspiańskis ganzes Werk durchdringende Tragik erreichte in diesen Stücken ihre größte suggestive Kraft. Der literarische Stoff, aus dem Wyspiański seine Schauspiele gestaltete, war die Welt der Kunst, der wichtigste Mechanismus hingegen die intertextuelle Beziehung. Für Wyspiański war das Theater die Krönung aller Künste, deshalb war eben jenes Motiv des Theaters häufig die Formel, in die er die Struktur seiner Dramen faßte, z.B. den Kunstgriff des Theaters im Theater in der *Befreiung*, 1903, oder die Konvention des Puppenspiels und Marionettentheaters in der *Hochzeit*. Doch hatte bei Wyspiański, wie bei vielen europäischen und polnischen Modernisten, die Kunst ihre wichtige Antithese im Leben. Deshalb war diese Faszination für die Kunst bei Wyspiański in allen ihren Erscheinungsformen verknüpft mit einem tief und tragisch empfundenen Bedürfnis nach einer Befreiung von ihr, ja sogar ihrer Zerstörung (die symbolische Vision des Niederreißens der Krakauer Kathedrale auf dem Wawel in der *Akropolis*). Die Verstrickung in die Antinomie Leben-Kunst war für Wyspiański als Künstler und Mensch das tragischste Problem.

Ganz deutlich zeichnete sich im Jungen Polen ein naturalistisches Drama mit bürgerlicher Thematik ab. Ein raubtierhafter Kritizismus läßt sich in den Werken von Gabriela Zapolska (1857–1921) erkennen, die vom französischen Théâtre Libre Antonines fasziniert war, in dem sie sogar kleine Rollen spielte. Die größte Popularität brachte ihr das Schauspiel *Die Moral der Frau Dulska* (*Moralność pani Dulskiej*), 1906. Der vom Namen der Titelheldin abgeleitete Begriff „Dulszczyzna" wird im Polnischen bis heute als Synonym für Spießbürgertum und Heuchelei verwendet. Ein Lieblingsthema in Zapolskas Stücken war das Entlarven von Verlogenheit, doppelter Moral und der Beschränktheit des Bürgertums [*Die kleine Kröte* (*Żabusia*), 1897, *Dummheit im Quadrat* (*Ich czworo*), 1907, *Fräulein Maliczewska* (*Panna Maliczewska*), 1912]. Zapolska gelang es, ausdrucksstarke Figuren zu schaffen, die eine eigene, individuelle, auch Derbheit nicht scheuende Sprache sprechen, versah sie jedoch gewöhnlich auch mit einem Schuß charakterlicher oder sozialer Typisierung.

Zu einem vergleichbaren Bereich des bürgerlichen Familiendramas, wenn auch der realistischen Konvention näher, gehört der Großteil der Werke von zwei Dramatikern, von Włodzimierz Perzyński (1877–1930) mit *Die leichtsinnige Schwester* (*Lekkomyśna siostra*), 1904, *Die Aschantin* (*Aszantka*), 1907, *Franios Glück* (*Szczęście Frania*), 1907, und von Tadeusz Rittner (1873–1921) mit *In einem kleinen Haus* (*W małym domku*), 1907, und *Der dumme Jakob* (*Głupi Jakub*), 1910. Letzterer wohnte in Wien und war, wie Przybyszewski, als Autor zweisprachig, denn seine Dramen verfaßte er jeweils in einer deutschen und einer polnischen Fassung. Auch Einflüsse des österreichischen Dramatikers Arthur Schnitzler sind in seinem Werk sichtbar. Eine verhältnismäßig leicht zu durchschauende Intrige, die sich um einen Mord und ein Erbe konzentriert, ordnet sich dem von Ibsen stammenden Motiv einer relativen Wahrheit unter.

Dem Geist des Modernismus näher stehen die Dramen von Jan August Kisielewski (1876–1918), die, in realistischer Konvention geschrieben, dennoch in die Sphäre der für die Epoche typischen Themen, vor allem des Problems des Künstlers, gehören. Der Widerspruch zwischen der Moral und Mentalität der Künstler und der Philister bildet das Thema der Schauspiele *Die tolle Julka* (*W sieci*), 1899, und *Karikaturen* (*Karykatury*), 1899. Kisielewski zeigt die bisweilen tragikomischen Folgen einer Annäherung von Künstlern an die bürgerlichen Kreise, die von ihnen übernommenen Sehnsüchte und die Lebensweise der verhaßten Philister.

Im vollsten Sinne des Wortes modernistische Schaupiele sind die Werke von Stanisław Przybyszewski, der am Anfang des zwanzigsten Jahrhunderts z.B. in Rußland vor allem als Dramatiker berühmt war. In seinen Stücken [*Für das Glück* (*Dla szczęścia*), deutsche Fassung 1897, polnische Fassung 1900, *Das goldene Vlies* (*Złote runo*), 1901, *Schnee* (*Śnieg*), 1903, *Mutter* (*Matka*), 1903] klingen Motive und dramatische Verfahrensweisen von Strindberg, Ibsen und Maeterlinck nach. Seine Helden und die spärliche Handlung sind gewöhnlich vom realistischen Drama übernommen (die Konfiguration eines ehelichen Drei- oder Vierecks). Es dominiert hier jedoch eine Atmosphäre des Ungewissen, eines auf dem Geschick der Helden lastenden bösen Fatums. Auch symbolische Figuren, Landschaften und Gegenstände treten auf. In der Vergangenheit ereigneten sich, wie bei Ibsen, für die Gegenwart entscheidende Dinge, die Gegenwart selbst, die Zeit der Handlung im Drama, ist vor allem von aus einem Schuldgefühl resultierenden Leiden erfüllt. Przybyszewski setzte, mit in künstlerischer Hinsicht verschiedener Wirkung, seine in der Studie *Über das Drama und die Bühne* (*O dramacie i scenie*) dargelegte Theorie eines Dramas, das auf der Projektion der inneren Welt des Helden aufbaut, in die Wirklichkeit um.

Przybyszewskis theoretischer Vorschlag trug den Keim des expressionistischen Dramas in sich, das er selbst jedoch nie schrieb. Der modernistische Frühexpressionismus fand eine interessante Umsetzung in den Dramen von Tadeusz Miciński (1873–1918). So ist *Im Dunkel des goldenen Palastes oder Basilissa Theophanou* (*W mrokach złotego pałacu czyli Bazylissa Teofanu*), 1909, eine historische Tragödie aus dem Byzanz des zehnten Jahrhunderts. Das Bild des untergehenden Kaiserreichs mit der im Vordergrund stehenden Figur einer absoluten Herrscherin, der grausamen, schönen und geheimnisvollen Kaiserin, wurzelt tief im Geschmack der Dekadenz. Dennoch zielt Miciński ähnlich wie auch in seiner Dichtung und Prosa in die Richtung der Darstellung eines Dramas des Ichs. Es geht hier also nicht so sehr um eine historisch getreue Darstellung (obgleich auch die Realien für den Autor wichtig waren), sondern um das Verständnis ganzer Szenen und des Niveaus der Interaktion als einer Handlung, die sich innerhalb der Seele Basilissas abspielt. Von der Poetik des Symbolismus unterscheidet sich dieses Drama durch sein Favorisieren des Kontrasts und der Widersprüchlichkeit. So überwiegen hier auf der sprachlichen wie auch der kompositorischen Ebene Kunstgriffe, die auf dem Spiel mit der Opposition und der Intensität des Ausdrucks beruhen. Diese Merkmale des expressionistischen Dramas zeigen sich noch deutlicher im nächstfolgenden Stück *Die polnischen Thermopylen* (*Termopile polskie. Misterium na tle życia i śmierci księcia Józefa Poniatowskiego*), das erst im Jahre 1927 veröffentlicht wurde. Der Autor schrieb in seinem Vorwort selbst, daß in diesem Stück „alles eine rasende Folge von Gedanken im Kopf des ertrinkenden Fürsten" ist. In den *Polnischen Thermopylen* wird das für das Junge Polen bezeichnende Interesse an den Formen des Mysteriums und der Moralität sichtbar. Dies ist eine Tendenz des europäischen Theaters, die u.a. in Erscheinungen wie den Werken von Paul Claudel, Georg Kaiser, Ernst Toller, Pär Lagerkvist zu beobachten ist, oder auch in der berühmten Inzenierung des Moralitätenstücks *Jedermann* in der Bearbeitung von Hugo von Hofmannsthal in der Regie von Max Reinhardt. Diese Einflüsse lassen sich in der Dramatik des Jungen Polen u.a. in Karol Hubert Rostworowskis Stück *Judas Ischariot* (*Judasz z Kariotu*), 1913, und *Marcholt, dick und zotig* (*Marchołt gruby a sprośny*), 1913, von Jan Kasprowicz erkennen.

\*

Üblicherweise beschließt man die polnische Moderne mit dem Jahr 1918. Es unterliegt jedoch keinem Zweifel, daß sich zahlreiche literarische Strömungen nicht an diese zeitliche Scheidelinie hielten, sich auch danach frei entfalteten und somit in die Zwischenkriegszeit hineinreichten. Andererseits sind literarische Phänomene, die das Aussehen der Kultur in der Zwischenkriegszeit bestimmen sollten, wie die Werke von Bolesław Leśmian, Bruno Schulz oder Stanisław Ignacy Witkiewicz tief im Jungen Polen verwurzelt. Die Lyrik Leśmians ist ohne die Erfahrung des jungpolnischen Symbolismus, die Dramen und Romane Witkacys sind ohne das expressionistische Werk Tadeusz Micińskis oder die Experimente des Jungen Polen auf dem Gebiet der Groteske und des Häßlichen schwer vorstellbar. Gerade die auf expressionistische Strömungen zurückgehende Ästhetik sollte sich im Bereich der formalen Realisierung als überaus produktiv erweisen. Im Jungen Polen nahm auch das moderne Konzept der poetischen Sprache seinen Anfang. Die anfänglich zaghaften und vereinzelten Bemerkungen zu diesem Thema nahmen nach 1910 in den Äußerungen der Literaturkritiker zu, in der Hauptsache bei Karol Irzykowski, Stanisław Brzozowski oder Ignacy Matuszewski. Ein Gefühl für den Umgang mit dem literarischem Werk als einem sprachlichen Gebilde machte sich in den verschiedensten Bereichen der Literatur bemerkbar, und sollte z.B. durch autothematische Motive gefördert werden. Die dichterische Avantgarde der zwanziger Jahre entstand also sowohl aus einer Reaktion auf die pathetische Schwatzhaftigkeit der Moderne als auch gerade aus jenem wachsenden sprachlichen Bewußtsein, das schon zu Beginn des zwanzigsten Jahrhunderts zutage trat. Eine deutlich weitergeführte Linie zeichnete sich auch innerhalb der naturalistischen Strömung ab, die sich vor allem an den Namen Stefan Żeromski knüpft. Der sich in der Zwischenkriegszeit blühend entfaltende Roman (Nałkowska, Dąbrowska, Iwaszkiewicz) sollte sich das epische Werk des Jungen Polen zunutze machen. Dabei ist auch festzuhalten, daß Żeromski durch seinen „emotionalen" Stil nicht nur die „gehobene" Literatur, sondern auch die damals in Entwicklung begriffene Populärliteratur beeinflussen sollte. Es führten also verschiedene Wege vom Jungen Polen in die nachfolgende Epoche. Sie sind im Umfeld der realistischen und antirealistischen Literatur, der expressionistischen und der klassizistischen Literatur (Staff) wiederzufinden. Von den zahllosen Möglichkeiten, die das Junge Polen über seine Literatur eröffnete, wählte die nachfolgende Epoche eine Reihe von Motiven, die sie zu einem neuen System der Qualität und der philosophisch-ästhetischen Relation fügen sollte.

Aleksander Fiut

# DIE LITERATUR DER ZWISCHENKRIEGSZEIT

Die Zwischenkriegszeit ist die wohl ungewöhnlichste Periode der polnischen Geschichte und der Geschichte der polnischen Literatur, die beide schon im allgemeinen nicht frei von Paradoxa sind. Das polnische Volk, das sich kaum von der über hundertjährigen Teilung erholen konnte und gerade begann, sich gemäß den westeuropäischen Vorbildern zu entwickeln, versank erneut in ein Blutbad, das es völlig verändern sollte. Der junge Staat, der in seinen Grenzen und in seiner nationalen Zusammensetzung nur blaß an das Doppelreich Polen-Litauen, an die Zeiten vergangenen Ruhms und der Macht, die Epoche der Adelsdemokratie und religiöser Toleranz erinnerte, sollte bald einen hohen Preis für den Ausbruch des Nationalismus und die Aggression zweier totalitärer Systeme zahlen. Der Staat, der in vielen Regionen in ökonomischer und zivilisatorischer Hinsicht zurückgeblieben war und sich auf einem Territorium formierte, das sich jahrhundertelang unter fremder Verwaltung und Rechtsprechung befunden und somit Bestandteile der drei mächtigen Nachbarn gebildet hatte, konnte sich gleichzeitig seiner Gymnasien und Hochschulen auf höchstem Niveau und einer ganzen Reihe vortrefflicher, an den besten europäischen Universitäten ausgebildeter Gelehrter, Philosophen und Ingenieure rühmen. Die Gesellschaft, die zu einem Drittel aus Minderheiten bestand, der jüdischen, ukrainischen, litauischen und weißrussischen, und zunehmend von nationalen und politischen Konflikten zerrissen wurde, konnte jedoch angesichts der deutschen und sowjetischen Invasion ihre innere Einheit finden.

So sahen — in grober Vereinfachung — die Hintergründe des literarischen Wandels aus. Wie der Staat wurde auch die Literatur auf der einen Seite durch die Tradition und verschiedene Beschränkungen geprägt, auf der anderen Seite war sie avantgardistisch und schöpfte frei aus dem europäischen Geisteserbe. Zugleich mußte sie aber ihren kulturellen Rückstand aufholen. Daher haben wir es mit so unterschiedlichen Autoren wie Stanisław Ignacy Witkiewicz, Bolesław Leśmian, Bruno Schulz, Witold Gombrowicz und Czesław Miłosz — um nur die wichtigsten zu nennen — zu tun. Diese Autoren wurden bezeichnenderweise von der zeitgenössischen Literaturkritik unterschätzt, mißachtet und abgelehnt. Das Paradoxon der Zwischenkriegszeit liegt nämlich auch darin, daß sie aus heutiger Sicht als eine Fortsetzung der Ideen und Richtungen der vorangegangenen Epoche oder als eine Ankündigung der Tendenzen erscheint, die zu jener Zeit ihren Anfang genommen haben, um sich erst in der zweiten Hälfte des Jahrhunderts voll zu entfalten. Denn sie war eine typische Übergangsepoche, um so mehr, als dieser Übergang durch ein gegenseitiges Durchdringen der national, religiös, sprachlich und kulturell differenzierten gesellschaftlichen Schichten erweitert und bereichert wurde. Sie war eine Epoche, deren Anfang und Ende brutal von den beiden Weltkriegen markiert wurde. Heute spricht man gewöhnlich in bezug auf diese Periode vom Modernismus und Postmodernismus; dies ist insofern nicht richtig, als diese Begriffe in der polnischen Forschungstradition etwas anderes als im Westen bedeuten. Sie sind jedoch insofern gut zu handhaben, als sie die Affinität der polnischen Dichter und Prosaautoren zu ihren europäischen Altersgenossen besser und anschaulicher verdeutlichen und es zugleich erlauben, eine unüberschreitbare Grenze zwischen ihnen zu setzen.

Dem Paradoxon der Zwischenkriegszeit ist es zu verdanken, daß diese Epoche gleich einer von zwei dunklen Seiten umrahmten, hell beleuchteten Bühne erscheint, auf der die Schauspieler ihre zugleich komischen und tragischen, verständlichen und unbegreiflichen Rollen spielen. Ihre Kostüme, ihr Benehmen, die Vorbilder, denen sie folgen, berühren uns merkwürdig in ihrem Anachronismus und amüsieren uns irgendwie. Sie bringen zum Lachen, erwecken zugleich aber auch ein durch das Vorwissen bestimmtes Mitleid. Denn in Kürze wird die Vorstellung zu Ende sein, und ein blutiger, von Hitler und Stalin heruntergelassener Vorhang wird fallen. Aber das Gefühl der Künstlichkeit und des Spiels, nicht immer nur im guten Glauben, liegt nicht nur beim Beobachter, der die Zwischenkriegszeit als ein versunkenes Atlantis sieht. Es begleitete bezeichnenderweise auch ihre Mitwirkenden, und das eigentlich von Anfang an. Es ist zu bemerken, das dieses Gefühl in ganz Europa ein unvermeidlicher Bestandteil der Auftritte avantgardistischer Schriftsteller und Dichter war. In Rußland, Italien und Deutschland begleitete es darüber hinaus die politischen Vorführungen, die sorgfältig nach der totalitären Soziotechnik inszeniert wurden. Das Theatrale im großen Ausmaß wird zu einem Symptom der Massengesellschaft und der mit ihr entstehenden Massenkultur, die das Verständnis von Stellung und Funktion des Künstlers und des Publikums von Grund auf veränderte. Der Dichter ist kein Alchimist mehr, der in seiner Retorte Wörter vermengt, die Bürger mit Verachtung betrachtet und selbst mit dem Absoluten in Verbindung tritt. Er wird zu jemandem, der direkt sprechen und sofort ein Echo bei seinen Zuhörern finden, sie schockieren oder begeistern will. Hier und jetzt, ohne sich um den postumen Ruhm zu scheren.

Eine fast symbolische Bedeutung gewinnt in diesem Kontext die Tatsache, daß am 29. November 1918, achtzehn Tage, nachdem der polnische Staat seine Unabhängigkeit wiedererlangte, ein paar talentierte Dichter, die schon bald das Publikum erobern sollten und kurz darauf die Gruppe Skamander und die Zeitschrift „Die literarischen Nachrichten" („Wiadomości Literackie"), die in der Zwischenkriegszeit die wichtigstekulturelle Begutachtungsinstitution, gründen sollten, an die Mauern der Warschauer Häuser eine Bekanntmachung klebten, in der sie sich selber „Das Gewissen des jungen künstlerischen Warschaus" und „Das Große Hauptquartier der Heilsarmee Polens gegen die ganze einheimische Gegenwartsliteratur" nannten. Die ganze Situation wurde um so interessanter, als die Einladung zur Lesung mit einer

Paraphrase der kommunistischen Parole „Proletarier aller Länder, vereinigt euch!" zu „Junge Warschauer Künstler, vereinigt euch!" schloß. Das war um so seltsamer, als die Verkünder der ursprünglichen Parole sich schon bald, im August 1920, in den Uniformen der Roten Armee bei Warschau einfinden und nicht nur die Souveränität des jungen Staates, sondern den ganzen Westen bedrohen sollten, während die Verkünder der Paraphrase noch einmal Soldaten wurden, um die Heimat zu verteidigen.

Die Bedrohung einer neuerlichen Besatzung wurde glücklicherweise um die nächsten zwanzig Jahre verschoben, doch der Wunsch, sich von moralistischen und patriotischen Pflichten loszusagen, bestimmte die polnische Dichtung bis in die dreißiger Jahre. Zu ihrem Motto wurde ein Zitat aus dem Gedicht *Herostrates* von Jan Lechoń (1899–1956), der zur Gruppe Skamander gehörte: „Und im Frühling den Frühling will ich, nicht Polen sehen". Die neue Poesie wollte vor allem den Schrecken des Krieges vergessen. Sie wollte die spontane Lebensfreude, das Gefühl der Sorglosigkeit und die Begeisterung für den Alltag verkünden, einfache Rührung bewirken, zum Nachdenken bewegen, wollte durch ihre Anspruchslosigkeit und Freiheit anziehen, die alten Konventionen und die gesellschaftlichen und religiösen Tabus brechen. Sie rühmte die technischen Errungenschaften und die städtische Kultur, sprach den Durchschnittsleser an, den sie zu einer neuen Sensibilität und Überzeugung im Geiste des Liberalismus bewegen wollte.

Zuerst befreite sich die Gruppe Skamander (1920–28, 1935–39) und dann die Zeitschrift „Die literarischen Nachrichten" („Wiadomości Literackie"), die u.a. durch ihre Werbung für eine bewußte Mutterschaft bekannt wurde, von romantischen und modernistischen Mythen und übernahmen westliche Vorbilder. Jedes Mitglied der Gruppe illustriert im übrigen die Einzigartigkeit der Situation im Polen der Zwischenkriegszeit, wo sich die unterschiedlichsten Vorbilder, Traditionen und kulturellen Zusammenhänge verknüpften. Der hervorragendste Dichter dieser Gruppe, Julian Tuwim (1894–1953), der die polnische Sprache beherrschte wie sonst kaum jemand und ihr die ganze Bandbreite von Bedeutungen und subtilen Schattierungen entlocken konnte, wurde in den dreißiger Jahren zum Ziel primitiver antisemitischer Attacken, in denen ihm „die jüdische Vergiftung der Nationalsprache" vorgeworfen wurde. Antoni Słonimski (1895–1976), der sich stolz zu seinen jüdischen Vorfahren, die berühmte Erfinder waren, bekannte, schalt in seinen scharfsinnigen Feuilletons die Schulen der Chassiden. Er war stark mit der polnischen Kultur und Literatur verbunden, verehrte aber zugleich H. G. Wells. Das provinzielle Warschau war ihm zuwider, zu Hause fühlte er sich in London. Der Vater von Kazimierz Wierzyński (1894–1969) hieß Andrzej Wirstein und war deutscher Abstammung. Als er 1912 seinen Namen polonisierte, hätte er wahrscheinlich nicht gedacht, daß sein Sohn ein bekannter polnischer Dichter und Verfasser eines der ekstatischsten Gedichte in polnischer Sprache würde. Jarosław Iwaszkiewicz (1894–1980), der von einem ukrainischen Gutshof stammte, verband in seinem literarischen Schaffen Reminiszenzen an sein Heimatland mit westlichen und östlichen Vorbildern: von Rimbaud bis Oscar Wilde, von Gottfried Benn bis Mandelstamm, vom französischen Parnassismus über den deutschen Expressionismus bis hin zum russischen Akmeismus.

Der Gruppe Skamander standen anfangs die Futuristen nahe, die dem poetischen Wort und seinen Vermittlungsmethoden radikale und stürmische Formen verliehen. In ihren Manifesten, die sich an italienischen und russischen Vorbildern orientierten, riefen sie dazu auf, die Museen abzureißen, die Nationalheiligtümer zu besudeln, sie riefen zur Freiheit der Gesellschaft und einer Verehrung der Biologie anstelle des Verstandes, zu einem Kult des Instinkts anstelle der Metaphysik, kurzum zur „Futurisierung des Lebens". All das wurde aber eher für ein Spiel gehalten, ohne jenen gefährlichen Ernst, der für ihre Kollegen aus Rom oder Petersburg charakteristisch war. Die Futuristen — der hervorragendste von ihnen war Aleksander Wat (1900–1967), der später ein Vertreter der Neoklassik wurde — verwandelten ihre Lesungen zu einer Art Happening, das Entrüstung und gesellschaftliche Skandale provozierte und das Eingreifen der Polizei herausforderte. In ihren Gedichten scheuten sie weder Blasphemie noch Pornographie, führten die gewagtesten künstlerischen Experimente durch und brachen alle geltenden Prinzipien. Sie entdeckten zugleich alle bisher mißachteten Gebiete der niederen Kultur: die städtische Folklore, das Kino, den Zirkus, die Trivialliteratur. Die in ihrem Protest weniger radikalen Mitglieder der Gruppe Skamander, denen nicht an Popularität um jeden Preis lag, erklärten diese Gesellschaft bald für unpassend und zogen sich geschickt zurück. Diese futuristische Episode in der polnischen Literaturgeschichte ist dennoch wichtig, sie gewann einen großen Widerhall in der Dichtung der sog. „Linguisten" der Nachkriegszeit und im Schaffen von Miron Białoszewski (1922–1983).

Die Gruppe Skamander setzte sich auch mit einem anderen Teil der poetischen Avantgardeströmungen auseinander. Ihr Initiator und Programmatiker Tadeusz Peiper (1891–1969), der in Frankreich und Spanien mit den neuesten Tendenzen der Kunst und Literatur in Berührung gekommen war, gründete in Krakau die Zeitschrift „Die Weiche" („Zwrotnica"), 1922–23, 1926–27, und versuchte dort, die Ideen und Vorbilder Apollinaires, Cendrars und Reverdys auf polnischem Boden heimisch zumachen. Die Mitglieder der Gruppe Skamander warfen den Gedichten der Krakauer Avantgarde Formalismus und Hermetik vor. Denn diese auf semantische Operationen konzentrierte, mit chiffrierten metaphorischen Bedeutungen überladene Dichtung war tatsächlich für den Durchschnittsleser kaum zu enträtseln. Heute wirkten der Stadt-, Massen- und Maschinenkult, das Preisen der Macht der Elektrizität jedoch naiv. Aber die Geschlossenheit dieser Gedichte, ihre kompositorische Strenge und emotionale Zurückhaltung, die fernen Reime und der der atonalen Musik nahestehende Rhythmus haben in einem großen Ausmaß zur Entwicklung neuer Muster in der poetischen Sprache Polens beigetragen. Es ist hinzufügen, daß Julian Przyboś (1901–1970), ein hervorragender Dichter, der schon bald nach dem Krieg eine sehr wichtige Rolle spielen sollte, aus dieser Gruppe kam.

Die Auseinandersetzungen der Gruppe Skamander mit dem Futurismus und der Krakauer Avantgarde, die zu dieser Zeit für große Aufregung sorgten und für die Entwicklung der polnischen Dichtung wesentlich schienen, verlieren aus heutiger Sicht an Bedeutung. Mehr noch — alle diese Avantgardeströmungen, die mehr oder weniger radikal waren, hatten die Abneigung gegen die jüngste Tradition des „Jungen Polen" und das Streben nach einem möglichst schnellen Aufholen der Rückstände gegenüber der westlichen Dichtung gemein. Die Dichter hatten jedoch enorme Widerstände zu überwinden. Sie verkündeten den Ruhm der städtischen Kultur in einem Land, das seit Jahrhunderten von einer dörflichen Kultur geprägt war. Sie verehrten die Erzeugnisse der modernen Zivilisation dort als Gottheiten, wo Primitivität und oft genug auch Analphabetismus vorherrschten. Sie wurden zu Fürsprechern von Freiheit, Demokratie und sittlicher Freiheit in einer Gesellschaft, die zum größten Teil konservativ war und sich an die Lehren der katholischen Kirche hielt. Die neuen Ideale und der neue Lebensstil veränderten natürlich die polnische Gesellschaft, ebenso wie die Tatsache, daß auf den Straßen neben den Bauernwagen und den Droschken die neuesten Fiat-Modelle, in den Wohnungen Radios und Badezimmer erschienen und die Mode die Pariser Vorbilder nachahmte. In der dreißiger Jahren wurde sogar eine Polnische Kolonialliga gegründet, und die Politiker träumten von Eroberungen in Afrika. Veränderungen gingen vor sich, sie erfolgten jedoch sehr langsam und betrafen hauptsächlich die privilegierte Gesellschaftsschicht, die anderen Schichten blieben vergessen und verharrten in ihrer Stagnation.

Es klingt vielleicht überraschend, aber die erste Ankündigung der beschriebenen Wandlungen finden wir in einem schon 1915 im besetzten Warschau geschriebenen Gedicht von Julian Tuwim. Das Gedicht beginnt mit folgenden Worten:

Die Menge rühmt man heute rühmt den Tumult und die Stadt.

Dieses Fragment nimmt die wichtigsten Faszinationen und Mythen der jungen Dichter vorweg und prophezeit die neue Funktionsweise der Dichtung in der Gesellschaft. Das Gedicht trug den Titel *Der Frühling* (*Wiosna*) und war — was eine Verbeugung vor der modernistischen Tradition bedeutete — ein Dithyrambos zu Ehren der umgezähmten Üppigkeit und der Erneuerungskraft der Natur. Das Szenarium der Handlung und die Gestalten der Helden wurden hier jedoch weitgehend geändert. Statt der in geheimnisvollen Nebel verschleierten „nackten Seele" Przybyszewskis, die einen etwas perversen Schauder in uns hervorrief, wurden hier Biologismus und offene, brutale Sexualität eingeführt. An die Stelle des in sich versenkten Individuums tritt die Menschenmasse, etwas wild, laut, primitiv, eine Ansammlung, die sich nach trivialem Vergnügen sehnt und auf die Befriedigung ihrer Triebe konzentriert ist. Diese Menschenmenge ersetzt ein romantisches, ziemlich abstraktes „Volk" oder den ähnlich abstrakten „Philister", als anonyme, aber doch ausdrucksvolle Vertreter der Stadt, oder genauer gesagt ihrer Vororte, Arbeiter und Handwerker. Dieser fröhliche, dionysisch-orgiastische Tanz im Geiste Nietzsches ist aber von Tuwim mit ganz konkreten soziologischen Beobachtungen durchwirkt: mit Szenen aus der massenhaften Prostitution von Minderjährigen oder drastischen Bildern, in denen junge Mütter ihre unehelichen Kinder umbringen. Auch verschiedene stilistische und emotionale Register werden hier miteinander verknüpft: Die Begeisterung vermischt sich mit Ekel; das offene Lob der erotischen Freiheit und eines von den Konventionen befreiten Lebensstils mit einer verdeckten moralischen Verurteilung, pathetische Exklamationen mit Koloquialismen und Vulgarismen.

Diese expressionistischen Tendenzen verflechten sich ungezwungen mit einem Anknüpfen an den Futurismus, und die Auseinandersetzung mit der polnischen literarischen Tradition wird von der Berufung auf westliche Dichtung und Kultur begleitet. Auf diese Weise werden Anspielungen auf das Gedicht von Rimbaud *Paris se repeulpe* vom Bedürfnis nach der Ergänzung der französischen Vorbilder durch polnische Realien begleitet, und der Widerhall des Whitmanschen Pantheismus verwandelt sich in eine Verehrung der Fortpflan-zungskraft. Das Gedicht *Der Frühling*, das einen großen Skandal hervorrief und dessen Autor zum Angriffsziel vor allem für konservative Studenten wurde, war das erste Zeichen der neuen Zeit, in der die Menge zugleich zum Produkt, zum Empfänger und zum Thema der Massenkultur wurde. Es war das Zeichen einer Zeit, in der die Dichtung kein Tempel mehr und die Kunst keine Religion mehr war; einer oft seltsamen Zeit, in der jedoch die eigenen und die fremden Tendenzen fruchtbar miteinanderverknüpft wurden.

Einen besonderen Rahmen der Tuwimschen Dichtung aus der Vorkriegszeit bildet seine hervorragendste Dichtung *Der Ball in der Oper* (*Bal w operze*), die einen noch größeren Skandal als *Der Frühling* hervorrief. Es genügt zu sagen, daß der 1936 geschriebene Text erst 1982 als ganzes gedruckt wurde. Schon vor dem Krieg wurde der Autor der Pornographie und Blasphemie angeklagt, die sogar für die Zensur der Volksrepublik Polen zu kraß war. Der Ball ist eine ungewöhnliche Verbindung einer scharfen Satire auf die polnischen politischen Eliten der dreißiger Jahre mit dem Spott über eine vom Geld regierte Gesellschaft. Dazu kommen noch ironisch behandelte Motive aus der Apokalypse des Heiligen Johannes. Diese explosive Mischung bietet im Endeffekt das Bild eines Weltendes, das im Untergang von nicht utilitären Werten, in der Trivialisierung der achtenswerten Tradition und der Mißachtung der Würde des einzelnen Menschen zu sehen ist. Dieser Untergang wird hier nicht nur dargestellt, sondern auch ausgedrückt. Der Zerfall des Weltbildes ist von der Vernichtung und Herabsetzung der kirchlichen Symbole und dem Zerfall und Vulgarisierung der Sprache begleitet.

Diese Art des Weltbildes stand in der Dichtung der dreißiger Jahre als außergewöhnlich und isoliert da. Mehr noch — Tuwim war zu einem gewissen Grad Schüler seiner eigenen Schüler, von Dichtern, die der Unreflektiertheit der Gruppe Skamander und dem sorgfältigen Bearbeiten des Wortes das Nachdenken über die Zivilisationskrise und die Ahnung einer herannahenden Vernichtung entgegensetzten. Sie hielten sowohl der allzu leichtverständlichen als auch der gänzlich hermetischen Dichtung eine neue Poesie entgegen, die nach dem Repertoire der von ihren Vorgängern ausgearbeiteten Mitteln griff, zugleich aber um ein düsteres, von Symbolen durchdrungenes eschatologisches Bild bereichert wurde. Dem Glauben an den Fortschritt stellten sie eine pessimistische Geschichtskonzeption entgegen, dem ungezwungenen oder ekstatischen Ton das Pathos moralischer Mahnungen.

Den ersten Anstoß zu dieser Wende gab Józef Czechowicz (1903–1939). Seine Gedichte, im Band *Der Stein* (*Kamień*), 1927, gesammelt, wandten sich von den avantgardistischen Konzeptionen des Menschen als eines biologischen Individuums ab und richteten sich nach dem neuen Bild eines von der Geschichte geformten Menschen. Sie gaben der Dichtung ihre metaphysische und mythische Dimension zurück, waren jedoch vor allem eine eigene Revolution im Bereich der Avantgarderebellion. Denn Czechowicz stellte in seinen Gedichten, im Gegensatz zur einstimmigen Dichtung seiner Vorgänger, die verschiedensten Standpunkte und emotionellen Töne nebeneinander. Am deutlichsten ist dies beim Aufprall arkadisch stilisierter Dorfbilder und einer apokalyptischen Vision zu beobachten. Das poetische Wort, dem er nach seinem Unterricht bei der Krakauer Avantgarde verschiedene musikalische und semantische Werte abgewinnen konnte, verwandelte er in eine Art Beschwörung, durch die er die nahende Katastrophe fern zu halten versuchte. Er verschmolz die symbolische Tradition des Jungen Polen mit der romantischen geschichtsphilosophischen Problematik und der Folklore, setzte mehrdeutige Bilder zwischen Traumvisionen und eine Reihe von Assoziationen, die zu den Anfängen der Zivilisation und tief in das kollektive Unterbewußte hineinführten. Eine besondere symbolische Bedeutung gewinnt in diesem Kontext die Tatsache, daß er in einem seiner Gedichte seinen eigenen Tod vorrausahnte und ihn beschrieb; er ist bei einem Bombenangriff in den ersten Septembertagen 1939 ums Leben gekommen.

Seine Schüler waren die Dichter, die man zur katastrophistischen Richtung zählt, vor allem die Mitglieder der Dichtergruppe Fackeln (Żagary), 1931–1934, die in Wilna entstand und deren Mitgründer und hervorragendster Vertreter Czesław Miłosz war. Die Wilnaer Dichter übernahmen von Czechowicz dessen kata-strophistisches Weltbild, konkretisierten und durchsetzten es mit Elementen der politischen Publizistik und mit Anspielungen auf die aktuelle Wirklichkeit, vor allem auf die Weltwirtschaftskrise, die wachsenden gesellschaft-schaftlichen Spannungen in Polen und auf die Entstehung des Faschismus. Sie beriefen sich dabei auf die romantische Tradition. Der Glauben an die Macht des Wortes, das in der Lage ist, die Welt zu verändern, oder an die Macht des Dichters, der die Gesellschaft in eine bessere Zukunft führen kann, wie er für jene charakteristisch war, blieb ihr jedoch fremd. Die Stärke dieser Gruppe war ihre Entfernung von den poetischen Zentren: von Warschau und Krakau, und dadurch eine Distanz zu den Errungenschaften der Gruppe Skamander und der Avantgarde, obwohl sie von ihnen viel gelernt hatte. Ihre Schwäche lag in der Unfähigkeit, eine neue ausdrucksvolle und auskristallisierte Formel der poetischen Sprache für das eigene Weltbild zu finden. Gelungen ist das nur Miłosz im zweiten Band seiner Gedichte *Drei Winter (Trzy Zimy)*, 1936, größtenteils deswegen, weil er sowohl die nähere als auch die fernere polnische literarische Tradition um die Erfahrungen des späten französischen Symbolismus erweiterte, den er während seines Aufenthaltes in Paris kennengelernt hatte.

\*

Sehr ähnliche Phänomene, wenn auch in einem viel geringerem Ausmaß, lassen sich in der Prosa der zwanziger Jahre beobachten. Es ist auffallend, daß die Freude über das Wiedererlangen der Unabhängigkeit, aber auch das immer größer werdende Bewußtsein der Bedrohung aus dem Osten, die Erfahrungen des Ersten Weltkrieges, in dem die Polen in feindliche Armeen eingegliedert waren und oft auf gegnerischen Seiten der Front kämpfen mußten, verdrängten. Dadurch ist die schwache Präsenz pazifistischer Strömungen zu erklären. Polnische Entsprechungen zu Texten wie *Im Westen nichts Neues* von Remarque, *Das Feuer* von Barbusse oder *Der große Krieg der weißen Männer* von Arnold Zweig bilden u.a. die Erzählungen und Romane von Andrzej Strug (1871–1937) und Stanisław Rembek (1901–1985). Erstgenannter entlarvte mit Hilfe einer sensationellen Handlung und expressionistischen Poetik das Verbrecherische des Ersten Weltkrieges, der zweite entblößte die Lockerung der moralischen Normen und die während des polnisch-bolschewistischen Krieges 1919–1921 verübten Grausamkeiten. Der einzige wirklich pazifistische Roman, sozusagen die polnische Entsprechung zu *Den Abenteuern des tapferen Soldaten Szwejk* von Jaroslaw Hašek, war *Das Salz der Erde* (*Sól ziemi*) von Józef Wittlin (1925–1989). In diesem Roman wird die Welt der Vorstellungen und moralischen Normen des Haupthelden, eines Huzulenbauers, an der Front des großen Krieges mit ihm fremden politischen Überzeugungen und der Sinnlosigkeit des Sterbens für unverständliche Ideen konfrontiert. In den zwanziger Jahren erlebte die psychologische Prosa, geschrieben vor allem von Frauen, ihre Blütezeit. Die Lektüre von Proust und seinen zahlreichen Nachfolgern, ergänzt um das allgemeine Interesse an der Freudschen Theorie, ergab im Endeffekt eine Reihe von besseren oder schlechteren Texten, die eine detaillierte, oft eindringliche Analyse der verborgenen Beweggründe und Verhaltensweisen des Helden als Thema behandeln. Zu außergewöhnlich interessanten Ergebnissen kamen die Romane der ersten Dame der zwanziger Jahre Zofia Nałkowska (1884–1954). Ihre scharfe Intelligenz und soziologische und psychologische Intuition wurden von einer ausgezeichneten Beherrschung des literarischen Handwerks sowie einem treffenden, feinen Stil verstärkt. Nałkowska, die ihr erstes Buch in der Epoche des Jungen Polens im Zeichen der Dekadenz veröffentlicht hatte, erweiterte nach und nach das Feld ihrer Beobachtungen und schuf eine Galerie von psychologisch überzeugenden Gestalten, deren persönliches und öffentliches Leben die eigentlichen Dilemmata der Intelligenz der Zwischenkriegszeit widerspiegelte. Deren hehe Träume von einem idealen Polen wurden mit der alltäglichen Wirklichkeit konfrontiert. Die Forderung nach radikalen sozialen Reformen stieß auf die Angst vor einem ungezügelten Ausbruch der Revolution. Die Demoralisierung der alten Kriegshelden, die jetzt an der Macht waren, ließ mit einer umso größeren Sorge an die wachsenden Bedrohungen von außen denken. Nałkowska beschränkte sich jedoch nicht auf psycho-soziologische oder politische Beobachtungen. Zum Gegenstand ihrer Reflexion und Analyse machte sie auch allgemeinere Probleme, wie den Relativismus der moralischen Normen und die Unfaßbarkeit des Wesens des Menschseins. Vor allem in ihrem Roman *Die Schranke* (*Granica*), 1935, legte sie die Abhängigkeit der ethischen Bewertung vom gesellschaftlichen Standpunkt sowie den meisterhaften Mechanismus des Selbstbetrugs bloß.

Eine Darstellung der damals in Polen vor sich gehenden gesellschaftlichen und zivilisatorischen Veränderungen enthalten auch Texte von Autoren, die die gesellschaftlich-politische Thematik direkt behandeln. Zu beachten sind hier vor allem Romane von Stefan Żeromski (1885–1944), Juliusz Kaden-Bandrowski (1885–1944) und Maria Dąbrowska (1889–1965). Żeromski befreite sich im wesentlichen von der modernistischen Manier und schuf in *Vorfrühling* (*Przedwiośnie*), 1924, ein treffendes und kritisches Bild verschiedener Gesellschaftsschichten sowie von Problemen des Staates, der sich in den dreißiger Jahren der Gefahr einer inneren Revolution und eines Angriffs von außen gegenüber sah. Kaden-Bandrowski, der in seiner Poetik behavioristische und expressionistische Techniken verknüpfte, unterzog in *General Barcz* (*Generał Barcz*), 1922, den Funktionsmechanismus des Machtapparates, vor allem dann, wenn die Macht einem einzigen, wenn auch hervorragenden Individuum anvertraut ist, einer rücksichtslosen Vivisektion. Er entlarvte den Zynismus und das kalte Manipulieren mit menschlichen Gefühlen eines politischen Spielers, der lediglich das Erreichen des beabsichtigten Ziels vor Augen hat. Das Erscheinen des Romans erregte großes Aufsehen. Er wurde für einen Schlüsselroman gehalten, und im Haupthelden sah man, nicht ganz ohne Recht, einige Züge Józef Piłsudskis. Tatsächlich kannte Kaden-Bandrowski den Generalissimus, begleitete ihn bei seinen Feldzügen und schuf als Chef dessen Pressedienstes seine Legende mit. Der Ehrgeiz des Schriftstellers reichte jedoch über den Millieuklatsch und die aktuellen Kämpfe zwischen den Machthabern hinaus. Ein anderes Bild der historischen Umwandlungen, die in Polen vor sich gingen, schildert der Roman *Nächte und Tage* (*Noce i dnie*), 1932–34, von Maria Dąbrowska. Ihr Ehrgeiz lag darin, eine polnische Variante des *roman fleuve* nach dem Beispiel von Manns *Buddenbrooks*, John Galsworthys *Die Forsythe Saga* oder Roger Martin du Gards *Die Thibaults* zu schaffen. Aber während Mann die Geschichte des Untergangs einer Kaufmannsfamilie, deren traditionelle Werte der Konfrontation mit dem brutalen Kapitalismus nicht standhalten können, erzählt, stellt Dąbrowska Vertreter des verarmten Kleinadels dar. Die die Jahre 1884–1914 umfassende Geschichte einer einzigen Familie schildert das Absinken der einst wichtigsten gesellschaftschaftlichen Schichte und das Verschwinden der Ideale des Unabhängigkeitskampfs angesichts der Zwänge eines materiellen Überlebens. Das besondere Interesse der Autorin galt dem Einfluß der Geschichte auf die Schicksale, die Sensibilität und die Denkweise durchschnittlicher Menschen. Dieser Roman ist aber zugleich ein Nachdenken über die Zeit, die Vergänglichkeit, das Verhältnis des Menschen zur Natur, seine Stellung in der Gesellschaft und im Universum. Zum Gegenstand der Reflexion wird dabei der Grundtopos der polnischen Literatur: das Heim, verkörpert im Bild des adeligen Gutshofs. Und ähnlich wie das Haus in *Nächte und Tage* nicht Eigentum des Haupthelden ist, der vom Gutsbesitzer zum Verwalter eines fremden Gutshofes wird, so erweist sich auch die Familie als ein gebrechliches, zahlreichen Gefahren ausgeliefertes Dasein. Es ist hinzuzufügen, daß sich die existentielle und philosophische Dimension des Romans auch mittelbar, durch die Konfrontation verschiedener Mentalitäten und

Haltungen, den Aufprall entgegengesetzter Vorstellungen und Lebensideale abzeichnet. Die Haltung der Autorin wird zugleich in ihrem Stil selbst ausgedrückt: er ist knapp, ausdrucksvoll, ohne überflüssige Verzierungen, ruhig und distanziert.

Die Dekoration ist aufgestellt, der Hintergrund gemalt. Nun ist es an der Zeit, die Hauptdarsteller auftreten zu lassen. Es ist nicht schwer, sich vorzustellen, wie sie auf den Straßen von Warschau aneinander vorbeigingen. Manche waren befreundet. Alle prägten die Kultur der zwanziger Jahre mit, alle nahmen Leistungen ihrer Vorgänger in Anspruch und adaptierten fremde Vorbilder. Alle konnten jedoch originell werden und den aufgegriffenen Problemen eine nicht geahnte Tiefe oder eine einmalige künstlerische Gestalt verleihen. Jeder einzelne von ihnen konnte ein so reiches und komplexes Weltbild schaffen, daß es über die Grenzen der Sprache, der Nationalkulturen und der Zeit hinausging. Jeder stand allein in seiner Suche nach künstlerischen Lösungen da und war zugleich für eine bestimmte Gruppe oder für die eigene Generation repräsentativ oder eine Schlüsselfigur für das Verständnis der Besonderheiten von verschiedenen Überlagerungen und gegenseitigen Einflüssen der verschiedensten gesellschaftlichen und kulturellen Motive der zwanziger Jahre. Das Leben aller wurde zu einer Parabel für die verschiedenen Schicksale der Bewohner dieses Teils von Europa. Einer von ihnen sollte in Vergessenheit sterben und erst von der nächsten Generation wiederentdeckt werden. Ein anderer verübte im September 1939 Selbstmord, weil er glaubte, seine Prophezeihung hätte sich erfüllt. Der dritte, der unmittelbar vor Ausbruch des Krieges nach Argentinien auswanderte und von dort aus seinen Weg zum internationalen Ruhm einschlug, liegt heute auf dem Friedhof von Vence in Frankreich. Der vierte wurde auf der Straße von einem Gestapobeamten während eines Judenmassakers in einem Städtchen weit im Osten erschossen. Der fünfte überlebte die Besatzung und den Warschauer Aufstand, emigrierte nach dem Krieg, erhielt 1980 den Nobelpreis für Literatur: Bolesław Leśmian, Stanisław Ignacy Witkiewicz, Witold Gombrowicz, Bruno Schulz und Czesław Miłosz.

\*

Bolesław Leśmian (1877–1937) wird heute zu den hervorragendsten polnischen Dichtern unseres Jahrhunderts gezählt. Er kann darüber hinaus als ein sehr ausdrucksvolles Beispiel für die Begegnung verschiedenster Kulturen und Inspirationen dienen. In Warschau in einer Familie der Intelligenz mit jüdischer Herkunft geboren, absolvierte er das klassische Gymnasium und die juristische Fakultät in Kijew. Aus seiner Zeit in der Ukraine blieb ihm die Empfänglichkeit für die dortige Natur und die Kenntnis des russischen Symbolismus. Ab 1901 lebte er in Warschau, von wo aus er den für die polnischen Autoren und Künstler schon traditionellen Weg gegen Westen einschlug. Er blieb längere Zeit in München und Paris. Seine erste Veröffentlichung erschien 1845 und stand im Zeichen des polnischen Symbolismus, suchte aber nach einer neuen intellektuellen und künstlerischen Formel. Deswegen schrieb er einen Teil seiner Gedichte auf Russisch und publizierte auch in russischen Literaturzeitschriften. Bis zum Ausbruch des Ersten Weltkrieges war er Regisseur, gehörte auch zu den Gründern des neuen experimentiellen Theaters in Warschau. In dieser Zeit bearbeitete er Märchen und Legenden aus dem Osten, übersetzte E.A. Poe und erstellte eine Antologie polnischer Volksmärchen und Legenden. Das weitere Schicksal Leśmians war dann schon weniger glänzend. Denn nach dem Krieg wurde er Notar in einer Provinzstadt, und seine Dichtung hielt man für ein Relikt des Jungen Polen. Anerkennung gewann er nach und nach erst kurz vor seinem Tod und wurde sogar Mitglied der Akademie der Polnischen Literatur. Seine Bedeutung erkannte man jedoch erst in den sechziger Jahren.

Das poetische Schaffen Leśmians umfaßt lediglich vier Gedichtbände: *Obstgarten am Kreuzweg* (*Sad rozstajny*), 1912, *Die Wiese* (*Łąka*), 1920, *Schattentrank* (*Napój cienisty*), 1936, *Waldiges* (*Dziejba leśna*), 1938, doch würden seine Texte neben denen von Rilke oder T. S. Eliot bestehen, stießen sie nicht auf ein wesentliches Hindernis, ihre völlige Unübersetzbarkeit. Die Einzigartigkeit dieser Dichtung bestimmt nicht nur ihre künstlerische Größe. Ähnlich wie Mallarmé schuf Leśmian anhand der Muttersprache ein eigenes, selbständiges und originelles Sprachsystem. Wichtiger aber ist, daß er dieses System einem komplexen Weltbild unterordnete. In einem Essay schrieb er: „Am Anfang war der Lebenswind und die tote Substanz" und verwies durch diese Travestie der Genesis auf eine Hauptquelle seiner Inspiration, auf die Philosophie von Bergson. Leśmian erweiterte diese jedoch um die Lektüre zeitgenössischer Anthropologen und Religionswissenschaftler, u.a. Herbert Spencer, Edward Burnett Tylor und James George Frazer, und um eigene Studien zur polnischen Folklore.

Ein Resultat seiner Inspiration durch Bergson war die Faszination für die Bewegung und ständige Veränderung, die wörtlich alles betrifft: die dargestellte Landschaft, Personen und zuletzt das Wort selbst, das durch die Verwendung von Archaismen und Neubildungen nach seiner verlorenen, ursprünglichen Einheit sucht. Bergson verdankte der polnische Dichter auch sein Weltbild, durchdrungen von einem *élan vital*, der die Grenze zwischen den verschiedenen Lebensformen sowie zwischen Leben und Tod auflöst und damit die Spannung zwischen dem Erstarrten und dem, was erst aus der Formlosigkeit auftaucht oder schon wieder in die Nichtexistenz versinkt, herstellt. Von der Anthropologie übernahm Leśmian das Konzept des Urmenschen als eines Individuums, das des metaphysischen Empfindens und des Denkens mächtig ist, und zugleich allein durch seine Existenz die Einteilung der menschlichen Natur in das Tierische einerseits und das Bewußte und von der Gesellschaft Gestaltete andererseits verneint. Für einen solchen Urmenschen hielt Leśmian den Dichter, und der Poesie verlieh er den Charakter einer Ursprache. Vom Volksmärchen und den Legenden übernahm er Motive und Figuren, baute auf dieser Basis seine poetisch-philosophischen Parabeln von der menschlichen Sehnsucht, sich mit dem All metaphysisch zu vereinen, und vom Verlangen nach einem Identitätsgefühl, das noch nicht von einem inneren Bruch gezeichnet ist. Der Versuch, die Sphäre der Existenz zu durchdringen, die außerhalb des Daseins, am Rande des Nichts steht, veranlaßt viele Forscher dazu, die dichterische Intuition Leśmians als eine den Existentialisten, vor allem aber Heidegger und Sartre, nahestehende zu sehen.

Leśmian belebte seine Gedichte hauptsächlich mit phantastischen Gestalten, die teils menschliche, teils tierische Züge tragen. Er schuf aber auch außergewöhnlich subtile und raffinierte Liebesgedichte. Von der Spannweite seiner Interessen und seiner Phantasie zeugt die Tatsache, daß er in einem seiner Gedichte als erster polnischer Autor die Raumfahrt beschrieb und dabei biblische und philosophische Inspirationen sowie das damalige kosmogonische Wissen mit einer unglaublichen sprachlichen Invention und poetischen Phantasie verknüpfte. In *Elias*, von dem hier die Rede ist, flitzt der Hauptheld mit seinem Wagen weit ins All, an den anderen Planeten unseres Sonnensystems und an Gott, der den galaktischen Strahl bewohnt, vorbei, um langsam, sich in die Spur seiner menschlichen Gestalt verwandelnd, in die Sphäre der ewigen Stille zu gelangen, die über die Vorstellungskraft und Wortmöglichkeiten hinausreicht. Er entdeckt die Möglichkeit eines anderen Wachzustands als des Daseins!

\*

Von einer Sehnsucht nach der metaphysischen Grundlage des Seins sind auch die Werke eines anderen Autors, der von seinen Zeitgenossen als Epigone der Moderne angesehen wurde, und dessen Arbeiten weit über die Zwischenkriegszeit hinausreichten, erfüllt: die Werke Stanisław Ignacy Witkiewicz' (1885–1939). Seine Biographie und Tätigkeit sind in der polnischen Kultur eine äußerst komplizierte, aber zugleich faszinierende und immer noch rätselhafte Erscheinung. Als Sohn eines hervorragenden Intellektuellen und Kritikers, der allgemein als moralische Autorität galt, aber ein ziemlich durchschnittlicher Maler war, entfaltete Witkiewicz seine Begabungen selbständig, da sein Vater der Meinung war, daß organisierte Arten der Bildung die Individualität vernichten. Und seine Begabungen waren unglaublich zahlreich. Witkiewicz war Maler und Philosoph, Kunsttheoretiker und Schriftsteller, Autor von Dramen und experimentierfreudiger Photograph. Diese Auflistung wird ihm aber nicht ganz gerecht, denn er verwandelte — wie Alfred Jarry, mit dem Gombrowicz ihn verglich — jede, sogar die winzigste Erscheinung seines Lebens in ein Kunstwerk.

Witkiewicz verbrachte seine Jugend in der verschlafenen Provinz von Galizien, jedoch in der Gesellschaft von bedeutenden Persönlichkeiten, u.a. kannte er den später sehr bekannten Ethnologen Bronisław Malinowski, den er auf einer Forschungsreise nach Ozeanien begleitete. Dort überraschte ihn der Ausbruch des Zweiten Weltkrieges. Unbekannt bleibt der Grund für seine damalige Rückkehr nach Rußland, wo er in ein elitäres Regiment aufgenommen wurde und in erlesener Gesellschaft die Gelegenheit nutzte, sich die letzten Züge der alten politischen Ordnung anzusehen. Bald war er Augenzeuge des Ausbruchs und der Grausamkeit der Revolution. Eben diese traumatischen Erlebnisse bestätigten seine Meinung von der Triftigkeit seiner eigenen, schon früher formulierten katastrophistischen Überzeugungen. Stanisław Ignacy Witkiewicz nahm aktiv und rege am kulturellen Leben im unabhängigen Polen teil, führte verbissene Diskussionen, malte, veröffentlichte Bücher und verblüffte die Öffentlichkeit durch seine Lebensweise. Er war von der Aura eines Sonderlings, Erotomanen und Drogensüchtigen umgeben. Dieser Meinung hat er allerdings auch sorgfältig Nachschub geleistet. Von seinen Zeitgenossen wurde er unterschätzt, lebte an der Armutsgrenze, seinen Unterhalt verdiente er mit serienmäßigem Porträtmalen. Viele seiner Dramen — und er schrieb Dutzende — sind verloren gegangen, genauso wie Tausende seiner Zeichnungen und Bilder. Als der Krieg ausbrach, teilte Witkiewicz das Schicksal der Flüchtlinge aus Warschau, und als ihn die Nachricht vom Einrücken der Roten Armee in Polen erreichte, nahm er sich im entlegenen Polesie (heute Ukraine) das Leben. Seinem Schicksal fügte die Geschichte einen wahrhaft ironischen Epilog hinzu, der zu seiner Kunst und Philosophie paßt. Durch die Nachlässigkeit der kommunistischen Behörden, die die ganze Angelegenheit als Vorwand zu einer Demonstration „der brüderlichen ukrainisch-polnischen Beziehungen" betrachteten, hat man im April 1988 in der Annahme, es handle sich um den Leichnam von Stanisław Ignacy Witkiewicz, die sterblichen Überreste eines jungen unbekannten Mannes, der in einem Massengrab beerdigt worden war, exhumiert, nach Polen gebracht und mit großem politischen Aufwand in der Familiengruft in Zakopane beigesetzt.

Ähnlich wie Leśmian leitete Witkiewicz sein Denksystem sowohl von umfangreichen Lektüren als auch von eigenen Überlegungen her. Auf ähnliche Weise schuf er auch, um seine Intuitionen auszudrücken, ein eigenes Begriffsystem. Zu den drei wichtigsten Begriffen, die mit seinen Werken verbunden sind, gehören das *Geheimnis des Seins (Tajemnica Istnienia)*, *Die Einheit in der Vielheit (Jedność w wielości)* und *Die reine Form (Czysta Forma)*. Ganz kurz gefaßt war der Ausgangspunkt für die Reflexionen des Autors die Überzeugung, daß es im Menschen — früher als jegliche Religionen — ein elementares Gefühl oder eine unbestimmte Intuition der sakralen Dimension des Seins gibt. Die Erfahrung des Geheimnisses des Seins widerfährt dem einzelnen Menschen in Momenten, in denen er den grundsätzlichen Widerspruch zwischen der Empfindung der Unteilbarkeit des eigenen Ichs und den verschiedenen Sinnesempfindungen und Intellektinhalten entdeckt, die sich zu dieser Empfindung zusammensetzen — aber auch in dem Augenblick, wenn ihm seine unbegreifliche Verbindung mit dem ganzen Universum enthüllt wird, die unmöglich mit dem deutlichen Bewußtsein der eigenen Eigenartigkeit und Begrenztheit zu vereinbaren ist. Dieser doppelter Widerspruch macht eben die erwähnte Einheit in der Vielheit aus. Von hier aus bleibt nur ein Schritt zu einer ästhetischen Theorie.

Die reine Form stellt nach Witkiewicz *quasi* das künstlerische Äquivalent der Einheit in der Vielheit dar. Das betrifft vor allem das Drama, das beim Zuschauer eine spezifische Katharsis hervorrufen soll, um ihn auf diese Weise durch das Lachen von der Angst vor dem Geheimnis des Seins zu befreien. Die Akzentsetzung auf den formalen Wert der dramatischen Kunst erfolgt daraus, daß das Empfinden eines metaphysischen Gefühls nur dann möglich ist, wenn man die Vorbilder des sittlichen, psychologischen und sogar symbolischen Dramas zugunsten seiner grotesken und parodistischen Umgestaltung verläßt. Das Prinzip der Kausalität und Wahrscheinlichkeit ersetzte Witkiewicz durch die Effekte einer permanenten Überraschung, des ästhetischen Schocks und durch die Gestaltung der Ereignisse auf der Bühne nach einem bisweilen dem Alptraum ähnlichen Muster. Deswegen verhalten sich die Figuren in seinen Werken auf eine Art und Weise, die das Gefühl des gesunden Menschenverstandes und der elementaren Logik verletzt; die Helden sterben und leben wieder auf oder wechseln immer wieder den Stil ihrer Ausdrucksweise. Anders gesagt: Vorbild für Witkiewicz' dramatische Kunst war die Malerei. Ein Äquivalent für das Farben- und Formensystem auf der Leinwand sollte im Drama das System der Handlungen und Aussagen der Helden sein. Das System, aber nicht ihr Sinn. Witkiewicz war der Meinung, daß er, dem zeitgenössischen Maler ähnlich, der sich der Deformation bedient, um einen bestimmten ästhetischen Effekt hervorzurufen, dazu gezwungen ist, die Verhaltensweisen der Helden und die Handlung zu entstellen, um die reine Form zu erreichen und mit ihrer Hilfe den Zuschauer die metaphysische Merkwürdigkeit spüren zu lassen.

Der Kern der Sache ist jedoch, daß die reinigende Wirkung der Kunst im zwanzigsten Jahrhundert stark begrenzt ist, da sie selbst eine schwere Krise erlebt. An dieser Stelle wird die ästhetische Theorie gewissermaßen um eine historiosophische Perspektive erweitert. Stanisław Ignacy Witkiewicz liegt die Überzeugung vom dekadenten Charakter der europäischen Zivilisation nahe, ähnlich wie Spengler, Ortega y Gasset oder Bjerdjajew. Dieser Überzeugung fügte er sein eigenes anthropologisches Konzept hinzu. Der Schwund der metaphysischen Gefühle war für ihn nicht nur ein Ergebnis der historisch begründeten Umwandlungen des kollektiven Bewußtseins, sondern eher etwas in der immerwährenden Ordnung der gattungsmäßigen Entwicklung der Menschheit Festgeschriebenes. Denn der grundsätzliche Widerspruch stecke bereits darin, daß das metaphysische Erlebnis nur einem einzelnen Menschen zugänglich ist, während jedoch die von ihm herrührende Religion, Philosophie und Kunst, die jahrhundertelang diese Erfahrung ausdrücklich geprägt haben, indem sie die Gefühle, Begriffe und Empfindungen ordneten, mit dem Kollektiv instrumentell umgehen. Die zivilisatorische Entwicklung und die sie begleitende Dominanz der Massen dem Individuum gegenüber müssen demnach in eine historische Phase führen, in der jegliche metaphysische Bedürfnisse samt aller höheren Formen des geistigen Lebens verschwinden müssen. Die auf die Dummheit und Befriedigung der eigenen biologischen Bedürfnisse konzentrierte Menschheit wird dem Risiko der individuellen Freiheit das oberflächlich verstandene Glück und Sehnsucht nach Sicherheit vorziehen. Witkiewicz war überzeugt, daß sich die europäische Zivilisation eben in dieser Entwicklungsphase befindet: Sie betrat die Epoche der Vergesellschaftlichung, des allgemeinen Ausgleichs und der Verrohung und trieb damit den Schriftsteller an Rand der Verzweiflung.

Deswegen stellen Witkiewcz' Dramen und Romane gewöhnlich den Augenblick kurz vor einer unvermeidlich bevorstehenden Katastrophe dar. Ihre Helden sind Künstler und Angehörige der intellektuellen Elite, die in verschiedenen, nicht selten grotesken Versionen die Überzeugungen des Autors wiederholen und in Drogen, der Trunksucht und im Sex wenigstens einen Ersatz für den metaphysischen Schauer suchen. Mit anderen Worten: Sie inszenieren in ihrem eigenen Leben und in ihrer Kunst das Drama der Unstillbarkeit. Diesen Titel gab Witkiewicz einem seiner Romane, in einem anderen, *Abschied vom Herbst* (*Pożegnanie jesieni*), 1927, beschreibt er die siegreiche Invasion der kommunistischen chinesischen Armee im ohnmächtigen Europa. Es ist leicht zu erkennen, daß in diesen Werken noch oft Überreste der Moderne vorkommen. Dazu gehören u.a. die Figur einer dämonischen Frau, der Kult der Kunst und des Künstlers, erotische Besessenheit und eine stilistische Manier. All das wird jedoch in überdimensionalen und grotesken Formen dargestellt. Die Werke von Witkiewicz ergeben eine Art Parabel von der Niederlage des Unerfülltseins, der Sinnlosigkeit und ihren Konsequenzen, der inneren Leere, die sich von Phantasmen nährt. Die existentielle Problematik vermischt sich hier mit Mythen der Moderne, vor allem mit dem Mythos von der therapeutischen Wirkung der Kunst und der Einmaligkeit des Künstlers. Sie verspricht zugleich vollkommen neue Begriffe und führt zur Ästhetik des Nihilismus. Es verwundert also nicht, daß Stanisław Ignacy Witkiewicz in den fünfziger Jahren für die Weltliteratur eine unerwartete Entdeckung war und zum Vorläufer des absurden Theaters erklärt wurde. Zur Zeit sind seine Werke in viele Sprachen übersetzt, und seine Dramen werden auf allen Bühnen der Welt aufgeführt.

\*

Trotz des Altersunterschieds, trotz der verschiedenen Lebensläufe, obwohl der eine Gedichte und der andere Prosa schrieb, weist Bruno Schulz (1892–1942) mit Bolesław Leśmian viel Gemeinsames auf. Allein die Tatsache, daß beide mit der ethnischen, sprachlichen und religiösen Kulturvielfalt der polnischen Ostgebiete in Berührung kamen, hatte darauf wesentlichen Einfluß. Sie sind — Joyce, Musil oder Kafka vergleichbar — das Produkt eines kulturellen Grenzgebietes. Bei Schulz muß noch die Tatsache erwähnt werden, daß ihm die verschiedenen Varianten der jüdischen Religion und Tradition bekannt waren und daß er sich für die deutsche Literatur interessierte. Der schüchterne, unbekannte Zeichenlehrer in einem Provinzgymnasium hinterließ ein bescheidenes Werk: die beiden Erzählbände *Die Zimtläden* (*Sklepy cynamonowe*), 1934, und *Das Sanatorium zur Todesanzeige* (*Sanatorium pod klepsydrą*), 1937, einige Essays und Briefe. Viele von seinen Werken sind verlorengegangen. Lange blieb er völlig unbekannt, erst vor dem Krieg erlangte er Berühmtheit. Damals freundete er sich mit der einflußreichen Zofia Nałkowska, mit Witkiewicz und Gombrowicz an, die ihn unterstützt haben und sein Talent richtig einzuschätzen wußten. In seiner Heimatstadt Drohobycz überlebte er das Einrücken der Roten Armee und später der nationalsozialistischen Einheiten. Letztendlich wurde er ein Opfer des Holocausts.

Schulz war außergewöhnlich belesen und gehörte den kulturellen Kreisen von Lemberg und Wien an. Er kannte u.a. Rilkes Gedichte, die Werke von Kafka, Meyrink, Kubin und Thomas Mann, die später auf seine eigene Prosa großen Einfluß ausüben sollte. Auch die Werke der deutschen Philosophen waren ihm nicht fremd, vor allem die Arbeiten von Schopenhauer und Nietzsche. Seine höchst interessante Korrespondenz, die einen integralen Teil seiner Werke ausmacht, beinhaltet kritische Bemerkungen zur Freudschen Theorie, wobei sich Schulz der Denkweise Jungs näherte (äußerst schwierig ist jedoch zu festzustellen, ob Schulz seine Werke kannte). Seine obsessiv das sado-masochistische Motiv aufgreifenden Zeichnungen einer Frau, die einen Schulz ähnlichen Mann erniedrigt, können ohne Zweifel mit den Gemälden und Zeichnungen von Künstlern der Wiener Moderne wie Gustav Klimt und Egon Schiele verglichen werden.

Die anfänglich angedeutete Analogie reicht jedoch noch tiefer. Weniger wesentlich als die Untersuchung unterschiedlicher Einflüsse ist es, die Methode zu bestimmen, die den Schriftsteller all die verschiedenen Elemente zusammenbringen und dann in seiner Retorte verschmelzen läßt. Auch hier erinnert Schulz an Leśmian. Genau wie bei Leśmians Dichtkunst, für die sich eine eigentümliche Paraphrase der *Genesis* als richtiger Schlüssel erwies, führt auch Schulz mit Hilfe einer biblischen Travestie in das Labyrinth seines Werks ein. In seinem Essay *Das Mythologisieren der Wirklichkeit* (*Mityzacja rzeczywistości*) schreibt er: „Das Wesen der Wirklichkeit ist der Sinn. Was keinen Sinn hat, ist für uns nicht wirklich. Jedes Fragment der Wirklichkeit lebt nur deswegen, weil es an irgendeinem universellen Sinn teilhat. Die alten Kosmogonien brachten das mit der Sentenz zum Ausdruck, daß am Anfang das Wort war." Genauso wie Leśmian, der durch die Manipulation der Bedeutung zum ursprünglichen Wort und zur verlorenen Einheit mit dem Kosmos gelangen will, sucht auch Schulz sowohl nach diesem universellen Sinn, der es noch nicht geschafft hat, zu einem Zeichen zu werden, als auch nach „dem Buche", das ein mythisches Urvorbild aller heiligen Texte war. Und er tut es, indem er in seinen Erzählungen raffinierte metaphorische Reihen ausbaut. Oder noch genauer: Beide Autoren stellen den Weg zu den mythischen Anfängen wieder her, sind sich jedoch gleichzeitig vollkommen dessen bewußt, daß dieser Weg gar nicht wiederherstellbar ist, da jegliche Belebung einer Idee diese in ihr Gegenteil verwandelt und der Stoff, der dem zeitgenössischen Künstler zur Verfügung steht, anstatt aus dem Sinn lediglich aus einem Ersatz dafür besteht, aus Pseudowerten und nicht aus wahren Werten, aus Büchern und nicht aus dem Buch. Jedes Mal wird der Mythos von seinem grotesken Schatten begleitet, der ihn der Ernsthaftigkeit und Würde beraubt. Daher kann das Zurückgreifen auf die großen Vorgänger nur in Anführungszeichen zustande kommen.

Schulz erzählt, genauso wie Mann, vom Niedergang einer patriarchalischen Kaufmannsfamilie, der ein Symbol für den Verfall des traditionellen Glaubens- und Wertesystems ist. Und genauso wie Kafka gestaltet er die Elemente der wirtschaftlichen und gesellschaftlichen Realität als tragikomische Parabel über die Einsamkeit des einzelnen Menschen. Er bewahrt jedoch das vollkommene Bewußtsein des Abstands, der ihn von seinen Meistern trennt. Der dargestellte Niedergang des kleinen jüdischen Seidenwarengeschäfts in Drohobycz ist nur eine blasse Widerspiegelung der Familiengeschichte der Buddenbrooks. Das Gleiche trifft für seine moderne Version der Geschichte vom biblischen Josef zu (so nannte Schulz, bewußt an die Tetralogie *Josef und seine Brüder* anknüpfend, seinen Haupthelden), die bei ihm mancherorts zu einer Farce und nur durch raffinierte stilistische Verfahren des Autors nicht trivial wird. Obwohl das Problem der Ausgrenzung ähnlich erfaßt ist, unterscheiden sich Schulz' Werke von denen Kafkas schon allein durch ihren sprachlichen Reichtum und ihre Disziplinlosigkeit wie auch durch die Realien einer kleinen Stadt, in der ein brutaler Kapitalismus Einzug hält, nachdem man im nahen Borysław Erdöl entdeckte.

Mit anderen Worten findet in dieser Prosa ein ununterbrochener Prozeß der Interpretation und Reinterpretation von Bedeutungen statt und eine eigentümliche Archäologie der modernen Kultur, die sich aufgrund der Dominanz der Wissenschaft und der technischen Zivilisation von ihren mythischen Ursprüngen losgetrennt hat. Hier zeichnen sich zwei Möglichkeiten ab. Werden Fragmente von mythischen Gestalten und archaischen Geschichten als Erscheinung der Hierophanie anerkannt, dann wird der vom Autor geschilderte Weg zum Ausdruck der Nostalgie oder zum Projekt einer Rückkehr zum Sacrum — zumindest in der Kunst. Es ist eine eigentümliche Reise in die Vergangenheit: vom Christentum ausgehend über die Gnosis zum Judaismus; von literarischen Travestien der biblischen Geschichten bis zu ihren Quellen, und weiter — über die gnostischen Schriften — zu den Büchern der Kabbala, des Talmud und der Thora. Einen solchen Weg stellen auch die Erzählungen *Das Buch* (*Księga*), *Der Frühling* (*Wiosna*) oder *Abhandlung über Mannequins* (*Traktat o manekinach*) dar. Würde man aber nur die spöttischen Seiten in Schulz' Werken in Betracht ziehen und all das, was sich auf Wertloses bezieht, was auf blasphemische Weise verschiedene religiöse Motive aufgreift, dann würde die Suche nach dem universellen Sinn zu einem Zeugnis der Unmöglichkeit seiner Entdeckung oder seine Existenz überhaupt in Frage stellen. Diese zwei Möglichkeiten der Interpretation und der Existenz von Bedeutungen haben bei Schulz, bis zu einem gewissen Grade mit Leśmian vergleichbar, einen komplementären Charakter, sie bestehen als eine Gleichheit von Gegensätzen. Das ist vielleicht die Ursache dafür, daß Schulz' Werke, die nun in viele Sprachen übersetzt werden, zunehmend auf Interesse stoßen. Er wurde sogar zum Helden zweier Romane. Seine schriftstellerische Bedeutung reicht derzeit weit über die Grenzen der Kultur, der Sprache, ja sogar des Kontinents hinaus. Ein Beweis dafür mag die Aussage des tschechischen Schriftstellers Bohumil Hrabal sein, der gestand, nach der Lektüre der *Zimtläden* darin kraft seiner Phantasie zu wohnen. Gleichzeitig schrieb der amerikanische Autor John Updike einen Essay mit dem Titel: *Das bescheidene Genie Bruno Schulz* (*Skromny geniusz Bruno Schulz*).

*

Es ist kein Zufall, daß eben Bruno Schulz eine enthusiastische, heute noch durch ihren Scharfsinn verwundernde Rezension über den Witold Gombrowicz' Roman *Ferdydurke*, 1937, verfaßte. Nicht ohne Grund erkannte wiederum Gombrowicz (1904–1969) gleich die schriftstellerische Begabung von Schulz und sagte ihm internationale Berühmtheit voraus. Beide sahen nämlich in den Prozessen, die die polnische Gesellschaft unterschwellig durchdrangen, Vorgänge von überregionaler Bedeutung, und konnten diese Erscheinungen auch auf eine originelle Weise künstlerisch einsetzen. Was sie jedoch bei allen Unterschieden besonders stark verband, war das Hervorheben der grundsätzlichen deutlichen Diskrepanz zwischen der offiziellen, ehrwürdigen und steifen Fassade der Kultur und ihrer benachteiligten, schlechteren und schamhaften Kehrseite. Diese Diskrepanz sahen sie nicht nur in der Art und Weise, wie die ganze Kultur existiert und funktioniert und die durch die Konfrontation der hohen und der niedrigen Kultur zum Ausdruck kommt. Genauso wichtig war für sie die Widerspiegelung dieses Risses in der Persönlichkeit des einzelnen Menschen, der unter der Maske der von der Tradition und den gesellschaftlichen Normen aufgezwungenen Verhaltensweisen nicht selten perverse und animalistische Reflexe verbirgt. Schulz suchte nach dem Ursprung dieser Kluft in mythischen Quellen, Gombrowicz dagegen analysierte ihren Einfluß und ihre Wirkung auf die zwischenmenschlichen Beziehungen. Seinen Beobachtungen verlieh er in der Literatur die Gestalt einer grundsätzlichen Antinomie, die sich aus den Begriffen Form und Chaos mit der komplementären Opposition der Reife und Unreife, Über- und Unterlegenheit ergab.

Die Reflexionen zur Genese der Form bei Gombrowicz bringt man üblicherweise entweder im historisch-literarischen Kontext unter, indem man Vorgänger bei den Schriftstellern der Avantgarde zu Beginn des zwanzigsten Jahrhunderts sucht, oder man untersucht ihren philosophischen Sinn und weist auf Analogien zum Freudismus oder Existentialismus hin. Genauso gut kann sie aber von der sozio-kulturellen Reflexion des Schriftstellers hergeleitet werden. Denn schon in seinem Elternhaus und den ihm nahen Kreisen konnte Gombrowicz die Symptome und die Konsequenzen der untergehenden Adelstradition beobachten, die durch den kulturellen und materiellen Niedergang des Grundadels und durch den langsamen Prozeß der Entstehung einer neuen Gesellschaft in Polen hervorgerufen wurden. So sah er, daß der Zusammenbruch der erstarrten gesellschaftlichen Struktur dazu führt, daß sich rituelle Verhaltensweisen von den Wertesystemen, die ihre Grundlage bildeten, trennen und eigenständig werden. In dieser Situation erstarren sie allmählich, verlieren ihre ehemalige Würde, verfallen der Entartung und entblößen ihre Lächerlichkeit und Zeitwidrigkeit. Doch zwingen sie, allein aufgrund ihrer Passivität, die Menschen unter ihr Diktat, zumindest bis zu jenem Moment, in dem es zur Herausbildung eines neuen Wertesystems kommt, das vom System der kollektiven Verhaltensweisen in die Praxis umgesetzt wird. Ein Ergebnis ist die individuelle und kollektive Heuchelei, das Gefühl, ständig in einem Vakuum zu schweben, eine gewisse Schizophrenie. In Polen waren in der Zeit zwischen den Weltkriegen die Relikte der ritterlichen Ehre von besonderen Anachronismen gekennzeichnet, die u.a. bei jeder erstbesten Gelegenheit zum Duell führten. Auch die Beziehungen zwischen Herr und Dienstboten unterschieden sich kaum von feudalen Mustern. Czesław Miłosz, den diese Erscheinungen sehr unangenehm berührten, bemerkte, „daß Gombrowicz ein junger Adeliger von einem polnischen Herrenhof war, in einer historischen Periode, als sich die Normalität dieser Institution in Scham und Lächerlichkeit verwandelte".

Diese und ähnliche Beobachtungen, unterstützt von der Lektüre literarischer und philosophischer Werke, machten Gombrowicz für jegliche Heuchelei, die in den Verhaltens- und Denkweisen auch anderer gesellschaftlicher Schichten sowie in jedem einzelnen Menschen steckte, sehr empfindlich. Sie haben ihn allmählich auch zur Überzeugung gebracht, daß die menschliche Existenz von Natur aus zur Heuchelei verdammt und doppelt determiniert ist. Zur Heuchelei verdammt, weil alles, was über die animalistischen Aspekte der menschlichen Natur hinausgeht und der Kultur in einem weit verstandenen Sinn angehört, dem einzelnen Ich aufgezwungen wird und sein Bedürfnis nach Freiheit und nach uneingeschränkter Entwicklung einengt (hier muß betont werden, daß sich dies ohne Ausnahme auf alle Verhaltensnormen, alle Ideen, Systeme, Werte und auch auf die Sprache bezieht). Die doppelte Determination beruht darauf, daß das Individuum einerseits unkontrollierten Triebe zum Opfer fällt, vor allem dem Sexualtrieb, und andererseits in ein Netz von zwischenmenschlichen Beziehungen verwickelt ist, die von der Notwendigkeit einer Dominanz des Stärkeren über den Schwächeren regiert werden.

Gombrowicz' gesamte, hier nur kurz und allgemein präsentierte schriftstellerische Philosophie kann man genauso gut wie aus seinen Werken auch aus seinen Umgangsformen ablesen. Denn hier muß betont werden, daß er ein Autor war, der seine Weltanschauung ständig einer Prüfung in der Kunst wie im Leben unterzog. Unter dem Druck seiner Familie absolvierte er die juristische Fakultät an der Universität in Warschau, der Gedanke an eine Karriere als Rechtsanwalt lag ihm jedoch fern. Er besuchte Rom und Paris, weigerte sich aber ostentativ, ihre Sehenswürdigkeiten zu bestaunen. Ununterbrochen verblüffte er seine Umgebung, indem er sich in verschiedenen Rollen aufspielte. In den Gutsherrnkreisen seiner Herkunft benahm er sich wie ein Avantgardekünstler, in den Kreisen der Warschauer Boheme gab er sich für einen beschränkten Krautjunker aus. Vor dem Krieg war sein Tisch in einem „Warschauer Café" bekannt, wo er seine Bewunderer und potentielle Opfer um sich scharte. Hier erinnert er an Witkiewicz, aber nur bis zu einem gewissen Grade, da für diesen alle Verhaltensmuster, jede Verkörperung und jede einzelne Rolle, genauso wie ihre Träger, ohne Bedeutung waren, weil alle zum Untergang verurteilt sind. Gombrowicz dagegen übernahm die vom gesellschaftlichen Usus bestimmten Stile und Verhaltensweisen nur deswegen, um sich durch ihre Entlarvung und Verspottung wenigstens einen Augenblick lang am ersehnten Gefühl der Freiheit zu berauschen. Während hinter den Spielereien des ersteren die Verzweiflung eines Verurteilten hervorlugte, so steckte hinter denjenigen von Gombrowicz der Glaube an die Möglichkeit einer uneingeschränkten Metamorphose der eigenen Person.

Das Werk beider Schriftsteller läßt sich als Aufzeichnung einer Kultur im Zustand einer Erschütterung lesen, als Versuch, den ungreifbaren Augenblick ihres Übergangs von einer Entwicklungsphase in die andere zu erfassen und künstlerisch wiederzugeben. Dabei hatte dieser Übergang für Witkiewicz den Charakter eines revolutionären Zusammenbruchs, für Gombrowicz handelte es sich lediglich um eine Stufe in der natürlichen Evolution des gesellschaftlichen Lebens. Schon auf den ersten Blick unterscheidet Gombrowicz von Witkiewicz die Sensibilität für die gesellschaftlichen Determinanten der einzelnen Existenz. Ähnlich wie Witkiewicz stellte Gombrowicz das Individuum der Masse gegenüber, doch ist sein Individuum definiert, zugleich aber auch im Netz der gesellschaftlichen Rollen gefangen. Bei Witkiewicz dagegen, dem typischen Vertreter der Moderne, zeigt ein stolzes, einsames, vollkommen entfremdetes und absoluten Werten hingegebenes Individuum dem Volk der Durchschnittsmenschen den Rücken. Man darf dabei aber nicht vergessen, daß er sich durch sein Bewußtsein der intellektuellen Grenzen, die die dargestellte Antinomie wie auch andere Begündungen der rebellischen Haltung mit sich bringen, von den Modernisten unterscheidet. Gombrowicz ging noch weiter: Er idealisierte weder das Individuum, noch schätzte er die Masse gering. Er stellte auch nicht den hochmütigen Künstler dem Pöbel entgegen. Im Gegenteil: Eben der Pöbel faszinierte ihn, ähnlich wie die niederen Bereiche der Kultur, zog ihn auf eine ganz besondere Art und Weise an. Den einzelnen Menschen nahm Gombrowicz als gesellschaftliche Existenz wahr, die aber dieser Tatsache wegen in ihren spontanen Reflexen determiniert ist. Die Gesellschaft sah er dagegen nicht als verachtungswürdiges Menschengewimmel an, sondern als ein Netz von sicherlich schmerzhaften, jedoch unbeseitigbaren zwischenmenschlichen Spannungen. Man kann sagen, daß Gombrowicz' Helden die Katastophe, die Witkiewicz voraussagte, hinter sich haben. Die metaphysische Nostalgie ist ihnen vollkommen fremd, und das Geheimnis des Seins offenbart sich ihnen vor allem als ein Rätsel des eigenen Bewußtseins, das den unerforschten Kosmos der Erscheinungen in eine Ordnung bringt. Gleichzeitig erkennen sie den Zwang der kollektiven Riten als lästiges, aber unabdingbares Element der Kultur an.

Daher rührt auch die unterschiedliche Funktion der Parodie von traditionellen Mustern. Bei Witkiewicz tauchten sie, kaum angedeutet und signalisiert, für einen Augenblick auf, um gleich im Nichtsein zu versinken. Gombrowicz dagegen schichtete sie unermüdlich aufeinander. Beide zogen hohe und niedere Register, kombinierten intellektuelle Raffinesse mit Graphomanie, Klassisches mit Produkten der Massenkultur, avantgardistische Experimente mit der Wiederholung abgedroschener Modelle. Typisch waren gegenseitige Verweise auf parodistische Bezüge — die Parodie brach sich, wie in einem Spiegelsaal, in anderen Parodien. So parodierte Gombrowicz z.B. in der Erzählung *Verbrechen mit Vorbedacht* (*Zbrodnia z premedytacją*), die in seinem Debütsband *Tagebuch des Reifens* (*Pamiętnik z okresu dojrzewania*), 1933, veröffentlicht wurde, den Kriminalroman im Stil von Conan Doyle sowie Szenen aus Dostojewskis *Schuld und Sühne*. In *Ferdydurke* verhöhnte er den Entwicklungsroman, den Gutshofroman [u.a. *Vorfrühling* (*Przedwiośnie*) von Żeromski], zugleich auch die philosophische Fabel und *Die*

*Pickwickier* von Dickens. Im gleichen Maße karikierte er die Vorkriegsschule, den bürgerlichen Salon und das Herrengut. Er verspottete die altmodischen, archaischen Muster, aber auch die oberflächliche Mode des Modernen.

In Gombrowicz' Werken scheint die spöttische Geste selbst greifbarer als pädagogische Zwecke, denen sie dienen soll. Deutlicher äußert sich — auf den ersten Blick wenigstens — das Bedürfnis nach uneingeschränktem Spiel und die Manipulation mit möglichen Methoden des künstlerischen Ausdrucks als eine darin verborgene Botschaft. Doch läßt sich nicht leugnen, daß es diese Botschaft gibt, und daß sich Gombrowicz eben durch diese Botschaft bei allen Gemeinsamkeiten von den Postmodernisten unterscheidet. Der Versklavung durch die Kultur stellte er allerdings eine ihrem Wesen nach anachronistische Utopie der unbegrenzten Freiheit entgegen, deren mythischer Ausdruck die Jugend und Unreife sind. Er tat das jedoch nur in seinen Werken, im Leben stellte er die Notwendigkeit von moralischen Normen, die das zwischenmenschliche Zusammenleben regeln, nicht in Frage. Darauf ging das Paradoxon zurück, daß die Form gewissermaßen spontan zum Verbrechen führen kann, doch der von den Helden begangene Mord beim Autor keine Rechtfertigung findet. In seiner Sensibilität für den Schmerz, die allen Geschöpfen Gottes zuteil wird, vertrat Gombrowicz, der Phase seiner künstlerischen Entwicklung entprechend, immer ausdrücklicher eine Ethik des Mitleids. Deswegen ist sein Protest gegen die überall präsente Form vor allem als Methode zur Demaskierung verschiedenster, oft verdeckter Weisen der Versklavung zu betrachten. Seine Freiheit offenbart sich stärker als in der nihilistischen Negation im bloßen Streben, im ständigen Übergang — in der Kunst wie im Leben — von einer Form in die andere.

Man kann sagen, daß Witkiewicz und Gombrowicz — ähnlich wie Leśmian und Schulz — am Rande der Moderne standen. Sie waren ihre Erben, indem sie spielten und ihr Spiel zu tarnen vermochten, indem sie Elemente der Illusion und Desillusion, der Wahrheit und der Lüge einsetzten. Sie waren miteinander durch den Geist der Selbststilisierung verbunden. Witkiewicz griff jedoch in die Saiten des Stils der Moderne und konnte ihn nicht auf eine entschiedene Art und Weise loswerden, obwohl er sich dessen bewußt war, daß dieser Stil zur Neige geht und sich überlebt. Er parodierte die Kunst und das Leben, war jedoch weiterhin einerseits ein Künstler des Jungen Polen, der von den Vorbildern seiner Epoche abhängig war, andererseits jedoch ein Schriftsteller des zwanzigsten Jahrhunderts, der sich durch Selbstdestruktion verwirklicht. Unaufhörlich wechselte er die Masken, unfaßbar wie Prometheus ließ er sich nur in steter Bewegung wahrnehmen, in der Geste der Transformation. Gombrowicz' jungpolnische Pose, sein Dämonisches und seine sexuellen Perversionen gaben eher Grund zu Verstörung als zu Provokation oder Lächerlichkeit. Sein Spiel fand woanders statt, und der Preis war auch nicht der gleiche: es ging um die Überlegenheit allen Konventionen gegenüber, die er im Griff haben wollte, sowie dem Partner gegenüber, den er in einen Wettstreit um die eigene hervorragende Bedeutung hineinzog. Kurz gesagt hat er quasi Witkiewicz' Erfahrungen und künstlerische Praxis verallgemeinert und problematisiert.

*

Es ist an der Zeit, den letzten der Fünfergruppe, Czesław Miłosz (geb. 1911), vorzustellen. Dieser leidenschaftliche Verteidiger der Mitteleuropa-Idee kann als ein typischer Vertreter dieses Teils des Kontinents gelten. Als Untertan des russischen Zaren geboren, war er schon als Kind Augenzeuge der Verbrechen des Weltkrieges und der Revolution. Die ersten Lebensjahre verbrachte er in Litauen, einem Land, das im Hinblick auf seine Zivilisation und Wirtschaft noch tief im neunzehnten Jahrhundert steckte. Er debütierte im Jahre 1930 in Wilna, das damals noch zum polnischen Staat gehörte. Die Atmosphäre dieser Stadt, in der es neben Synagogen griechisch-katholische und katholische Kirchen gab und auf den Straßen das Polnische, Litauische, Weißrussische, Russische und Jiddische zu hören war, wo gleichzeitig die romantischen Traditionen gepflegt wurden, vor allem die lebhafte Erinnerung an Adam Mickiewicz, übte einen großen Einfluß auf die Phantasie und Weltanschauung des zukünftigen Dichters aus. Die Verwurzelung in diesem multikulturellen Gemisch prägte seine Toleranz fremder Andersartigkeit gegenüber und seine Ablehnung jeglicher Erscheinungen eines engen Partikularismus, der Xenophobie und des Nationalismus, auch des polnischen. Doch nicht in Wilna, das in den dreißiger Jahren durch nationale Auseinandersetzungen und antisemitische Ausschreitungen zerrissen war, sah Miłosz seine innere Heimat. Zuerst unbewußt, später ganz klar, sollte er in seinen Gedichten und Essays mit zunehmender Nostalgie in das goldene Zeitalter des Doppelreichs Polen-Litauen zurückkehren, in dem religiöse und sittliche Toleranz herrschte und die verschiedenen Nationen, die in einer friedlichen Symbiose zusammenlebten, auf kultureller Ebene voneinander profitierten. Eben diese Zeit wurde während der Exiljahre nicht nur ein persönlicher Mythos für Miłosz, sondern auch ein Vorbild für die Koexistenz der europäischen Nationen.

Die Sehnsucht nach einer längst vergangenen und etwas legendenhaften Vergangenheit weist auf Miłosz' gesellschaftliche Herkunft hin. Er gehört zu den letzten Vertretern einer schon nicht mehr existierenden kulturellen Formation. Als Sproß einer alten Adelsfamilie wurde er auf einem Herrengut geboren und erzogen, wo man seit Jahrhunderten die polnische Sprache und Kultur pflegte, während die Bevölkerung litauisch sprach. Dort überdauerten Bräuche und Traditionen der Ahnen, christliche Vorstellungen vermischten sich mit heidnischem und archaischem Aberglauben. Ähnlich wie Gombrowicz hat Miłosz viele Merkmale des Adelsstandes in sich bewahrt. Dazu zählt das Gefühl der Verbundenheit mit der Heimat und die sorgfältige Pflege der Erinnerung an die eigene Herkunft, weiter die Überzeugung, daß authentische Werte nur in einer gesellschaftlichen Mikrogruppe entstehen, gedeihen und überdauern können, im Kreis der Familie und der nächsten Nachbarn, die intime Beziehung zur Natur und über sie zum Universum, die innere Freiheit, durch die man Ausländer mit einer Nachsicht betrachtet, die nicht einer gewissen Arroganz entbehrt und dazu führt, daß man sich gleichzeitig als Bürger einer „kleinen Heimat" wie auch der ganzen Welt fühlt. Dazu gehört auch der Sinn für einen eigentümlichen Humor, der sogar in den schwersten Augenblicken vor Verzweiflung bewahrt, ein hochmütiger Stolz, die Würde und Verteidigung der individuellen Freiheit vor jeglichen Formen der Versklavung, nicht zuletzt eine angeborene Religiosität und der spontane Glaube an die metaphysische Ordnung der Existenz. Viele dieser Überzeugungen sollten später unter dem historischen Druck des zwanzigsten Jahrhunderts weitgreifenden Modifikationen unterliegen, manche gingen in die Brüche oder wurden vom Dichter selbst, der Zeuge von zwei Kriegen, der Entstehung und Expansion totalitärer Systeme wurde, einer Revision unterzogen. Ihr Kern blieb jedoch unverändert.

Als junger Mann sympathisierte Miłosz mit den Linksparteien, interessierte sich für den Marxismus und schrieb — wie seine Altersgenossen — katastrophistische Gedichte. Neben volkstümlichen Traditionen beeinflußte seine künstlerische und weltanschauliche Entwicklung sein entfernter Verwandter und französischsprachiger Dichter und Philosoph Oskar Miłosz. Vor allem unter seinem Einfluß gewannen Czesław Miłosz' durch dunkle Symbolik charakterisierte poetische Visionen vom Weltuntergang an Tiefe und Mehrdeutigkeit. Diese Visionen ergaben sich aus der mythologisierten persönlichen Biographie, Anspielungen auf das Alte und Neue Testament und aus den Topoi der antiken Kultur. Dazu gehören auch eine pathetische Ausdrucksweise, ein pessimistischer Tonfall und die biblische Stilisierung. Eschatologische und katastrophistische Ahnungen finden darüberhinaus ihre unvermittelte Bestätigung in allem, was aktuell ist: Die durch die weltweite Krise hervorgerufenen Spannungen gehen Hand in Hand mit der Zunahme nationalistischer Tendenzen und mit dem Bewußtsein der politischen und militärischen Schwäche des Staates angesichts des Faschismus und Kommunismus. Eben darauf geht in Miłosz' Vorkriegsgedichten die Darstellung der Geschichte zurück, die die Form eines unmenschlichen und zerstörerischen Elements annimmt: eines gewaltigen Sturmwindes, kosmischen Brandes, einer Sintflut, die den Einzelmenschen mit derselben Rücksichtslosigkeit zerstört, wie sie es mit ganzen Nationen, Zivilisationen und Kontinenten tut. Mit dieser Vorstellung von der Geschichte begegnete Miłosz dem Zweiten Weltkrieg.

Die jüngere Generation, die in einem unabhängigen Polen geboren wurde und aufwuchs, während des Krieges die schmerzlichsten Verluste erleiden sollte, und der u.a. eine ganze Reihe von bedeutenden Autoren — Borowski, Białoszewski, Herbert, Różewicz, Szymborska — angehört, diese Generation warf den Vertretern der Gruppe Skamander eine banale Problematik und kabarettartige Unbekümmertheit vor. Die Krakauer Avantgarde kritisierte sie wegen ihrer Abwendung von einer ernstgenommenen moralischen und philosophischen Problematik und einem fruchtlosen Feilen an der Form. Den katastrophistischen Dichtern gestand sie zwar zu, daß sie die herannahende Katastrophe richtig voraussagten, fügte aber gleich hinzu, daß damit ihre Rolle eigentlich zu Ende gegangen ist. Diese Generation sollte sich „Generation der verwirklichten Apokalypse" nennen, einer der begabtesten Vertreter dieser Gruppe, Tadeusz Gajcy, 1922–1944, schleuderte seinen Vorgängern ins Gesicht: „Wir haben keine Bedürfnisse mehr!" Aber noch lange werden sie ihre poetischen Schulden zurückzahlen müssen.

Eine wahre Revolution in der Dichtkunst, deren Wirkungen noch bis heute spürbar sind, sollte einer der Meister dieser jungen Dichter vollbringen. Die im Jahre 1943 in der Konspiration geschriebenen und auf jämmerlichen Papier vervielfältigten poetischen Zyklen von Czesław Miłosz *Die Welt. Eine naive Dichtung* (*Świat. Poema naiwne*) und *Stimmen armer Menschen* (*Głosy biednych ludzi*) eröffneten vollkommen neue Perspektiven, schlugen eine veränderte Sprache vor und führten eine grundsätzliche Wende in ihrem Verhältnis zur europäischen Poesie herbei. Die Bedeutung dieses Durchbruchs wird ersichtlich, wenn man ihn aus der aktuellen Perspektive betrachtet. In ihm steckt der Beginn einer neuen poetischen Sprache, die sehr sparsam, gefühlsmäßig zurückgezogen, aber auch voller verschlüsselter kultureller Reminiszenzen ist. Eben hier fand das Zurückgreifen auf eine vieldeutige Aussage, die fremde Stimmen, Rollen und Masken der geschaffenen Figuren einsetzt, seine Rechtfertigung. Von diesem Augenblick an erfolgte — nach der jahrelangen unangefochtenen Dominanz der französischen Dichtkunst — eine folgenschwere Unterordnung unter die angelsächsische Dichtung und die daraus folgende Verwandlung des Gedichts zu einem Essay oder eine philosophische bzw. religiöse Meditation. Kurz gesagt: Diese zwei Zyklen stellen einerseits eine gewisse Einführung zu den Gedichten von Zbigniew Herbert, Tadeusz Różewicz und Wisława Szymborska dar, und sind andererseits ein Vorwort zur metaphysischen Strömung in der polnischen Dichtung der achtziger und neunziger Jahre.

*Die Welt* (*Świat*) beginnt mit folgenden Zeilen:

Der Weg fast verliert ins Gras hinein,
Da kommen durch den Eichenwald, der blüht,
Mittags die Kinder von der Schule heim.

Das Gedicht ist ein durch die Philosophie von Thomas von Aquin inspiriertes metaphysisches Poem in Form einer moralistischen Fabel für Kinder. Dazu kommt noch die indirekte Auseinandersetzung mit den jungen Dichtern des besetzten Warschaus. Es ist eine Hymne auf die ewige Ordnung des Seins, ein sich auf die traditionelle ethische Ordnung stützendes Loblied. Der Flut katastrophistischer Visionen, von denen die Gedichte der Jünger der Dichtkunst überquellen, stellt Miłosz eine neue Art von metaphysischer Poesie entgegen, die die Genauigkeit der Sinnesempfindungen und der faßbaren Form zu einer Kontemplation über die Vollkomenheit der Schöpfung macht. Die philosophisch-theologische Grundlage dieser Dichtung ist in jenen Gedichten enthalten, die nach den drei christlichen Tugenden benannt wurden: Glaube, Hoffnung und Liebe. Sie entsprechen den Begriffen Ontologie, Epistemologie und Ethik und führen zur Schlußfolgerung, daß die Existenz der durch eine vernünftige Notwendigkeit regierten Welt lediglich ein Gegenstand des Glaubens und nicht der Sicherheit ist. Zudem ist es nur eine Hoffnung, daß diese Welt keine Bewußtseinsprojektion des Erkennenden und anhand der fünf Sinne zu fassen ist. Die Moral hingegen, die über die durch den Anthropozentrismus bestimmten Grenzen hinausreicht, könnte lediglich ein Ausdruck einer alles umfassenden Liebe sein. Mit anderen Worten, was der Glaube ist, was die Hoffnung sein kann, und was die Liebe bedeutet, weiß nur derjenige, der distanziert betrachtet und über reifes Wissen und Erfahrung verfügt, jedoch die selige Naivität der Kinder und einfachen Menschen, die unter Gottes Obhut stehen, verloren hat. Den Forderungen von Thomas von Aquin entsprechend schuf Miłosz eine Dichtung, die die Fülle des Seins umfaßte, in der Wahl und Komposition aller Elemente die Harmonie und in jedem Wort, im Stil und in der Darstellungsweise die Klarheit bewahrte. Er schrieb sie, um ihre affirmative Ausdruckskraft mit einer einzigen Geste ins Wanken zu bringen oder sie wenigstens in Frage zu stellen. Schon früher aber polemisierte er, wie gesagt, gegen die Generation der jüngeren Dichter, deren Echo noch in *Rettung* (*Ocalenie*) und im *Poetischen Traktat* (*Traktat poetycki*) zu sehen ist.

Der für die Gedichte von Tadeusz Gajcy (1922–1944) und Krzysztof Kamil Baczyński (1921–1944) charakteristischen Flucht aus dem Alptraum der Besatzung in den Traum stellte Miłosz die Demut vor dem Zeugnis der fünf Sinne gegenüber, dem Schrecken vor der Feindseligkeit und Undurchschaubarkeit der Gegenstände, Tiere und Menschen die Distanz sich selbst gegenüber und die christliche Demut, den Versuchungen des Hasses, dem Wunsch nach Rache am Feind und vor allem der Bereitschaft, das eigene Leben für die Heimat zu opfern, den Respekt vor jedem Menschen und das Einverständnis mit der ewigen Ordnung, in der das Böse und das Leiden ihre metaphysische Begründung finden. Miłosz meint, daß der Opfermythos und die ästhetischen Wahlmöglichkeiten miteinander eng verbunden sind. Die historische Erfahrung beeinflußt das Verhältnis zur literarischen Tradition ganz wesentlich.

Obwohl die jungen Warschauer Dichter mit den Vorkriegs-Katastrophisten eine scharfe Auseinandersetzung führten, haben sie von ihnen auch viel übernommen. Mehr sogar: Manche Eigenschaften ihrer Gedichte führten sie in die Selbstzerstörung; sie gerieten dabei in einen inneren Widerspruch. Sie wollten der „Zeit der Verachtung" treu bleiben — und spanten gleichzeitig eschatologische Phantas-magorien. Sie suchten nach der Originalität — und standen mit fast jedem Wort bei den von ihnen verworfenen Vorgängern in der Schuld: bei den Surrealisten, Avantgardisten und Katastrophisten. Sie waren ohne Zweifel keine Epigonen, aber sie meinten, von diesen Einflüssen unberührt zu sein, was in Wirklichkeit nicht stimmte. Miłosz dagegen hat sich von seinen katastrophistischen Überzeugungen, denen er vor dem Kriege anhing, distanziert. Trugbildern stellte er eine wache Aufmerksamkeit entgegen, die sich auf Form und Farbe des konkreten Gegenstandes konzentrieren solle, dem ununterbrochenen Fluß der Metapher in den Gedichten von Gajcy und Baczyński eine genaue und präzise Beschreibung. Entgegen allem Anschein gab er dabei seine katastrophistischeschatologischen Weltvorstellungen nicht vollkommen auf, er fand lediglich andere poetische Ausdrucksmöglichkeiten.

Wie bereits erwähnt, bilden Stimmen armer Menschen, die gleichzeitig mit der Welt entstanden, eine Antithese zu diesem Werk und stellen es zugleich in Frage. Sie schildern Erfahrungen aus der Besatzungszeit, die aus der Perspektive verschiedener Haltungen, voneinander abweichender Weltanschauungen und miteinander wetteifernder Wertesysteme beschrieben werden. Die Welt bricht sich in diesem Werk wie in einem Zerrspiegel. In den Stimmen herrscht anstelle von Hierarchie und Ordnung die Disharmonie und das Chaos. Anstelle des geordneten und positiv aufgewerteten Raumes steht ein zerschlagener und zerstückelter Raum, anstelle des ewigen Jetzt das passive Überleben im Kriegsalltag. Wo früher der Garten war, ein Symbol für das Paradies der Kindheit und des biblischen Edens, wächst nun „dürftiges Gras". Wo das Haus stand, ein heiliges Zentrum des Weltalls, dessen Analogie die Sonne, Symbol Gottes, bildet, gibt es nur Ruinen und „ein ödes Feld", eine ironische Anspielung auf *Das wüste Land* von T. S. Eliot. In der Welt geben sich Vater, Mutter und Kinder — und durch ihre Vermittlung der Autor und der Leser — der Kontemplation über die Ordnung und die Schönheit des Seins hin, die sich im Mohnkopf, im Inneren der Pfingstrose und sogar im Grashalm widerspiegelt. In den Stimmen beobachtet der Gärtner die sich vollziehende Apokalypse, der Bürger betrachtet die Grausamkeit der Geschichte, die der Grausamkeit der Natur gleichkommt, der Dichter den Feuerschein und die Massenmorde, der arme Christ wiederum das brennende Ghetto, und diejenigen, die in einem Vorort Karten spielen, die Transporte nach Auschwitz. In seinem Gedicht *S.I. Witkiewicz* schlüpft der Autor in die Haut dieses Schriftstellers im Moment seines Selbstmords. Mit einem Wort, die in der Welt beschriebene und dargestellte Ordnung wird in den Stimmen in ihr Gegenteil verwandelt. Die Apokalypse verwirklicht sich in einem greifbaren und wörtlichen Sinn. Ihr kann nur kommentarlose Auflistung gerecht werden:

> Das Zerreißen beginnt, Zertreten die Seidenstoffe,
> Das Zerschlagen von Glas, Holz, Kupfer, Nickel, Silber,
> Gipsernem Schaum, Blech, Saiten, Trompeten, Blättern, Kugeln, Kristallen
> Pah! Phosphorfeuer von gelben Wänden
> Verschlingt die menschliche und tierische Behaarung.
>
> (*Armer Christ sieht das Getto*)

Der komplementäre Charakter der beiden Zyklen läßt diese Werke als Travestie des zwanzigsten Jahrhunderts der auf ähnliche Weise antithetisch gesetzten *Songs of innocence* und *Songs of experience* von William Blake sehen. Doch hat Miłosz die ironische Gegenüberstellung des idyllischen Paradieses und des spektakulären Leidens und Mordens, wie es in der Natur geschieht, wesentlich intensiviert und verstärkt, indem er — was bei Blake nicht der Fall ist — die Dimension der historischen Erfahrung einführte.

Denselben Charakter sollte auch Miłosz' spätere Lyrik haben. Er verknüpfte eine ekstatische Hymne auf die Natur mit der Erinnerung an Schmerz und Zerstörung. Die zutiefst religiöse, vertrauensvolle Verehrung für das Werk der Schöpfung unterbrach er mit der brutalen Frage nach dem Ursprung des Bösen. Die auf ihre Errungenschaften stolze europäische Zivilisation erinnerte an ihre wahnsinnigen Ideologien und hehren, in ihren Folgen jedoch verbrecherischen Utopien. Anders gesagt entwickelte Miłosz in einer anderen Version allmählich die Probleme und Dilemmata, die schon Witkiewicz, Leśmian, Schulz und Gombrowicz formulierten. Nämlich: Wie soll sich ein Mensch verhalten, der sich einer fehlenden oder in Frage stehenden Existenz eines metaphysischen Fundaments seines Seins gegenüber sieht? Was ist die Grundlage des einzelnen Ichs und worauf kann sich die Überzeugung stützen, daß der Einzelmensch von unschätzbarem Wert ist, wenn der Glaube an die unsterbliche Seele, der Jahrhunderte lang eine Garantie für die Individualität und Einmaligkeit bot, verlorengegangen ist? Wie kann man den Begriff der Menschlichkeit selbst retten, wenn sein Sinn durch die Entwicklung der Naturwissenschaften, vor allem aber der Evolutionstheorie, getrübt und relativiert und das Sein durch die Einführung der faschistischen und kommunistischen Ideologie in Frage gestellt wurde? Wie leicht zu erkennen ist, stammen diese Fragen aus der Moderne und wurden, gefiltert durch die historische Erfahrungen des zwanzigsten Jahrhunderts, mit der Erosion der christlichen Vorstellungskraft und einer ideologischen Krise konfrontiert. Es sind Probleme, deren sich auf eine andere Weise und unter anderen Umständen auch die bedeutendsten Vertreter der polnischen Literatur der Nachkriegsjahre annehmen werden, Probleme, die in ihrem tiefsten Wesen den Versuch darstellen, die These vom Tode Gottes, des Menschen und der Kunst zu überdenken und aus ihr endgültige Schlußfolgerungen zu ziehen.

## KRIEGSNACHT

Die in Polen oft als deutsche Okkupationsnacht bezeichnete Zeit des Zweiten Weltkrieges hat die Chancen für eine normale Literaturentwicklung zwangsweise verschlossen. Die damals konspirativ in Polen oder öffentlich im Ausland geschriebene und publizierte Lyrik, Prosa und Publizistik wandte sich vornehmlich der nationalen Problematik zu. In einem bedeutend geringerem Grade wurden andere Themen berücksichtigt. Die Dichtung dieser Jahre bildete gleichermaßen eine Brücke zwischen der polnischen Literatur der Zwischenkriegszeit und der der Nachkriegszeit. In dem vorliegenden Band wird diese Literatur mit zwei herausragendsten Dichtergestalten markiert, auf ihren immensen Umfang geht die unlängst erschienene erste Monographie von J. Święch des literarischen Schaffens ein, das in dieser Zeit im besetzten Polen und außerhalb dessen Grenzen entstand: J. Święch: *Literatura polska w latach II Wojny Światowej* (*Polnische Literatur im Zweiten Weltkrieg*), Warszawa 1997, ISBN 83-01-121118-1.

Der herausragendste Vertreter der Literatur der deutschen Okkupationsnacht in Polen war Krzysztof Kamil Baczyński (1921–1944), von dem es heißt, daß er in einer friedlichen Zeit ein zweiter Juliusz Słowacki geworden wäre. (Vgl. Kap. *Literatur der Romantik*). Baczyńskis tragischer Tod im Warschauer Aufstand (4.08.1944) hat ein reifes literarisches Schaffen eines Dichters unterbrochen, der das Bewußtsein des historischen Augenblicks mit dessen Forderung des patriotischen Kampfes gegen die deutschen Besatzer mit dem katastrophischen Gefühl der Gefährdung durch Faschismus verband, einer Gefährdung, die sich nicht nur gegen die polnische Nationalität, sondern auch die gesamte Menschheit richtete. In dem Kontext werden andere wichtige Elemente Baczyńskis Schaffen deutlich: die an die romantischen Traditionen anknüpfende lyrische Perspektivierung der Schönheit der Welt und vor allem der Natur, ihre lyrischen Beschwörungen und die damit verbundenen Elemente der Liebeslyrik.

Kazimier Wyka hat die Bedeutung des Dichters für die zeitgenössische polnische Gesellschaft sehr treffend diagnostiziert, wenn er schrieb, die Dichtung dieses Autors habe vor der Folie der Kriegsnacht ihren Lesern „Reinwaschung und Glauben" bedeutet. Die Reinwaschung und den Glauben fanden die Leser Baczyńskis Dichtung zuerst in den zwei 1940 in sieben Exemplaren konspirativ gedruckten Gedichtbänden, danach in den Lyrikbänden *Wiersze wybrane (Ausgewählte Gedichte)*, 1942, und *Arkusz poetycki (Lyrikbogen)*, 1944.

Dem ebenfalls im Warschauer Aufstand gefallenen (16.08.1944) Tadeusz Gajcy (1922–1944) war zu wenig Zeit beschieden, damit sein poetisches Talent zur vollen Entfaltung hätte gelangen können. Der Gegenstand seines poetischen Schaffens wurde eine Polemik gegen die Mitglieder der literarischen Gruppe Skamander, denen er Ideenlosigkeit und Konjunkturalismus vorwarf, und gegen die Anhänger der „Krakauer Avantgarde" (Awangarda Krakowska), der Gajcy eine „intellektuelle Equilibristik" vorhielt. In der katastrophischen Haltung der Autoren seiner Generation sah Gajcy Elemente des passiven Katastrophismus, denen er eine Idee der Tat und eine (vom katholischen Denken inspirierte) heroische Haltung der zustimmenden Aufnahme des tragischen Schicksals entgegensetzte. In den Gedichtbänden *Widma (Gespenster)* und *Grom powszedni (Der alltägliche Blitz)* wird die poetische Haltung des Autors am prägnantesten artikuliert.

Zahlreiche andere Autoren (z.B. Tadeusz Borowski, Zofia Nałkowska, Leon Kruczkowski) haben ihre Haltung gegenüber dem Kriegsgeschehen und der deutschen Okkupation in ihren nach 1945 veröffentlichten Werken artikuliert, worauf das folgende Kapitel eingeht.

Redaktion

Krzysztof Koehler

## DIE LITERATUR DER GEGENWART

Die sowjetische Vorherrschaft über Polen, sanktioniert durch die Jalta-Konferenz, mit der eine neue europäische Ordnung unter Stalins Diktatur festgeschrieben wurde, bedeutete paradoxerweise eine große Chance für die polnische Kultur, die sie, wie es scheint, zu nutzen verstand. Das im Osten territorial beraubte Polen, das den offiziellen Namen „Volksrepublik Polen" (PRL) trug, erhielt zur wirtschaftlichen Nutzung die sog. westlichen Länder, aus welchen man Hunderte und Tausende Einwohner vertrieben hatte. Aus dem Krieg gingen wir also als Siegermacht hervor, deren Territorium wesentlich verkleinert und der ein Expansionismus nach Westen aufgezwungen wurde. Das Jahr 1945 bedeutete für Polen noch nicht das Ende des Kriegs. Für einen wesentlichen Teil der Gesellschaft wurde der deutsche Okkupant vom sowjetischen abgelöst. Die durch den nationalsozialistischen und bolschewistischen Terror aufs äußerste erschöpfte Gesellschaft war mit dieser neuen Situation nicht einverstanden. Der Kampf um ein freies Polen ging noch einige Jahre als Partisanenkrieg weiter, um zum Schluß mit einem eigenartigen Waffenstillstand zu Ende zu gehen. Kraft dieses Waffenstillstands blieb die von der Roten Armee gewaltsam aufgezwungene Regierung im Amt, wurde vom Volk jedoch nicht akzeptiert. Dieser Zustand anhaltender Unruhen zog sich dann über ganze 44 Jahre hin. Eben in diesem Kontext möchte ich die Geschichte der polnischen Literatur der Nachkriegszeit darstellen.

Aus welcher Perspektive man die Sache nicht betrachten würde, es gab in den Nachkriegszeiten zwei polnische Literaturen: die freie und die (mehr oder weniger) unterdrückte. Die freie Literatur ist nicht unbedingt die im Ausland, außerhalb der Reichweite der Zensur, geschriebene. Die unterdrückte Literatur hingegen ist sehr wohl die im Land entstandene, und es gab viel mehr Unterdrückungsgrade, als es auf den ersten Blick zu geben scheint.

Ein wesentliches Novum des kulturellen Lebens im Polen der Nachkriegszeit war die allgegenwärtige Einmischung der kommunistischen Mächte in die schöpferische Tätigkeit der meisten polnischen Schriftsteller (was als „die Kulturpolitik des Staates" bezeichnet worden ist). Im Dezember 1945 entstand z. B. das Kulturkommitee des Ministerrates; zu seinen Mitgliedern zählten die Vertreter solcher Ministerien wie z. B. dessen für Information und Propaganda. Eine der Aufgaben des Kommitees war die Festlegung der sog. „Prioritäten" in der Verlagspolitik. Die Kontrolle über alle Kulturbereiche und der Schutz der Interessen der Kommunistischen Partei wurden vom im Juli 1945 ins Leben gerufenen

Zentralamt zur Kontrolle von Presse, Publikationen und Schauspiel, (einfach: der Zensur) wahrgenommen, das direkt dem Präsidenten unterstand. Diese Institution hinterließ gewaltige Spuren in der polnischen Kultur. Das Ende der Volksrepublik Polen wurde gleichsam symbolisch durch die Auflösung des Zentralamtes besiegelt.

Die verhältnismäßig große, um nicht zu sagen allgemeine Unterstützung der Schriftsteller, die im Lande tätig waren, und sogar jener, die große „Vorkriegsnamen" trugen, für die neue Ordnung resultierte aus sehr vielen Faktoren. Diese interpretiert auf eigene Weise Czesław Miłosz in seinem schon legendären Essay *Verführtes Denken (Zniewolony umysł)*, 1953. Man kann zwar Miłosz' Interpretation sehr schwer gewisse Werte abstreiten, jedoch gibt er in seiner Darstellung der Schicksale der Intellektuellen, die sich der Diktatur des Proletariats ergaben, den wahrscheinlich meistverbreiteten Grund für diese erstaunliche Allianz zwischen Kommunisten und Autoren nicht an. Vielleicht auch deswegen, weil dieser viel zu trivial war: Die finanziellen Gründe und das Prestige, und auch — und das bestimmt nicht zuletzt — der gewöhnliche, menschliche Opportunismus. Die Literaten, in die als potentielle „Ingenieure der menschlichen Seelen" die neue Regierung große Hoffnungen setzte, wurden von dieser Regierung, anders als von derjenigen vor dem Krieg, privilegiert und geehrt. Die Partei gab ihnen auch die Möglichkeit (oder zumindest stellte sie diese in Aussicht), auf den Gang der Geschichte und den menschlichen Charakter Einfluß auszuüben. Wovon sonst kann ein Intellektueller und Schreiberling noch träumen?

Kein Wunder also, daß es zu den größten Träumen der Autoren im Land an der Weichsel (zumindest in den ersten Jahrzehnten der Volksrepublik) gehörte, den Status eines Literaten zu bekommen, was an die Mitgliedschaft im Polnischen Schriftstellerverband gebunden war.

## DAS WARTEN AUF DIE STIMME DES HERRN

Der Stalinismus wurde in die polnische Literatur nicht alleine durch die sowjetischen Funktionäre eingeführt, denn diese arbeiteten Hand in Hand mit den polnischen Schriftstellern. Ein Teil von ihnen kam jetzt aus dem Osten, der andere Teil hatte sich schon während des Kriegs in Polen aufgehalten. In den ersten Jahren nach dem Krieg beeilte man sich jedoch noch nicht so sehr, die Kultur zu stalinisieren. Dafür war keine Zeit. Die Regierung war beschäftigt, mit Hilfe von Polizei und Militär mit dem freiheitlichen Untergrund abzurechnen. Die Schriftsteller versuchten derweil von selbst und ganz unabhängig, sich mit der jüngsten Vergangenheit auseinanderzusetzen.

Die Literatur der ersten Nachkriegsjahre schreit nach der Beantwortung der dramatischen Frage Teodors W. Adornos: „Wie soll man nach Auschwitz Lyrik schreiben?" Die Antworten sind mannigfach. In der Lyrik hört man am lautesten die Stimmen Czesław Miłosz' in *Rettung (Ocalenie)*, 1945 und Tadeusz Różewicz' in *Unruhe (Niepokój)*, 1947, und *Roter Handschuh (Czerwona rękawiczka)*.

Miłosz, der künftige Nobelpreisträger, der bis zum Jahr 1951 mit der neuen Regierung in Verbindung stand, proklamierte die seiner Meinung nach wichtige Rückkehr zu einer klaren Hierarchie der Werte. Im Zyklus *Die Welt, eine naive Dichtung (Świat poema naiwne)* definiert er den Raum der von der Geschichte unbefleckten Rettung. Dieser Raum wird durch die moralische Verpflichtung gegenüber der Vergangenheit bestimmt, durch das Gefühl der Verantwortung und auch die offene männliche Einstellung zur Welt. Miłosz ist sich der Falle vollkommen bewußt, in die jene Kunst fallen kann, die sich gewissermaßen zwischen der Pflicht, die Märtyrererfahrungen zu kultivieren, und dem Diktat des Alltags, der immer neue, nach Vergessen schreiende Erfahrungen mit sich bringt, befindet.

Ganz anders Różewicz. Der hysterische Ton seines Nachkriegsbuches mit der berühmten Feststellung *ich bin 24 Jahre alt und bin der Hinrichtung entgangen (mam 24 lata ocalałem prowadzony na rzeź)*) scheint zu behaupten, daß nach Auschwitz die Kunst gestorben sei. Der Krieg brachte nicht nur eine materielle, sondern auch eine geistige Verwüstung mit sich. Vor allem führte er vor Augen, wie wenig dauerhaft die traditionellen religiösen und philosophischen Systeme sind. Niemand kann eine Kriegskatastrophe heil überstehen, weil der Krieg das Böse, das in jedem Menschen lauert, bloßlegt.

Ein Nachkriegsmensch ist ein enterbter Mensch. Die Stimme Różewicz' war, wie es scheint, die echte Stimme der Generation, die den Kriegskataklysmus als einen Zusammenbruch der Welt, wie sie bisher bestand, empfand. Und der auf den Ruinen der Moral und der Wertsysteme stehende Held der Gedichte Różewicz' geriet zum Objekt, das den Seeleningenieuren für ihre Behandlung geeignet schien. Die Natur erträgt kein Vakuum; daher ist es leicht, anstelle eines vernichteten Wertesystems ein neues einzuführen, das außerdem die bisherigen Mißerfolge erklärt. Dieser vierundzwanzigjährige Gerettete wird viel mehr geeignet sein, der Stimme des Herrn zu folgen, als Miłosz' Held, der sich klar die Aufgabe stellt, Rettung zu finden.

Sehr ähnlich verteilen sich die Positionen in der Prosa, in der die Autoren versuchen, auf bestmögliche Weise diejenige Erfahrung auszudrücken, die sich jeglicher Beschreibung widersetzt. Es scheint, daß diese Schwierigkeit eher künstlerischer Natur war. Am besten von allen bewältigte sie Tadeusz Borowski. Seine Erzählungen *Abschied von Maria (Pożegnanie z Marią)*, 1948 und *Die steinere Welt (Kamienny świat)*, 1949 sind erschütternde Zeugnisse der Lagererfahrungen. (Borowski war unter anderem Gefangener im Auschwitzer Konzentrationslager.) Das zentrale Motiv der Erzählungen Borowskis war die Degeneration der menschlichen Moral unter den unmenschlichen Bedingungen im KZ. Die Lagerwelt wird von innen gesehen, mit dem Auge des Narrators, der grenzenlos in seine Wirklichkeit versunken ist. Borowski nutzt meisterhaft die Ergebnisse der amerikanischen Behavior-Prosa). In seinen Prosawerken gibt es so gut wie keine psychologischen Beschreibungen. Es dominieren hier die Beschreibung der sinnlichen Wirklichkeit und der Dialog. Die Gestalt Tadeusz', der in mehreren KZs in Gefangenschaft war, scheint zwar vom Gesichtspunkt der gewöhnlichen Axiologie zynisch und demoralisiert, ohne jegliche Mitleidsregungen und nur auf das eigene Überleben, sogar auf Kosten der Mitmenschen, bedacht zu sein, ist hier jedoch eine erschüttende Anklage der Zeiten der Öfen und Krematorien). Die Schlüsse, die aus Borowskis Prosa zu ziehen sind, stimmen mit der lyrischen Aussage Tadeusz Różewicz überein: Der Krieg bringt es mit sich, daß es keine Schuldigen und keine Geretteten mehr gibt. Und wiederum: Solch ein Held, solch ein Mensch ist bereit, sein Schicksal und das Schicksal der ganzen Welt mit den stumpfen Kategorien der marxistisch-leninistischen Dialektik zu rechtfertigen.

Einen Versuch, sich quasi-faktographisch mit dem Krieg auseinanderzusetzen, stellen die Erzählungen *Medallions (Medaliony)*, 1946 von Zofia Nałkowska dar, einer Schriftstellerin der Vorkriegszeit. Den Stoff für diese Erzählungen sammelte die Autorin 1945, während ihrer Tätigkeit in der Kommission für die Untersuchung der Hitler-Verbrechen. Sie haben sowohl den Holocaust als auch die Geheimlabors der Nazis, wo z. B. Seife aus menschlichen Überresten produziert wurde, zum Thema. Der einfache und knappe, faktographische Bericht der *Medallions* wird zu einer erschreckenden Bilanz des allgemeinen Terrors, des Verbrechens und der Vernichtung.

Was die Erzählungen Borowskis für das polnische Martyrium unter dem Nazi-Terror waren, das bedeutete *Welt ohne Erbarmen (Inny świat)* von Gustaw Herling-Grudziński (die erste Ausgabe erschien 1957 in London mit einem Vorwort Bertrand Russels, die polnische vor zwei Jahren) für das polnische Martyrium unter dem Sowjetterror. Der Roman Grudzińskis wird mit Fedor Dostojevskijs *Erinnerungen aus dem Totenhaus* verglichen. Statt über die Schicksale der beiden Helden zu fabulieren, legt uns Herling eine subtile psychologisch-soziologische Studie vor. Die Erniedrigung der Menschen unter Lager- und Gefängnisbedingungen darzustellen, den Prozeß des geistigen Niedergangs der Menschheit im totalitären System zu analysieren — diese schriftstellerischen Aufgaben sind hier, ähnlich wie im Falle Borowskis, kaum erfüllbar. Wurden sie hier erfüllt? Tatsache ist, daß im Westen Herlings Botschaft trotz der Unterstützung einer solchen Berühmtheit wie B. Russels nicht auf fruchtbaren Boden fiel. Stalins Verbrechen nahm der Westen erst nach dem sog. Chruschtschowschen Tauwetter gnädig zur Kenntnis, und so richtig in diese Problematik eingeführt und aufgeklärt wurden dort aber nur die Intellektuellen, und zwar auch die erst durch das Buch *Archipel Gulag* des großen russischen Schriftstellers Alexander Solschenizyn. Dieses Buch fand, übrigens genauso wie der Autor, große Unterstützung eben in der polnischen Emigration in Paris, die sich um die Zeitschrift „Kultura" scharte. Der Redaktions der „Kultura" gehörte einige Jahre Gustaw Herling-Grudziński an.

Unter der vielen faktographisch gehaltenen Prosa über die Sowjets stehen *Unmenschliche Erde (Na nieludzkiej ziemi)*, Paris, 1949 und *Erinnerungen an Starobielsk (Wspomnienia Starobielskie)*, Rom, 1944 des bekannten Malers und Aristokraten Józefs Czapskis eindeutig an der Spitze. Natürlich waren diese Bücher, sowohl die von Herling als auch die von Czapski, so wie alle, die in der Emigration entstanden sind, im Land unzugänglich. Einen breiteren Leserkreis haben sie erst in den 80-er Jahren zu erreichen begonnen, dank der illegalen Verlage und Zeitschriften im sogenannten Untergrund. Viele in Polen lebende und wirkende Schriftsteller beschäftigten sich mit der Nachkriegszeit. Der berühmteste Roman, der die Gegenwart behandelte, war jedoch Jerzy Andrzejewskis *Asche und Diamant (Popiół i diament)*, 1948). Seine internationale Karriere verdankt dieses Buch bestimmt dem gleichnamigen Film Andrzej Wajdas. Allerdings kommt darin die Taktik der Halbwahrheiten zur Anwendung. Einerseits nämlich stellte er, wie es scheint, ziemlich überzeugend die psychologische Seite des moralischen Konflikts der Generation der AK-Soldaten (Soldaten der Heimatarmee), der Soldaten des Untergrundstaates, die nach 1945 ihre Waffen nicht niedergelegt haben, dar. Andererseits jedoch versäumt es die Darstellung dieses Konflikts völlig, die tatsächlichen Quellen der Tragik dieser Generation zu betonen: Unterdrückung, Gefangenschaft, Folter, Lager und das Morden der Volksmacht. Andrzejewski' Roman, der dem Muster des sowjetischen Romans nahe kam, war wahrscheinlich das erste so eindeutig antirealistische Werk. Klischees wie z. B. der abscheuliche Bürger und Aristokrat, der zynische AK-Kommandant, der neue Karrieresüchtige wurden mit dem edlen und erhabenen positiven Helden, dem alten Kommunisten Szczuka, konfrontiert. Andrzejewskis Roman, von dem man in letzter Zeit sagt, er sei unter dem Patronat der obersten Partei- und Regierungskreise geschrieben worden, unterstützte die Politik der neuen Regierung; er hieß die neue Wirklichkeit gut und schränkte die geschichtliche Tragödie des Volkes auf die psychologischen Turbulenzen eines jungen Menschen ein.

Interessant ist auch Stanisław Dygats, der ein geistiger Schüler Witold Gombrowicz' war, Debütroman *Bodensee (Jezioro Bodeńskie)*, 1946. In der Schilderung der Situation des Helden im deutschen Lager für Ausländer in Konstanz am Bodensee rechnete Schriftsteller mit der romantischen Nationalmythologie ab.

## SCHRIFTSTELLER ANS WERK!

Die relative Freiheit der im Land entstandenen polnischen Literatur dauerte bis 1949. In diesem Jahr wurde auf der Literatentagung in Stettin ein Dekret über den Sozrealismus erlassen, das in der Heimat der Revolution in den 20-er Jahren erarbeitet und eifrig in der Kultur aller besiegten Staaten verwirklicht wurde. Die polnische Version des Sozrealismus glich der sowjetischen vollkommen: Sie verherrlichte den kollektiven Menschen, bediente sich eines eigenartigen Wunschrealismus und war bestrebt, progressive Einstellungen zu wecken. In dieser sozrealistischen Kunst versuchten sich eigentlich alle Autoren, die in Polen schrieben. Mit Gedichten zu Ehren Stalins traten sowohl bereits anerkannte Künstler (wie Jarosław Iwaszkiewicz) als auch erst am Beginn ihrer Karriere stehende Autoren (wie die künftige Nobelpreisträgerin Wisława Szymborska) hervor. Nur wenige widersetzten sich dieser Kunst. Ihre Namen sind uns allen bekannt: Leopold Tyrmand, Zbigniew Herbert, Stefan Kisielewski und der Kreis um die Krakauer Zeitschrift „Tygodnik Powszechny" (sie wurde 1956 eingestellt, weil sich die Redaktion weigerte, Stalins Todesanzeige zu veröffentlichen). 1951 beschloß Czesław Miłosz (bis heute einer der wesentlichen Exponenten der neuen Ordnung), im Westen zu bleiben.

In dieser Zeit entsteht alles, was wirklich für die polnische Kultur von Bedeutung ist, in der Emigration. Es waren vor allem Autoren wie Witold Gombrowicz, der in der ersten Hälfte der 50-er Jahre sowohl den Roman *Trans-Atlantik (Trans-Atlantyk)*, 1953 als auch das Drama *Hochzeit (Ślub)*, 1953 schrieb. Vor dem Krieg hatte er den berühmten Roman *Ferdydurke* verfaßt. *Trans-Atlantik* hätte an sich in Polen erscheinen können, jedoch wich die neue künstlerische Form des Buches vom groben Stil der um die Befreiung der Literatur von den, wie man damals sagte, veralteten Verpflichtungen bemühten Schriftsteller ziemlich ab. *Trans-Atlantik* ist nämlich wohl die größte und bestimmt die gelungenste schriftstellerische Abrechnung mit dem Polentum, den nationalen Mythen, den kollektiven Empfindlichkeiten usw. Gewissermaßen knüpft das Buch also an die anfänglich von der neuen Regierung hoch geschätzte sog. Strömung der Abrechnungen der Intelligenz in Prosa an. Diese Abrechnung erstreckte sich selbstverständlich nicht nur auf die von der Propaganda als besonders abscheulich hingestellte Vorkriegszeit. Die zum Kommunismus bekehrten intellektuellen Eliten waren in dieser Zeit bestrebt, auf die positiven Traditionen hinzuweisen (Renaissance, Aufklärung, Positivismus und manche Aspekte der Romantik — den gesellschaftlichen Revolutionismus und den romantischen Historismus), und geißelten verbissen die negativen: die Adelsherrschaft, wie man sie damals nannte, und vor allem das sarmatische Barock. Eben die aus dem Barock stammende Sprache wurde als stereotype Redensweise eines Landedelmannes von Gombrowicz in seinem *Trans-Atlantik* meisterhaft parodiert und verlacht. Dieser Roman muß natürlich nicht unbedingt im Kontext der polnischen Geistesgeschichte gelesen werden. Die von Gombrowicz in seinen Nachkriegszeitromanen entwickelte Theorie der Form oder eher die Theorie (und Praxis) des Widerstandes gegen die Gefangenschaft im Netz der gesellschaftlich-nationalen Verwicklung, die von dem Schriftsteller als Einschränkung der menschlichen Freiheit gesehen wurde, kann vom Leser als gegenwärtige protopostmoderne Interpretation des Daseins des menschlichen Individuums in der Welt verstanden werden (und wurde auch so verstanden). Im selben Jahr veröffentlichte Gombrowicz sein Drama *Hochzeit (Ślub)* — eine literarische Parodie der Dramen Shakespeares und deutliche Anknüpfung an Stanisław Wyspiańskis *Hochzeit (Wesele)*. Das Drama berührt auf neue, parodistisch-groteske Art und Weise das Problem von Macht und Herrschaft. Es ist wohl die vollkommenste Darstellung zwischenmenschlicher Beziehungen durch diesen Autor.

Im Jahr 1953 erscheint auch einer der interessantesten Gedichtbände Miłosz': *Tageslicht (Światło dzienne)*. Dies ist eine äußerst private, besonders erschütternde Abrechnung mit der Nachkriegszeit. In diesem Band gibt es unter anderem solche Gedichte, wie *Moralischer Traktat (Traktat moralny)* oder *Der du Unrecht getan hast... (Który skrzywdziłeś...)* — das letztere zeigt, welche Richtung der moralische Widerstand der Literatur gegen die Gewalt genommen hat, indem es die elementaren Aufgaben des Autors skizziert (die Formel heißt: der Dichter hat nicht vergessen). Ein Auszug aus diesem Gedicht ist am Denkmal für die gefallenen Werftarbeiter in Danzig zu lesen.

Es scheint, daß sich eigentlich erst in diesem Buch Miłosz' meisterhafte poetische Strategie abzuzeichnen begann: das sich trotz allem klassizistisch gebende Gedicht und die oft hochintellektuelle, jedoch immer sehr stark emotionell ausgedrückte Problematik der Beziehung der Menschheit zu ihrer Geschichte. Im selben Jahr gibt Miłosz *Verführtes Denken* (*Zniewolony umysł*), eines der ersten im Westen erschienenen sowjetologischen Bücher heraus. Zwei Jahre später erschien sein Roman *Tal der Issa* (*Dolina Issy*), in dem der Dichter seine eigene Vergangenheit zum Thema macht und fabulierend-fiktiv seine litauisch-polnische Kindheit darstellt. Miłosz beschreibt den Reifeprozeß eines empfindlichen Jungen, der in der im Roman mythisierten Wirklichkeit des östlichen Grenzlandes Polens lebte. So führte der Autor nicht nur das Thema des östlichen Grenzlandes (ich glaube, man kann von einem Grenzlandmythos in der polnischen Nachkriegskultur sprechen) in die polnische Literatur ein, und außerdem zeigte dieser Mythos auch den multikulturellen, multiethnischen und multireligiösen Charakter dieser Gegend; er bildet einen Antipoden zu der eigenartigen national-demokratisch-kommunistischen Neurede, in der das Polen der Nachkriegszeit als ein national einheitliches Land gepriesen wurde. Es scheint auch, daß mit *Tal der Issa* das Interesse der Prosaiker an ihrer Kindheit modern wurde. Der dritte wichtige Schriftsteller der Emigration scheint Józef Mackiewicz zu sein, der aus der Gegend von Wilna stammte und in London schrieb. Seine Romane *Der Weg ins Nirgendwo* (*Droga donikąd*), 1955 und *Kontra*, 1957 betreffen eben das östliche Grenzland in der Zeit vom Einmarsch der Roten Armee in Polen bis zum Beginn des deutsch-sowjetischen Kriegs. Die lebhafte Fabel des Romans, die hervorragend gezeichneten Gestalten der Haupthelden, die überdurchschnittlichen Fähigkeiten des Schriftstellers, die Natur darzustellen, und schließlich die klare, betont antikommunistische Aussage seiner Bücher brachten es mit sich, daß Mackiewicz' Werke erst nach dem Jahr 1980 ihre große Anerkennung erhielten. Zu seinen Lebzeiten war Mackiewicz eine sehr kontroverse Gestalt, nichtsdestoweniger trugen seine während des Ausnahmezustands in unabhängigen Kreisen laufend veröffentlichten Prosabände sehr zur Festigung der unbeugsam antikommunistischen Haltung unter der jungen Generation der Intellektuellen bei.

In diesen Jahren entstanden die besten Werke Kazimierz Wierzyńskis, der der in der Vorkriegszeit einflußreichen Dichtergruppe „Skamander" angehörte und ständig in den USA wohnte. Die Bände *Ein Scheffel Mohn* (*Korzec maku*), 1951, *Sieben Hufeisen* (*Siedem podków*), 1954 und die ihnen folgenden brachten nicht nur Wierzyńskis neue Art von lyrischer Rede (den Verzicht auf klassizistische Rhetorik zugunsten eines intimen Sich-Anvertrauens oder auch der lyrischen Meditation) zum Ausdruck, sondern auch den höchst interessanten, neuartigen Blick für die ein wenig mystische Verbindung zwischen der Sprache der Lyrik und der für immer verlorenen Heimat des Dichters.

Im Zeitalter des Sozialistischen Realismus retteten die Emigration und auch die Autoren, die ihre Werke ohne Absicht einer Publikation für die Schublade schrieben, die Ehre der polnischen Kultur.

# FREIHEIT

1956 war ein wichtiges Jahr in der Geschichte jener Staaten, die unter der Kreml-Herrschaft standen. Es war die Zeit des sogenannten *Tauwetters*. Nach Stalins Tod beschloß die bolschewistische Partei eine kleine Richtungsänderung. Die Zeiten der stalinistischen Menschenvernichtung nannte man jetzt *Periode der Fehler und Verfehlungen*. Das bedeutet jedoch keineswegs, daß die regierende Elite vorgehabt hätte, auf die einzig richtige Doktrin zu verzichten und die Macht mit der Gesellschaft zu teilen. An die Stelle des schlechten Bolschewiken ist nur ein neuer, guter getreten. Dieser vertrat Freiheit und Einschränkung der Zensur. Die Völker berauschten sich an der Hoffnung auf Freiheit. Bald aber bekamen die Ungarn die Grenzen dieser Freiheit auf ihrer eigenen Haut zu spüren. Die Einmischung der Roten Armee hat die allzu erhitzten Köpfe abgekühlt. Das Tauwetter wurde schnell durch den traditionellen leichten Frost ersetzt.

Auch in Polen hatte ein Teil der intellektuellen Elite die Änderung der Regierungssprache nicht ausschließlich als einen make-up- Wechsel verstanden, sondern als ein seriöses und ehrliches Verlangen nach einer Änderung des politischen Kurses. Ähnlich wie die Ungarn haben auch Posens Einwohner die Grenzen der Freiheit kennenlernen können, als bewaffnete Polizisten und Soldaten auf sie schossen. Es kam zu Verhaftungen. Die Ereignisse in Posen waren von großer Wichtigkeit: Sie machten jenen, die es bereits vergessen hatten, wieder bewußt, daß ein Konflikt nicht durch Änderung der Sprache zu lösen ist.

Der Waffenstillstand dauerte zwölf Jahre lang. Die Entsprechung des westlichen Jahres 68 war das polnische, antisowjetische Jahr 68. Zwei Jahre später kam es zu kurzen und, wie man heute weiß, provozierten studentischen Unruhen, die von einige Tage andauernden Kämpfen zwischen Arbeitern der Ostseeküste und Polizei und Militär in den Hintergrund gedrängt wurden. So begannen die 70-er Jahre in Polen.

Das Jahr 1956 bedeutete für die Literatur einen echten Talenteboom. Vor allem kam es in diesem Jahr zum späten Debüt eines der wichtigsten Lyriker der letzten 40-er Jahre; vielleicht war er für die Gesellschaft sogar der wichtigste Lyriker seit den romantischen Großdichtern — nämlich Zbigniew Herbert, der Verfasser von *Lichtsaite* (*Struna światła*), 1956. Er gehörte zu jenen Autoren, die sich im stalinistischen Polen für ein Leben am Rande der Gesellschaft entschlossen haben. Er arbeitete als unscheinbarer Beamter, hielt sich vom Literaturverband fern, litt zeitweise an Armut und schrieb, wie er selbst sagte, ohne zu hoffen, daß seine Werke irgendwann einen Leser finden würden. Unter diesen Umständen baute er mühsam am Gebäude der neuen polnischen Lyrik. Seine Lyrik ist gegenüber den moralischen Konflikten der Epoche sehr empfindlich und zeigt sie in einer universellen Perspektive, oft an die große Metapher anknüpfend, die sich auf die europäische kulturelle Tradition beruft. Daher auch wird Herbert als ein Vertreter des Klassizismus des 20 Jh. gesehen. *Seine Kunst verbindet die Achtung vor der Tradition mit der Modernisierung der Ausdrucksmittel, philosophische Interessen mit der Einfachheit der Sprache, die Erhabenheit der ethischen Themen mit einer großen Dosis Ironie oder Humor, (jego twórczość łączy w sobie szacunek do tradycji z nowoczesnością środków wyrazu, zaintere-sowanie filozoficzne z prostotą języka, doniosłość tematyki etycznej czy egzysten-cjalnej z mocną dozą ironii czy humoru))*, schrieb über Herbert einer der besten Literaturkritiker dieser Zeit, Jerzy Kwiat-kowski. Mit den Jahren stellt sich seine Lyrik immer mehr in den Dienst des ununterbrochenen Kleinkrieges des Volkes gegen die Regierung. Herbert liefert für diesen Krieg nicht nur die Waffen, sondern gestaltet auch, man kann es ohne Übertreibung behaupten, charakteristische Verhaltensmuster. In diesem Kontext scheint ganz besonders eines seiner nächsten poetischen Bände, *Herr Cogito (Pan Cogito)*, 1974, zu stehen. Der Titelheld, der mit einem der hier grundlegendsten Probleme konfrontiert wird, wird aus einer diskreten, scherzhaften, distanzierten und völlig unpathetischen Perspektive dargestellt; es ist dies somit der wahrscheinlich deutlichste Aufruf zum heroischen Widerstand in der Zeit der Volksrepublik. Das abschließende Gedicht *Die Botschaft des Herrn Cogito (Przesłanie Pana Cogito)* stellt den einfachsten und gleichzeitig aber besten Schlüssel zum Ethos der Intelligenz der 70-er Jahre und des folgenden Jahrzehnts dar. Einen Schlüssel, der den polnischen Geist sogar noch nach 1989 öffnete.

Ein anderer spät debütierender Dichter war Miron Białoszewski mit seinen *Kreislauf der Dinge (Obroty rzeczy)*, 1956. Seine avantgardistische, linquistische Lyrik scheint zwar sehr hermetisch zu sein, findet jedoch in Polen in den nächsten Jahrzehnten sehr viele Anhänger. Białoszewski bezieht sich in seiner Lyrik auf die heruntergekommene Wirklichkeit, die von der hohen Zivilisation weit entfernt ist. Zu dieser Peripherie der modernen Welt gesellt sich eine nicht weniger periphere Sprache, die gebrechlich ist und gewissermaßen aus Fragmenten des poetischen Abhörens besteht, die die tägliche, gewöhnliche polnische Alltagssprache überlagern.

Białoszewskis Lyrikbände *Gelüsterechnung (Rachunek zachciankowy)*, 1959, *Falsche Rührungen (Mylne wzruszenia)*, 1961) und vor allem diejenigen, die in den 70-er Jahren veröffentlicht wurden, wie unter anderen *Sich lösen (Odczepić się)*, 1978, unterstreichen noch stärker die Vergänglichkeit der poetischen Notizen des Autors, der eine Art der Hauschronik führt. Im Jahr 1970 gibt der Autor *Erinnerungen an den Warschauer Aufstand (Pamiętnik z powstania warszawskiego)* heraus, ein von der Kritik sehr gepriesenes, dem Warschauer Aufstand gewidmetes Prosawerk, das bis heute noch als die literarisch interessanteste Bearbeitung dieser für die polnische Identität traumatischen Ereignisse gilt. In den 50-er Jahren gründete Białoszewski ein privates avantgardistisches Haustheater, zuerst Teatr in der Tarczyńska-Straße, (Teatr na Tarczyńskiej) genannt, dann bekannt als Besonderes Theater, (Teatr Osobny). 1973 gab er alle seine Theaterwerke in der Sammlung Besonderes Theater (Teatr Osobny) heraus.

Von allen anderen lyrischen Debüts dieser Zeit, deren poetische Diktion die künftige Sprache der polnischen Lyrik bereichern wird, ist an das des Stanisław Grochowiak zu erinnern. In seinem ersten Buch *Ritterballade (Ballada rycerska)*, 1956 und vor allem in den beiden nachfolgenden Werken *Menuett mit dem Schürhaken (Menuet z pogrzebaczem)*, 1958 und *Entkleiden zum Schlaf (Rozbieranie do snu*), 1959 kristallisierte sich die starke Strömung in der polnischen Lyrik heraus, die als Turpismus bekannt ist. Die Begeisterung für allgemein als apoetisch Geltendes wie Häßlichkeit, Altern, Zerfall sowie alle niedrigen Elemente der gegenwärtigen Zivilisation wurde bei Grochowiak zum Manifest des Widerspruchs gegen die allgemeingültige Trennung des *Hohen* vom *Niedrigen* in der Kultur. In seinen Werken griff Grochowiak sehr oft auf die poetischen Errungenschaften von Baudelaire und Villon zurück und knüpte an die Poetik des barocken Konzepts oder überhaupt der barocken Dichtersprache an. Mit der Zeit hatte sich, wie der Autor selbst sagte, der Widerspruch beruhigt: die Begeisterung für das Abgelehnte und für den Schund jeglicher Art wurde immer öfter zum stilistischen Mittel. Auch diese Tendenz begann übrigens unter dem Einfluß der beruhigten klassizistischen Neigung zur harmonischen Betrachtung der Wirklichkeit, langsam abzuklingen.

Hier sollte man zumindest kurz die polnische neoklassizistische Schule erwähnen, deren bedeutendster Vertreter Jarosław Marek Rymkiewicz war und ist. Seine ersten Bände *Konventionen* (*Konwencje*), 1957, und *Der Mann mit dem Habichtkopf* (*Człowiek z głową jastrzębia*), 1960, und auch seine kritischen und translatorischen Arbeiten bereicherten die polnische Kultur um eine sehr bewußte, an die englischen (T. S. Eliot, E. Pound) oder russischen (O. Mandelstam) Errungenschaften anknüpfende Art, die Literatur als einen Dialog mit Mythen, Archetypen oder mit den Werken aus der Schatztruhe der europäischen Literatur zu betreiben. Jedoch bekamen, wie es scheint, Rymkiewicz' Lyrik und Prosa erst in den Jahren des Ausnahmezustands ihren richtigen Platz, in der Zeit also, als die klassizistische Vision der Entelechie der Gemeinschaft zur geistigen Achse des gesellschaftlichen Widerstandes wurde.

Man darf natürlich Czesław Miłosz nicht vergessen, der sich 1960 in Kalifornien niederließ. Die Arbeit an der Universität hinderte den künftigen Nobelpreisträger nicht, seine künstlerische Tätigkeit mit unermündlicher Kraft fortzusetzen. Die in unmittelbarer Folge entstehenden Gedichtbände *Poetischer Traktat* (*Traktat poetycki*), 1957, *König Popiel und andere Gedichte* (*Król Popiel i inne wiersze*), 1962, *Gustl, der Verzauberte* (*Gucio zaczarowany*), 1965, *Stadt ohne Namen* (*Miasto bez imienia*) 1969 enthalten immer knappere und disziplinierte Gedichte. Die amerikanische Lyrik von Miłosz bringt historiosophische und philosophische Reflexionen, stellt Fragen zur Vergänglichkeit, gibt die Unmöglichkeit, manche Dinge zu benennen, und die Einmaligkeit unserer Existenz wieder. Zu wiederkehrenden Themen wurden bei Miłosz die polnische Sprache, seine Jugend in Wilna, seine Lektüre und schließlich die Frage nach der Verpflichtung der Lyrik der vergehenden Welt gegenüber. Mit der Zeit — vielleicht in Zusammenhang mit der Übersetzung der Bibel ins Polnische — erscheinen bei Miłosz immer öfter religiöse Themen.

Neben der Lyrik schrieb Miłosz auch Essays *West- und östliches Gelände* (*Rodzinna Europa*), 1959, wo das Problem, wie man die Identität des Mitteleuropäers in der westlichen Welt bewahren und nutzen könnte, gestellt wird; *Mensch unter Skorpionen* (*Człowiek wśród skorpionów*), 1962, voll schmerzlicher Hingabe geschrieben und dem hervorragenden polnischen Intellektuellen des 20. Jh. Stanisław Brzozowski gewidmet; *Visionen über der Bucht von San Francisco (Widzenia nad zatoką San Francisco)*, 1969, wo die amerikanischen Erfahrungen des Dichters thematisiert werden; und viele andere. Eines der besten essayistischen Bücher ist *Das Land Ulro (Ziemia Ulro)*, 1977, das neben den hervorragenden Essays über die polnische intellektuelle Tradition auch philosophische Erwägungen über die Quelle der geistigen Krise der modernen Menschheit enthält. Erwähnenswert ist hier, daß dieses Buch die noch vor einigen Jahren so modernen sogenannten „New-Age-Fragen" in den intellektuellen Disputen in Umlauf gebracht hatte. Miłosz schreibt vom Bösen, von Swedenborg, Blake und Dostojevski.

Unter den neuen Autoren in Polen verdient Marek Hłasko Beachtung. Er debütierte mit der Sammlung seiner Erzählungen *Der erste Schritt in den Wolken (Pierwszy krok w chmurach)*, 1956. Schon zwei Jahre danach verließ er Polen und fuhr nach Westen, um nicht mehr heimzukehren. Seine Prosa wächst aus dem Gefühl des Widerstandes gegen die Epoche des Sozialistischen Realismus heraus. Die Helden seiner Erzählungen sind oft Menschen ohne Illusionen, manchmal aus den Randschichten der Gesellschaft. Die Emigrationsprosa Marek Hłaskos verschärft den Widerstand; dessen Spitze ist jedoch nicht gegen das System der ideologischen Verleumdung gerichtet, sondern gegen die abgestandene „westliche" Wirklichkeit. Bildlich könnte man sagen, daß Marek Hłasko eine Art polnischer Hemingway war. Bis heute vermitteln seine Romane einen positiven Eindruck, obwohl sie mit ihrer Schematisierung negativ auffallen. Sie handeln von starken und empfindlichen Männern, die ein rauhes Leben führen und ihr Geld für gute Alkohole und Frauen ausgeben. Philosophieren können sie auch.

Marek Nowakowski erschließt der polnischen Prosa mit seinen Romanen *Dieser alte Dieb (Ten stary złodziej)*, 1958), oder *Gärtner Benek (Benek kwiaciarz)*, 1961, die Welt der Kriminellen, die gegen die im Realsozialismuns geltenden Normen leben. Ende der 60-er Jahre leuchtet kurz der Stern des Dichters, Prosaautors und Liedermachers Edwards Stachuras auf. Seine ersten Erzählungen *Ein Tag (Jeden dzień)*, 1962 und *Im Winde flatternd (Falując na wietrze)*, 1966 sowie seine Romane *Die ganze Grellheit (Cała jaskrawość)* 1969, *Axterade oder der Winter der Waldleute (Siekierezada, albo zima leśnych ludzi)*, 1971 kreieren einen interessanten Helden — einen übersensiblen Obdachlosen und ziellosen Wanderer, der von der existenziellen Angst und vom Abscheu gegenüber dem Leben in der gegenwärtigen Zivilisation von einem Ort zum anderen getrieben wird. Diese quasisentimentale Flucht in die Natur kann in der Zeit des Kommunismus zwar einigermaßen naiv wirken, Stachuras Werk beeinflußte jedoch ganze Generationen der polnischen Intelligenz, indem es die in der polnischen Kultur wenig präsenten und in Frage gestellten Verhaltensmuster der 60-er Jahre verinnerlichte.

Nach 1956 beginnt Stanisław Lem zu publizieren, der in Europa mit Sicherheit bekannteste polnische Autor der phantastisch-wissenschaftlichen Literatur. Lem der 1951 mit dem Roman *Astronauten (Astronauci)* debütierte bedient sich des phantastisch-wissenschaftlichen Themenbereichs, um philosophische Fragen zu stellen, die sich gewöhnlich um das Problem der Konfrontation des Verstands mit der Welt der Materie drehen. Neben der Frage nach den Erkenntnismöglichkeiten der Menschheit interessiert sich Lem auch für die dehumanisierenden Konsequenzen des technischen Fortschritts. In den interessantesten seiner Romane, meistens als Märchenallegorien und manchmal auch als ritterliche Epen oder auch als philosophische Kurzgeschichten stilisiert in *Die Sterntagebücher des Weltraumfahrers Ijon Tichy (Dzienniki gwiazdowe)*, 1957, *Brevier der Roboter (Księga robotów)*, 1961, *Kyberiade (Cyberiada)*, 1965 und auch in den gerne gelesenen *Die Jagd. Neue Geschichten des Piloten Pirx (Opowieści o pilocie Prixie)*, 1968, erwägt Lem — und benutzt dabei die Sprache der fabulierenden Fiktion — komplizierte metaphysische Fragen und ist bemüht, das ontologische Grunddilemma der Menschheit zu lösen. Die Romane *Solaris*, 1961, *Memoiren gefunden in der Badewanne (Pamiętnik znaleziony w wannie)*, 1961 und *Die Stimme des Herren (Głos Pana)*, 1968 sind eine deutliche Warnung vor allzugroßem Vertrauen auf die uneingeschränkte Entwicklung der Technologie. Lem schrieb auch quasi-wissenschaftliche Essays, inhaltlich seinen Romanen nahestehend. Die am meisten bekannten sind mit Sicherheit *Summa technologiae*, 1964 und *Phantastik und Futurologie (Fantastyka i futurologia)*, 1970.

Der letzte der in dieser Zeit tätigen Schriftsteller, der Beachtung verdient, ist Tadeusz Konwicki. Erst nach 1956 erreicht er das für ihn typische Idiom künstlerischer Rede. Solche Romane wie *Modernes Traumbuch (Sennik współczesny)*, 1963, *Auf der Spitze des Kulturpalastes (Wniebowstąpienie)*, 1967 und viele andere spiegeln die für Konwicki chrakteristische Welt wieder: eine nach dem Prinzip der Merkwürdigkeit, des Halbtraums, des grotesken Halbscheins existierende Gegenwart; die Vergangenheit voll der Erfahrungen der idealisierten, mythischen — großteils in den östlichen Randgebieten verbrachten — Jugend, die jedoch nicht von den starken, traumatischen Erlebnissen der Zeit der Hitler-Okkupation verschont blieb; und die Zukunft — meist in katastrophischen, dunklen und unklaren Farben skizziert. Konwicki ist auch Autor, Regisseur und Drehbuchverfasser vieler Spielfilme, unter anderen des experimentellen Films *Der letzte Tag des Sommers (Ostatni dzień lata)*, 1957 oder von *Salto* 1970 und *Wie weit von hier, wie nah... (Jak daleko stąd, jak blisko...)*, 1971.

Sehr interessant gestaltet sich in dieser Zeit die Entwicklung des polnischen Kuturessays, dessen Wurzeln — nach Miłosz' Meinung — im traditionellen polnischen Boden der poetischen Adeligenerzählungen liegen. Zu den Meistern dieser Gattung zählen solche großen Dichter der Emigration wie Jerzy Stempowski und Stanisław Vincenz. An sie schließen Jerzy Wittlin, Konstanty Aleksander Jeleński, Czesław Miłosz und viele, viele andere an. Es ist sehr schwer, ein gemeinsames Merkmal, das die polnische Schule des Essays verbinden würde, zu nennen, die soeben aufgezählten Namen markieren jedoch die interessantesten Tendenzen der polnischen Essayistik: Vom historischen Essay bis zum strikt literarischen, der literarischen Kritik nahestehenden. Soziologische Themen, Wandlungen der Kultur unter dem Einfluß der Geschichte und unter der Welle des Totalitarismus charakterisierten Stempowskis *Essays für Kassandra (Eseje dla Kasandry)*, 1961 und *Von Berdyczów nach Rom* (*Od Berdyczowa do Rzymu*), 1971 sowie Vincenz' *Auf der Seite der Erinnerung* (*Po stronie pamięci*), 1965 und *Aus der Perspektive einer Reise* (*Z perspektywy podróży*), 1979.

Von Kultur, Philosophie und Überlegungen, die der modernen Zivilisation gewidmet sind und sich gewöhnlich auf persönliche Erinnerungen stützen, durchdrungen sind die Essays von Miłosz (von denen schon die Rede war) oder auch von Wittlin: *Orpheus in der Hölle des zwanzigsten Jahrhunderts* (*Orfeusz w piekle XX wieku*), 1963 und *Mein Lemberg* (*Mój Lwów*), 1946.

Zum Kreis der Essayisten zählen auch Zbigniew Herbert (sein Buch *Ein Barbar in einem Garten* (*Barbarzyńca w ogrodzie*), 1962 ist eine Sammlung hervorragender Essays über die mit den Augen eines Menschen hinter dem *Eisernen Vorhang* gesehene europäische Kunst und Kultur) und der in Italien arbeitende Gustaw Herling-Grudziński, dessen in Form eines Tagebuches gehaltene Berichte Aufmerksamkeit erwecken. Sein spannendes von 1973 ohne Unterbrechung veröffentlichtes Werk *Tagebuch, bei Nacht geschrieben* (*Dziennik pisany nocą*) stellt das empfindliche Bewußtsein eines Künstlers dar, der in einen lebhaften Dialog mit der Welt verwickelt ist. Manche Teile dieses Tagebuchs geraten zu hervorragenden Essays, in anderen erscheinen längere Prosaformen.

Ein Tagebuch, und zwar eines der verblüffendsten von allen, die in Polen nach dem Zweiten Weltkrieg entstanden sind, sind Andrzej Bobkowskis *Federzeichnungen* (*Szkice piórkiem*), 1957; Sie sind unter anderem eine erstaunliche Beschreibung eines langen Radausflugs in den Süden Frankreichs nach dem Zweiten Weltkrieg. Der unbeschreiblich farbige Stil dieser Prosa, der dort gezeigte Humor, die Energie und Vitalität und schließlich äußerst treffende Bemerkungen zur Situa-tion, die nach Hitlers Eroberungen in Europa herrschte, machen das Buch zu einem der besten Werke auf diesem Gebiet. Es genügt hier zu erwähnen, daß Bobkowski nach dem Zweiten Welkrieg ganz empört darüber, was nach der Konferenz von Jalta mit dem Einverständnis der Alliierten mit Europa geschah, den Alten Kontinent verließ und für immer in Südamerika blieb.

Die berühmtesten Tagebücher, die von einem polnischen Schriftsteller geschrieben wurden, sind natürlich die von 1953 erscheinenden *Tagebücher* (*Dzienniki*) Witold Gombrowicz': ein ergreifendes Werk für alle, die diesen außergewöhnlichen Schriftsteller, seine Identität und sein Werk verstehen und kennenlernen möchten. Er wohnte eine Zeitlang ständig in Argentinien, 1963 kehrte er bereits als anerkannter Schriftsteller triumphierend nach Polen zurück und erhielt sich so einen kritischen Blick, der nicht nur auf Polen gerichtet ist, sondern auch auf die europäische Zivilisation, die nach zwei totalitären Systemen nunmehr in Ohnmacht verfallen ist. Gombrowicz möchte ihr den Kult der Kraft und der Jugend einimpfen. *Dzienniki* sind auch eine Darlegung des philosophischen Gedankenguts Gombrowicz'. Er war nämlich ein Existentialist noch vor dem Existentialismus, ein Strukturalist noch vor dem Strukturalismus und schließlich wahrscheinlich auch ein Postmodernist noch vor dem Postmodernismus. In seinen letzten Romanen *Pornographie* (*Pornografia*), 1960 und *Kosmos*, 1965 konzentrierte er sich auf die — bisweïlen — kriminelle Faszination für die Jugend und vertiefte sich in den düsteren Bereich der Erotik, wo er das Verhältnis zwischen dem Zufall und dem Sinn der Ereignisse untersuchte.

Zweifelsohne ist es das Drama, wo Polen einen nicht geringen Beitrag zur europäischen Kultur geleistet hat. Für das Theater schrieb besonders Tadeusz Różewicz. Sein berühmtestes Stück heißt *Die Kartothek* (*Kartoteka*), 1960; es bietet ein ergreifendes Bild davon, wie sich der moderne Mensch immer weniger seiner selbst bewußt ist, und vom Zerfall seiner Persönlichkeit.

Der größte polnische Dramaturg nicht nur der Periode der *kleinen Stabilisierung*, (die Ausdruck stammt von Tadeusz Różewicz), sondern wahrscheinlich der gesamten Nachkriegszeit heißt Sławomir Mrożek. Die legendären Erzählungen *Moniza Clavier* — gedruckt 1967 — und das Stück *Tango*, Erstdruck 1964 sind seine interessantesten Werke. *Moniza Clavier* erzählt von einem polnischen Touristen in Venedig (arm, jedoch mit einem mit Kabanossi vollgepackten Kartonkoffer), in den sich eine berühmte amerikanische Schauspielerin verliebt. Es ist dies nicht nur eine einmal lustige, dann wieder grausame und bedrückende Erzählung darüber, wie sehr wir die anderen Menschen nach puren Stereotypen betrachten. Diese Erzählung genoß als Darstellung der polnischen Komplexe, die, wenn Polen mit dem Westen konfrontiert werden, an die Oberfläche kommen, große Popularität.

Das Drama *Tango* kam praktisch auf der ganzen Welt auf die Bühnen. Es war der große Erfolg des Dramaturgen Mrożeks. Hier griff der Autor mutig die Grundmythen unserer Zeit an: Den Mythos des Fortschritts mit Rebellen als seinen Priestern und den Kult der Jugend als Ausdruck der Gesellschaft. Die Stärke des *Tangos* liegt im Gebrauch der modernen Theatersprache, der Mrożek zu einem der Klassiker des *Absurden Theaters* werden ließ, bei der gleichzeitig entschlossenen Attacke des Autors gegen die „*postmodernistischen*" Heiligtümer. Das Fazit des Dramas ist, daß, wenn es nichts mehr gibt, dem man sich widersetzen könnte, wenn alle neuen Werte gleichberechtigt werden, bleibt die Gewalt. Der hervorragende Kritiker Jan Błoński schrieb über die Kunst: *Die Freiheit wird zur Beliebigkeit, die Gleichheit zur Tyrannei und der Fortschritt zerfließt im Nihilismus, mit dem die untergehende Elite ästhetisch spielt, bevor sie jenen Platz macht, die gezielter ‚schlagen' können* (Wolność zmienia się w dowolność, równość w tyranię, a postęp rozpływa się w nihilizmie, którym upadająca elita bawi się estetycznie, zanim ustąpi miejsca tym, którzy mają celniejszy cios) Ein anderes Theaterstück Mrożeks, das zu seinen besten Werken zählt, sind die *Emigranci*, Erstdruck 1974 — ein durchdringendes Studium der Einsamkeit und der Entwurzelung, in dem der ergreifende Pessimismus des Autors zu Wort kommt.

## DER ANFANG VOM ENDE

Die Jahre 1968 und 1970 brachten zwar nicht allzuviele Änderungen in der polnischen Politik (ganz anders war damals die Lage in der Tschechoslowakei, in der der Traum von der Liberalisierung des Kommunismus mit dem blutigen und in seinen Folgen tragischen Einmarsch der Truppen des Warschauer Paktes — darunter leider auch polnischer Einheiten — zu Ende ging), wohl aber in der Atmosphäre des kulturellen Lebens. Es trat in dieser Zeit vor allem eine Gruppe von jungen Autoren auf, die einige Jahre später die polnische Kultur beherrschen werden.

Diese Gruppe nannte sich die Neue Welle und setzte sich hauptsächlich aus Dichtern zusammen. Diese wirkten in zwei starken Zentren: in Krakau (Julian Kornhauser und Adam Zagajewski) und in Posen (Ryszard Krynicki und Stanisław Barańczak). Die Lyrik, oder vielleicht besser gesagt, die Einstellung der Dichter wurde mit dem Ausdruck „Mißtrauen" etikettiert. Er bezog sich in erster Linie auf die Sprache der kommunistischen Propaganda. Zum Objekt besonders heftiger Angriffe der jungen Autoren wurde die Sprache der Presse. Wie in totalitären Ländern üblich, führte das Mißtrauen gegenüber den Machenschaften der Propaganda zum institutionalisierten Protest gegen die existierende Ordnung. Eine große Unterstützung bedeuteten für die Autoren die Entstehung der unabhängigen Gewerkschaften an der Ostseeküste, vor allem jedoch die Ereignisse des Jahres 1976 — der nächste Aufstand des Volkes gegen die Regierung. Man könnte behaupten, daß ab diesem Jahr mit einem gut organisierten und sich immer weiter ausbreitenden Widerstand gegen das System zu rechnen war. Der einige Jahrzehnte anhaltende Krieg gegen den Kommunismus trat in die entscheidende Phase. Für die Atmosphäre dieser Jahre ist es bezeichnend, daß die jungen Dichter und Intellektuellen der Neuen Welle, über deren Werke ein Druckverbot verhängt worden war (keine Zeitschrift und auch kein Verlag durften ihre Texte veröffentlichen), die Gründung eines unabhängigen Kulturkanals außerhalb der Zensur beschlossen haben. Die erste Zeitschrift in diesem Kanal [„Notiz" („Zapis")] sowie auch die ersten Verlage, die Bücher außerhalb der Zensur veröffentlichten, brachen das Monopol auf das Wort in Polen. Die Folgen ließen nicht allzulange auf sich warten.

Die ersten Gedichtbände Stanisław Barańczaks *Gesichtskorrektur* (*Korekta twarzy*), 1968, *In einem Atemzug* (*Jednym tchem*), 1970 und *Tagebuch früh am Morgen* (*Dziennik poranny*), 1972, sowie auch Ryszard Krynickis *Geburtsurkunde* (*Akt urodzenia*), 1969 waren eine sehr deutliche Manifestation der neuen Sprache. Sie ist durch die die herrschende Wirklichkeit enthüllende Haltung der Autoren charakterisiert. Indem sie hauptsächlich jegliche Anzeichen einer das menschliche Individuum degradierenden Sprachmanipulation aufspüren, bauen die jungen Dichter eine dem Alltag entgegengestellte alternative Welt auf; eine Welt, in der die gewöhnlichen, durch Tradition und gesunden Menschenverstand festgelegten moralischen und epistemologischen Normen gelten. In derselben Zeit schreiben Julian Kornhauser und Adam Zagajewski, zwei weitere wichtige Krakauer Dichter dieser Generation, ein essayistisches Buch, das als das poetische Programm der neuen Kultur betrachtet werden kann. Selbst der Titel dieses Buches *Die unvorgestellte Welt* (*Świat nieprzedstawiony*), 1974 weist auf die Notwendigkeit, über die Wirklichkeit offen zu sprechen, hin. Sie stellten die These auf, daß die herrschende Literatur ihre Aufgabe, die uns umgebende Welt zu benennen, nicht erfülle, und versuchten so, den Platz und die Aufgaben der neuen Kultur zu beschreiben. Sie forderten gewissermaßen eine Rückkehr zum Realismus, zur Treue zur uns umgebenden Welt und vor allem zu den ethischen Verpflichtungen der Literatur. Viele bekannte Autoren der früheren Generationen erhielten von den beiden Kritikern negative Zensuren. Sie tadelten z. B. Herbert wegen seines Klassizismus, der ihrer Meinung nach eine Flucht von der Wirklichkeit darstellte. Es ist hier daran zu erinnern, daß in diesem Jahr Herbert *Herr Cogito* veröffentlichte — ein trotz seiner klassizistischen sprachlichen Patina sehr moderner Band. In gewissem Sinne könnte man Stanisław Barańczaks *Die Mißtrauischen und die Hochnäsigen (Nieufni i zadufani)*, 1971 und *Die Ironie i die Harmonie (Ironia i harmonia)*, 1973 auch als programmatische Bücher ansehen.

Auch der Dichter Rafał Wojaczek offenbart in seinen Werken seinen offenen, hauptsächlich gegen die herrschenden Sitten gerichteten Widerstand. Sein skandalöses Leben wie auch sein Freitod verliehen diesem Poeten aus Breslau die Aura eines *verdammten Dichters* und werden oft als Konsequenzen des Hippie-Aufstandes der 60-er Jahre gesehen, was einer richtigen Interpretation seiner reichen und sehr bewußten Lyrik sehr im Wege steht. Der Band *Die gesammelten Werke (Utwory zebrane)* Wojaczeks erschien im Jahr 1976.

In den 70-er Jahren entstehen weitere Lyrikbände Czesław Miłosz'. Jetzt leuchtet auch immer stärker der Stern der Lyrik Wisława Szymborskas, die ihre dem einfachen Menschen gewidmeten Gedichte jetzt weiter perfektioniert und sich bemüht, den richtigen Ausdruck für die menschlichen Sorgen und Träume zu finden. Die in diesen Jahren entstandenen Bände *Alle Fälle (Wszelki wypadek)*, 1972, *Die große Zahl (Wielka liczba)*, 1976 — und dann die zehn Jahre später erschienenen *Menschen auf der Brücke (Ludzie na moście)* sind ein subtiles Bild der humanitären Ironie der ersten Dame der polnischen Lyrik. Szymborska beobachtet den Alltag und bereichert die lyrische Diktion dieser Jahre um das besonders helle Licht des christlichen „rettenden Mitleids". Ihr sehr gutmütiger und gleichzeitig oft hochintellektueller Sinn für Humor sichert der Dichterin sowohl in Polen als auch im Ausland einen großen Anhängerkreis. Im Jahr 1996 wurde Szymborska mit dem Nobelpreis für Literatur ausgezeichnet.

Zur nach Freiheit strebenden Lyrik gesellten sich auch Prosawerke. Die Tendenz dieser Jahre und ein Zeichen der Liberalisierung im Land war das für diese Zeit typische doppelte Leben der polnischen Autoren, die einen Teil ihrer Werke in Emigrations- oder Untergrundverlagen herausgeben.

Die 70-er Jahre bedeuteten einen Aufschwung für das Wirken Tadeusz Konwickis, von dem bereits die Rede war. Das berühmteste Werk Konwickis aus dieser Zeit heißt *Die kleine Apokalypse (Mała Apokalipsa)* und wurde außerhalb der Reichweite der Zensur veröffentlicht („Zapis" Nr 10 1979, offizielle Ausgabe 1988) — es galt jahrelang als Kultbuch und ist eines der interessantesten Prosawerke der 70-er Jahre. Es erzählt von einem Tag im Leben des Menschen, der sich zur demonstrativen Selbstverbrennung vor dem Warschauer Palast der Kultur und Wissenschaft entschloß, in dem gerade der Parteitag, beehrt mit der Anwesenheit des Chefs der Kommunistischen Partei aus Moskau, abgehalten wurde. Vor dem Hintergrund des in Trümmer zerfallenden Kulturpalasts trifft der durch die Straßen Warschaus spazierende Held seine Freunde und Bekannten (wie gewöhnlich bei Konwicki). In den Gesprächen zwischen ihnen wird ein Bild des Staates entworfen, in dem der Sozialismus bereits verwirklicht worden ist. Dieses Buch zählt heute zu solchen klassischen Antiutopien wie Orwells 1984 oder Zamjatins *Wir* (*My*), jedoch stellt der Autor der Vision des totalitären Staates die kranke, groteske, sinn- und zwecklose Wirklichkeit der Volksrepublik Polen gegenüber. Dank eben dieser Betonung der Langeweile, Sinnlosigkeit, und Lächerlichkeit und gleichzeitig des Schreckens des Alltags im Land des realen Kommunismus wurde Konwickis Buch zu einer der ergreifendsten und realsten Beschreibungen des polnischen Lebens der vergangenen Jahre.

Der Roman *Alles verwehen wird der Schnee...* (*Zasypie wszystko, zawieje ...*) wird 1976 in Paris von dem seit 1971 in Deutschland lebenden Autor Włodzimierz Odojewski veröffentlicht. Es ist dies die erschütternde Geschichte einiger aus den alten ukrainischen Grenzgebieten stammender Leute. Das sehr modern geschriebene und gleichzeitig in der romantischen Konvention gehaltene Werk charakterisiert auf eine sehr interessante Weise den in seiner Art einmaligen genius loci der polnisch-ukrainisch-jüdischen Gemeinschaft der Bewohner des östlichen Grenzlandes.

Die für diese Zeit am meisten charakteristische Persönlichkeit war jedoch Stefan Kisielewski, der im Kampf um die persönliche Freiheit und die des literarischen Wortes vielleicht die meisten Verdienste erworben hatte. Er war der Autor der wöchentlichen Feuilletons in der in Krakau erscheinenden Zeitschrift „Tygodnik Powszechny" und monatlicher Artikel in der Pariser „Kultura". Kisielewski schrieb auch einige Romane, die er in Krakau unter dem Pseudonym Tomasz Staliński publizierte. Der Feuilletonstil *Kisiels*, so sein Spitzname! — Anm. d. Übers. — boshaft, sarkastisch, jedoch immer repräsentativ für den einfachen, gesunden Blick auf die Wirklichkeit in der Volksrepublik — war jahrelang eine große Schule der Normalität in den Zeiten, als unser Land kein normaler Staat war.

Im Jahr 1978 wurde Karol Wojtyła, Bischof von Krakau, ein Lyriker und Philosoph, der mit den schriftstellerischen Kreisen in Krakau in sehr enger Verbindung stand, zum Papst gewählt. 1979 besuchte er das erste Mal als Papst Polen. In Warschau rief er: *Dein Geist komme herab und erneuere das Antlitz dieses Landes* (*Niech zstąpi Duch Twój i odnowi oblicze ziemi. Tej ziemi*). Im August 1980 kam es zu den ersten Ausschreitungen in der Danziger Lenins-Werft. Im Herbst dieses Jahres bekam Czesław Miłosz den Literatur-Nobelpreis. Unter dem Druck des unblutigen Aufstandes muß die Regierung nachgeben. Es beginnt die kurze Geschichte der ersten Solidarność. Der Niedergang dieser Bewegung im Dezember 1981 bedeutete eigentlich den Anfang des Endes der kommunistischen Regierung in Polen. Im Jahr 1989 fanden die ersten zum Teil freien Wahlen statt. Die Polnische Vereinigte Arbeiterpartei (PZPR) — die kommunistische Partei, die fast 45 Jahre lang Polen nach den Richtlinien aus Moskau regierte, beginnt zu wakkeln, bis es zu ihrer Auflösung und Umwandlung in die Sozialdemokratische Partei Polens kommt.

Die Situation der Literatur dieser Jahre war von der quasi-offiziellen Bewältigung der Wort-Sklaverei geprägt. Zwar existierte nach wie vor das Zentralamt für Kontrolle von Presse, Publikationen und Schauspiel, der offiziellen Propaganda standen jedoch die in großer Zahl erscheinenden inoffiziell vervielfältigten Publikationen gegenüber. Der außerstaatliche Büchermarkt expandierte. Die auf einem sehr schlechten Papier oft sehr schwer lesbar gedruckten Werke der Autoren in der Emigration erreichten jetzt die nach dem freien Wort gierigen Leser. Es zeigte sich jetzt auch ein großes Interesse für die Werke des Nobelpreisträgers Czesław Miłosz.

Es kommt jedoch schließlich zum Kriegsrecht in Polen, das von der die Kontrolle über das Land verlierenden kommunistischen Regierung ausgerufen wurde. Die Anführer und Aktivisten der Gewerkschaften sowie die in der Solidarność tätigen Politiker landen in Gefängnissen und Internierungslagern. In so ein Lager kam auch der Mensch, der zum Symbol dieser Jahre geworden ist, Polens künftiger Präsident Lech Wałęsa.

Die Literatur, die sich während des vergangenen Jahres der geistigen Erfahrung der Gesellschaft genähert hatte, reagiert auf diesen dem Volk erklärten offenen Krieg blitzschnell. Es entstehen Gedichte und Erzählungen, vielleicht zwar ohne größeren künstlerischen Wert, jedoch mit einer enormen therapeutischen Funktion. In dieser Reaktion der Kultur auf die historischen Ereignisse kann man ein gewisses Zurückgreifen der Autoren auf das Idiom der romantischen Literatur als ein Muster künstlerischer Sprache und ein Modell der Haltung eines Künstlers gegenüber der Herausforderung der geschichtlichen Erfahrung sehen. Gerade damals taucht auch die polnische Schule des Klassizismus, von der bereits die Rede war, kurz auf: Jarosław Marek Rymkiewicz schreibt *Polnische Gespräche im Sommer 1983 (Rozmowy polskie latem 1983 roku),* 1984 — eine der tiefschürfendsten Analysen des Nationalbewußtseins jener Zeit — und den Gedichtband *Die Mandelstamstraße (Ulica Mandelstama)*, 1983 und auch Ordons *Grabhügel*, 1984.

Der in den USA lebende Stanisław Barańczak schreibt sein Poem *Das Herbeiführen der Ordnung (Przywracanie porządku)* über das Kriegsrecht, die allerwichtigste Stimme der polnischen Kultur dieser Zeiten ist jedoch Zbigniew Herberts *Bericht aus einer belagerten Stadt (Raport z oblężonego miasta),* 1984. Während Herberts oben bereits erwähnter *Herr Cogito* sehr wirksam die Stimmungen der polnischen Intelligenz der 70-er Jahre ausdrückte, war sein *Bericht* die getreue Betrachtung alles dessen, was im polnischen Bewußtsein der 80-er Jahre vor sich ging: das Gefühl einer gewissen Wiederholbarkeit der historischen Erfahrung, das Pathos, gleichzeitig aber auch eine ironische Distanz zu sich selbst, eine gewisse Willensanstrengung, aber auch das Gefühl der Hoffnungslosigkeit, Widerspruch, Absage und Sturheit — als das einfachste Programm jenes polnischen Patrioten, der die Jahre der Sklaverei mit Fassung getragen hatte und bald die Rolle des Herren in seinem eigenen Hause übernehmen wird.

In der Lyrik dieser Zeit erscheint auch eine gewisse bejahende Strömung, die sowohl die gemeinschaftliche, als auch die individuelle Erfahrung zu erfassen scheint und versucht, den Schwarz-Weiß-Klischees zu entgehen. Adam Zagajewski, einer der Dichter der *Neuen Welle*, dürfte ein Vorläufer der versuchten Flucht in die vieldimensionale Welt sein. Seine Gedichtbände *Brief. Ode an die Vielheit* (*List. Oda do wielości*) und *Nach Lemberg fahren* (*Jechać do Lwowa*) sowie auch die besonders wichtige Essaysammlung *Solidarität und Einsamkeit* (*Solidarność i samotność*) zeigen die uns umgebende außerpolitische und außerhistorische Wirklichkeit als einen literarischen Stoff, der sich außerhalb und vor allem vor der Wirklichkeit des Kampfes befindet. Es war dies eine für die politisch engagierte Kunst äußerst wichtige Stimme, da sie dieser Kunst einen Bereich der Normalität eröffnete, die die momentane Lage transzendierte. Zagajewski wurde Wirklichkeitsflucht vorgeworfen; vielleicht auch zurecht; er sollte schließlich noch einer werden, der den ästhetischen Rührungen nachjagte. Auf der Seite des emigrierten Zagajewski standen im Lande Bronisław Maj [(*Die gemeinsame Luft* (*Wspólne powietrze*)] und auch der in vielerlei Hinsicht vielleicht interessanteste Dichter dieser Jahre Jan Polkowski. Vor allem Polkowskis Dichtung, die auf die romantische Sprache zurückgriff und sprachlich den Erfahrungen der minimalen Lyrik sehr nahe stand, verdient Beachtung.

Die erste Hälfte der 80-er Jahre ist wohl die interessanteste Schaffensperiode eines anderen Dichters der *Neuen Welle*, Ryszard Krynickis. In dieser Zeit schuf Krynicki, ein Übersetzer deutschsprachiger Lyrik, echte lyrische Perlen, indem er an Herberts ethischen Maximalismus anknüpfte und die modernistische Tradition des verdammten Dichters mit der Lyrik im Dienst der Nation verband.

Ungefähr um die Mitte der 80-er Jahre kam es jedoch zu einer gewissen Ermüdung, sowohl was die künstlerische Sprache, als auch was die Auffassungen betrifft. Das Kriegsrecht richtete nicht nur in der polnischen Wirtschaft, sondern auch in der polnischen Geistigkeit enormen Schaden an und ließ die Mutlosigkeit weiter anwachsen.

Um die in Krakau außerhalb der Reichweite der Zensur erscheinenden Zeitschrift „Brulion" begann sich eine neue Autorengeneration zu gruppieren. Sie veröffentlichten ihre Bücher um das Jahr 1989 herum, also damals, als es zum entscheidenden Niedergang des kommunistischen Systems in Mitteleuropa kam.
— Die heute berühmtesten jungen Lyriker, Marcin Świetlicki und Jacek Podsiadło, führten den schon lange vermißten Individualismus und Widerstand gegen alle kollektiven Verpflichtungen und manchmal sogar Elemente der Anarchie in die Lyrik ein. Vor allem Świetlicki, der Autor von *Kalte Länder* (*Zimne kraje*), des berühmtesten Debüts der 90-er Jahre, trug zur Verdeutlichung der lyrischen Stimme der jungen Generation bei.

Außer der wie bereits gesagt interessanten Notizen Rymkiewicz' konnte die Prosa des Kriegsrechts die historischen Erfahrungen lange nicht vergessen und die nötige epische Distanz nicht gewinnen. Um so aussagekräftiger scheint die literarische Karriere der jüngsten Schriftstellergeneration, derjenigen von Paweł Huelle (mit seinem Roman *Weiser Dawidek*), Andrzej Stasiuk [mit seinen Erzählungen *Die Mauern von Hebron* (*Mury Hebronu*) und seinem Roman *Die weiße Krähe* (*Biały Kruk*)], Olga Tokarczuk [mit ihren Romanen *Die Reise der Buchmenschen* (*Podróż ludzi Księgi*) und *EE*] zu sein.

Sowohl Tokarczuk als auch Huelle interessieren sich für das polnisch-deutsche Grenzland. Für Huelle ist es Danzig mit seiner polnisch-deutschen Vergangenheit (eine deutliche Anknüpfung an das Werk von Günter Grass), für Tokarczuk wiederum Unterschlesien mit seinen Geheimnissen, seiner Mystik und der ethnischen Vielfalt dieser Region.

Die Krönung der Nachkriegsgeschichte in der polnischen Literatur ist der innerhalb weniger Jahre bereits zweite nach Polen gehende Nobelpreis, 1996 der Dichterin Wisława Szymborska verliehen. Vielleicht wird dieser Preis einen Abschnitt der polnischen Literaturgeschichte abschließen, der vor dem Ende des zweiten Weltkriegs begonnen hat und mit dem Niedergang des Kommunismus zu Ende gegangen ist.

Vielleicht geht mit 1998 auch eine Epoche zu Ende. Es ist das Todesjahr Zbigniew Herbert', eines jener Autoren, die die polnische Lyrik auf das höchste künstlerische Niveau gebracht haben.


## UND WAS WEITER?

Die Zukunft der polnischen Literatur stellt sich als ziemlich großes Rätsel dar, zu dessen Lösung es nicht genügen wird, auf das letzte halbe Jahrhundert zurückzublicken. Wie schon zu Beginn gesagt wurde, hat die polnische Literatur die Erfahrung mit dem totalitären Staat, oder ein wenig zurückhaltender gesagt, die historische Erfahrung, gut zu nutzen gewußt. Die Frucht dieser Erfahrung war eine profilierte künstlerische Diktion, eine gewisse Mischung von Pathos und Ironie. Insbesondere die im Land an der Weichsel entstandene Lyrik erlebte in dieser Zeit einen Höhenflug. Der ernste Ton, das Interesse der Lyriker an wesentlichen Themen, die besondere Situation der Autoren, die von der der westlichen sehr abwich, der Umstand, daß sich die Autoren zwar von der ununterbrochenen Analyse des eigenen Andersseins befreit hatten, ihnen jedoch die Aufgabe gestellt wurde, der kollektiven Erfahrung die Stirn zu bieten — all dies führte zu dem, was man polnische Schule des Gedichteschreibens nennen könnte. Lehrer in dieser Schule waren unter anderen Herbert, Miłosz, Szymborska, Barańczak, Krynicki.

Wird die neue polnische Literatur, die Literatur des neuen demokratischen Polens in dieser Schule ihre Erfahrungen sammeln? Für welche Daseinsstrategie werden sich die polnischen Schriftsteller entscheiden, angesichts dessen, daß ihre Erfahrungen allmählich denen ihrer westlichen Kollegen gleichen werden? Wird die polnische Literatur, wenn diese Erfahrungen nicht mehr außergewöhnlich sein werden, auch selbst ihre Außergewöhnlichkeit verlieren? Wird schließlich das polnische Kulturangebot die Leser des vereinten Kontinents anziehen können?

# ZEITTAFELN

## POLNISCHE GESCHICHTE

Anfänge des polnischen Staatswesens

**966** Christianisierung Polens unter der Herrschaft von Mieszko I.

**992** Bolesław Chrobry auf dem polnischen Thron

Bis **1025** Herrschaft von Bolesław Chrobry

**1058–1079** Bolesław II. Śmiały

**1102–1138** Bolesław III. Krzywousty

**Seit 1138** territoriale Zersplitterung Polens

Deutsche Ostkolonisation

**1226** Herzog Konrad I. von Masovien bringt den Deutschen Ritterorden nach Polen

**1241** Schlacht bei Legnica

**1295** Przemysław II. wird König Polens

## POLNISCHE LITERATUR UND KULTUR

**10.–14. Jh.**
die ersten Annalen
*Vita des Hl. Adalbertus*

**1113** Abschluß der
*Chronik* des sog. Gallus Anonymus
in den ersten Jahren des Jh. *Chronik* des Meisters Wincenty

## ALLGEMEINE GEISTEGESCHICHTE

Romanische Architektur
Blütezeit der arabischen Kultur seit 8. Jh.
arabische Architektur
Entwicklung der Wissenschaft und Philosophie

Fortdauer der byzantinischen Kultur und ihr Einfluß auf Osteuropa

Romanische Architektur
arabische und byzant. Kultur
scholastische Philosophie
Anfänge des russ. Schrifttums
romanische Architektur
in der zweiten Hälfte des Jh. — Gotik in Frankreich
Scholastik
Erste Universitäten (Bolonia und Paris)
höfische Epik in Frankreich
Lyrik der provançal. Troubaduren
Nestors *Chronik* in Reussen
Kosmas' *Chronik* in Tschechen

Blütezeit der gotischen Kunst in Frankreich, England und Deutschland
Anfang des Jh. Blütezeit der Epik und Lyrik in Dtschl. (Nibelungenlied, Minnesang), weitere Entw. dieser Lit. in Frankreich
Hl. Franziskus (gest. 1226)
die intensivste Blüte der Religiosität

| | | |
|---|---|---|
| 1300 Wacław der Tscheche wird König Polens | *Vita St. Stanislai* | Blütezeit der Scholastik — Hl. Thomas Aquino (gest. 1274)<br>Entw. der Rechtswissenschaften — Hinwendung zum röm. Recht |
| | Um **1300** *Bogurodzica* (*Gottesmutter*)<br>*Heiligkreuzer* Predigten (nach dem neuesten Forschungsstand auch frühere Datierung möglich) | Dante (gest. 1321)<br>Petrarca (gest. 1374)<br>Bocaccio (gest. 1375) |
| **1306–1333** Władysław Łokietek<br>**1320** Krönung des Władysław Łokietek zum König Polens | | |
| **1333–1370** Kazimierz Wielki | | **1309–1377** Päpste in Avignion<br>Anfänge der Blütezeit der italien. Malerei. erste Blütezeit der engl. Dichtung in der 1. Hälfte des Jh. (Chaucer) |
| **1340** Anschluß von Rotreußen | | |
| **1347** Statut von Wiślica | **1364** Gründung der Krakauer Akademie Abschluß der Bauarbeiten am Wawelschloß (Gothik) | **1348** Gründung der Prager Universität Wikleff, der engl. Reformator (gest. 1384) |
| **1374** Vertrag zu Kaschau | *Chronik* von Janko von Czarnków Predigten von Gniezno<br>*St. Florians Psalter* | |
| **1386** Heirat von Władysław Jagiełło und Jadwiga | Vor **1390** Abschluß der Bauarbeiten an den Krakauer Tuchhallen | |
| **1387** Christianisierung Lithauens | **1400** Erneuerung der Krakauer Universität | |
| | **15. Jh.** | **1409** Hus in Prag, Hussitische Kriege Anfänge der Blütezeit der niederländischen Malerei |
| **1410** Schlacht bei Tannenberg | **1440** die ersten Einflüsse des Humanismus in der Rede von Jan von Ludzisko | **1450** Bibel von Gutenberg Renaissance und Humanismus in Italien: Architektur (Florenz), Pre-rafaelitische Malerei und Skulptur |
| **1413** Vertrag zu Horodło | | |
| **1444** Schlacht bei Varna<br>Tod von Władysław III | Um **1455** *Bibel der Königin Zofia* | |

| | | |
|---|---|---|
| 1447–1492 Kazimierz Jagiellończyk | | da Vinci (1452–1519) |
| | | 1453 Türken erobern Konstantinopol Große spanische und portugiesische Entdeckungsreisen |
| 1454 Priviliegien von Nieszawa | | |
| 1466 Frieden zu Toruń | 1455–1480 *Annales* von Długosz | |
| | um 1473 Anfänge der Krakauer Druckkunst | |
| | 1477 Grzegorz von Sanok gest. relig. *Hymnen* von Władysław von Gielniów *Monumentum* von Ostroróg | |
| | 1480 Długosz gest. | |
| | 1489 spätgot. Altar von Veit Stoß in der Marienkirche von Krakau | |
| | 1492 Grabmal von Kazimierz Jagiellończyk in der Wawel-Kathedrale | 1492 Kolumb kommt nach Westindien |
| 1492–1501 Jan Olbracht | | |
| | **16. Jh.** | Weitere Entdeckungen |
| | Renessaincearchitektur in Polen | Reformation: Luther (seit 1517) |
| 1501–1506 Aleksander Jagiellończyk | | Kalwin (seit 1536) |
| 1505 Nihil Novi Erlaß | 1505 Rej geb. | Höhepunkt der italien. Renessaince Rom — Hauptstadt des Renessaincestils zu Zeiten von Julius II. und Leon X. |
| 1506–1548 Zygmunt I. Stary | 1506 der erste gedruckte Text der *Bogurodzica* | Blütezeit der Architektur, Skulptur und Malerei |
| | 1510 Italiener Francesco Lori beginnt mit dem Umbau des Wawelschlosses | Rafael Santi (gest.1520), Michelangelo Buonarotti (gest. 1564), Tizian |
| 1514 Schlacht bei Orsza | um 1513 *Seelenparadies* von Biernat von Lublin | |
| | 1518 Ankunft von Bona Sforza | |
| 1525 Säkularisierung von Preußen (Unterwerfung des Deutschen Ritterordens unter poln. Lehnsherrschaft (die sog. Preussische Huldigung) | | Deutsche Malerei: Dürer |
| Albrecht I. wird zum Fürst von Preußen | | |
| 1529 Anschluß von Masovien an Polen | | |

| | | |
|---|---|---|
| | | Neue Blütezeit der it. Literatur: Ariosto (gest. 1533) Machiavelli (gest. 1527) Tasso (gest. 1595) Humanismus in Dtschl. und Niederlanden: Erasmus von Rotterdam (gest. 1536) |
| 1539 Schlacht bei Obertyn | 1530 J. Kochanowski geb. Bartolomeo Berecci schließt die Arbeiten an der Sigismund Kapelle des Wawelschlosses ab (1539–1574) der Italiener Padovano, Bildhauer, schafft zahlreiche Renessaince-Grabmäler und baut die Tuchhallen um | |
| 1537 Der „Hennenkrieg" | 1543 Janicius gest. Kopernikus *De revolutionibus orbium coelestium* Rejs *Kurze Unterredung* | Mit seiner Bibelübersetzung (Neues Testament 1522) leitet Luther die neuhochdeutsche Literatur ein |
| 1547 Heirat von Zygmunt August und Barbara Radziwiłłówna | Modrzewski und Orzechowski publizieren ihre ersten Werke Gründung des Sängerkollegs (sog. Rorantistenkollegs) an der Wawel-Kathedrale | |
| 1548–1572 Zygmunt II. August | 1549–1564 der Höhepunkt der Reformation in Polen | Humanismus in Frankreich: Pleiade in Frankreich, Ronsard (gest. 1585) |
| | 1551 *De republica emendanda* von Modrzewski (2. vollständige Ausgabe Basel 1554) | |
| | 1557 *Postille* von Rej | |
| | 1558 *Wahrhaftes Bild* von Rej | |
| 1561 Anschluß Livlands und Kurlands (dieses als Lehnfürstentum) | 1562 *Susanna* und *Was willst Du von uns Herr* von J. Kochanowski 1564 *Der Satyr* von J. Kochanowski *Quincunx* von Orzechowski | Elisabethanische Literatur in England: Shakespeare (1564–1616) |

| | | |
|---|---|---|
| | die Bestimmungen des Tridentiner Konzils angenommen Hosius bringt den Jesuitenorden nach Polen 1566 *Der Polnische Hofmann* von Górnicki Orzechowski gest. 1568 *Der Spiegel* Rejs 1569 Rej gest. | Anfänge der Blütezeit der spanischen Literatur |
| 1569 Union von Lublin — eine Realunion von Polen und Lithauen | | |
| 1573 Warschauer Konföderation die erste freie Königswahl: Henri de Valois wird König Polens | | |
| 1576–1586 Stefan Batory | | Entw. der Musik in It. und Niederlanden Anfänge der Oper in It. 1590 |
| | 1578 Gründung der Jesuiten Akademie in Wilno die Aufführung der *Abweisung der griechischen Gesandten* in Ujazdów 1579 *Psalter Davids* von J. Kochanowski Skargas *Heiligenleben* 1580 *Klagelieder* von J. Kochanowski Gomółkas Weisen für den polnischen *Psalter* (das bedeutendste Werk der pol. Musik im 16. Jh.) 1581 Sęp-Sarzyński gest. 1584 J. Kochanowski gest. 1587 *Castus Joseph* von Simonides 1589 Kromer gest. 1595 Gründung der Akademie in Zamość *Predigten für Sonntage und Feiertage* von Skarga 1597 *Sejmpredigten* von Skarga 1599 Bibelübersetzung von Wujek | Wiss. Bewegung im Zusammenhang mit Humanismus und Reformation Entw. der Astronomie (Kopernikus) Wiedergeburt des Katholizismus nach dem Tridentiner Konzil In der 2. Hälfte des Jh. — Barock |
| 1579–1582 Moskauer Krieg | | |
| 1587–1632 Zygmunt III. Waza 1588 Schlacht bei Byczyna | | |
| 1596 Union von Brześć | | |

**1605–1606**
Eingreifen Polens in die Moskauer Thronwirren
**1605** Jan Zamojski gest.
**1606–1608** Adeligen-Rebellion Rokosz-Zebrzydowskiego
**1609–1619** Moskauer Krieg

**1620** Schlacht bei Cecora
**1621** Sieg bei Chocim

**1629** Waffenstillstand mit Schweden (Gustav Adolf) in Altmark
**1632–1648** Władysław IV.
**1632–34** Moskauer Krieg
**1638** Ausbruch des Kosakenaufstands unter Chmielnizkij

**1648–1668** Jan Kazimierz
**1648–1654** Kosakenkrieg

**1654** Chmelnizkij nimmt die Oberherrschaft Moskaus an

**17. Jh**
Barocke Architektur in Polen

**1611** *Anfang und Fortschritt des Moskauer Krieges* von Żółkiewski
**1612** Skarga gest.
**1614** *Idyllen* von Simonides
**1618** *Goffred* von P. Kochanowski

**1623** *Lagerpredigten* von Birkowski

**1629** Simonides (Szymonowic) gest. Zimorowic gest.

**1632** *Lyricorum libri IV* von Sarbiewski (hrsg. in Antwerpen)
**1637** Barykas Oper am Warschauer Königsschloß: *Ein Bauer wird König*
**1640** Sarbiewski gest.
um **1647** *Hundstage* von Morsztyn

**1649** *Władysław IV.* von Twardowski
**1650** *Satiren* von Ł. Opaliński
**1651** Gründung der Jesuitenakademie in Lemberg
**1652** *Klagelieder* von Starowolski

Aufführung von *Le Cid* Corneilles in Morsztyns Übersetzung

Barocke Kunst
Entw. der Philosophie
Bacon (gest. 1628), leitet in England Empirismus ein

Descartes (gest. 1650) schafft die Grundlagen des Rationalismus
Spinoza (gest. 1677, Holland) Pantheismus
Locke (1632–1704) — Anfänge der Aufklärung
Entw. der Naturwissenschaften in It, Fr, Holland, Dtschl, England
Astronomie (Kepler, Galilei), Physik (Galilei, Torricelli, Huygens — Holland, Guericke — Dtschl.

**1632** — entdeckt Newton das Gravitationsgesetz), Physiologie — **1628** endeckt der engl. Arzt Harvey den Blutkreislauf, Mathematik — schott. Mathematiker endeckt Logarithmen
Descartes, Pascal, Newton, Leibniz
Begründung des Völkerrechts von dem niederländ
Humanisten Hugo Grotius (gest. 1645)
Entw. der Geschichtswissenschaft (fr. Benediktiner aus Saint-Maur)
Blütezeit der span. Dichtung
Cervantes (gest. 1616)
Lope de Vega (gest. 1635)
Calderon (gest. 1681)

| | | |
|---|---|---|
| Krieg gegen Moskau | | |
| 1655-1660 Krieg mit Schweden | | |
| 1657 Verlust der Lehnherrschaft über Pomerellen | | Marinismus in der it. Dichtung Marino (gest. 1625) |
| 1660 Friedensschluß von Oliva | | |
| 1667 Friedensschluß von Andrussowo | | Der tschech. Theologe und Pädagoge Komensky begründet ein wiss. System der Pädagogik |
| 1669-1673 Michał Korybut Wiśniowiecki | | |
| | Um 1661 *Die Leier* von Morsztyn | Große klassizistische Literatur in Frankreich Corneille (*Cid* 1636, gest. 1684) Moliere (gest. 1673) Racine (gest. 1699) Lafontaine (gest. 1695) Boileau, Prosaiker |
| | 1670 Potocki beendet *Krieg um Chocim* um 1670 Poem *Die Besatzung der Jasna Góra* | |
| 1673 Schlacht bei Chocim | | |
| 1674-1696 Jan III. Sobieski | 1674 *Der Müßiggang, der nicht müßig ist* von Kochowski | |
| | 1681 *Innenkrieg* von Twardowski | Engl. Dichtung — Miltons *Paradise Lost* |
| 1686 Grzymułtowskis Friedensschluß | 1691-95 Pasek verfaßt seine *Denkwürdigkeiten* | Blütezeit der Malerei in Spanien (Velasquez gest. 1660, Murillo) und Niederlanden (Rembrandt gest. 1669) |
| 1697 der Sachse August II. wird König Polens | 1695 *Polnische Psalmodie* von Kochowski 1696 Potocki gest. | |
| 1697-1733 August II. | 1699 Kochowski gest. *De vanitate consiliorum* von Lubomirski | |
| | **18. Jh** Barocke Kunst. Rokoko Einfluß Dresdens auf den Ausbau Warszawas | Blütezeit der franz. Gartenkunst (Le Notr, der Begründer des fr. Parks) Aufklärung Rationalismus und Empirismus in der Philosophie Aufklärungsoptimismus der Weltanschauung (Leibniz gest. 1716) |
| 1700-1721 der Nordische Krieg | 1701 Pasek gest. | |
| 1704 Stanisław Leszczyński wird König Polens | | |
| 1717 der „Stumme Sejm" | | |

| | | |
|---|---|---|
| 1733 Stanisław Leszczyński wird zum zweiten Mal zum König gewählt | 1728-1743 *Polnische Krone* — Wappenbuch von Niesiecki | Ende des Jh. — Philosophie Kants in Dtschl. (*Kritik der reinen Vernunft* **1781**) |
| **1735-1736** August III. | **1732** Entstehung des Quellen-Verlags *Volumina legum* | **1717** Gründung der Freimaurerbewegung |
| | **1735** Krasicki (gest.1801) | Gartenkunst — Übergang vom franz. zum engl. Park |
| | **1741** Gründung des Collegium Nobilium von Konarski — *De emendandis eloquentiae vitiis* Konarskis | Bild. Künste — Barock und Rokoko, Wende zum Klassizismus |
| | **1745-1746** *Neues Athen* von Chmielowski | In der Lit. — Vorherrschaft des Pseudoklassizismus (Pope in England, gest. 1744; Gottsched in Dtschl.) |
| | **1747** Eröffnung der Bibliothek der Familie Załuski in Warszawa | Empfindsamkeit |
| | **1755-1760** Schulkomödien von Bohomolec | neue Strömungen |
| | **1760-63** *Über die wirkungsame Art zu beraten* Konarskis | Sturm und Drang in Dtschl. |
| **1764-1795** Stanisław August Poniatowski | **1765** Gründung der Zeitschrift *Monitor* — Eröffnung des königlichen Theaters in Warszawa | Zeitschriften |
| | Drużbacka gest. | die sog. Moralischen Schriften in England |
| **1767-68** Konföderation von Radom | **1767-1794** Kunstmäzenat des Königs Stanisław Poniatowski | Entwicklung des Romans in England, Frankreich und Dtschl. |
| **1768-1769** Konföderation von Bar | Architektur in dem sog. Stanislaus-August-Stil, kosmopolitische berühmte Maler: Bacciarelli, Norblin, Canaletto, Smuglewicz in Polen | Frankreich: Montesquieu, Voltaire (gest. 1778), Diderot, Rousseau (gest.1778), Enzyklopädie (1751-1772) |
| | **1770-1777** „Angenehmer und nützlicher Zeitvertreib" – eine Zeitschrift | **1760** *Ossians Lieder* |
| **1772** erste Teilung Polens | **1773** Gründung der Kommission für Nationale Bildung — der ersten wetlichen Erziehungsbehörde Europas | Blütezeit der dt. Lit. seit 1748 Klopstock, Wieland, Lessing Herder |
| | | Blütezeit der dt. Musik |
| | | Bach (gest. 1750) |
| | **1775** (1776) *Die Mäuseade* — von Krasicki | Mozart (1751) |
| **1775** Gründung des „Immerwährenden Rates" | **1776** *Begebenheiten des Nikolaj Doświadczyński* von Krasicki | Beethoven(1770-1827) |
| | **1778** *Der Mönchenkrieg* von Krasicki | Weitere Entfaltung der Naturwiss |

1788–91 Der Vierjährige Sejm

1791 Verfassung vom 3. Mai — erste geschriebene Verfassung Europas
1792 Konföderation von Targowica
1793 Zweite Teilung Polens
1794 Aufstand unter Tadeusz Kościuszko

1797 Gründung der Polnischen Legionen in Italien

1779 *Satiren, Parabeln und Fabeln* von Krasicki
1780 *Spiele im Vers* von Karpiński
1780–1786 *Die Geschichte des polnischen Volkes* von Naruszewicz
1781 *Der Geck auf Freiersfüßen* von Zabłocki

1784–1793 Umbau des königlichen Schlosses von Łazienki
1784 *Sarmatismus* von Zabłocki
1788 (od. 1787) *Zum Leben von Jan Zamoyski* von Staszic
1788–89 *Briefe eines Anonymen an Stanisław Małachowski*
1790 *Rückkehr des Gesandten* von Niemcewicz
1790 *Über die Konstituierung und das Scheitern der Verfassung vom 3. Mai*

1794 *Die Krakauer und die Goralen* von Bogusławski
1795 *Der polnische Barde* — Handschrift von Czartoryski
1797 *Das Lied der polnischen Legionen in Italien* von Wybicki
1798 Mickiewicz geb.

**19. Jh.**
1800 Gründung der Gesellschaft der Freunde der Wissenschaften in Warschau
1803 Anfänge der Blütezeit der Wilnaer Univ.
1805 Gymnasium von Krzemieniec
*Hymne an Gott* von Woronicz

1781 *Die Räuber* Schillers
1781 *Kritik der reinen Vernunft* von Kant
1784 Erfindung der Dampfmaschine von Watt — Wendepunkt in der Entw. des Transports und der Industrie

1789 Beginn der Franz. Revolution
Declaration of the Rights of Man

1793 Hinrichtung Ludwigs XVI. Terror
1794 Hinrichtung Dantons und Robespierres

1796 Italienischer Feldzug Napoleons

1798–1804 Schiller verfaßt seine wichtigsten Werke

1804 Napoleon wird zum fr. Kaiser

263

| | | |
|---|---|---|
| 1807 Gründung des Herzogtums Warschau | | 1806 Napoleon kämpft gegen Preußen |
| | 1806 *Zofiówka* von Trembecki | |
| | 1807-1814 *Wörterbuch der Polnischen Sprache* von Linde | 1808 Goethes *Faust* Franzosen besetzen Spanien |
| 1812 Rußlandfeldzug Napoleons | 1809 Słowacki geb. | 1809 öst. Feldzug Napoleons |
| | 1810 Chopin geb. | 1810 Revolution gegen die Franzosen in Südamerika (Bolivar) |
| | 1812 *Barbara Radziwiłłówna* von Feliński | |
| | 1812 Krasiński geb. | |
| 1815 Wiener Kongreß, Gründung des Königreichs Polens („Kongreßpolen") unter der Herrschaft von Zar Alexander | 1816 *Historische Gesänge* von Niemcewicz | 1816 erstes Dampfschiff |
| | 1817 Gründung der Warschauer Universität Gründung der Universität Lemberg von den Österreichern Gründung der Bibliothek Ossoliński | |
| | 1817 Gründung der Philomathen-Gesellschaft | |
| | 1818 Zorian von Dołęga Chodakowski (Czarnocki): *Über das Slaventum vor dem Christentum* Wachsendes Interesse an den ethnographischen und slavischen Studien | |
| | *Über Klassik und Romantik* von Brodziński | |
| | 1822 *Balladen und Romanzen* von Mickiewicz | |
| | 1823 Mickiewicz' *Totenfeier, Teil 2 u. 3* | 1825 erste Eisenbahn das „Zeitalter von Dampf und Elektrizität" beginnt Entwicklung der Industrie (Fabriken) Entw. des Journalismus |
| | 1825 Malczewskis *Maria* | |
| | 1826 Mickiewicz' *Krimer Sonette* | |
| 1830 November Aufstand | 1830 Mochnackis *Über die polnische Literatur im 19. Jh.* | Verbreitung der geheimen revolutionären Vereinigungen Saint-Simonismus in Paris |
| 1832 massive Angriffe auf das Polentum unter der Regierung von Paskiewicz wirtschaftl. Aufschwung der Königreichs Polen während des Amtszeit des Ministers Ksawery Lubecki | 1832 Mickiewicz' *Totenfeier, T. 3,* 1. u 2. Band *der Dichtungen* von Słowacki | 1840 Beginn des engl. Kolonialismus (Krieg zw. England und China) Entw. des dt. Idealismus (Fichte, Schelling, Hegel — gest. 1831) |
| | 1832 Schließung der Warschauer Universität | |
| | 1834 Słowackis *Kordian* Mickiewicz': *Pan Tadeusz* | |
| Entw. von Łódź, dem sog. „poln. Manchester" | 1835 Krasińskis *Ungöttliche Komödie* | |
| | 1836 Krasińskis *Iridion* | |
| | 1839 Słowackis *Balladina* | |

| | |
|---|---|
| | **1896** Italienische Niederlage in Abissinien Freuds Psychoanalyse |
| **1897** Gründung der Zeitschrift „Życie" (Leben) in Kraków | **1898** Friedenskonferenz in Haag |
| **1899** Przybyszewski wird Chefredakteur von „Życie" | |
| **20. Jh.** | |
| **1901** Wyspiańskis *Hochzeit* | |
| **1902** Kasprowicz' *Hymnen* | |
| **1903** Berents *Moder* | |
| **1905** Nobelpreis für Sienkiewicz für *Quo vadis* | **1905–1907** Revolution in Rußland Musik: Debussy und Strawinsky Eisenbahn und Automobil |
| **1907** Wyspiański gest. | |
| | **1914–1919** I Weltkrieg |
| **1916** Kasprowicz' *Das Armenbuch* | |
| Revolutionäre Bewegungen in Polen | |
| **1918** Wiedergeburt des polnischen Staates (Piłsudski) | |
| **1919** Erster Schlesischer Aufstand | **1919** Pariser Friedenskonferenz |
| **1920** Polnisch–Sowjetischer Krieg, Zweiter Schlesischer Aufstand | **1920** Gründung der Vereinigung der Polnischen Schriftsteller Gründung der lit. Gruppe Skamander |
| **1921** Dritter Schlesischer Krieg | **1922–1927** „Zwrotnica" (Die Weiche) — die Zeitschrift der Ersten Avantgarde |
| | **1924** Nobelpreis für Reymont für den Roman *Die Bauern* |
| **1926** Staatsstreich | |
| | **1929–1935** wirtschaftliche Krise |
| | **1933** Machtübernahme durch Hitler in Dtschl. Forschungen zur Übermittlung des Fernsehbildes |
| | **1937** Gombrowicz' *Ferdydurke* Schulz *Das Sanatorium zur Todesanzeige* |
| | **1938** der polnische Katastrophismus der Wilnaer Gruppe Żagary (Fackeln), Miłosz |
| **1939** Deutsch–Polnischer Krieg Beginn des 2. Weltkrieges | |
| | **1945** Jalta-Konferenz |

| | | |
|---|---|---|
| Einmarsch der Roten Armee in Polen | | Schock der Atombombe |
| **1945** Ende des 2. Weltkrieges | | |
| | **1946** Dygats *Bodensee* | **1947** der Marschall-Plan und Beginn des Kalten Krieges |
| **1948** Gründung der Vereinigten Polnischen Arbeiterpartei | **1948** Borowskis *Abschied von Maria* und *Steinwelt* | |
| | **1949** Schriftstellerkongreß in Szczecin — Programm des sozialistischen Realismus | |
| **1956** Streiks in Poznań | **1956** Gründung der Zeitschrift „Współczesność" (Gegenwart) Welle wichtiger Erstveröffentlichungen (Harasymowicz, Herbert, Grochowiak) | |
| | **1957** erste Veröffentlichung von Gombrowicz in der Volksrepublik Polen (*Trans–Atlantik*) | Pompidou-Zenter in Paris |
| | **1980** Nobelpreis für Czesław Miłosz | |
| **1980** Gründung des Gewerkschaftsverbandes Solidarność | | |
| **1981** Kriegsrecht-Kriegszustand (bis 1983) | | Komputerisierung |
| **1989** Der Runde Tisch | | |
| **1989** Gründung der Mazowiecki-Regierung — Ende des Kommunismus in Polen | | Genetische Forschungen (Klonexperimente) |
| | **1996** Nobelpreis für Wisława Szymborska | |

# NAMENREGISTER

(die Schöpfer der polnische Kultur)

## A
| | |
|---|---|
| Albertrandi Jan | 95, 105, 117 |
| Andrzej aus Słupia (Andrzej ze Słupi) | 24 |
| Andrzejewski Jerzy | 239 |
| Asnyk Adam | 125, 159. 175, 176, 186 |

## B
| | |
|---|---|
| Baczyński Krzysztof Kamil | 231, 233, 234 |
| Bałucki Michał | 154 |
| Bandrowski Juliusz Kaden | 215 |
| Barańczak Stanisław | 249, 250, 252, 254 |
| Baszko Godzisław | 17 |
| Belmont Leo | 195 |
| Bem Anton' Gustaw | 148 |
| Benedikt aus Polen (Benedykt z Polski) | 17 |
| Berent Wacław | 181, 182, 183, 184, 188, 191, 196, 197 |
| Białoszewski Miron | 210, 229, 243 |
| Bielski Marcin | 37, 38 |
| Biernat von Lublin (Biernat z Lublina) | 32, 37 |
| Birkowski Fabian | 70 |
| Bobkowski Andrzej | 247 |
| Bobrzyński Michał | 151, 184 |
| Bogacki Feliks | 158 |
| Bogusławski Wojciech | 101, 102, 122 |
| Bohomolec Franciszek | 96, 97, 98, 99, 100, 102 |
| Borowski Leon | 125 |
| Borowski Tadeusz | 229, 234, 237, 238 |
| Boy-Żeleński Tadeusz s. Żeleński Tadeusz Boy | |
| Brodziński Kazimierz | 122, 123, 132 |
| Brzozowski Stanisław Korab | 170, 185, 187, 189, 205, 244 |
| Brzozowski Wincenty | 187 |
| Budny Szymon | 51 |
| Buonaccorsi Filippo (Kallimachus) | 31, 36 |

## C
| | |
|---|---|
| Celtis (Celtes) Konrad | 36 |
| Chlebowski Bronisław | 148 |
| Chmielowski Piotr | 145, 148, 160, 173, 186, 187 |
| Chodźko Ignacy | 128 |
| Chopin Fryderyk | 125, 183 |
| Cieszkowski August | 145 |
| Ciołek Stanisław | 30 |
| Czapski Józef | 238 |
| Czarnocki Adam (Zorian Dołęga-Chodakowski) | 118 |
| Czartoryski Adam Jerzy | 117, 120, 127 |
| Czartoryski Adam Kazimierz | 88, 89, 91, 94, 96, 99, 100, 104, 111, 121 |
| Czechowicz Józef | 212, 213 |

## D
| | |
|---|---|
| Dantyszek Jan | 36 |
| Daszyńska Zofia | 184 |
| Dąbrowska Maria | 205, 215 |
| Dąbrowski Ignacy | 195 |
| Dembowski Edward | 125 |
| Deotyma s. Łuszczewska Jadwiga | |
| Długosz Jan | 30, 31, 33 |
| Dmochowski Franciszek Ksawery | 103 |
| Drzewiecki Konrad | 184 |
| Dunikowski Xawery | 185 |
| Dygasiński Adolf | 148, 151, 156, 157, 160, 174, 175 |
| Dygat Stanisław | 239 |

## F
| | |
|---|---|
| Faleński Felicjan | 146 |
| Feldman Wilhelm | 174, 180 |

| | |
|---|---|
| Fredro Aleksander | 101, 124, 125, 142, 143 |
| Fredro Andrzej Maksymilian | 58 |
| Frovinus | 20 |
| Frycz Modrzewski Andrzej s. Modrzewski Andrzej Frycz | |

## G

| | |
|---|---|
| Gajcy Tadeusz | 229, 231, 234 |
| Gall Anonim | 13, 14 |
| Gałka Jędrzej von Dobczyn (Jędrzej Gałka z Dobczyna) | 26 |
| Garczyński Stefan | 132 |
| Gaszyński Konstanty | 132 |
| Gertruda (die Tochter Mieszkos II) | 15 |
| Głowacki Aleksander s. Prus Bolesław | |
| Godebski Cyprian | 114, 115 |
| Golański Filip Nereusz | 103 |
| Gombrowicz Witold | 207, 216, 218, 221, 224, 225, 226, 227, 228, 232, 239, 240, 247 |
| Gosławski Maurycy | 132 |
| Goślicki Wawrzyniec | 34, 47 |
| Goszczyński Seweryn | 121, 123, 124, 131, 132 |
| Górnicki Łukasz | 46, 47, 51, 64 |
| Górski Artur | 180, 185 |
| Grabowiecki Sebastian | 55, 61, 62, 64, 65, 68 |
| Grochowiak Stanisław | 243, 244 |
| Grochowski Stanisław | 55, 62, 65 |
| Gruszecki Artur | 157, 188 |
| Herbert Zbigniew | 229, 230, 239, 242, 243, 247, 250, 252, 253, 254 |
| Herling-Grudziński Gustaw | 238, 247 |
| Hłasko Marek | 245 |
| Huelle Paweł | 253 |
| Hussowski Mikołaj (Hussowczyk) | 36 |

## I

| | |
|---|---|
| Irzykowski Karol | 182, 184, 187, 205 |
| Iwaszkiewicz Jarosław | 205, 209, 239 |

## J

| | |
|---|---|
| Jakub von Paradyż (Jakub z Paradyża) | 28 |
| Janicki Klemens | 33, 36, 40 |
| Jan Łodzia aus Kępno (Jan Łodzia z Kępna) | 19 |
| Jan von Koszyczki (Jan z Koszyczek) | 32, 37 |
| Jan von Ludzisko (Jan z Ludziska) | 29 |
| Jan von Szamotuły (Jan z Szamotuł) | 28 |
| Jan von Wiślica (Jan z Wiślicy) | 36 |
| Janko von Czarnków (Janko z Czarnkowa) | 17 |
| Jasiński Jakub | 88 |
| Jeleński Konstanty Aleksander | 246 |

## K

| | |
|---|---|
| Kaden-Bandrowski Juliusz s. Bandrowski Juliusz Kaden | |
| Kadłubek Wincenty | 14, 15, 17, 42 |
| Kalinka Walerian | 184 |
| Kallimachus s. Buonaccorsi Filippo | |
| Kanapariusz Jan | 12 |
| Karłowicz Mieczysław | 187 |
| Karpiński Franciszek | 92, 104, 110, 111 |
| Kasprowicz Jan | 183, 184, 185, 187, 188, 190, 191, 192, 204 |
| Kiciński Bruno | 122 |
| Kisielewski Jan August | 186, 203 |
| Kisielewski Stefan (Tomasz Staliński) | 239, 251 |
| Klonowic Sebastian Fabian | 66 |
| Kniaźnin Franciszek Dionizy | 92, 103, 104, 111 |
| Kochanowski Jan | 34, 38, 40, 41, 42, 43, 44, 45, 46, 51, 54, 61, 62, 65, 66, 80, 111 |
| Kochanowski Piotr | 34, 54, 59, 67, 79 |
| Kochowski Wespazjan | 79, 80 |
| Kołłątaj Hugo | 89, 110, 118, 146 |
| Komornicka Maria | 185, 188, 191 |
| Konarski Stanisław | 84, 86, 87, 90, 94, 96 |
| Kondratowicz Ludwik s. Syrokomla Władysław | |
| Konopnicka Maria (Wasiłowska Maria) | 145, 159, 168, 170, 172, 176, 177, 178 |
| Konwicki Tadeusz | 246, 250, 251 |
| Kopczyński Onufry | 90 |
| Kopernik Mikołaj | 28, 33 |

| | |
|---|---|
| Kopernikus Nicolaus s. Kopernik Mikołaj | |
| Kornhauser Julian | 249 |
| Korzeniowski Józef (Conrad Joseph) | 142, 146 |
| Kossak Wojciech | 186 |
| Kościelski Władysław | 193 |
| Koźmian Kajetan | 122, 127 |
| Krajewski Michał Dymitr | 107 |
| Krasicki Ignacy | 92, 94, 96, 97, 101, 103, 106, 107, 108, 109 |
| Krasiński Zygmunt | 125, 134, 138, 139, 140, 146 |
| Kraszewski Józef Ignacy | 125, 142, 146, 158, 159, 170, 171, 172 |
| Kromer Marcin | 50 |
| Kruczkowski Leon | 234 |
| Krynicki Ryszard | 249, 253, 254 |
| Krzycki Andrzej | 36 |
| Krzyżanowski Julian | 180 |

## L

| | |
|---|---|
| Lange Antoni | 183, 185 |
| Lechoń Jan | 209 |
| Lelewel Joachim | 126 |
| Lem Stanisław | 245, 246 |
| Lenartowicz Teofil | 125, 140 |
| Leopolita Jan | 51 |
| Leśmian Bolesław | 188, 192, 193, 194, 205, 207, 216, 217, 218, 219, 221, 222, 223, 227, 232 |
| Libelt Karol | 145 |
| Linde Samuel Bogumił | 118 |
| Lipski Jan Józef | 183 |
| Lubomirski Stanisław Herakliusz | 80 |
| Łaski Jan | 31 |
| Łoziński Walery | 125, 142 |
| Łuszczewska Jadwiga (Deotyma) | 146 |

## M

| | |
|---|---|
| Mackiewicz Józef | 241 |
| Maj Bronisław | 253 |
| Malczewski Antoni | 121, 123, 124, 131 |
| Martin aus Polen (Marcin z Polski) | 17 |
| Matejko Jan | 151, 167, 186 |
| Mateusz von Krakau (Mateusz z Krakowa) | 28, 29 |
| Matuszewski Ignacy | 205 |
| Mehoffer Józef | 185 |
| Miaskowski Kasper | 62, 65 |
| Miciński Tadeusz | 183, 185, 187, 188, 191, 204, 205 |
| Mickiewicz Adam | 40, 46, 101, 107, 108, 109, 113, 114, 117, 120, 122, 123, 124, 126, 127, 128, 129, 130, 131, 133, 134, 135, 136, 137, 140, 142, 146, 156, 176, 181, 201, 228 |
| Miechowita Maciej | 36 |
| Mikołaj von Błonie (Mikołaj z Błonia) | 29 |
| Mikołaj von Wilkowiecko (Mikołaj z Wilkowiecka) | 32 |
| Mikulski Leopold | 173 |
| Miłosz Czesław | 179, 207, 213, 216, 225, 228, 229, 230, 231, 232, 236, 237, 239, 240, 241, 244, 245, 246, 247, 250, 251, 252, 254 |
| Miłosz Oskar | 229 |
| Minasowicz Józef Epifaniusz | 92 |
| Mochnacki Maurycy | 123, 125, 127 |
| Modrzewski Andrzej Frycz | 33, 34, 47, 48, 50 |
| Moniuszko Stanisław | 125, 142 |
| Morstin Ludwik Hieronim | 193 |
| Morsztyn Hieronim | 74 |
| Morsztyn Jan Andrzej | 64, 73, 75, 76 |
| Morsztyn Zbigniew | 76, 77 |
| Mostowska Anna | 119 |
| Mrożek Sławomir | 248 |
| Mueller Antoni | 187 |

## N

| | |
|---|---|
| Naborowski Daniel | 70 |
| Nałkowska Zofia | 205, 214, 221, 234, 238 |
| Naruszewicz Adam | 92, 94, 95, 103, 105, 106, 108 |
| Niedźwiecki Zygmunt | 160 |
| Niemcewicz Julian Ursyn | 88, 92, 101, 103, 104, 118, 119, 120 |
| Niemirycz Krzysztof | 80 |
| Nikolaus aus Polen (Mikołaj z Polski) | 18 |
| Norwid Cyprian Kamil | 46, 124, 125, 140, 141, 188, 191 |
| Nowaczyński Adolf | 185 |
| Nowakowski Marek | 245 |

## O

| | |
|---|---|
| Ochorowicz Julian | 145, 173 |
| Odojewski Włodzimierz | 251 |
| Odyniec Antoni Edward | 128 |
| Oleśnicki Zbigniew | 30, 31 |
| Opaliński Krzysztof | 64, 71, 72 |
| Opaliński Łukasz | 64, 71, 72 |
| Opeć Baltazar | 37 |
| Ortwin Ostap (Katzenellenbogen Oskar) | 187 |
| Orzechowski Stanisław | 48, 49 |
| Orzeszkowa Eliza | 145, 146, 147, 154, 157, 158, 159, 160, 168, 169, 170, 172, 178, 194, 195 |
| Osiński Ludwik | 122 |
| Ostroróg Jan | 29 |

## P

| | |
|---|---|
| Paderewski Ignacy | 186 |
| Pasek Jan Chryzostom | 78, 79 |
| Paweł von Krosno (Paweł z Krosna) | 36 |
| Paweł von Zator (Paweł z Zatora) | 29 |
| Peiper Tadeusz | 210 |
| Perzyński Włodzimierz | 203 |
| Piramowicz Grzegorz | 89, 94 |
| Podsiadło Jacek | 253 |
| Pol Wincenty | 142, 146 |
| Polkowski Jan | 253 |
| Porębowicz Edward | 180 |
| Posner-Garfeinowa Malwina | 184 |
| Potocki Ignacy | 87, 89, 94 |
| Potocki Jan | 93 |
| Potocki Stanisław Kostka | 87 |
| Potocki Wacław | 79 |
| Prus Bolesław (Aleksander Głowacki) | 145, 148, 155, 156, 157, 158, 159, 160, 161, 162, 163, 164, 166, 168, 170, 176, 178, 194, 197 |
| Przerwa-Tetmajer Kazimierz s. Tetmajer Kazimierz Przerwa | |
| Przesmycki Zenon (Miriam) | 141, 180, 183, 188, 189, 194 |
| Przewóska Maria Czesława | 184 |
| Przyboś Julian | 210 |
| Przybyszewski Stanisław | 183, 184, 185, 190, 191, 195, 196, 203, 204, 211 |

## R

| | |
|---|---|
| Rej Mikołaj | 33, 38, 39, 40, 46 |
| Rembek Stanisław | 214 |
| Reymont Władysław | 157, 186, 199, 200 |
| Rittner Tadeusz | 203 |
| Rolicz-Lieder Wacław | 183 |
| Romanowski Mieczysław | 125 |
| Rostworowski Karol Hubert | 204 |
| Różewicz Tadeusz | 229, 230, 236, 237, 238, 248 |
| Rydel Lucjan | 185, 202 |
| Rymkiewicz Jarosław Marek | 244, 252, 253 |
| Rzewuski Henryk | 142 |

## S

| | |
|---|---|
| Sarbiewski Maciej Kazimierz | 58, 65, 71 |
| Schulz Bruno | 205, 207, 216, 221, 222, 223, 224, 227, 232 |
| Sęp Szarzyński Mikołaj | 34, 54, 61, 62, 63, 64, 65, 66, 68 |
| Sienkiewicz Henryk | 131, 145, 147, 148, 154, 157, 158, 159, 160, 161, 164, 165, 166, 167, 168, 170, 172, 178, 189, 194, 195, 200 |
| Skarbek Fryderyk | 104 |
| Skarga Piotr | 33, 50, 55, 66, 67 |
| Słonimski Antoni | 209 |
| Słota (Złota) Przecław | 26 |
| Słowacki Euzebiusz | 136 |
| Słowacki Juliusz | 46, 125, 133, 134, 135, 136, 137, 138, 141, 175, 176, 191, 201, 233 |
| Smolka Stanisław | 184 |
| Sowiński Leonard | 146 |
| Stachura Edward | 245 |
| Staff Leopold | 184, 187, 192, 193, 205 |
| Stanisław von Skarbimierz (Stanisław ze Skarbimierza) | 29 |
| Starowolski Szymon | 62, 70, 71 |
| Stasiuk Andrzej | 253 |
| Staszic Stanisław | 93, 110, 117, 146 |
| Stempowski Jerzy | 246 |
| Strug Andrzej (Gałecki Tadeusz) | 187, 188, 214 |
| Stwosz Wit | 31 |
| Supiński Józef | 146 |
| Sygietyński Antoni | 155, 160, 174, 188 |
| Syrokomla Władysław (Kondratowicz Ludwik) | 125, 142 |

| | |
|---|---|
| Szarżyński Mikołaj Sęp s. Sęp Szarzyński Mikołaj | |
| Szczepanowski Ludwik | 185 |
| Szczepanowski Stanisław | 152 |
| Sztyrmer Ludwik | 125, 142 |
| Szujski Józef | 151, 184 |
| Szukiewicz Maciej | 185 |
| Szymanowski Józef | 104 |
| Szymanowski Karol | 187 |
| Szymborska Wisława | 229, 230, 239, 250, 254 |
| Szymonowic Szymon | 58, 62, 64 |
| Śniadecki Jan | 93, 122, 123, 146 |
| Śniadecki Jędrzej | 93, 146 |
| Świetlicki Marcin | 253 |
| Świętochowski Aleksander | 148, 149, 172, 173 |
| Świnka Adam | 30 |

**T**

| | |
|---|---|
| Tetmajer Kazimierz Przerwa | 180, 187, 189, 190, 192 |
| Tokarczuk Olga | 253 |
| Trembecki Stanisław | 92, 94, 103, 109 |
| Tuwim Julian | 209, 211, 212 |
| Twardowski Kasper | 74 |
| Twardowski Kazimierz | 184 |
| Twardowski Samuel aus Skrzypna (Twardowski Samuel ze Skrzypnej) | 74, 75 |
| Tymowski Kantobery | 114 |
| Tyrmand Leopold | 239 |

**U**

| | |
|---|---|
| Ujejski Kornel | 125, 142, 146 |
| Urbanowska Zofia | 159 |

**V**

| | |
|---|---|
| Stoß Veit s. Stwosz Wit | |
| Vincenz Stanisław | 246 |

**W**

| | |
|---|---|
| Wat Aleksander | 210 |
| Weiss Wojciech | 185 |
| Węgierski Kajetan | 95, 103, 109 |
| Wierzyński Kazimierz | 209, 241 |
| Wincenty aus Kielcza | 16, 19 |
| Wirtemberska Maria (geborene Czartoryska) | 104 |
| Witelon der Schlesier (Witelon Śląski) | 18 |
| Witkiewicz Stanisław | 186, 188 |
| Witkiewicz Stanisław Ignacy (Witkacy) | 186, 187, 205, 207, 216, 218, 219, 220, 221, 225, 226, 227, 232 |
| Wittlin Józef | 214, 247 |
| Władysław von Gielniów (Władysław z Gielniowa) | 24, 25 |
| Władysławiusz Adam | 74 |
| Włodkowic Paweł | 29 |
| Wojaczek Rafał | 250 |
| Wojtyła Karol | 251 |
| Wolska Maryla | 187 |
| Woronicz Jan Paweł | 119 |
| Wujek Jakub | 51 |
| Wybicki Józef | 94, 114, 115 |
| Wyka Kazimierz | 180, 234 |
| Wyrzykowski Stanisław | 184 |
| Wyspiański Stanisław | 181, 182, 185, 186, 200, 201, 202, 240 |

**Z**

| | |
|---|---|
| Zabłocki Franciszek | 92, 95, 100, 101, 109 |
| Zagajewski Adam | 249, 252, 253 |
| Zaleski Bohdan | 131 |
| Załuski Andrzej Stanisław | 84, 90, 91 |
| Załuski Józef Andrzej | 84, 90, 91 |
| Zan Tomasz | 126 |
| Zapolska Gabriela (Korwin Piotrowska Maria Gabriela) | 157, 160, 203 |
| Zbylitowski Andrzej | 66 |
| Zimorowic Bartłomiej | 76 |
| Zimorowic Szymon | 70 |
| Żeleński Tadeusz Boy | 186 |
| Żeromski Stefan | 157, 181, 182, 188, 190, 197, 198, 199, 200, 205, 215, 226 |
| Żmichowska Narcyza | 125 |
| Żuławski Juliusz | 185, 187 |